高等学校应用创新型人才培养系列教材

金融学专业

货币金融学（第二版）

主　编　许传华　杨学东

高等教育出版社·北京

内容简介

本教材以“经济运行中的金融活动”为主线，分为四篇，共十四章。第一篇为金融学的基本范畴，系统诠释了货币、信用、利率、外汇与汇率的基本原理；第二篇为金融市场与金融机构，全面阐述直接融资和间接融资的主要业务活动与运作；第三篇为金融调控与金融监管，重点研究货币供求与均衡、通货膨胀、货币政策以及金融风险与监管；第四篇为金融开放与金融发展，深入探讨国际货币与资本运动的特点，以及全球金融一体化发展趋势。

本教材力求“厚基础、重理论、宽口径”，在详细介绍金融学基础知识和金融理论的同时，通过设置各章知识构架图、专栏、案例分析、关键术语、复习思考题、延伸阅读等栏目，将发展中的金融理论与实践以及人们关心的金融热点整合到教材之中，既激发了学生的求知欲望，又拓展了学生的知识面。

本教材可供经济类、管理类专业本科层次的金融学教学使用，也可供从事经济、金融管理工作的人员阅读。

图书在版编目(CIP)数据

货币金融学/许传华，杨学东主编. --2版. --北京：高等教育出版社，2018.9(2021.2重印)
金融学专业
ISBN 978-7-04-050464-4

Ⅰ.①货… Ⅱ.①许… ②杨… Ⅲ.①货币和银行经济学-高等学校-教材 Ⅳ.①F820

中国版本图书馆CIP数据核字(2018)第203330号

Huobi Jinrongxue

策划编辑 郭金录　责任编辑 吴淑丽　特约编辑 吕培勋　封面设计 张 志
版式设计 于 婕　插图绘制 于 博　责任校对 刘 莉　责任印制 刁 毅

出版发行 高等教育出版社
社　　址 北京市西城区德外大街4号
邮政编码 100120
印　　刷 肥城新华印刷有限公司
开　　本 787mm×1092mm 1/16
印　　张 18
字　　数 400千字
购书热线 010-58581118
咨询电话 400-810-0598
网　　址 http://www.hep.edu.cn
　　　　 http://www.hep.com.cn
网上订购 http://www.hepmall.com.cn
　　　　 http://www.hepmall.com
　　　　 http://www.hepmall.cn
版　　次 2014年8月第1版
　　　　 2018年9月第2版
印　　次 2021年2月第4次印刷
定　　价 48.00元

本书如有缺页、倒页、脱页等质量问题，请到所购图书销售部门联系调换

物 料 号 50464-00

第二版前言

自2014年《货币金融学》教材出版以来,金融业的发展可谓日新月异。2015年10月23日,中国人民银行宣布商业银行和农村合作金融机构等不再设置存款利率浮动上限,我国利率市场基本完成;12月25日,由习近平主席倡议、总部设在北京的亚洲基础设施投资银行正式成立。2016年10月1日,人民币纳入SDR货币篮子正式生效;12月1日,个人账户分类管理制度全面推进。2017年3月出台楼市新政;6月20日,中国A股将纳入摩根士丹利资本国际公司(MSCI)新兴市场指数和全球基准指数。2018年3月17日,全国人大通过《国务院机构改革方案》,其中,对银监会和保监会进行合并,组建中国银行保险监督管理委员会。为了顺应国内外金融形势的变化,应高等教育出版社之邀,我们决定重新修订这本教材。

本次教材修订主要基于以下方面:尽量反映近年来金融业的最新发展状况;简化部分内容,删除过时内容,添加最新知识,使全书内容更加系统化、理论化、时代化;修改和调整教学过程中发现的教材中存在的问题。修改内容如下:

第一章增加了信用货币的特征、人民币加入SDR、数字货币等内容,对货币的产生、货币职能、货币制度等内容进行了修改。第二章对引言和信用工具的分类进行了全面修改,删除了信用的职能与作用,调整了信用工具的特征内容,更新了案例分析。第三章对引言和第一节进行了全面更新,替换了专栏内容,增加了案例分析。第四章更新了引言和中国银行外汇牌价专栏,增加了纸币本位制决定影响汇率的具体因素。第五章增加了证券交易程序内容和初贴现、转贴现和再贴现专栏。第六章删除了商业银行经营管理的核心内容以及分业经营与混业经营专栏,增加了我国商业银行资本金标准的专栏,修改了活期存款特征内容。第七章对引言、中央银行产生的原因、中央银行的资本结构、中央银行负债业务进行了修改,删除了林肯的货币新政专栏,增加了2016年印度币制改革专栏和中央银行业务活动的基本原则,更新了中国人民银行资产负债表。第八章将原来的第三节调整为第二节,原来的第二节与第三节内容进行了合并,更新了所有专栏。第九章对引言部分、第一节中货币供给及其性质、派生存款的创造、货币供给模型的推导等内容进行了大幅修改,将第二节中的凯恩斯货币需求理论中交易货币需求和预防性货币需求合并为交易性货币需求,并对投机性货币需求内容进行了文字处理。第十章对通货膨胀的分类、通货膨胀的效应两部分内容进行了大幅修改,增加了一个专栏。第十一章将第一节内容分解为第一节和第二节,原第二节和第三节改为第三节和第四节,增加了货币政策类型、货币政策传导理论,删除了货币政策传导渠道,替换了部分专栏。第十二章更新了引言和案例分析内容,增加了中国银监会、保监会合并的内容,删减了部分过时内容。第十三章更换了中国国际收支平衡表,增加了亚洲基础设施投资银行内容。第十四章调整了第二节的内容结构,增加了金融抑制模型和金融深化的衡量指标,删除了发展中国家金融体制特征部分，替换了部分专栏。

本教材修订的主要分工如下：

前言：杨学东；

第一章：许传华，杨雪莱；

第二章：王国红，杨学东；

第三章：张远为，彭芸；

第四章：李娟，王瑞华；

第五章：杨学东，王瑞华；

第六章：杨学东，杨雪莱；

第七章：王瑞华，彭芸；

第八章：张远为，王国红；

第九章：朱连才，杨学东；

第十章：熊劼，杨学东；

第十一章：王瑞华，熊劼；

第十二章：杨雪莱，许传华；

第十三章：彭芸，王瑞华；

第十四章：杨学东，张远为。

此次教材修订，由本教材主编许传华组织编写人员反复讨论，副主编杨学东完成全书的总纂和定稿工作。

本教材在修订过程中，听取了部分高校教师在用书过程中提出的修改建议，吸收了不少专家学者的思想及观点，得到了高等教育出版社郭金录先生及编辑人员的大力支持，在此深表谢意！

本教材原主编吴少新教授对本书的编写与修订给予了大力支持，因退休缘故不再担任本教材主编，由原副主编杨学东接替担任主编。在此，对吴少新教授为本教材的编写出版所付出的心血致以崇高的敬意！

限于我们的学识水平，本书错漏之处在所难免，恳请各位同仁和读者批评指正。

编　者

2018 年 7 月于藏龙岛

目 录

第一篇 金融学基本范畴

第二篇 金融市场与金融机构

第一篇　金融学基本范畴

第一章

货币

引言

太平洋上密克罗尼西亚的加罗林群岛的最西端有一个雅浦岛。1899 年到 1919 年,雅浦岛是德国的殖民地,该岛不出产金属,这里的资源就是石头,人们的劳动都耗费在搬动和磨制石头上,石头就像文明社会里的所有物和铸币一样,是劳动的代表物。他们把这种交换媒介称为费,费是由大而坚硬、厚重的石轮组成的。当时,岛上的道路状况很差,德国统治者要求当地居民改善道路状况,但岛上一些地区的居民却拒绝执行这一命令。德国人决定向岛上居民征收罚金,于是派出了专人向抗拒命令地区的每一家石屋和公共场所收取罚金,做法是在费上画一个黑色的十字,表明这块石头已被政府征收了。这个办法马上产生了效果,那些失去财富的居民马上修好了连接岛屿两端的道路。随后,当局又派人擦掉了画在石头上的十字,罚金马上取消了,幸福的"石屋们"重新获得了其资本所有权,并尽情享受着自己的财富。

无独有偶,1932 年到 1933 年,法兰西银行担心美国不再按一盎司黄金兑换 20.67 美元的传统价格兑换黄金,于是要求纽约联邦储备银行将它存在美国的大部分美元资产转换为黄金。为了避免海运这批黄金,法兰西银行要求联邦储备银行把黄金存到法兰西银行的会计账簿上,联邦储备银行的做法是将与那笔资产等量的金锭放入了另外几个抽屉中,并在这几个抽屉上贴了标签,就像德国人在石头上做的黑色十字标记一样,表明这个抽屉里的东西是法国的财产。这一看似简单的标记马上给市场造成了美元疲软的预期,成为导致 1933 年银行业恐慌的众多因素之一。

伴随我们长大的货币,以及管理货币的体制,在我们看来是那么"真实"而且"合理",我们手中拥有的货币量也是衡量个人财富多少的重要参考指标。然而,这些货币可能因为一个简单的标记瞬间消失或者大幅贬值,这也正是我们很难准确回答究竟"货币是什么"的原因。

通过本章的学习,你将能够了解和掌握以下知识:

- 货币的本质;
- 货币职能;
- 货币层次划分;

● 货币制度。

本章知识架构图

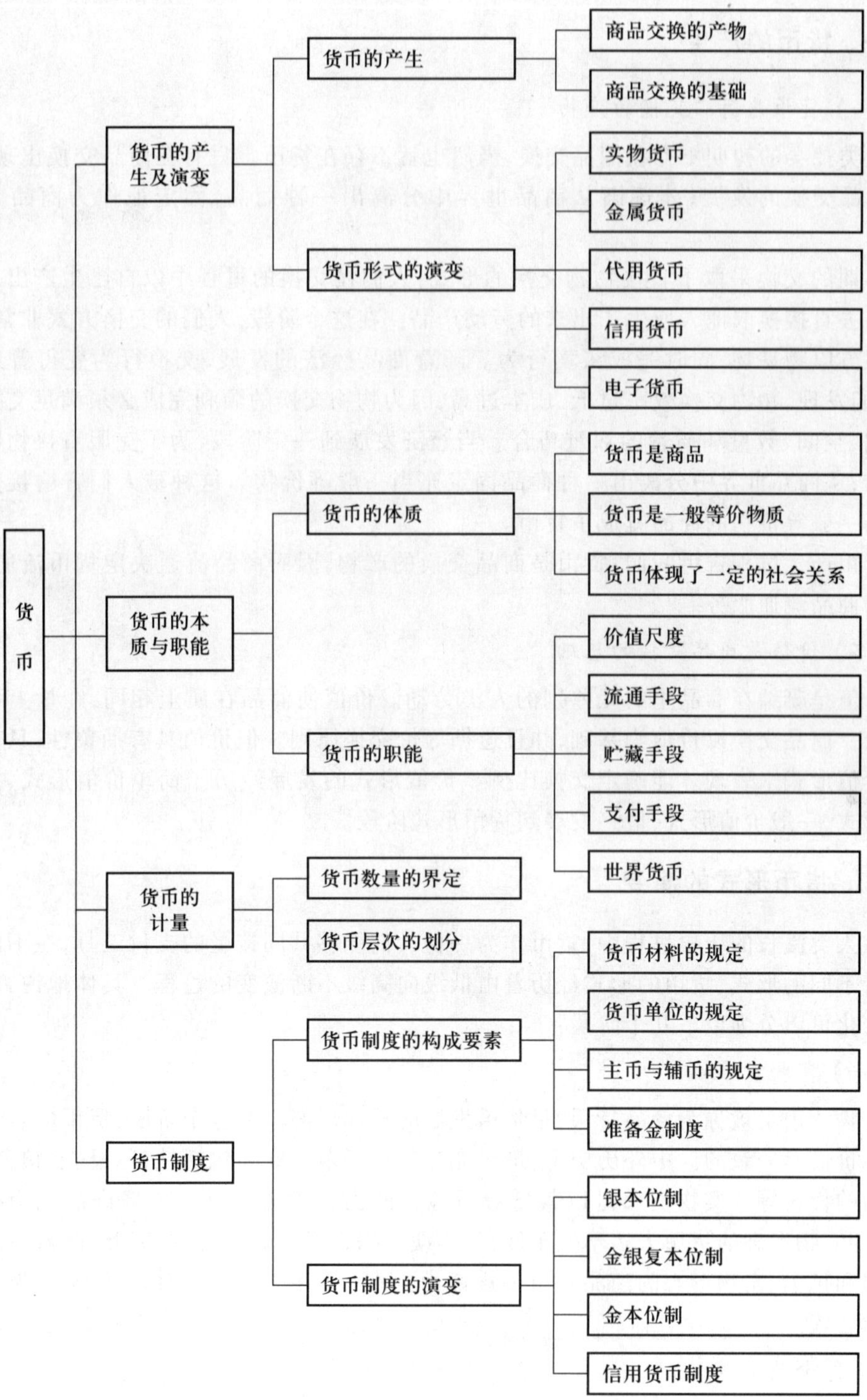

第一节 货币的产生及演变

一、货币的产生

（一）货币是商品交换的产物

人类社会的初期不存在商品交换，当然也就不存在货币。只有在商品交换出现以后，随着商品交换的发展，才逐渐从商品世界中分离出一种商品，固定地作为商品交换的媒介。

早期的交换采取了直接物物交换的形式，人们在交换的过程中以自己生产出来的劳动产品去直接换取他人所生产出来的劳动产品。在这个阶段，人们的交换方式非常简单，买卖双方以物易物，同时完成买卖行为。随着商品经济的发展，交换行为变得普遍而复杂，人们发现，物物交换效率过低、成本过高，因为物物交换的顺利完成必须满足交换双方在时间、空间、数量和质量的双重巧合。当经济发展到一定阶段，为了克服直接物物交换的困难，从商品世界中分离出一种商品固定充当一般等价物。这种被人们普遍接受的固定充当一般等价物的商品就成了货币。

货币产生过程告诉我们：货币是商品交换的产物，因而商品流通决定货币流通，货币流通为商品流通服务。

（二）价值是商品交换的基础

价值是凝结在商品里的无差别的人类劳动。价值使商品在质上相同，在量上可以相互比较。商品交换以价值为基础，并且遵循等价交换原则。但价值具有抽象性，只有由具体的价值形式来表现才能确定交换比例。价值形式的发展经历了简单价值形式、扩大的价值形式、一般价值形式，最终发展到货币形式阶段。

二、货币形式的演变

在人类漫长的历史进程中，货币作为一种人们能够共同接受的支付工具，在不同的时期有着不同的形式，货币的形式经历着由低级向高级不断演变的过程。具体地说，货币形式的变化可以分为以下几个阶段：

（一）实物货币

实物货币又被称为商品货币，是货币发展的早期形态。在这个阶段，货币的名义价值与实际价值是一致的。中外历史上，最早充当实物货币的商品包括牲畜、贝壳、粮食、布匹乃至活的牲畜等。实物货币是以其自身所包含的内在价值与其他一般商品相交换。但是，早期实物形态的货币大多不便于保存，不便于携带而且难于分割，因此，随着商品交换的发展和扩大，实物形态的商品货币就逐渐由内在价值稳定、质地均匀、便于携带的金属货币所替代。

（二）金属货币

严格地说，金属货币也是实物货币或商品货币。作为货币材料的金属早先是铜、铁等贱金属，随着商品生产和交换的发展，贱金属逐步让位于金、银等贵金属，贵金属质地均匀、体积小、价值高、耐腐蚀、便于携带。因此，马克思说：“金银天然不是货币，但货币天然是金银。”

金属货币最初是以块状流通的，随着商品生产和交换的发展，一些富裕的有名望的商人在货币金属块上打上印记，标明重量和成色，以便于流通。当商品交换进一步发展并突破地方市场的范围后，要求具有更权威的证明，而最具有权威的当属国家。

由国家的印记证明其重量和成色的金属块被称为铸币。金属货币存在一定的局限性，如异地之间大宗交易不便、流通费用高、币材有限、在长期流通过程中会不断磨损等。

（三）代用货币

代用货币是指代替金属货币执行流通，且可以与它所代表的贵金属货币自由兑换的信用凭证。代用货币之所以能在市场上流通，被人们普遍接受，是因为它们都有十足的贵金属作保证，可以自由地向发行机构兑换成金属货币。代用货币是由足值货币向现代信用货币发展的一种过渡性的货币形态。一方面，它完全建立在足值货币的基础上，能够与它所代表的金属货币自由兑换；另一方面，它作为不具有十足价值的货币符号发挥货币的职能，是建立在一定信用关系之上的。

（四）信用货币

信用货币是以信用为保证，通过信用程序发行和创造的代替贵金属货币发挥流通手段和支付手段，且不能与贵金属货币自由兑换的信用凭证。现代信用货币由现金货币与存款货币两部分构成，其中存款货币是信用货币的主体和初始形态。

信用货币的特征表现为：第一，信用货币是一种直接价值符号；第二，信用货币是一种债务凭证；第三，信用货币具有强制性；第四，国家可以通过银行来控制和管理信用货币流通。

（五）电子货币

电子货币是信用货币与计算机、现代通信技术相结合的一种最新货币形态，它通过电子计算机运用电子信号对信用货币实施贮存、转账、购买和支付，明显比纸币、支票更快速、方便、安全、节约。美国经济学界把电子货币称为继金属铸币、纸币以后的“第三代货币”。而实质上，电子货币是新型的信用货币形式，是高科技的信用货币。

专栏 1-1

数字货币

在金融业科技持续变革的大背景下，货币的形态也在不断演变。电子计算机和网络通信技术的兴起、成熟使电子支付方式在经济生活中普及，纸质货币逐渐被电子货币替代。基于区块链技术的新型数字货币更是引起社会公众的广泛关注，一方面，以比特币为代表的私人数字货币总市值多次创下历史新高；另一方面，数字货币受到各国货币当局的重视，各国央行纷纷开始进行数字货币的理论和应用探索。从纸质信用货币到电子货币，再到数字货币的货币形态演变，印证了虚拟化、数字化这一货币形态发展趋势。

2008年，比特币的创始人使用假名“中本聪”在互联网上发表了一篇题为《比特币：一种点对点电子现金系统》的报告，次年年初中本聪公布了比特币系统的开源代码，并挖出了第一批50枚比特币。比特币是世界上第一种也是目前最主要的私人数字货币之一。随着比特币的出现，数字加密货币技术不断升级与进步，一些扩展变形的数字货币也得到了市场的认可，包括以太币、莱特币、瑞波币等。私人数字货币在后金融危机时代全球货币竞争性超发的背景下迅速发展，但私人数字货币的先天缺陷使其无法成为真正意义上的货币。这是因为，虽然数字货币解决了电子支付的信任问题，但其背后缺乏强大的资产支撑，难以解决资产价值信任问题。这一先天缺陷导致私人数字货币普遍存在价值不稳定、公信力较弱、可使用范围受限等问题。同时，私人数字货币影响金融稳定且难以被有效监管，因而各国央行开始探索发行法定数字货币。

央行所进行的数字货币研发英文名叫“DC/EP”，有两层含义，DC是数字货币，EP是电子支付。这意味着“DC/EP”既可以是以区块链或分布式记账技术为基础的数字货币，也可以是在现有的电子支付基础上演变出来的技术。数字货币的出现有技术发展的必然性，传统的纸币、硬币在未来可能会逐渐减少，甚至可能消失。

三、货币的定义及特征

（一）货币的定义

经济学家定义货币有两种方法。一种叫归纳方法，侧重于货币的特性，它寻求能使货币区别于其他事物的单一特性，这就是我们通常定义货币的方法。按照这种定义，货币是被人们普遍接受的交换中介。货币供给对名义收入有重大影响，同时可被中央银行控制。货币具有交换中介的职能，货币也具有贮藏财富的职能，但贮藏财富的职能并非货币所特有，只有交换中介这一职能才是货币所特有的。定义货币的另一种方法是实证定义法，它强调货币供给的重要性方面，即货币政策对货币供给具有重要意义，中央银行可以控制货币供给并对名义收入产生重大影响。

（二）货币的特征

货币作为一般等价物具有两个基本特征：一是表现和衡量一切商品的价值；二是可以同一切商品相交换。货币出现后，整个商品世界就分裂成为两极，一极是货币，另一极是所有的商品。商品以各种各样的使用价值的形式出现，而货币则是以价值的化身或尺度出现，商品的价值只有通过与货币的比较之后，相互之间才可以比较。可见，考察货币的本质，应把其质的规定和存在形式区别开来。无论货币由什么来充当，它作为一般等价物的本性绝不会改变。

第二节　货币的本质与职能

一、货币的本质

从货币的产生可以看出货币的本质，即货币是固定地充当一般等价物的特殊商品，并体现一定的社会生产关系。首先，货币是商品，具有商品的共性，这是货币与其他商品交换的基础。其次，货币是一般等价物，货币的特殊性表现为使用价值的一般性。最后，货币还体现了一定的社会关系。马克思说："（货币）只是隐藏在物的背后的人的关系"。

货币的本质决定了货币具有两个基本特征：一是表现和衡量一切商品的价值，二是可以同一切商品相交换。货币出现后，整个商品世界就分裂成为两极，一极是货币，另一极是所有的商品。商品以各种各样的使用价值的形式出现，而货币则是以价值的化身或尺度出现，商品的价值只有通过货币表现和衡量之后，相互之间才可以比较。

二、货币的职能

（一）价值尺度

货币在表现商品的价值并衡量商品价值量的大小时执行价值尺度的职能。价值尺度是货币最基本的职能之一，是货币本质的体现。作为价值尺度，货币把一切商品的价值表现为同名的量，使它们在质上相同，在量上可以相互比较。

货币执行价值尺度职能具有如下特点：第一，执行价值尺度职能的货币只需要观念上的货币。货币在执行价值尺度职能时，并不需要现实的货币放在商品旁边，只需要运用长期积累的经验和知识就可以完成。第二，执行价值尺度职能的货币必须是足值的货币，这是价值尺度职能存在和正常发挥作用的要求。第三，价值尺度职能必须通过价格标准来完成。价格标准是人们所规定的货币单位及其等分，这是一种为统一计价方式而做出的技术性的规定。第四，作为价值尺度的货币具有完全的排他性和独占性。只有这样，商品的价值才能得到真正统一的表现。

（二）流通手段

流通手段是指货币在商品和劳务交换中充当交换媒介的职能。货币发挥流通手段职能克服了物物交换所面临的"需要的双重巧合"的困难，促进了商品交换和专业分工的发展。

执行流通手段的货币具有如下特点：第一，必须是现实的货币。货币作为流通手段在媒介商品交换时体现着等价交换的原则，必须一手交钱，一手交货。第二，可以是非足值的货币，因而可以用价值符号来代替。货币在商品交换过程中是转瞬即逝的媒介，人们关心的只是货币能否换回自己所需要的商品，其本身是否有价值无关紧要。第三，具有一定的货币危机性。货币发挥流通手段职能，使买卖分离为两种独立的行为，可能造成买卖脱节，从而导致商品积压，商品生产者倒闭破产。

（三）贮藏手段

贮藏手段是指货币暂时退出流通领域，作为价值的代表或财富的化身被人们保存起来的职能。

执行贮藏手段的货币有如下特点：必须是现实的币，而且是十足的货币。货币的贮藏实际上是价值的贮藏。需要注意的是：信用货币等非足值的货币发挥贮藏手段职能的前提是币值必须稳定；贮藏非足值的货币，对个人而言具有贮藏价值的作用，但对整个社会而言并无贮藏价值的作用。

货币执行贮藏手段职能具有调节货币流通量、保证货币流通与商品流通相适应的作用。

（四）支付手段

支付手段职能是指货币在用于清偿债务，作为了结债权债务关系工具的职能。

货币作为支付手段具有以下特征：第一，货币作为独立的价值形式进行单方面的转移，不论在赊销活动还是在其他支付活动中，都没有商品与之同时、同地反向运动。第二，作为支付手段职能的货币必须是现实的，但可以由价值符号执行。第三，货币发挥支付手段不仅服务于商品流通，还服务于其他经济活动。如用货币发工资、纳税、捐赠等。第四，引发危机的可能性更大。虽然货币发挥支付手段职能使商品生产者不至于因自己的商品暂时卖不出去而使生产过程中断，提高了生产过程的连续性，但并没有解决货币发挥流通手段产生的买卖脱节问题，反而使买卖脱节问题更加严重，从而引发货币危机乃至经济危机的可能性更大。

（五）世界货币

世界货币是指货币越出国境在国际市场上发挥一般等价物作用时的职能。货币作为世界货币具有三个方面的内容与作用：一是作为一般支付手段以平衡国际收支差额；二是作为一般购买手段进行国际贸易；三是作为一般性财富转移手段进行国际财富的转移。

信用货币取得世界货币职能的一般条件是：第一，货币发行国的经济实力足够强大且国际贸易足够发达。第二，这种货币是自由兑换货币，并在国际市场上有比较大的需求量。第三，这种货币币值比较稳定，发行国愿意承担维护和调节该货币币值的相应义务。

虽然黄金已经不再作为固定的货币形态了，但黄金仍然是国际支付的最后手段。当一国其他的国际购买或支付手段如外汇储备、国际货币基金组织特别提款权及其他储备头寸均已告罄时，黄金就有可能再次承担起国际购买和国际支付的职能。所以，各国的国家储备中，黄金都是重要组成部分。

货币的五个职能是相互联系的整体，是对货币本质的全面体现。它们的相互关系表现为：价值尺度和流通手段是货币的两个最基本的职能，货币的其他三个职能是货币作为一般等价物在不同环境中本质的表现。

专栏 1-2

人民币加入 SDR 的实质意义

2016 年 10 月 3 日，国际货币基金组织宣布纳入人民币的特别提款权（SDR）新货币篮子于 10 月 1 日正式生效。

人民币加入 SDR，是人民币国际化的一个里程碑事件，在改变国际货币体系格局的同时，对我国经济发展具有一系列实质意义。

第一，加入 SDR，人民币成了世界货币。这将促进国际结算中用人民币进行结算，带来交易便利化，降低交易成本，同时规避汇率波动风险。例如，在国际结算时，中方直接支付人民币给美国企业成为可能，中国企业或个人无须担心汇率波动带来的可能损失。

第二，加入 SDR 后，人民币汇率可以自由浮动，汇率自由化有助于降低国际风险对国内的传导。假设有国家突然宣布债务违约而致国际金融市场发生动荡，引发新兴市场货币贬值，带来抛售潮，在此情况下，人民币作为国际储备货币，无须担心被恐慌抛售；假使出现抛售的情况，由于国际储备货币实现了汇率的自由浮动，人民币可以通过汇率的波动抵御掉一部分风险。

第三，加入 SDR，有助于中国获取国际商品交易中的定价权。近 20 年来，由于中国等亚洲国家无定价权，亚洲主要石油消费国对中东石油生产国支付的价格，比从同地区进口原油的欧美国家的价格每桶要高出 1~1.5 美元。一旦人民币成为国际储备货币，上海自贸区原油交易就可以采取人民币定价，交易方就会将人民币价格作为判断市场以及未来交易决策的重要依据。

第四，加入 SDR，有助于维护央行货币政策的独立性。根据蒙代尔三角理论，一个国家不可能同时维护固定汇率、自由流动、独立的货币政策，只能同时维持其中两者。对于中国这样一个大国而言，必须维护独立的货币政策，不能被别人牵着鼻子走。三者中唯一放弃的就是固定汇率，而采取浮动汇率。尽管如此，由于人民币加入 SDR 成为国际储备货币，别的国家会将人民币作为其外汇储备，因此汇率波动风险就小了许多。

第五，加入 SDR，加大了世界持有人民币作为储备资产的愿望，还将为政府带来数目可观的铸币税。同时，各国会增持人民币作为其储备资产、增加对中国金融资产的配置，也为中国国内带来一定的增量资金。

第三节 货币的计量

一、货币数量的界定

货币供应量是指一定时点上的货币总存量。人们一般根据流动性大小，将货币供应量划分为不同层次加以测量、分析和调控。

（一）狭义货币供应量

按货币本质和职能来界定狭义货币，其标准是能否作为直接购买力。狭义货币供应量（M1）是指银行体系以外的现金（M0）加上活期存款。这里的现金也就是所谓的通货。现阶段，我国确定的狭义货币供应量 M1 为 M0+企业活期存款+农村存款+机关团体部队存款+个人持有的信用卡类存款。

（二）广义货币供应量

广义货币供应量（M2）是指 M1 加上定期存款和城乡居民的各项储蓄存款。其中，M2 与 M1 的差额，即定期存款和储蓄存款之和，通常称为准货币。很多信用工具被纳入广义货币范畴，是因其能在一定程度上执行货币的某些职能尤其是支付手段和贮藏手段，如偿债、质押、保值等，但它们又不可能具备全部的货币职能尤其是流通手段，也就是不能直接用于购买。

二、货币层次的划分

（一）基本模式

$$M0=C$$
$$M1=M0+D$$
$$M2=M1+T$$

M0、M1、M2 表示货币层次；C 表示现金；D 表示活期存款；T 表示定期存款。一般称 M1 为狭义货币，M2 为广义货币。

国际货币基金组织将各种货币分为三个层次：通货、货币和准货币。其中，通货是指流通中的现金，货币主要包括通货和可以签发支票的活期存款，准货币相当于定期存款、储蓄存款和外币存款之和。

中国人民银行从 1994 年 10 月开始正式向社会公布货币供应量统计，之后进行过多次调整。目前，我国货币供应量分为以下三个层次：

M0＝流通中现金

M1＝M0+活期存款（包括企事业单位活期存款、农村存款、机关团体部队存款、个人信用卡存款）

M2＝M1+储蓄存款和企业定期存款+证券保证金+非存款类金融机构在存款类金融机构的存款+住房公积金存款+其他存款

由于世界各国金融制度不同，金融资产的种类不同，金融资产的流动性也有所不同，各国货币层次的划分都有自身的特点。

（二）货币层次划分的依据

划分货币层次的主要依据是金融资产流动性的强弱。这个概念包含三重要求：

第一是不受损失，指金融资产规避各种风险的能力。风险是因各种原因而遭受损失的可能性。任何金融资产都面临着或大或小的风险。有的金融资产面临的风险较小，其流动性则较强；有的金融资产面临的风险较大，其流动性则较弱。

第二是及时转化。这有两层含义：一是需不需要转化；二是转化的速度快不快。有些金融资产需要转化成现金或活期存款后才能表现为现实购买力。金融资产在转化成现实购买力的时候还有一个转化速度的问题。能及时迅速转化，流动性就高。一般来说，提高转化的速度可能增加转化过程中的风险，即转化速度与转化效率相矛盾。比如定期存款，如果想提前兑现以加快其转化速度，则面临着定期利率变成活期利率的利息损失，也就是转化效率下降了。

第三是现实购买力，即交换商品的能力。将流动性直接与现金挂钩是不确切的；现金不是唯一的购买力手段，只要能立即交换成一定量的商品，金融资产是不是转化成现金并不重要。因此，我们在理解流动性时要把握这样的观点，即商品量是衡量财富的最终标准，对商品的购买力才是流动性最直接也是最终的标准。

（三）货币层次划分的意义

不同金融资产的流动性不同，它们对经济可能产生的影响就会不同。就货币而言，其不同的影响体现在:其一,不同流动性的货币对商品的购买力不同;其二,不同流动性的货币自我派生能力不同;其三,不同流动性的货币对居民心理预期的影响不同;其四,中央银行对不同流动性货币的控制力度和控制方式不同。

由上可见,对货币进行狭义和广义的划分仍然不足以精确反映货币多样性的特征,因而也就无法精确反映货币对经济的多样化作用。鉴于此,中央银行在进行货币投放和调控时就必须按流动性对货币量进行更细致的划分,并且找出对经济影响力最大的部分,以便抓住重点,区别对待,有效控制,发挥货币对经济的最优效应。

第四节 货币制度

货币制度简称“币制”,是指一个国家以法律形式确定的货币流通的结构、体系与组织形式。制定货币制度的宗旨是加强对货币发行和流通的管理,维护货币的信誉,管理金融秩序,促进经济发展。建立有序的、稳定的货币制度是每个国家所共同追求的目标。

一、货币制度的构成要素

(一) 货币材料的规定

规定何种材料为币材,在金属货币时代是非常重要的,它决定了哪种金属作为基本货币金属,即作为本位币的铸造材料,因而也就确定了整个货币制度和货币流通的基础。币材的确定是受客观经济规律制约的,绝不是国家机关或主管部门的主观意志可以决定的。一旦原有的币材不能适应生产力水平的发展,客观上就需要选择新的材料取而代之。

历史上曾有许多商品充当过货币材料。实物货币中有贝壳、布帛、珠玉等。金属货币流通阶段,币材的选择在不同国家和不同地区会有所不同,如商品经济不发达的国家一般会选择白银或其他贱金属作为货币材料,而经济发达的国家就可能选择黄金作为货币材料。另外,在同一国家同一时期,币材也可能不是单一的,有可能出现多种货币材料同时存在的现象。现阶段,世界各国都实行不兑现的信用货币制度,在金属货币条件下货币制度构成要素中关于货币材料的规定现在已不复存在了,这是货币制度的一个重大的变化。

(二) 货币单位的规定

货币单位有两重含义:一是规定货币单位的名称;二是确定单位货币的币值。货币单位的名称,最早与货币商品的自然单位保持一致,在金属称量制下的货币单位与重量单位完全一致,在金属铸币制中货币单位开始与重量单位名称相分离,而货币单位价值量也就是单位货币的含金量,仍以重量单位表示。一国货币单位的名称是该国货币名称的重要组成部分。按照国际惯例,货币单位名称前加国名即为该国货币名称。

(三) 主币与辅币的规定

主币又称本位币,是一国货币制度中的基本通货,它是国家法定的计价和结算的货币单位。主币主要用于满足大宗商品交易和劳务供应的需要,具有无限清偿能力。在金属货币条件下,主币有两个基本特征:第一,主币是具有无限法偿能力的货币。即任何人在任何地方使用主币进行购买和支付,不论数额多少,收款人均不得拒绝接受。第二,金属本位币可以自由铸造和融化，自由输出和输入。从而保证国内物价的稳定与国际汇率的稳定。

辅币是指本位币单位以下的辅助本位币流通的小面额货币，主要用于日常零星交易或找零。其特点是：第一，辅币一般是有限清偿货币，即每次交付的辅币数量有一定限制，超过限额，收方可以拒收。第二，辅币不允许自由铸造，而是由国家垄断铸造。

（四）准备金制度

准备金制度也称发行保证制度，是指通过银行发行的纸质货币依靠什么来保证其币值稳定的制度。在代用货币形态下，发行银行券和辅币的银行必须建立金属准备制度，以保证其随时兑现。自 20 世纪 30 年代金本位制崩溃后，发行信用货币的中央银行虽然集中大量的黄金外汇储备，但既不规定信用货币的含金量，一般也不建立黄金外汇与信用货币的比例关系。随着商品流通和货币流通的发展，货币发行的商业信用保证和国家信用保证也发展起来。少数国家和地区由于特殊的原因，也有用发达国家的货币作为本国或本地区货币发行保证的。

二、货币制度的演变

货币制度从演变过程看，主要经历了金属货币本位制度和信用货币本位制度两个阶段。金属货币本位制度又分为银本位制、金银复本位制、金本位制以及信用货币本位制度。

（一）银本位制

银本位制是指以白银作为本位币币材的货币制度。银本位制始盛于 16 世纪，19 世纪末逐渐退出历史舞台。其主要内容包括以白银铸造本位币；银本位币具有无限法偿能力；银本位币可以自由铸造与熔化；银本位币和白银可以自由输出入国境；银行券及辅币可以自由兑换银本位币或等量白银。白银作为币材，在世界各国都具有悠久的历史，但银本位制作为一种独立的货币制度存在的时期并不长，实行的范围也不广，主要是在一些商品经济不发达的国家。银本位制的最大缺点在于：第一，白银价值不稳定。由于白银矿藏的分布较广泛而且范围比较广，开采成本比较低，冶炼的技术难度也较小，其产量变动很大，使得白银在市场上供求状况变化很大，从而使市场上商品价格的变化频繁，影响了商品交易活动的正常进行。第二，白银单位价值量小，不利于大宗交易的进行，因而也无法适应日益发达的商品经济发展的要求。

（二）金银复本位制

金银复本位制是指以金和银两种金属同时作为本位币币材的货币制度。金银复本位制的主要内容是：金银两种本位币都可以自由铸造；金银两种本位币都具有无限法偿的能力；金银两种本位币和金银两种金属都可以自由输出入；流通中的辅币可以自由地与金银币兑换。

这种货币制度是资本主义初期西方各国曾经实行过的一种货币制度。如英国在 1717 年、美国在 1792 年均实行过这种货币制度。这种货币制度为稳定当时的商品市场起到了重要的作用。但这种制度实行不久，其本身的不稳定性就开始暴露出来。当金银铸币按各自本身的价值进入流通时，市场上所有的商品都会出现两重价格——金价和银价，而这两种价格之间的比价关系又会因为金银两种金属的市场比价的不断变化而发生变化，这无疑给商品的定价及交换带来了许多麻烦。为了解决这一问题，很多国家采取了新的办法来确定金银两种货币间的比价关系，因而金银复本位制因确定金银两种货币间的比价方法不同又分为平行本位制、双本位制和跛行本位制三种类型。

平行本位制是指金银两种货币间的比价完全按照各自的价值量由市场供求决定的制度；双本位制是在金银比价波动比较大，尤其是金贵银贱引起流通混乱时出现的，这种货币制度是通过法律来规定金币与银币的比价；跛行本位制则是当国家无力再维持金银两种货币间的固定比价时宣布对银币实行限制铸造，并且规定银币有限法偿。跛行本位制实际上已经不是金银复本位制，而是一种过渡性的货币制度。

金银复本位制是一种不稳定的货币制度，存在不可克服的缺点：

第一，有可能在实际生活中就出现两种金银比价关系，即市场比价与法定比价。二者之间比价关系变动的依据不同，因此变动的大小也是不同的。二者比价变动的不一致导致“劣币驱逐良币”现象（格雷欣法则）出现。即两种实际价值不同而名义价值相同的货币同时流通时，实际价值较高的货币（良币）必然退出流通，被人们收藏、熔化或被输出国外，而实际价值较低的货币（劣币）则充斥市场。

第二，价值尺度的二重化与价值尺度职能的独占性是完全矛盾的。金与银的比价频繁波动，使得以这两种货币标价的商品价格也不断发生变化，引起价格标准的混乱，结果使货币的价值尺度职能不能正常发挥。

（三）金本位制

金本位制是以黄金作为本位币币材的货币制度。英国于 1821 年首先实行金本位制度，19 世纪 70 年代以后欧美各国和日本等主要资本主义国家相继仿效，金本位制由一国制度变为国际制度。

金本位制又包括了金币本位制、金块本位制和金汇兑本位制三种不同的形态。其中，金币本位制是最典型的金本位制。

金币本位制是国家规定以黄金作为货币金属，以一定重量和成色的金铸币作为本位币的货币制度。金币本位制具有以下几个特点：第一，金币可以自由铸造，同时，人们可以自由地将金币熔化成金块。第二，价值符号（辅币和银行券）可以自由地按票面面额与等量的黄金相兑换。这种规定使流通中的价值符号能够稳定地按其名义价值流通，保证流通中价值符号的价值稳定。第三，黄金可以自由输出入国境。黄金的自由输出入，能使黄金的国内价格与国外价格维持同等水平。由于金币本位制的三个特点使这种货币制度成为历史上相对稳定的货币制度，对资本主义经济的发展曾起了很大的促进作用。

金块本位制也叫生金本位制，它与金币本位制的主要区别在于：在金块本位制下，黄金只能在有限的范围内流通。金铸币不再自由铸造，也不再投入流通过程中去。银行券和辅币要兑换黄金必须符合一定的条件，即要求兑换的黄金数量达到规定的最低数量，方能兑换金块。

金汇兑本位制也叫虚金本位制，是指一国的货币与黄金间接兑换的货币制度。在这种货币制度下，一国货币按法律程序规定其含金量，但不能直接与黄金兑换，它可以自由地兑换为某一种外币，而这种外币可以直接兑换为黄金。

20世纪30年代，在资本主义世界经济危机的猛烈冲击下，金本位制崩溃，货币制度过渡到现代信用货币本位制度。

（四）信用货币制度

信用货币制度又称纸币本位制度，是指以不兑现的纸币为本位币，本位币不规定含金量，也不可以兑换黄金的一种货币制度。

1. 信用货币制度的特征

信用货币制度的主要特征是：黄金退出货币行列，银行券成了独立的货币；银行券与纸币一样由政府法律规定强制流通；银行券由银行存贷款回笼和投放；货币流通包括存款货币流通与非存款货币流通，其中存款货币流通是货币流通的主体。

信用货币制度取代金属货币制度可以说是货币制度发展史中的质的飞跃，它突破了货币的黄金限制，使具有个别使用价值的商品形态的货币形式发展成为无个别使用价值的信用货币，不仅大大地节约了社会流通费用，而且使金属货币制度下经常出现的币材匮乏的问题得到了一劳永逸的解决。

在信用货币制度条件下，流通中的货币是通过信用程序进入流通过程的，流通中货币的量并不是取决于一国黄金的准备量，而是取决于一国政府对经济发展和其他因素的判断而制定的货币政策。对货币流通的调节成为国家对宏观经济进行调控的一个重要手段。

2. 信用货币制度的危机性

信用货币制度本身具有很大的危机性，主要表现在：第一，现代信用货币是一种不兑现货币，没有贵金属作为发行保证，其发行的过程缺乏内在的制约机制，很容易出现财政发行，导致通货膨胀。第二，信用货币不具有自发调节货币流通量的能力，只要流通中的货币量超过需要量的容纳弹性就会直接表现为币值下降、物价上涨，影响市场的稳定。第三，信用货币中的存款货币可以通过商业银行的资产业务进行大规模派生，而商业银行作为特殊的金融企业，受经济利益的驱使，往往会突破存贷款控制比例，从而导致信用膨胀。

专栏1-3

货币与大明王朝的终结

1644年3月19日，崇祯皇帝自缢于景山，宣告了大明王朝的终结。然而崇祯皇帝至死也不明白，一个王朝的覆灭竟和货币制度有着紧密的关联。

朱元璋建立大明王朝后，洪武八年发行大明宝钞，至洪武二十七年改行纯纸币流通制度；后因纸币发行过量引发通货膨胀，英宗元年放松银钱禁令，白银便取代纸币成为主要流通货币；明后期以银为主、钱为辅的银钱兼行货币制度正式确立。从货币供给的来源看，当时在国内流通的大量白银主要来自以下几种渠道：一是政府库藏银的市场化；二是国内银矿产银。由于中国在地理位置上没有规模较大的银脉经过，因此国内白银产量极为有限，大部分白银均来自国外，通过中国与西域和邻国对外贸易的出超流入国内。白银大量涌入中国给中国提供了稳定的货币供给，催生了银为主、钱为辅的银钱币制。这种货币制度下,白银是硬通货,除白银外的金属货币和实物商品都与白银挂钩,银本位制约束了当权者滥发货币的权利,促成了明晚期经济文化的繁荣。但银钱币制也有致命的缺陷,一是加重了部分地区农民的税收负担,造成贫富分化,另一个致命缺陷在于货币供给的不稳定。崇祯年间,马尼拉和日本两条白银输入通道相继中断,令大明王朝深陷通货紧缩的泥沼。由于白银进口长期不足使得钱币实物与白银的比价下降,造成以钱币计价的商品物价上涨。如果以铜钱计,崇祯朝十年间米价就上涨了十倍,较同时期欧洲"价格革命"引起物价上涨2~3倍更为严重。"格雷欣法则"在明王朝身上也应验了,在劣质铜钱的驱逐下,优质的白银被窖藏起来退出流通,进一步加剧了白银的短缺。白银紧缩使得通货不足,而天灾造成的粮食短缺却使得粮价腾贵,在天灾人祸之下,明廷的东南和西北同时出现了极为严峻的问题,再加上东北方后金(清)的军事压力,通货危机就这样与内乱、外患一道,摧枯拉朽般地埋葬了大明帝国。可见,如何管理好货币,维护货币币值的稳定何等重要。

三、我国的货币制度

(一)人民币制度

人民币制度的建立以人民币的发行为标志。1948年12月1日中国人民银行正式成立,同时发行人民币。人民币发行以后,中国人民银行迅速收兑了旧经济制度下的法币、金圆券、银圆券,同时通过收兑原解放区自行发行的货币统一了货币市场,形成了新中国货币制度。其基本内容包括以下六个方面:

1. 人民币是我国的法定货币

人民币是由中国人民银行发行的信用货币,是我国的无限法偿货币,没有法定含金量,也不能自由兑换黄金。人民币的单位为"元",元是本位币即主币。辅币的名称为"角"和"分"。1元为10角,1角为10分。人民币的票券、铸币种类由国务院决定。

2. 人民币是我国唯一的合法通货

国家规定了人民币限额出入国境的制度,金银和外汇不得在国内商品市场计价结算和流通。人民币的汇率,实行以市场供求为基础、参考一篮子货币进行调节、有管理的浮动汇率制度,人民币在经常项目下可兑换外汇,在国家统一规定下的国内外汇市场可买卖外汇。

3. 人民币的发行权由国务院授权中国人民银行独家统一掌管

中国人民银行是货币的唯一发行机关,并集中管理货币发行基金。中国人民银行根据经济发展的需要,在由国务院批准的额度内,组织年度的货币发行和货币回笼。

4. 人民币的发行保证

人民币是信用货币,人民币是根据商品生产的发展和流通的扩大对货币的需要而发行的,这种发行有商品物资作基础,可以稳定币值,这是人民币发行的首要保证。其次,人民币的发行还有大量的信用保证,包括政府债券、商业票据、商业银行票据等。最后,黄金、外汇储备也是人民币发行的一种保证，我国建立的黄金和外汇储备，主要用于平衡国际收支，进口商进口商品需要的大量外汇需要用人民币购买，出口商出口商品获得的外汇可出售给银行，银行在购买外汇的同时既发行了人民币，又对人民币的发行起着保证作用。

5. 人民币的自由兑换

我国外汇管理体制改革的最终目标是实现人民币在经常项目和资本项目下全面可兑换。现阶段，我国对资本项目仍然实行严格管理。就长期资本流动而言，我国对外商直接投资管理相当宽松，而对居民的对外投资管理相对较严。对短期资本流动的管理则非常严格。

6. 人民币实行有管理的货币制度

作为我国市场经济体制构成部分的货币体制，对内必须是国家宏观调节和管理下的体制，包括货币发行、货币流通、外汇价格等都不是自发的而是有管理的；对外则采取有管理的浮动汇率制。有管理的货币制度形式是在总结历史经验和逐步认识客观经济规律的基础上，运用市场这只无形的手和计划这只有形的手来灵活有效地引导、组织货币运行。

（二）港元制度

1997 年 7 月 1 日，我国政府恢复了对香港行使主权，香港特别行政区成立。我国的货币制度改为实行一个主权国家两种社会制度下的两种货币、两种货币制度并存的货币制度。在内地仍然实行人民币制度，在香港实行独立的港币制度，在货币发行、流通与管理等方面分别自成体系，人民币和港币分别作为内地和香港的法定货币在两地流通。由于香港仍然实行资本主义制度，因此，按照我国目前的外汇管理规定，港币仍然属于外汇，港币在内地以外币对待，同样，人民币在香港也以外币对待。

港币制度的基本内容包括以下几个方面：

（1）根据《中华人民共和国香港特别行政区基本法》，港币为香港的法定货币。港币的发行权属于香港特别行政区政府，中国银行、汇丰银行、渣打银行为港币发行的指定银行，港币的发行须有 100%的准备金。

（2）香港货币单位为“元”，简称港元，用符号“HK $ ”表示。

（3）港元实行与美元联系的汇率制度，7.8 港元兑换 1 美元。香港特别行政区的外汇基金由香港特别行政区政府管理和支配，主要用于调节港元汇价。目前香港实行的港元对美元的联系汇率制始于 1983 年。

（4）香港特别行政区不实行外汇管制，港币可以自由兑换，外汇、黄金、证券、期货市场完全放开。

专栏 1-4

香港联系汇率制度

香港联系汇率制度，是指将香港本地的货币与某种特定的外币挂钩，按照固定汇率进行纸币发行与回收的一种货币制度。在香港，纸币是由汇丰银行、渣打银行和中国银行香港分行三家指定的商业银行发行的。根据香港的法律,在联系汇率制度下,发钞银行需要向香港金融管理局交付美元,换取负债证明书,用以作为发行纸币的依据,再按照香港财政司规定的固定汇率,以1美元对7.8港元的汇率发行等值的港币。其他银行(在香港称作持牌银行)则可以同样的汇率向发钞银行存入美元,并获得等值的港币。反过来,在回收港币时,外汇基金、发钞银行和持牌银行之间也按1∶7.8的固定汇率进行方向相反的操作。由此不难看出,以美元作为港币发行的基础和依据,并使二者保持固定的汇率,是香港联系汇率制度的两个基本要点。

(三)澳门元制度

1999年12月20日,我国政府恢复了对澳门行使主权,澳门特别行政区成立。由于澳门仍然实行资本主义制度,因此,按照我国目前的外汇管理规定,澳门货币仍然属于外汇,澳门货币在内地以外币对待,同样,人民币在澳门也以外币对待。

澳元制度的基本内容包括以下几个方面:

(1)根据《中华人民共和国澳门特别行政区基本法》,澳元为澳门的法定货币。澳元的发行权属于澳门特别行政区政府,中国银行、大西洋银行为澳元发行的指定银行。

(2)澳门货币单位为“澳门元”,简称澳元,用符号“Pat”表示。纸币面额有5元、10元、50元、100元、500元和1 000元六种,硬币有1角、2角、5角、1元、5元和10元六种。各种货币可自由出入境,不受任何限制。

(3)澳元实施的是与港元挂钩的联系汇率制,103澳元兑换100港元。

本章小结

1. 货币是商品生产和商品交换的产物,是在长期的商品生产和商品交换的过程中,逐渐从商品世界中分离出来的一般等价物。

2. 在人类漫长的历史进程中,货币作为一种人们能够共同接受的支付工具,在不同的时期有着不同的形式,货币的形式经历着由低级向高级不断演变的过程。具体地说,包括实物货币、代用货币、信用货币等几种形式。

3. 货币的职能是货币本质所决定的内在的功能。在现代经济生活中,一般认为货币具有五种职能。它们的相互关系表现为:价值尺度和流通手段是货币的两个最基本的职能,其他三个职能是在价值尺度和流通手段基础上派生出来的。

4. 货币的计量也可称为货币的实证定义,即为实现对货币的宏观控制,从统计的角度给出货币供应量的层次范围并计算数量。货币层次划分的依据是流动性。流动性是指金融资产不受损失地及时转化成现实购买力的能力。

5. 货币制度简称“币制”,是指一个国家以法律形式确定的货币流通的结构与组织形式。货币制度的宗旨是加强对货币发行和流通的管理,维护货币的稳定,管理金融秩序,促进经济发展。

6. 货币制度以币材为代表。从币材变化的过程可以看出,货币制度主要经历了金属货币本位制和信用货币本位制两个阶段。现代货币形式是信用货币形式,它是一种价值符号，因此，在发行和流通过程中必须严格遵循货币流通规律，防止币值出现大幅波动。

关键术语

实物货币　代用货币　信用货币　电子货币　价值尺度　流通手段　支付手段　贮藏手段　世界货币　货币制度　平行本位制　双本位制　劣币驱逐良币规律

思考题

1. 货币是如何产生的？它有哪些形态？
2. 货币具有哪些职能？各职能发挥作用有何特点？
3. 货币层次划分的依据和意义是什么？我国货币层次的内容是什么？
4. 货币制度包括哪些内容？
5. 金本位制有哪几种形式，各有什么特点？
6. 信用货币本位制度为何最终取代了金属本位制？信用货币本位制度有哪些特点？

案例分析

案例一：雍正币制改革

公元1723年，雍正皇帝继位后，即下令铸造雍正铜钱，以年号命名为"雍正通宝"。铜钱仍然按照康熙在位时的金属成分比例，即铜五铅五铸造。但不久，户部云贵主事孙嘉淦上了一个条陈，力主改变新铜钱的金属成分比例，主张变铜五铅五为铜四铅六，他声称这将有助于货币流通、澄清吏治、减少对百姓的盘剥。清朝的货币制度是银钱并行，在政府的倡导下以银为主。雍正年间，商品经济继续发展，社会上需要较多的货币，而在当时的生产力水平下，开采铜矿能力有限，铸钱工业又由官方垄断，缺乏迅速扩大新铜钱投放量的能力，出现铸币不足、银贱钱贵的现象，民间毁钱制铜（铜器）之风颇盛，私铸案件不断出现，进一步加剧流通中的铜钱规模的萎缩。在当时条件下，官制铜钱是私毁和私铸的唯一原材料来源，不法者总是要先销毁铜钱才能取得铜金属，用来铸造轻钱、小钱或者铜件，因此要阻止社会上的铜钱减少，可以有两种措施：一是下令禁止熔化铜钱，采用国家政权强行限制私自熔化铜钱的行为。但由于铸造铜器和小钱的巨大利润，仍然会有人铤而走险。二是减少铜钱中铜的含量。当铜钱中铜的含量下降时，铸造同样一个铜器就需要更多的铜钱，使得不法商人铸造铜器的成本上升，以致继续做这种生意将无利可图，这样，就不会再有人收罗铜钱铸造铜器了。雍正注意到铜钱问题的根源在于铜矿生产不足以满足市场上对铜货币的需要，铜金属资料稀缺，但无论怎样努力铜矿产量还是不能迅速提高的，因此，只有通过改变铜钱中的金属成分含量，利用市场的力量来解决问题。

案例思考：

1. 货币制度的首要目的就是维护货币的稳定及其交易媒介职能，当铜钱退出流通领域，不能满足人们的交易需求时，清朝的货币制度就出现了问题，还滋生了腐败，雍正币制改革的目的就在于以市场的力量维护货币的正常流通。请就案例了解我国清朝的货币制度,并分析雍正币值改革在推动经济发展方面所起的作用。

2. 结合专栏1-3,比较我国明清时期的货币制度,分析银钱并行制度下存在的币值不稳定现象,探讨明清最终走向灭亡的过程中货币所起的作用。

案例二:委内瑞拉发行的石油币

2018年2月20日,一种以石油作为支撑的加密货币——石油币(Petro)横空出世,它是世界上第一款由国家——委内瑞拉发行的虚拟货币。石油币以委内瑞拉奥里诺科重油带阿亚库乔区块1号油田的全部石油储量(53.42亿桶原油)作为物质基础,其价值直接与一桶原油挂钩。根据石油币白皮书,石油币的发行参考价格约为60美元。当天,委内瑞拉政府预售3 840万个"石油币",预售首日已获得7.35亿美元的订单。委内瑞拉推出石油币是为了反制美国金融制裁,以期通过发行此类货币吸引投资,并在国际金融活动中摆脱别国干预,走出经济危机和食物短缺的泥潭。石油币不再是简单的加密数字,而是在国家主权范围内推出的,既有现实基础又有国家信用作保障,这在数字货币的发展史上,是一个新的探索。但委内瑞拉民众对石油币的发行反应不一,一些人称赞该货币是"新经济时代"的一部分,而另一些人则称其为腐败的工具。

案例思考:

1. 结合案例,查找资料并思考:比特币与石油币的差异是什么?石油币是一种怎样的虚拟货币?它可能解决委内瑞拉的经济问题吗?

2. 简述央行法定数字货币与比特币的区别与联系。

3. 如何定位虚拟货币,防范过度投机?

延伸阅读

1. 米尔顿·弗里德曼.货币的祸害:货币史片段.安佳译.北京:商务印书馆,2006.

2. 戴建兵.白银与近代中国经济.上海:复旦大学出版社,2005.

3. 黑田明伸.货币制度的世界史:解读"非对称性".何平译.北京:中国人民大学出版社,2007.

4. Soloman E. H. Virtual Money: Understanding the Power and Risks of Money's High-speed Journey into Electronic Space. Oxford: Oxford University Press, 1997.

第二章

信用

引言

我国沿海地区某市曾经以假冒伪劣名闻天下。而今，它却成为我国市场经济与民营企业最发达的地区之一，被誉为“中国鞋都”“中国服装名城”“中国低压电器城”。

在 20 世纪 80 年代有一个流传甚广的故事：一名东北女青年给未婚夫买了一双款式新颖的该市生产的皮鞋，没料到刚穿了两三天，在结婚筵席上，新郎的皮鞋却开了帮，仔细一瞧，里头塞的全是马粪纸。恼怒之下，小两口把破鞋用邮包寄给了该市市长，质问该市的人为什么拿这种劣质皮鞋坑人。

假冒伪劣与欺诈失信固然可以获得一时的富足、得意与快乐，但很快，信用缺失的 A 市就陷入四面楚歌的境地。工厂被查，店铺被封，产品被销毁，合同被作废。一时间，该市人成了欺诈失信的代名词，人们避之唯恐不及。该市货成了假冒伪劣的代名词，市场份额急剧下降，最终尝到了自己酿造的“信用缺失”之苦酒。

痛定思痛，该市人决心与失信的昨天告别，开始寻找曾经丢失的信用。政府的重视，法律的威慑，诚信的感召，利害的权衡，政治、法律、道德、经济等各种力量的交互作用，该市人卧薪尝胆打造信用。“质量立市、名牌兴业”计划很快成为该市民营企业界的普遍行动。与质量、品牌同成长的，还有精明的该市民营企业家对诚实信用商德的重视，对树立维护自身企业形象和整个城市良好社会形象的追求与努力。

该市由反信用经济到打造信用城市的变迁史生动告诉我们：信用是市场经济的基石，建立社会主义市场经济必须高度重视良好的市场主体信用关系的重构。

通过本章的学习，你将能够了解和掌握以下知识：

- 信用的产生、发展、构成要素、特征与职能；
- 信用形式的分类及几种现代信用形式的含义、作用；
- 信用工具的分类、特征与几种典型信用工具的作用。

本章知识架构图

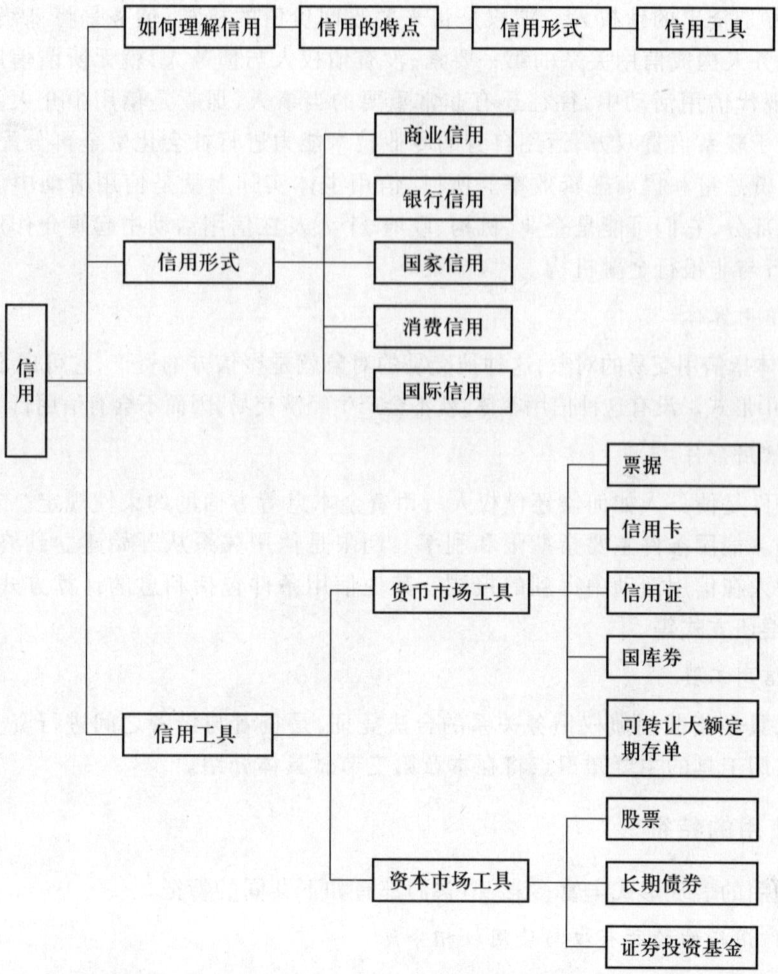

第一节　信用概述

一、信用的内涵及特征

信用是个内涵十分丰富的多义词，可以从不同的角度来理解。从社会的角度来看，信用是遵守诺言，实践成约，从而取得别人对其的信任。作为道德范畴的信用，其内涵是信任、诚信。从经济角度来看，信用是以偿还和付息为条件的价值运动的特殊形式，体现一定的债权债务关系。

二、信用的构成要素

在货币经济中，无论采取何种信用形式，信用关系的构成均涉及以下几个要素。

(一) 信用主体

信用主体即信用活动中的参与者。最基本的主体就是借贷双方,即一方是借入的债务人,另一方是贷出的债权人。债权是将来要收回价值的权利,债务是将来偿还的义务。债权人与债务人构成信用关系的第一要素,没有债权人与债务人,就无所谓信用。值得一提的是,在现代信用活动中,往往还有非常重要的当事人,那就是信用中介人。信用中介人的作用在于联系借贷双方,运用自身的专业技术能力进行社会化资金再分配,从而扩大全社会的融资总量和提高融资效率。所以,信用主体实际上就是信用活动中涉及的赤字部分和盈余部分,它们可能是企业、机构、政府、个人及在信用活动中起媒介作用的金融中介,包括银行与非银行金融机构。

(二) 信用客体

信用客体指信用交易的对象,这种被交易的对象就是授信方的资产,它可以是实物形式,也可以是货币形式。没有这种信用客体,就不会产生经济交易,因而不会有信用行为的发生。

(三) 信用条件

信用条件是债务人如何偿还债权人货币资金本息等方面的约束性规定。它体现了债权债务关系。信用条件主要指期限和利率。期限是信用关系从开始建立到终结的时间,利息是债权人在信用活动中得到的报酬。其他信用条件包括利息的计算方式、支付的次数、本金的偿还方式等。

(四) 信用工具

信用工具是指载明债权债务关系的合法凭证,是贷者与借者之间进行资金融通的工具。有关信用工具的主要知识点将在本章第三节做具体介绍。

三、信用的特征

尽管信用的表现形式丰富多彩,但它们都有如下共同的特征。

(一) 信用标的的所有权与使用权相分离

信用关系是一种债权债务关系,是指债权人(授信方)在一定时期内将标的物使用权暂时让渡给债务人(受信方),而所有权依然保留在债权人手中,信用关系结束时标的物的所有权和使用权才统一到债权人手中。

(二) 以偿还和付息为条件

所有权是产权的基础,这就规定了信用的偿还性。不仅如此,债权人还要获得利息。利息实际上是对资金使用权让渡而引起即期消费和机会收益损失的报酬。所以,偿还性和付息是信用最基本的特征。但由于产权的所有权与使用权的分离,增加了信用活动的不确定性,在逆向选择和道德风险的作用机制下,有可能产生信用风险。即便如此,信用的“两权”分离为虚拟经济的存在创造了必要条件。

(三) 是价值运动的特殊形式

价值运动形式有三种:一是无偿的运动形式,如捐赠、赔款等;二是等价形式,典型的是商品交换过程,一手交钱,一手交货;三是有偿的运动形式,主要包括信用活动。信用是以偿还和付息为条件的,不同于等价运动的商品交换。利息似乎是“钱生钱”的结果,其实现代信用是建立在商品生产和商品交换基础上的,其运动过程以产业资本循环为核心,信用资金的正常归还乃至利息的正常支付必须以剩余价值生产为前提。

专栏 2-1

信用与金融的区别

1. 两者的范围不同:金融专指货币资金融通而不包括实物借贷,金融既包括货币资金的借贷,又包括股票融资;信用无论借贷的是货币还是实物,到期都要偿还。

2. 两者标的物的性质不同:信用指一切货币的借贷,金融则专指信用货币的融通。(以上区别可用图 2-1 表示)

由于现代经济中实物借贷已微不足道,且股票可以随时买卖转让,同债券一样是一种提供信用的工具。因此,也可以粗略地把金融理解为现代的、信用货币流通条件下的信用。

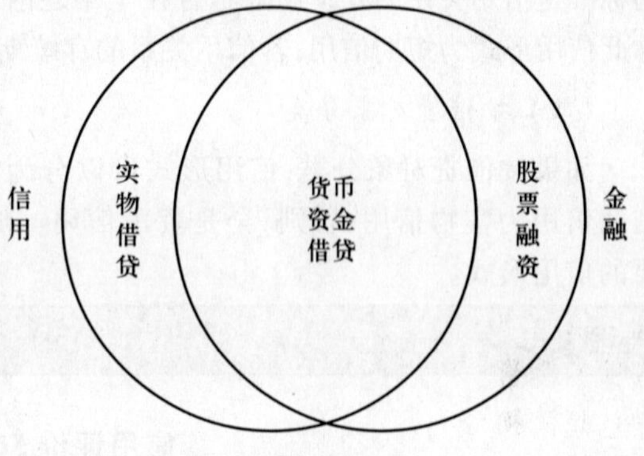

图 2-1

第二节 信用形式

信用作为一种借贷行为,是通过一定方式具体表现出来的,表现借贷关系特征的形式就是信用形式。随着商品经济的发展,为了满足各种融资的需要,出现了多种信用形式。信用形式从不同的侧面反映了信用活动的特点与信用关系的主要内容。

一、信用形式的分类

信用形式可以从不同角度来划分。一般来说,可以按以下几个分类标准,得出不同的分类结果。

(一) 按融资性质分类

如果按融资性质分类,信用形式可以分为直接信用和间接信用。直接信用就是指借者和贷者之间直接进行的借贷活动,其主要特征是借款者自己直接发行债务凭证给贷者,从而获得自己所需资金,贷者和借者形成直接的债权债务关系,机构等中介人仅起到牵线搭桥之作用,并收取一定的手续费或佣金。间接信用就是指借者与贷者通过金融中介机构进行的借贷活动。金融中介机构(如商业银行、储蓄银行、投资银行等)发行各种信用凭证给贷者,获得货币后,再以贷款或投资等方式购入借者所发行的信用凭证,来调节借者和贷者之间资金余缺。间接信用的主要特征是金融机构发行间接信用凭证将贷者的货币引向借者，借者和贷者不存在直接的债权债务关系，他们只与金融中介机构发生关系，金融中介人既是债务人又是债权人。

（二）按信用主体分类

如果按信用主体分类，信用形式可以分为商业信用、银行信用、国家信用、消费信用、国际信用等几种形式。这是本节重点探讨的信用形式，随后将具体分析。

（三）按期限长短分类

如果按期限长短分类，信用形式可以分为短期信用和长期信用。在此，短期与长期区分的标准是信用关系的存续期限是否在 1 年之内或以上。若信用关系的存续期是 1 年以内，称此信用形式为短期信用；若信用关系的存续期是 1 年以上，则此信用形式为长期信用。

（四）按借贷对象分类

如果按借贷对象分类，信用形式可以分为实物信用和货币信用。若借实物，还实物，则此信用为实物信用；否则，全是货币信用。随着商品货币关系的发展，货币信用成为主要的信用形式。

专栏 2-2

信用评价 5C 分析法

5C 分析法最初是金融机构对客户作信用风险分析时所采用的专家分析法之一，它主要集中在借款人的以下五个方面进行全面的定性分析以判别借款人的还款意愿和还款能力：

1. 品质（Character）：指顾客或客户努力履行其偿债义务的可能性，是评估顾客信用品质的首要指标，品质是应收账款的回收速度和回收数额的决定因素。

2. 能力（Capacity）：指顾客或客户的偿债能力，即其流动资产的数量和质量以及与流动负债的比例。

3. 资本（Capital）：指顾客或客户的财务实力和财务状况，表明顾客可能偿还债务的背景，如负债比率、流动比率、速动比率、有形资产净值等财务指标。

4. 抵押（Collateral）：指顾客或客户拒付款项或无力支付款项时能被用作抵押的资产，一旦收不到这些顾客的款项，便以抵押品抵补，这对于首次交易或信用状况有争议的顾客或客户尤为重要。

5. 条件（Condition）：指可能影响顾客或客户付款能力的经济环境，如顾客或客户在困难时期的付款历史、顾客或客户在经济不景气情况下的付款可能。

近些年 5C 分析法被更广泛地应用在企业对客户的信用评价，如果客户达不到信用标准，便不能享受企业的信用或只能享受较低的信用优惠。

二、现代信用形式

现代信用是指经济活动主体对自己行为的庄严承诺和社会各界对其履诺的肯定性评

价。信用关系业已成为现代经济中最普遍、最基本的经济关系，形式多种多样，主要包括商业信用、银行信用、国家信用、消费信用、国际信用五方面的内容。

（一）商业信用

商业信用是指工商企业之间相互提供的、与商品交易直接相联系的信用形式。这种信用的表现形式包括赊销商品、委托代销、分期付款、预付定金、按工程进度预付工程款、延期付款等。应收账款和预付货款是商业信用的两种基本形式。实际上典型的商业信用包括两个同时发生的经济行为：买卖行为和借贷行为。一方面是信用双方的商品交易；另一方面是信用双方债权债务关系的形成。

商业信用作为典型的直接信用，具有交易直接而迅速、在调节企业之间的资金余缺、提高资金使用效益、节约交易费用、加速商品流通等方面发挥着巨大作用。但它又具有一定的局限性，表现在：一是商业信用的范围有限。商业信用仅限于相互了解、相互信任的企业之间，若得不到对方的信任，则商业信用不成立。二是商业信用授信的方向有限。商业信用是商业企业之间发生的、与商品交易直接相联系的信用形式，一般是由卖方提供给买方，受商品流方向的限制。三是商业信用的规模有限。商业信用所能提供的债务或资金是以产业资本的规模为基础的，最终无法摆脱产业资本的规模限制。四是商业信用的期限有限。工商企业之间以商品形态提供的信用一般情况下期限不可能太长，都属于短期信用。五是信用链条的不稳定性。商业信用容易形成社会债务链，在经营者有方向地相互提供信用的过程中，形成连环的债务关系，其中一环出现问题，就会使整个链条断裂，出现类似“三角债”问题。六是商业信用具有分散性、盲目性的特点。

随着商品经济的发展，随着社会扩大再生产的进行和银行业的出现和发展，在商业信用的基础上，一种以资金为基础的信用形式即银行信用发展起来了。

（二）银行信用

银行信用是银行等金融机构通过吸收存款发放贷款、以货币形式对企业提供的信用。银行信用具有以下三个特点：一是银行信用是以货币形态提供的间接信用，银行和其他金融机构在信用活动中既是债务人又是债权人。银行和其他金融机构在筹集资金时作为债务人承担经济责任，银行和其他金融机构在发放贷款时又是以债权人的角色出现的。二是与商业信用相比较而言，银行信用不受方向限制（银行既可以从上游企业吸收货币资金，贷给下游企业，也可以从下游企业吸收资金，贷给上游企业），不受数量限制，范围广、规模大、期限长。三是银行是信誉高的信用机构，信用性强，发行的银行券具有广泛的可接受性。

银行信用的上述优点，大规模地促进了社会资金全方位、多层次流动，因而银行信用在整个经济社会信用体系中占据核心地位，发挥着主导作用。

（三）国家信用

国家信用是指国家的负债，即国家以债务人身份，通过财政部门向国内外各类主体举借债务而形成的信用。

国家信用是以国家为主体进行的一种信用活动，是一种古老的信用形式，伴随着政府财政赤字的发生而产生。随着经济的发展，各国政府的财政支出不断扩大，财政赤字已成为一种普遍现象。出现财政赤字可以通过增税、发行纸币和举债三条途径来解决。增税不仅立法程序繁杂,且引起大众的不满,滥发纸币又会引发通货膨胀。因此,弥补财政赤字的有效手段就是举债。

国家信用的信用工具是国债。国债按期限长短可分为国库券和公债券。国库券是期限在一年内(含一年)的国债,公债券是期限在一年以上的国债,又称长期国债。

(四)消费信用

销售商向客人以赊销方式出售商品或提供劳务时,消费信用就产生了。不过,一直到20世纪40年代后半期,消费信用才得到长足的发展。20世纪60年代是消费信用快速发展的时期,这种信用形式在发达国家非常普遍,近年在我国也得到快速的发展。消费信用是指经营者或金融机构向消费者提供的、用于满足其消费需求的信用形式。现代市场经济的消费信用方式多种多样,主要有赊销、分期付款和消费贷款三种方式。

其一,赊销,即零售商直接以延期付款的销售方式向消费者提供的信用。信用卡刷卡消费就属于此类。一般来说,它是一种短期消费信用形式。

其二,分期付款,即消费者先支付一部分货币(首期付款),然后按合同分期摊还本息,或分期摊还本金,利息一次计付。这种付款方式在购买耐用消费品中广泛使用,是一种中期消费信用形式。

其三,消费贷款,即银行或其他金融机构直接贷款给消费者用于购买耐用消费品、住房以及支付旅游费用等。消费贷款是银行向消费者提供的信用,包括信用贷款和抵押贷款。信用贷款无抵押品的要求,而抵押贷款通常需要由消费者以其所购商品或其他财物作为抵押品。

消费信用的主要特点可以归纳为:首先,扩大需求,刺激消费,促进经济发展,缓解消费者有限的购买力与不断提高的生活需求之间的矛盾;其次,它是有力的促销手段,可以开拓市场,促进商品生产和流通;最后,给经济增加了不稳定的因素,容易造成需求膨胀,存在加剧经济过热的风险。

(五)国际信用

随着国际经济一体化及区域经济一体化的不断加快,活跃在国与国之间的信用活动,不仅使生产要素在全球得到了有效的配置,也为世界各国增添了新的活力。国际贸易与国际经济交往的日益频繁,使国际信用成为进行国际结算、扩大进出口贸易的主要手段之一。

国际信用是指国与国之间的企业、经济组织、金融机构及国际经济组织相互提供的与国际贸易密切联系的信用形式。国际信用大体可以划分为两类方式。

一是国外商业性借贷。其基本特征是资金输出者与使用者之间构成借贷双方。它包括出口借贷、银行贷款、债券发行、政府贷款、国际金融机构贷款、补偿贸易和国际租赁等多种具体形式。

二是国外直接投资。这是一国资本直接投资于另一国际企业,成为企业的所有者或享有部分所有权的一种资本流动形式。一般包括一国的投资者到另一国进行股权式的投资,一国的投资者到另一国进行契约式合营,以及一国的投资者到另一国进行独资经营等几种情况。

国际信用的特点主要有：首先，风险高。由于国际信用发生在跨国的经济主体之间，授信者对政府、企业的资信很难做出准确的评估，将面临信用风险、外汇风险和国家风险，其风险程度必然大于国内信用的风险。其次，规模大。国际信用关系中的授信方通常是资金实力较雄厚的大机构、跨国公司和跨国银行，资金来源较为雄厚，而需求方也存在巨额的资金需求。最后，充满复杂性。其主要表现为国际信用的形式、工具、程序、动机等都较国内更为复杂。

第三节 信用工具

信用活动的达成，需要有反映债权债务关系的凭证，这一凭证即是信用工具。信用工具也叫金融工具，是具有法律效力的、代表所有权或债权并据以享受相应权益的书面凭证。

一、信用工具的特征

信用工具通常具有四个方面的特征，即偿还性、流动性、安全性和收益性。

（一）偿还性

信用发生在利益不同经济主体之间，偿还性既是理性经济人的诉求，也是市场经济的必然要求，体现着信用的本质，可以这样说，没有偿还性，现代信用的概念就不成立。信用工具一般都注明期限，债务人到期必须偿还信用凭证上所记载的应偿付的债务。偿还性是指信用工具的发行人或债务人按期归还全部本金和利息的特性。

（二）流动性

信用工具的流动性是指信用工具在不受损失的条件下随时变现的能力。信用工具的流动性强弱主要取决于信用工具发行者的信誉高低和偿还期长短。一般来说，信用工具发行者的信誉越高，其发行的信用工具越能被投资者普遍认购；偿还期越短，它受市场利率的影响就越小，转让时遭受损失就越少。活期存款和现金具有完全的变现能力，因而具有完全的流动性。

（三）安全性

安全性是指信用工具的持有者收回本金及其预期收益的保障程度。信用本身就包含风险因素，买卖信用工具也就不可避免地存在一定的风险。这种风险主要有两类：一是违约风险，即由于各种主客观原因债务人不履行合同，不能按约定期限还本付息的风险；二是市场利率风险，即市场利率变动导致信用工具价格变动而给信用工具投资者带来损失的可能性。信用工具的购买和持有者都希望将风险降到最低程度。

（四）收益性

收益性是指信用工具能定期或不定期地为持有者带来一定的收入。收益性的大小通过收益率来反映，收益率是年净收益与本金的比率，通常有三种表示方法（均从购买者的角度考虑）：一是名义收益率，是指信用工具本身的收益率，即票面收益与票面金额之比。

二是当期收益率，是指信用工具购买者以当时的市场价格买入信用工具时的收益率，即信用工具的票面收益与信用工具当时的市场价格之比。三是实际收益率，是指信用工具到期或投资结束后投资者的收益率，即实际收益与买入价之比。

以上四个特征之间存在既对立又统一的规律。总体上，安全性与流动性之间是统一的。主要冲突和对立体现在安全性与偿还期成反比，流动性与收益率成反比，此为高风险与高收益相匹配的经济规律在起作用。信用工具四个特征之间存在既对立又统一的规律告诉我们，投资者要理性考察其收益性、安全性与流动性，建立适合的资产组合，以实现风险最小条件下的收益最大化。

二、信用工具分类

（一）货币市场工具

货币市场工具是指融资期限在一年以内的金融市场工具，包括票据、信用卡、信用证、国库券、可转让大额定期存单等工具。

1. 票据

票据是承诺或命令付款的短期支付凭证，一般具有流通性、自偿性、无因性、要式债券等特点。流通性是指票据可以通过背书或贴现的方式变现；自偿性是指票据往往对应于商品生产和销售，随着产销过程的完成，形成了销售收入后，可用收入来偿还票据债务；无因性即不可争议性，简单的理解就是付款与出票原因无关，到期债务人必须无条件付款，一般负无限责任，背书人负连带责任；要式债券是指票据的签发有法定格式。

（1）本票。本票是持票人签发的按指定时间向持票人无条件支付一定金额的票据，即是债务人向债权人开出的保证按指定时间无条件付款的书面承诺。根据发票人不同，本票可分为商业本票和银行本票。商业本票一般是由规模大、信誉好的企业为了筹集短期资金而发行的票据，需有金融机构的担保。银行本票是银行开出的向持票人无条件支付一定金额的本票，主要用途是代替现金。根据付款期限不同，本票又可以分为即期本票和远期本票。即期本票是见票即付的本票。远期本票是只有到约定日期才可付款的本票。所以，远期本票又称期票。

（2）汇票。汇票是出票人签发的一种要求付款人按指定日期向收款人（持票人）无条件支付一定金额的票据。汇票与本票的区别在于：汇票涉及出票人、付款人和收款人三方当事人，而本票只涉及出票人和收款人，出票人即付款人。

根据出票人类型，汇票可以分为商业汇票和银行汇票。商业汇票是商业贸易活动中债权人（工商企业，发货人）向债务人（收货人）或其委托银行签发的汇票。一般来说，出票人在签发汇票的同时，附上货运清单。因此，这类汇票又称跟单汇票。银行汇票是一个银行向另一个银行签发的汇票，即一个银行将签发的汇票交汇款人寄给收款人后，由收款人向另一个银行取款。一般情况下，银行汇票不附任何货运清单，因此也叫光票。

（3）支票。支票是活期存款户签发的要求开户银行向收款人（持票人）支付一定金额的票据。支票也涉及出票人、付款人和收款人三方，并且经背书后可以自由流通。但支票与汇票主要有两点不同：支票的出票人仅限于银行存款户，付款人也限于银行，而汇票则没有这样的限制；支票都是见票即付的即期票据，不存在承兑问题，而汇票则不是这样。

支票的种类很多,按照其支付方式分,有这样几种重要的类型:现金支票,即能够提取现金的支票;转账支票,即仅用于转账,而不能支取现金的支票;保付支票,即在支票上记载有“保付”字样的支票,这种支票的付款责任由保付银行承担,出票人不再负这个责任;旅游支票,是为旅游者提供用款方便的一种支票。

2. 信用卡

信用卡是一种卡基的支付工具,它以磁卡来存储相关信息,并具备储蓄、消费、转账结算、存取现金和透支等功能。信用卡是信用消费的产物,为银行和商店带来巨额利润,也为消费者带来方便。

3. 信用证

信用证是由银行(开证行)根据付款方(申请人)的要求向收款方(受益人)开立的一定金额、一定期限,并根据一定条件进行付款的一种凭证(保证书)。

4. 国库券

国库券是财政部为平衡财政收支,筹集预算急需资金而发行的短期借款凭证。国家发行国库券主要用于调节国库预算收支差额。一般公开发行,期限短,最长不超过一年,还本付息的来源是当年的预算收入。西方国家一般采取折价发行的方式发行,即低于票面金额出售,到期按票面金额偿付,差额视同持有人的利息收入。

5. 可转让大额定期存单

可转让大额定期存单是指银行发行的用于筹集稳定资金来源的书面证书。可转让大额定期存单的特点是金额起点高,利息收入多且可转让流通,当持有者不愿持有时,可以转让取得现金,但不得提前支取,这就保证了银行对这部分资金的稳定利用。

(二) 资本市场工具

资本市场工具是指融资期限在一年以上的金融市场工具,主要包括股票、长期债券、证券投资基金等工具。

1. 股票

股票是股份公司在筹集资本时向出资人发行的代表股东权益,股东到期据以获得红利或股息收入的所有权凭证。股票的种类很多,也有多种不同的分类方式。以股东权利来划分,股票可分为普通股和优先股。普通股的股东是公司的所有者,享有经营决策参与权、盈利分红享有权、新增认购优先权,以及公司解散时的财产分配权。与普通股相比,优先股没有经营决策参与权,同时有一定的优先性:一是无论公司经营状况如何都可优先领取固定的股息;二是公司解散时相对于普通股股东享有公司财产分配的优先权。

2. 长期债券

长期债券是指偿还期限在 1 年以上的债券。长期债券投资的特点为:一是投资的对象是债券;二是投资的目的不是获得另一企业的剩余资产,而是获取高于银行储蓄存款利率的利息,并保证到期收回本金和利息;三是持有期限超过 1 年。

3. 证券投资基金

证券投资基金是一种利益共享、风险共担的集合证券投资方式。证券投资基金是指通过发行基金份额,集中投资者的资金,由基金托管人托管,由基金管理人管理和运用资金,从事股票、债券等金融工具投资,并将投资收益按基金投资者的投资比例进行分配的一种间接投资方式。证券投资基金的性质主要有：证券投资基金是一种集合投资制度；是一种信托投资方式；是一种金融中介机构；是一种证券投资工具；它发行的凭证即基金券（或受益凭证、基金单位、基金股份）与股票、债券一起构成有价证券的三大品种。

专栏 2-3

次贷危机根源是金融杠杆的泛化

美国次贷危机得以产生，是源于美国低收入者住宅抵押贷款的证券化出了问题。一般而言，银行批准贷款的选择顺序是按贷款者的收入从高到低，风险从低到高而发放贷款。当风险小、收入高的客户开发殆尽，低收入者获得贷款的机会便因金融衍生品的过度"创新"应运而生。它反映了杠杆的过度使用。其过度创造和使用的原因是，金融杠杆可以将货币收入的涓涓细流一下子放大成似乎有取之不尽货币财富的大江、大海。但与此同时，其创造和使用者却忽视了由此带来的如下两个方面的问题：

第一，杠杆活动泛化的同时导致货币收入和风险的放大机制也泛化了。比如，在次贷危机中倒闭的贝尔斯登投资银行，为牟取暴利，该银行采用 30 倍杠杆操作，也即，如果其自身资产为 30 亿美元，以此抵押，它能够借到 900 亿美元的资金用于投资，假如投资盈利 5%，那么贝尔斯登就能够获得 45 亿美元的盈利，相对于贝尔斯登自身资产而言，这是 150% 的暴利。但假如这笔投资亏损 5%，那么贝尔斯登要赔光自己的全部资产还欠 15 亿美元，而一旦出现投资亏损，投资机构是根本借不到钱的，它只有倒闭。

第二，金融杠杆的推广导致风险传染链深入整个经济的各个环节，这种现象的存在使美国各金融机构之间的资产负债表都相互联系，银行乃至非银行机构也因此一荣俱荣，一损俱损，金融业的脆弱性也随之潜入整个美国经济。也就是说，即使不爆发次贷危机，美国也必然会有从任何一种杠杆化尖端金融产品开始引发的其他金融危机。

本章小结

1. 信用是指以偿还和付息为条件的价值运动的特殊形式。信用是和商品生产、货币经济相联系的范畴。信用是在商品货币经济的基础上产生的，并随着商品货币经济的发展而发展。信用是建立在所有权与使用权分离的基础上，以偿还和付息为条件的价值运动的特殊运动形式。

2. 信用形式是信用的具体表现形式。现代信用形式中，最基本的形式主要有五种，即商业信用、银行信用、国家信用、消费信用以及国际信用。

3. 信用工具又称金融工具，它是证明债权或所有权的合法凭证，是货币资金或金融资产借以转让的工具。信用工具通常都具有四个方面的特性，即偿还性、流动性、安全性和收益性。信用工具的数量大小、种类多少，直接关系到融资的深度和广度。随着金融监管的放松，金融创新日新月异，信用工具种类繁多，既丰富了市场多样化需求，也使信用工具的定价和交易复杂化。

4. 信用的职能与正面作用功不可没，但其负面效应也应警钟长鸣。信用与经济发展关系理论源远流长,建立完善发达的社会信用体系必须借鉴和吸收前人的理论成果。

关键术语

信用　直接信用　间接信用　商业信用　银行信用　国家信用
消费信用　安全性　收益性　流动性　衍生信用工具
本票　汇票　支票

思考题

1. 什么是信用?信用有哪些特征?
2. 商业信用与银行信用有何关系?
3. 信用工具有何特性?它们之间有何联系?
4. 如何正确认识信用的职能与作用?
5. 如何认识当前我国信用关系的现状?

案例分析

案例一:A市失信的后果

A市是中国东南沿海开放港口城市。紧靠香港、澳门、台湾,濒临西太平洋国际黄金航道。A市于1861年正式开埠,是近代中国最早对外开放的港口城市之一,商贸历来比较发达。20世纪30年代,A市港口吞吐量曾居全国第三位,商业之盛居全国第七位,是粤东、闽西南、赣东南的商贸、金融、信息、交通枢纽及进出港口和商品集散地。

1981年11月A市成为经济特区,面积234平方千米,享有国家赋予的改革开放试验权和地方立法权,拥有保税区、高新技术产业开发区、南澳海岛开发试验区三大对外开放重点区域,经济得以高速发展。然而,在经济发展的同时,A市一些地区逃税骗税、逃骗套汇、制假售假、走私犯私和各类经济诈骗、坑蒙拐骗等违法犯罪活动甚是猖獗,扰乱了社会秩序,使A市的信用受到严重影响,A市面临着一场信用危机。

仅从公布的数字看,A市共虚开增值税发票达100多亿元之巨,骗取国家出口退税额27亿元。与此同时,制假售假泛滥,使"潮货"在国内已出现严重的信用危机,有的地方已赫然打出"此街无潮货"的招牌。潮汕地区的偷骗税活动和虚开增值税发票的违法犯罪活动最为严重,其规模触目惊心。潮阳、普宁两市骗取出口退税的问题从1989年就开始出现。其间虽几经起落,但始终是重要的策源地。1994年以来,上级部门几乎每年都派出检查组进行检查。但每次检查,不少地方领导百般阻挠,一些执法部门通风报信,致使检查难以深入。2000年,党中央、国务院派出300多人的工作组到潮阳、普宁两市,开展打击骗取出口退税专项斗争。工作组在开展工作中发现,潮阳、普宁两市是全国骗取出口退税活动的一个发源地,也是一个重灾区,涉案的金额特别巨大。仅从1999年至2000年6月就虚开增值税发票金额共计323亿元,涉及的偷骗税额有42亿元,大大高于两市同期的财政收入。A市共虚开增值税发票达100多亿元之巨,骗取国家出口退税额27亿元。可以说,这是新中国成立以来涉税金额最大的严重违法犯罪案件。国务院的工作组发现,从检查的1 000多家企业来看,有72%是属于虚假企业。这些企业根本没有任何的生产能力，没有厂房，没有设备，没有人员，也没有资金。但是它每年能向外贸公司虚开几千万元甚至几亿元的发票！

2001 年 5 月湖南常德一家公司和 A 市一家企业做一笔生意，货到以后，湖南常德的公司却发现来路蹊跷，难以正常销售。跟踪过来后，发现 A 市的这家企业已经两年没有年检了，电话和地址都是假的。同一时期，潮阳某镇的 1 000 多家企业中只 400 多家是注册过的，有的是“作坊企业”，有的是“只做贸易”的“皮包公司”。

市场的反击是迅速而残酷的。

A 市逃税骗税、逃骗套汇、制假售假、坑蒙拐骗等违法犯罪活动严重损害了特区的形象，同时，A 市因为信用危机坐失多次良机，经济发展一度陷入低谷。一时间，A 市经济发展不仅已落后于珠江三角洲，有一些指标也落后于全省的平均水平。2001 年，A 市的国内生产总值增长率为负 1.9%。不少企业从 A 市迁走，仅 2000 年就搬迁了 450 多家。

案例思考：

1. A 市失信的原因是什么？
2. 这则案例告诉我们什么道理？

案例二：个人信用档案

2016 年新年刚过，谷先生就在房贷还款账户上多存了 200 元。原来，谷先生去年 6 月买房时曾贷款 100 万元。去年央行两次加息，谷先生从今年起每月需多还 200 元。“我得赶紧存上，否则不但会被罚息，还会被记入个人信用档案，信用上有了污点，以后再想贷款、办卡什么的可就难啦！”

让谷先生倍加珍惜的“个人信用档案”是央行个人征信系统提供的信用报告。个人征信系统正式运行于 2006 年 1 月 16 日，截至 2016 年底，已为 9.77 亿多自然人建立了信用档案。

守信者可享受贷款利率优惠、授信额度增加，失信者很难获贷款

“这些信用档案正逐渐成为全面反映个人借债还钱、遵守合同及遵纪守法状况的‘经济身份证’，”中国人民银行征信中心党委书记王晓明说，“目前，查询个人信用档案是商业银行贷前审查的必经环节。守信者可以享受到贷款利率优惠、授信额度增加等实实在在的好处，失信者将很难获得贷款，或承受贷款利率上升、授信额度减少等带来的经济损失。在 9.77 亿多自然人中，3.25 亿人有信贷记录。对于暂时还没发生信贷交易行为的 6.52 亿人，征信系统是通过公积金缴存、养老保险缴存、电信缴费等信息为其建立‘信用档案’的。”

怎样才能拥有良好的个人信用记录？王晓明说出了三大诀窍。

首先，要树立“早借钱、早立信”的观念，尽早建立自身信用记录。一个简单的方法就是与银行发生借贷关系，比如办理一张信用卡或申请一笔贷款。“这里要澄清的是，不从银行借钱不等于信用就好。因为没有历史信用记录，银行就失去了一个判断个人信用状况的便捷方法。”

其次，要养成良好的消费和还款习惯。“如果您已办理按揭贷款或刷信用卡消费，请您随时留意还款日期，避免产生负面记录。您还应及时注销长期闲置不用的‘睡眠卡’，防止此类卡上余额不足扣缴年费而留下不良信息”,王晓明说,对于水费、电费等各类缴费也要注意还款期限,避免出现逾期。

最后,应养成定期查询自己信用档案的好习惯。个人可以拨打征信中心全国统一的客服咨询电话4008108866。目前,个人查询自己的信用档案是免费的。“如果信用档案出错了,您可以通过三种渠道要求核查、处理:一是由本人或委托他人向所在地的中国人民银行分支行、分中心反映;二是直接向征信中心反映;三是直接向涉及出错信息的商业银行经办机构反映”,王晓明说。

案例思考:

1. 联系贫困生助学贷款情况,说明建立个人信用档案的意义。
2. 联系实际,说明我国个人信用缺失的原因。

延伸阅读

1. 黄达.金融学.3版.北京:中国人民大学出版社,2012.
2. 李健.金融学.2版.北京:高等教育出版社,2014.
3. 中国最权威的财经证券资讯网站:中证网。
4. 中国市场信用网。
5. 企业信用信息网。

第三章

利率

引言

北京时间2016年12月15日凌晨3点，美联储在声明中如期加息25个基点。这是美国一年来首次加息、十年来第二次加息。美联储预计2017年加息三次，比2016年9月会议时预计的加息两次要快。

美联储宣布加息25个基点，联邦基金利率从0.25%~0.5%调升到0.5%~0.75%。这将使得家庭和企业面临的借贷成本上升。

美联储的最新经济评估如下：2016年11月会议以来的资讯表明，劳动力市场持续走强，经济活动自年中以来温和增长；近几个月就业人数的增长稳定，失业率持续下滑；家庭开支保持温和增长，但企业固定投资依然疲软；通胀自2016年初以来略有增长，但仍低于美联储2%的较长期目标，这部分与稍早时能源价格的下跌及非能源类进口价格的下降有关；近几个月整体来看，基于市场的薪酬通胀指标已明显增长但依然低下，多数基于调查的较长期通胀预期几乎没有变化。

加息声明宣布后，美元对日元涨0.68%至115.99，英镑对美元刷新日低至1.262 1，美元对加元录得最近五周最大盘中涨幅。美股略微走低，标普500指数跌0.04%，标普500公用事业板块跌1%，金融板块涨0.5%，地产板块跌0.8%，科技板块涨幅略微扩大至0.5%。WTI原油期货跌2.27%至51.77美元/桶，现货黄金跌0.15%至1157.18美元/盎司。美国10年期基准国债收益率涨1.3个基点，报2.495%。

通过本章的学习，你将能够了解和掌握以下知识：

- 利率的计算方法及其应用；
- 利率的分类及影响利率的因素；
- 利率决定的有关理论、利率的风险结构理论和利率的期限结构理论。

本章知识架构图

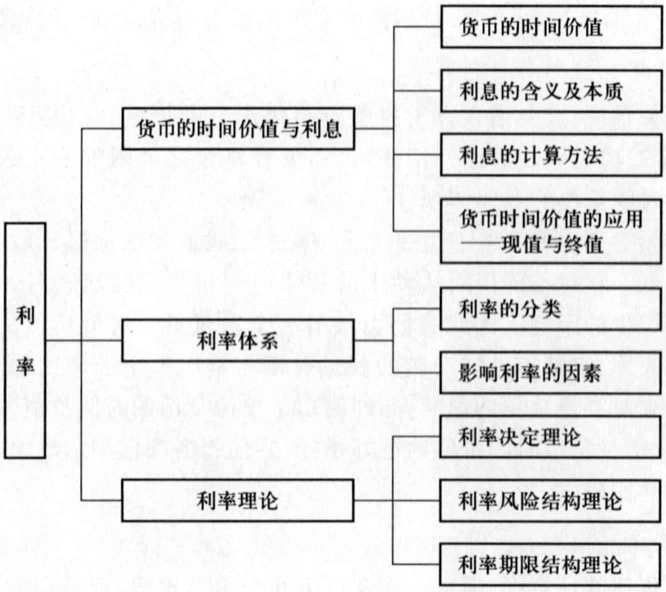

第一节 货币的时间价值与利息

一、货币的时间价值

经济范畴的信用是以还本付息为条件的借贷活动。在现代信用活动中,货币几乎成了唯一的载体。以货币的形态借出一定金额的本金,然后在约定的时间内以货币的形态收回本金和利息。而在借贷本金相同的情况下,借贷时间越长,所需支付的利息一般也越多。即在信用活动中时间长短成为影响利息多少的重要因素,也即贷出的货币是具有时间价值的。

(一)概念界定

在现实生活中,现在的1元钱比1年后的1元钱更有价值,因为可以把现在拥有的1元钱存进银行,1年后从银行取出的总额肯定大于1元,这两者的差额就是通常说的利息。对这种现象,金融学中用“货币时间价值”概括。

货币时间价值是指一笔资金经过一定时间的运用后产生的增值额。利息是货币时间价值的具体体现。对于借贷行为来说,货币的时间价值就是贷出(或借入)本金后所得到(或付出的)利息。利息是储蓄人或贷款者放弃当期消费的权利,并在信用基础上将货币资金暂时让渡给他人使用而从贷款人所得到的一种补偿或报酬。经济学中解释的货币具有时间价值的原因为:利息来源于对现在消费推迟的时间补偿,而且补偿金额的多少与现在消费推迟的时间长短呈同向变动。

但是,货币时间价值不能一概而论。那些处于静止状态的资金永远不会产生时间价值，如锁在箱子底层、藏在枕头下面或放在口袋里的钱。所以确切地说，只有将货币资金投入借贷过程或投资过程中，使之运动起来并得到有效的使用，才会形成货币时间价值。

另外，由于货币存在时间价值，对不同时点上的资金折算成同一时点后才可以比较。

（二）具体体现——利息与利率

利息是借贷关系中，资金借入方支付给资金供出方的报酬。正是因为货币具有时间价值，所以在未来一段时间之后进行偿还时，需要在本金之外附加一定数额的利息，这样利息就成了货币时间价值的具体体现。

由于本金数量会对利息总额产生重要影响，这使我们无法通过比较利息额来衡量货币时间价值的高低。在对不同信用活动中的货币时间价值进行比较时，我们需要剔除本金数量多少对其产生的影响。因此我们引入另一个衡量货币时间价值的概念——利率。利率是利息率的简称，它是指借贷期满的利息总额与贷出本金额的比率。由于利率能够剔除本金数额多少对利息总额的影响，亦即给出了单位货币的时间价值，所以相对于利息而言，利率是一个衡量货币时间价值的更好指标，它使得各项信用活动中货币时间价值的高低变得可以相互比较。

（三）相关术语

在货币时间价值的计算中，通常会涉及以下几个重要术语：现值（Present Value，PV），即当前的价值；终值（Future Value，FV），即未来某个时间点的价值；时间区间（t），即表示终值与现值之间的时间区间；利率（r），即单位时间内单位货币的时间价值。这四个变量密切相关，如果确定了其中任何三个变量，就能够得出第四个变量。

二、利息的含义及本质

（一）利息的含义

利息是指超过借贷本金的部分，是货币贷出者（债权人）让渡货币或货币资本的使用权而从借入者（债务人）获得的报酬（补偿）。即用于补偿贷出者由于不能在一定期限内使用这笔资金而遭受的某种损失。这种补偿既是对机会成本的补偿，也是对未来风险的补偿。若从债务人的角度，利息则是借入货币或货币资本所付出的成本或代价。

利息是伴随信用关系的产生而产生的经济范畴。在信用活动中，货币的所有者在不改变货币所有权的前提下，将货币的使用权在一定时期内让渡给货币需求者，在借贷期满时，凭借货币的所有权从货币需求者获得超出借贷本金的增加额，这个增加额就是利息。利息是借贷资本的增加额或使用资本的代价。

（二）利息的本质

利息是借贷关系中由借入方支付给贷出方的报酬。在远古时代，就有了借贷行为，利息作为一种占有使用权的报酬就已经出现了。当时，以实物形式，如谷物、布匹等进行利息的支付。随着商品货币经济的发展，利息最终主要以货币形式存在。在现代市场经济中，各经济主体之间普遍存在各种各样的信用联系，而所有的信用活动都是以偿还和付利息为条件的特殊的价值运动形式。因此，利息的普遍存在也就成为必然。

关于利息的来源和本质，不同的经济学派有不同的立场和观点。西方经济学家对于

利息的来源和本质,比较有代表性的观点主要有以下几种:

第一种观点是节欲论,由西尼尔提出。他认为,商品的价值由生产成本决定,而生产成本由工资和利润两部分组成,工资是对工人劳动的报酬,利息是对资本家节欲(节制当前消费欲望)的报酬。

第二种观点是时差利息论,由庞巴维克提出。他认为,利息产生于现在物品与未来物品的时差价值。在他看来,现在物品的价值要高于同类同量的将来物品的价值,因此,人们都愿意以较多的将来物品来换取较少的现在物品,其间的差额就是利息。也就是说,利息产生于人们对现在物品的评价大于同类同量的将来物品的评价,也即产生于人们因时差而发生的主观评价上的差异。

第三种观点是流动性偏好论,由凯恩斯提出。他认为,人们都偏爱流动性高的货币,若要人们暂时放弃这种高流动性的货币,而等待将来使用,则必须给放弃流动性偏好者支付报酬,即利息。

以上这些观点实际上都是从 17 世纪英国古典政治经济学创始人威廉·配第关于利息的解释中引申出来的。威廉·配第认为,货币持有者贷出货币,就会减少用这笔货币购置土地而能获得的地租,为此,他只有获得相应的补偿,才会借出货币,这种补偿就是利息。在西方经济学家看来,利息是对放弃货币的机会成本的补偿。

马克思科学地考察货币借贷过程及其结果后,指出:利息是使用借贷资金的报酬,是货币资金所有者凭借对货币资金的所有权向这部分资金的使用者索取的报酬。马克思认为,利息来源于剩余产品或利润的一部分,它是剩余价值的特殊转化形式。这说明,利息是由劳动者创造的价值的一部分。利息与利润之间有一定的量的关系,由于利息是利润的一部分,因此,利润就成为利息的最高界限。对全社会而言,平均利润就是利息的最高界限。

可见,尽管不同经济学家对利息本质的认识不尽相同,但基本都认同利息是一种报酬。

(三) 利息是收益的一般形态

利息是资金所有者由于借出资金而得到的报酬,它成为资金所有者放弃该笔资金使用权而获得的收益。显然,利息的产生是与借贷活动密切相关的:没有借贷,就没有利息。

但在现实生活中,利息通常被人们看作收益的一般形态:无论贷出资金与否,利息都被看成资金所有者理所当然的收入——可能取得或将会取得的收入。与此相对应,无论借入资金与否,生产经营者总是把自己的利润分成利息与企业主收入两部分,似乎只有扣除利息后剩余的利润才是经营所得。于是利息就成了一个衡量是否值得投资的尺度:如果利润总额与投资额之比低于利息率,就不应该投资;如果扣除利息,所余利润与投资额之比很低,则说明经营效益不高。

利息之所以能够转化为收益的一部分,是因为货币可以提供利息的观念由来已久,并已成为一种被普遍接受的传统看法。以至于无论货币是否被当作资本来使用,人们都丝毫不会怀疑其产生收益的能力。因此,本来以借贷为前提、源于产业利润的利息,逐渐被人们从借贷和生活中抽象出来,被赋予了与借贷、生产活动无关的特性,而是将利息直接与资本的所有权联系起来,认为利息是资本所有权的必然产物,人们也就可以凭借资本所有权而获得收益。这样,利息就成为收益的一般形态。

利息作为收益的一般形态,其作用主要在于导致了收益的资本化,即各种有收益的事物，不论它是否是一笔贷放出去的货币资金，甚至也不论它是否是一笔资本，都可以通过收益与利率的对比倒算出它相当于多大的资本额。

收益的资本化是从本金、收益、利率之间的关系中套算出来的。一般来说，收益是本金与利率的乘积，可用公式表示为：

$$C=P\cdot r \tag{3-1}$$

式中：C 表示收益；

P 表示本金；

r 表示利率。

那么，在已知 C 与 r 时，可以求出 P：

$$P=\frac{C}{r} \tag{3-2}$$

例：假设已知一笔贷款 1 年的利息收益为 500 元，在市场年平均利率为 5%时，那么可求得本金为：

$$P=\frac{C}{r}=\frac{500}{5\%}=10\ 000(\text{元})$$

正是按照这样带有规律性的关系，有些本身并不存在一种内在规律可以决定其相当于多大资本的事物，也可以取得具有一定金额的资本的资格，甚至有些本来不是资本的东西也因此可以被视为资本。

专栏 3-1

收益资本化规律的应用

收益资本化规律使有些原本不是资本的东西（如技术、专利、人力资本等）也可因此被视为资本，并可取得相应的价格；有些本身并不存在某种规律来决定其相当于多大资本的事物，也可以取得一定的资本价格。例如，土地不是劳动产品，不具备决定其价值的内在根据，难以根据土地与货币价值的对比来确定价格。但在土地可以获得收益的情况下，完全可以根据其收益与市场利率的对比来确定其市场价格。

比如，一块土地的年平均收益为 3 000 元/亩，在年利率为 3%的情况下，其市场价格大约为 10 万元/亩。由于土地收益的大小取决于多种因素，同时由于利率也会变化，这就使同一块土地的价格会有极其巨大的变化。当预期收益不变时，市场利率越高，土地价格就越低；当市场利率不变时，土地的预期收益越大，其市场价格就会越高。假如一块土地根本无法利用，则它的收益等于 0，其价格也只能是 0。这也表明收益资本化规律在市场化的土地价格形成过程中扮演着重要的角色。同样的道理，股票、人力资本、技术专利的定价，都可以借助收益资本化的思路进行确定。

三、利息的计算方法

利率是利息率的简称，是指利息对本金的比率。利率的计算公式为：

$$利率=\frac{利息额}{借贷资金额}\times100\%$$

在计算利息时，有两种方法：一种是单利法；另一种是复利法。

按单利法计算利息，不论借贷期限长短，仅按本金计算利息，上期本金新生利息不作为计算下期利息额的依据。单利法的计算公式为：

$$I=P\cdot r\cdot n \tag{3-3}$$

$$S=P(1+n\cdot r) \tag{3-4}$$

式中：I 为利息额；

P 为本金；

r 为利率；

n 为借贷期限；

S 为本金与利息之和，又称本利和。

按复利法计算利息时，可将上一期本金所生利息计入本金，一并计算下一期利息，即如果本金与利息都不提现的话，则每期都是按上一期本利和来计算利息。复利法的计算公式为：

$$S=P(1+r)^n \tag{3-5}$$

$$I=S-P \tag{3-6}$$

例如，一笔期限为 3 年、年利率为 6%的 100 万元的贷款。

按单利法计算，利息总额和本利和分别为：

$$I=1\ 000\ 000\times6\%\times3=180\ 000(元)$$

$$S=1\ 000\ 000\times(1+3\times6\%)=1\ 180\ 000(元)$$

按复利法计算，利息总额和本利和分别为：

$$S=1\ 000\ 000\times(1+6\%)^3=1\ 191\ 016(元)$$

$$I=1\ 191\ 016-1\ 000\ 000=191\ 016(元)$$

从上述结果可见，在利率水平相同的情况下，按复利法计算利息，利息要多 11 016 元。

单利法不包含利息本身的利息，没有精确反映货币时间价值，但其便于计算，一般适用于短期信用活动；复利法虽然计算不太方便，但因其反映了货币时间价值，所以在长期信用活动中一般用复利法计算利息，尤其是在进行金融资产定价或投资项目评估时，所运用的现值理论就是复利原理的体现。

四、货币时间价值的应用——现值与终值

现值与终值的概念来源于货币时间价值。由于货币存在时间价值，对于不同时点上的货币额直接进行相互比较是不妥当的，因为这种比较结果所传递的信息在相当程度上受到了扭曲。然而，在企业或银行的财务管理实践中，确实存在许多情况需要对不同时点上的货币额进行比较。于是，人们通过把发生在过去和未来不同时点上的货币额折算成当前的价值额或换算成将来某一特定时点上的价值，在此基础上再对它们进行比较。换言之，通过创造和运用现值和终值的概念来对不同时点上的货币额进行调整，解决了跨时间的货币可比性问题。现值与终值是相对而言的，而且二者可以相互换算。通常，我们用 P 或 PV 表示现值，用 F 或 FV 表示终值。

（一）终值

终值又称将来值或本利和，是指现在一定量的资金在未来某一时点上的价值。

单利的终值计算公式为：单利终值＝现值×（1+利率×期限），即：

$$F=P(1+r\cdot n) \tag{3-7}$$

复利的终值计算公式为：复利终值＝现值×（1+利率）^{期限}，即：

$$F=P(1+r)^{n} \tag{3-8}$$

（二）现值

现值俗称“本金”，是指未来某一时点上的一定量资金折合到现在的价值。现值是在时间方面被标准化了的价值。从终值（或将来值）来推算现值的过程称做贴现或折现（Discount），贴现过程使用的利率称作贴现率。

单利的现值计算公式为：单利现值＝终值/（1+利率×期限），即：

$$P=\frac{F}{(1+r\cdot n)} \tag{3-9}$$

复利的现值计算公式为：复利现值＝终值/（1+利率）^{期限}，即：

$$P=\frac{F}{(1+r)^{n}} \tag{3-10}$$

式（3-8）中的$(1+r)^{n}$和式（3-10）中的$\frac{1}{(1+r)^{n}}$，分别称为复利终值系数和复利现值系数，二者互为倒数。

（三）现值与终值的运用

现值理论的运用非常广泛。当已知未来存在一笔现金流，需要计算其对应的当前价值量时，就要使用现值公式。如固定收益证券的未来利息是确定的，在市场利率变化时，其当前市场价格需要用年金公式计算，而年金公式就是现值公式的扩展；再如进行投资项目评估时，对于不同方案的对比分析就是要计算各自的现值总和，现值总和低的方案更好。

假如有一个项目需要10年建成，有甲、乙两种投资方案，甲方案第一年需投入5 000万元，以后9年每年追加投资500万元，共需投资9 500万元；乙方案是每一年等量投资1 000万元，共需投资1亿元。从投资总额看，甲方案少于乙方案，但从资金占用的时间看，乙方案似乎比甲方案要好一些。如果不进行现值的计算、比较，就很难分清两个方案的优劣。现假设市场利率为10%，这两个方案的现值分别如表3-1所示。

表3-1 现值理论在投资项目评估中的应用 单位：万元

甲方案			乙方案		
年份	每年年初投资额	现值	年份	每年年初投资额	现值
1	5 000	5 000.00	1	1 000	1 000.00
2	500	454.55	2	1 000	909.09
3	500	413.22	3	1 000	826.45

续表

甲方案			乙方案		
年份	每年年初投资额	现值	年份	每年年初投资额	现值
4	500	375.66	4	1 000	751.31
5	500	341.51	5	1 000	683.01
6	500	310.46	6	1 000	620.92
7	500	282.24	7	1 000	564.47
8	500	256.58	8	1 000	513.16
9	500	233.25	9	1 000	466.51
10	500	212.04	10	1 000	424.10
合计	9 500	7 879.51	合计	10 000	6 759.02

从表 3-1 可以看出，采用乙方案，投入的资金比甲方案少，而实现的投资规模比甲方案大。所以乙方案比甲方案更优。

第二节 利率体系

利率体系是指一个经济运行机体中存在各种利率，它们是由各种内在因素联结成的有机体，主要包括利率结构和各种利率间的传导机制。

一、利率的分类

利率按照不同的标准，可以划分为不同的种类。

（一）按照计息时间分为年利率、月利率和日利率

年利率是以年为单位来计算利息，月利率是以月为单位来计算利息，日利率则是以日为单位来计算利息。通常，年利率以本金的百分之几来表示；月利率以本金的千分之几来表示；日利率以本金的万分之几来表示。三者之间可以按时间换算。例如，对于同样一笔贷款，年利率为 7.2%，也可以用月利率 6‰或者日利率 2‱（每月按照 30 天计）来表示。

中国传统还喜欢用“厘”作单位，年息 1 厘是指年利率 1%，月息 1 厘是指月利率为 1‰，日利率 1 厘则指日利率为 1‱。在民间，还经常使用“分”作为利率单位，分为厘的 10 倍，如月息 3 分是指月利率 30‰（3%）。

（二）按照决定方式分为市场利率、官定利率和公定利率

市场利率是指资金市场上由借贷双方通过相互竞争而自由议定的利率。市场利率由资金供求关系和风险收益关系等市场因素直接决定，是资金价格的真实表现。当市场资金供不应求时，市场利率上升；反之，当市场资金供过于求时，市场利率下降。伦敦银行同业拆放利率（London Interbank Offered Rate，LIBOR）是国际金融市场上影响力比较大的市场利率，目前许多国家和地区的金融市场及海外金融中心均以此利率为基础确定自己的利率。

官定利率是指由一国中央银行或金融管理部门等货币当局规定的并强令执行的利

率。官定利率属于管理利率,反映了非市场的强制力量对利率形成的干预。利率管制是否严格,是衡量一国金融自由度的一个重要标志。在发展中国家,大都存在较严格的利率控制。而在发达的市场经济国家,虽然中央银行时常运用利率手段调节宏观经济,但由市场资金供求及其他状况决定的市场利率是一种主导形式,由货币当局制定的利率常常起到指导性调节作用。

公定利率是由非政府部门的民间组织,如银行公会、行业协会等,为了维护公平竞争所确定的属于行业自律性质的利率,故亦可称其为行业利率。公定利率是由非政府部门的民间组织所确定的利率。这种利率对行业成员尽管不具有法律上的约束力,但作为行业成员的金融机构一般都会遵照执行。

专栏 3-2

我国的利率市场化改革

利率市场化是1993年在党的十四届三中全会上提出来的,会上明确提出了我国利率改革的目标:建立以市场供求为基础,以中央银行基准利率为调控核心,由市场资金供求决定各种利率水平的市场利率体系的管理体系。2003年,党的十六届三中全会中进一步明确:稳步推进利率市场化,建立健全由市场供求决定的利率形成机制,中央银行通过运用货币政策工具引导市场利率。

其基本思路是:结合我国经济金融发展和加入世贸组织后开放金融市场的需要,中国人民银行将按照先外币后本币、先贷款后存款、存款先大额长期后小额短期的基本步骤,逐步建立由市场供求决定金融机构存贷款利率水平的利率形成机制,中央银行调控和引导市场利率,使市场机制在金融资源配置中发挥主导作用。

我国的利率市场化改革于1996年正式启动。以下是我国利率市场化改革的主要进程:

1996年:放开银行间同业拆借市场利率,实现由拆借双方根据市场资金供求自主确定拆借利率;

1999年:基本实现货币市场与债券市场利率市场化;

2004年:中国人民银行推出短期融资券,其利率也完全由市场决定;

2005年:中国利率市场化改革取得阶段性进展,就是实现了存款利率管上限、贷款利率管下限的阶段性目标,贷款利率可以在基准利率之上完全自由浮动,存款利率可以在基准利率及之下完全自由浮动;

2007年:1月中国货币市场基准利率 Shibor 开始正式投入运行,完全由拆借市场供求状况决定;

2012年:存款利率可以向上浮动的区间是基准利率的1.1倍,此后上浮幅度一直在提高;

2013年:7月20日,中国利率市场化改革取得进一步进展,中国人民银行完全放开对金融机构贷款利率的下限管制;

2014年:存款利率可以向上浮动的区间是基准利率的1.2倍;

2015年:连续5次降息,存款利率允许上浮的区间一路从1.3倍扩大到1.5倍,8月26日降息时取消了1年期以上(不含一年)定期存款利率上浮的上限。

至此,中国终于突破了利率的行政管制,在理论上终于实现了利率市场化。但利率市场化绝不是利率自由化,即使实现了利率市场化,也不意味着中央银行对利率不再管理。未来商业银行有了利率的自主定价权,中央银行可以通过货币政策手段的实施间接引导利率变动。

(三)按照贷款期限内是否浮动可以分为固定利率与浮动利率

固定利率是指在整个借贷期限内,利息按借贷双方事先约定的利率计算,而不随市场上货币资金供求状况而变化。实行固定利率对于借贷双方准确计算成本与收益十分方便,适用于借贷期限较短或市场利率变化不大的情形。但在借贷期限较长、市场利率波动较大的情况下,则不宜采取固定利率。因为固定利率一经双方协定,就不能单方面变更。在此期间,通货膨胀和市场资金供求关系的变化,使得借贷双方需要承担利率波动的风险。因此,在借贷期限较长、市场利率波动幅度较大且较频繁的情况下,借款协议通常会采取浮动利率的形式。

浮动利率是指借贷期限内,随市场利率的变化情况而定期进行调整的利率。浮动利率多用于较长期的借贷及国际金融市场的借贷。关于调整期限和调整时作为基础的市场利率的选择,由借贷双方在借款时议定。浮动利率能够灵活反映市场上资金供求状况,更好地发挥利率对经济的调节作用。同时,由于浮动利率可以随时予以调整,有利于减少利率波动所造成的风险,从而克服了固定利率的缺陷。但是,浮动利率变化不定,使得借贷成本的计算和考核相对复杂,并可能加重贷款人的负担。

需要说明的是,在实行利率管制的国家,当局允许以官定利率为基准在规定的范围内上下浮动通常也叫浮动利率,但实际上是指官定利率的浮动区间,与国际上通用的浮动利率是有区别的。

(四)按照是否考虑通货膨胀因素分为名义利率和实际利率

在借贷过程中,借贷双方需要承担因币值变化导致物价变动的风险,物价水平上涨则债权人面临损失;物价水平下降则债务人的债务负担会增加。实际利率和名义利率的划分,正是从这一角度来加以考虑的。

名义利率是指在一定时点上对物价变动因素未作剔除的利率,也是借贷契约或有价证券上的利率。对于债权人来说,是应向债务人收取利息的利率;对于债务人来说,是应向债权人支付利息的利率。

在货币借贷过程中,由于物价水平总是处于不断变化过程中,物价变了,意味着货币购买力在不同的物价水平下会出现差异。为了较真实地反映债权人和债务人在物价变化中实得的利益,了解实际利率就十分必要了。

实际利率是指在一定时点上对物价变动因素进行剔除后的利率,是在物价不变从而实际购买力不变条件下的利率。名义利率与实际利率的关系可表示为:

$$实际利率=\frac{1+名义利率}{1+物价变动率}-1$$

在通货膨胀率不高的情况下，现实中一般使用简化的计算公式，这时误差不大但较为简便。这时名义利率与实际利率的关系如下：

$$实际利率=名义利率-物价变动率$$

根据名义利率与实际利率的比较，实际利率呈现三种情况：当名义利率高于通货膨胀率时，实际利率为正利率；当名义利率等于通货膨胀率时，实际利率为零；当名义利率低于通货膨胀率时，实际利率为负利率。在不同的实际利率状况下，借贷双方会有不同的经济行为。一般而言，负利率不符合价值规律的要求，对储蓄和投资都是极为不利的。所以，为了避免负利率可能对经济产生的消极影响，有些通货膨胀严重的国家，用指数化的方法来避免负利率的出现。

实际利率虽然对经济起实质性影响，但却不易直接观察到，只能利用上述公式，根据名义利率与通货膨胀率来求得。通常在经济管理中，能够操作的只是名义利率，市场中的各种利率都是名义利率。划分名义利率与实际利率的意义在于，它为分析通货膨胀下的利率变动及其影响提供了依据与工具，便利了利率杠杆的操作。

专栏 3-3

欧洲央行推出负利率

欧洲央行于2014年6月5日宣布将基准的主要再融资利率下调10个基点至0.15%，将隔夜存款利率由此前的零降至-0.1%，欧元区正式迎来负利率时代。欧洲央行行长德拉吉也兑现了上月的“承诺”，推出了一系列宽松措施。欧洲央行就此成为全球首个推行负利率政策的主要经济体央行，此次货币政策会议也成为欧洲央行的又一里程碑。

负利率时代来临，彰显欧元区通缩问题的严峻以及欧洲央行与之对抗的决心。据悉，欧洲央行采取负利率措施之后，银行将为留存央行的隔夜存款支付利息，增加银行的运营成本，因此将刺激银行把更多资金投放市场，从而能够增加货币供给，并推动货币贬值和降低通货紧缩。此外，德拉吉宣布将结束证券市场计划(SMP)冲销操作，并正筹备资产支持证券(ABS)购买计划。同时，欧洲央行将引入定向长期再融资(LTRO)操作，初始规模为4 000亿欧元，这些措施都被市场认为是“欧洲版量化宽松”。德拉吉再次强调，如有需要，欧洲央行将迅速采取进一步宽松措施。

早在两年前，德拉吉就提出“不惜一切捍卫欧元”，欧洲央行还推出了两轮长期再融资操作，推动欧元区边缘国家融资成本大幅下降，但欧元区的通缩问题却益发严重。遏制通缩最有效的途径之一就是放宽货币政策，在2014年5月的货币政策会议上，德拉吉又发出6月可能采取行动的预告。市场因此高度戒备，更认为此次货币政策会议将是德拉吉任欧洲央行行长以来的最重要会议。

（五）按照利率的地位可分为基准利率与一般利率

基准利率和一般利率是根据利率的地位不同而划分的。把握基准利率的变动，有助于判断整个利率体系的变化趋势。

基准利率是在多种利率并存的条件下起决定作用的利率，其他利率会随其变动而发生相应变化。基准利率应该是一个市场化的利率，有广泛的市场参与性和代表性，能充分地反映市场供求并在整个利率体系中处于主导地位。在西方国家，基准利率通常是中央银行的再贴现利率以及商业银行和金融机构之间的同业拆借利率，如著名的伦敦银行同业拆放利率和美国联邦基金利率等。目前我国的基准利率是中国人民银行对商业银行及其他金融机构的存贷款利率，又称法定利率。随着金融市场的发展，我国在2007年推出了货币市场的基准利率——上海银行间同业拆放利率（Shanghai Interbank Offered Rate，Shibor）。

一般利率是相对于基准利率而言的，它是指金融机构在金融市场上形成的各种利率。一般利率通常参照基准利率而定。我国一般利率主要指商业银行对企业和个人的存贷款利率与金融市场交易的利率。

专栏 3-4

美国、英国、中国基准利率介绍

全球最著名的基准利率有伦敦银行同业拆放利率和美国联邦基金利率，两国的存款利率均是据此利率自行确定的。

伦敦银行同业拆放利率是英国银行家协会根据其选定的银行在伦敦市场报出的银行同业拆放利率，进行取样并平均计算成为指标利率，该指标利率在每个营业日都对外公布。英格兰银行主要通过每日的公开市场操作直接干预货币市场，控制短期资金利率，尤其是1个月期和3个月期的市场利率。LIBOR是目前国际上最重要和最常用的市场基准利率之一。

美国联邦基金利率（Federal Funds Rate）是指美国同业拆借市场的利率，最主要是指隔夜拆借利率。它不仅直接反映货币市场最短期的价格变化，是美国经济最敏感的利率，也是美联储的政策性利率指标。

上海银行间同业拆放利率是由位于上海的全国银行间同业拆借中心为技术平台计算、发布并命名，是由信用等级较高的银行组成报价团自主报出的人民币同业拆出利率计算确定的算术平均利率，是单利、无担保、批发性利率。2009年，对社会公布的上海银行间同业拆放利率品种包括：隔夜、1周、2周、1个月、3个月、6个月、9个月及1年。

（六）按照信用活动期限的长短分为长期利率和短期利率

按照借贷期限的长短，利率可以分为长期利率和短期利率。短期利率是指借贷在一年以内（包括一年）的利率。长期利率一般是指借贷期限在一年以上的利率。

利率的高低与期限长短、风险大小有着直接的联系。一般而言，期限越长的投资，其未知因素越多，风险发生的概率越大，因而利率越高；反之，期限越短的投资，其未知因素越少，风险发生的概率越小，因而利率越低。

二、影响利率的因素

影响利率变动的因素很多，主要有以下一些因素：

（一）平均利润率

利息来源于利润，是利润的一部分，因此，利率高低首先应由利润率的高低决定。但是，借贷资金是在全社会流动的，因此，利率不能由个别企业的利润率决定，否则，如果个别企业无利润或利润为负，那么贷款人就无任何利息而言。因此，影响利率的利润率应是整个社会的平均利润率。平均利润率是利率的最高界限，否则，融入资金者就会因成本太高而停止融入资金。另外，利率又不能等于零或为负数，否则，融出资金者又会因无利可图而停止供给资金。所以，利率在平均利润率和零之间波动。

（二）借贷资金的供求状况

利率在平均利润率与零之间究竟处于哪一水平，这主要是由借贷双方通过相互竞争来决定的。短期内，利率随借贷资金市场状况的变动而不断波动，与借贷资金的供给呈反方向变化，与借贷资金的需求呈正方向变化。当借贷资金供大于求时，利率便会下降；反之，当借贷资金供不应求时，利率便会上升。

（三）经济运行周期

在经济高涨时期，社会总的收入水平较高，在其他因素不变的情况下，收入水平提高会导致储蓄增加，增加可贷资金来源。因此，从可贷资金供给的角度，资金供给增加抑制利率上升；从可贷资金需求的角度，经济高涨阶段，由于投资需求比较旺盛，又存在利率的上升趋势。从实际情况来看，在经济高涨时期，资金需求的增长比资金供给的增长更快，利率水平趋于上升；在经济萧条时期，由于投资需求下降更快，利率水平呈下降趋势。

（四）通货膨胀预期

物价变动主要表现为货币本身的升值或贬值：物价下跌，货币升值；物价上涨，货币贬值。在金融市场上，由于本息均由名义量表示，借贷双方在决定某一水平的名义利率时，都考虑到未来物价预期变动的补偿，以防止自己因货币实际价值变动而发生亏损。所以，在预期通货膨胀率上升时，利率水平有很强的上升趋势；在预期通货膨胀率下降时，利率水平也趋于下降。

（五）信用的风险和期限

信用活动中的债权人从贷出一定数量的货币资金到收回一定数量的货币资金需要经过一定的时间间隔，在这段时间里，贷款人要承担一定的风险，如债务人倒闭无力偿还、市场利率提高、货币贬值等风险。而借贷的期限越长，这些不确定因素出现的可能性越大，贷款人损失的可能性越大。为了弥补这些风险损失，贷款人在确定贷款利率时，就必须充分考虑这些风险因素。

总之，借贷期限越长，风险越大，利率越高；反之，借贷期限越短，风险越小，利率越低。

（六）国家经济政策

当今任何国家的经济都不同程度受制于政府，利率也愈来愈成为国家较重要的一种货币政策工具，在相当程度、范围内为国家所控制。因此，利率在很大程度上反映着国家在一定阶段对经济的导向。例如，当国家在某一时期出现了经济过热、通货膨胀时，便可能通过提高利率水平加以控制；相反，当国家在某一时期要刺激经济发展、谋求较高经济增长速度时，便可能通过降低利率水平、增加货币投放来实现。

（七）国际利率水平

国际利率水平对国内利率也有重要影响。因为，现代经济的一个重要特点是世界各国的经济联系越来越密切，商品、技术、资金越来越多地在世界范围内运动。任何一个国家要使本国经济迅速发展，就不能把本国经济孤立于世界经济体系之外。商品买卖和资金流动越具有国际性，国际利率水平对国内利率的影响就越大。国际利率水平对国内利率的影响是通过资金在国际上的移动来实现的。当国内利率水平高于国际利率水平时，外国货币资本就会向国内流动，这不仅有利于改善一国的国际收支状况，而且改变了货币市场上资金供求状况。反之，当国内利率水平低于国际利率水平时，不仅外国资本要流出，而且本国资本会流出，同样会改变货币市场上资金供求状况。不论国内利率水平高于或低于国际利率水平，在资本自由流动的条件下都会引起货币市场上资金供求状况发生变化，因而必然引起国内利率变动。

三、利率传导机制

利率传导机制是指中央银行通过调整基准利率，进而影响银行间同业拆借利率以及金融市场利率，最终实现对社会资金总量的调控。具体表现为以下几个方面：

（一）中央银行调整对商业银行的再贴现率，调节商业银行的可贷资金量，影响商业银行的存、贷款利率，进而调节金融市场上货币资金的供求状况，使市场利率朝着中央银行的调节目标变动。

（二）中央银行直接在金融市场上买卖有价证券，调节市场货币资金供求状况，进而调节商业银行利率和市场利率。

（三）中央银行一般把市场利率作为其货币政策的中间目标，依此监测货币政策的执行情况，根据市场利率变动情况相应采取调节措施，其中包括调整中央银行利率。

第三节　利率理论

分析影响利率的因素进而找到其决定性的因素，是现代金融理论中非常重要的构成部分。同时，由于利率问题涉及金融市场的多要素综合变动和经济主体的心理偏好问题，从而利率的风险溢价和期限结构又成为金融学的前沿课题。

一、利率决定理论

利率决定理论是研究利率是怎样决定的、有哪些因素会影响利率变动的理论。西方利率决定理论主要有：

（一）古典学派的储蓄投资理论

古典学派的经济学家认为，利率和其他商品一样，都受到供给和需求的影响，因此，资本的供给和需求决定利率水平。而资本的供给来源于储蓄，储蓄又取决于时间偏好、节欲、等待等因素。在这些因素既定的情况下，利率越高储蓄的报酬就越多，结果储蓄就会增加；反之则减少。因此，储蓄是利率的增函数。同时，资本的需求还取决于资本边际生产率和利率的比较，只有当前者大于后者时，才能导致净投资。在边际生产率一定的条件下，利率越高，投资越少；利率越低，投资越多。因此，投资是利率的减函数。该理论又被称为实际利率理论，它强调非货币的实际因素在利率决定中的作用。他们所注意的实际因素是生产率和节约。生产率用边际投资倾向表示，节约用边际储蓄倾向表示，而利率的变化则取决于投资流量与储蓄流量的均衡。图 3-1 可说明这种关系。

图 3-1 中，I 曲线为投资曲线。投资曲线向下倾斜，表示投资与利率之间的负相关关系。S 曲线为储蓄曲线。该曲线向上倾斜，表示储蓄与利率之间的正相关关系。两线的交点所确定的利率 r_0 为均衡利率。如果某些因素引起边际储蓄倾向提高，则 S 曲线向右平移，形成 S' 曲线，后者与 I 曲线的交点所确定的利率 r_1，形成新的均衡利率，它表明在投资不变的情况下，储蓄的增加会使利率水平下降。如果某些因素引起边际投资倾向提高，I 曲线向右平移，则 I' 曲线与 S 曲线的交点确定的利率均衡点 r_2。显然，若储蓄不变，投资增加，则使均衡利率提高。

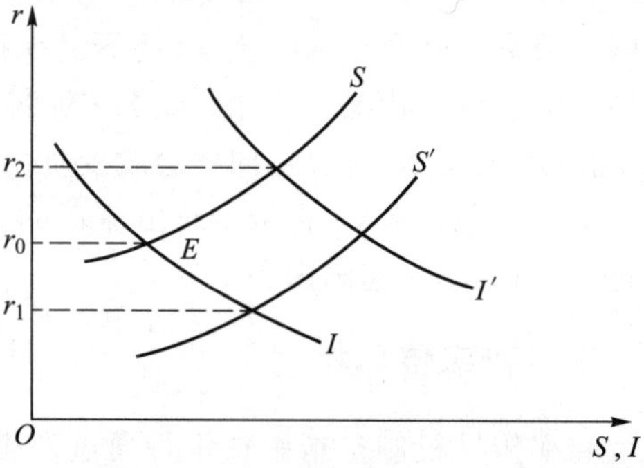

图 3-1 储蓄、投资与利率

该理论的主要缺陷在于它是一种局部均衡理论。储蓄数量和投资数量是利率的函数，利率的功能仅仅是促使储蓄与投资达到均衡，而不影响其他变量。并且古典利率理论没有考虑货币的因素，以及货币政策对利率的影响。

（二）流动性偏好理论

凯恩斯认为利率是放弃流动性偏好的报酬，是一种纯货币现象，利率与实物因素（节欲和生产率）无关，因此利率不是由借贷资本的供求关系来决定，而是由货币市场的货币供求关系来决定，利率的变动是货币供给和货币需求变动的结果。

凯恩斯认为利率的变化取决于货币供求关系，货币供给为外生变量，由中央银行直接控制。因此，货币供给独立于利率的变动。货币需求则是一个内生变量，由人们的流动性偏好决定。流动性偏好是指公众愿意持有货币资产的一种心理倾向。货币作为一种特殊形式的资产，具有完全的流动性和最小的风险性，因此当人们考虑持有财富的形式时，对货币资产具有流动性偏好。而人们的流动性偏好的动机有三个：交易性动机、谨慎性动机和投机性动机。其中，交易性动机和谨慎性动机与利率没有直接关系，而与收入成正比。投机性动机则与利率成反比。如果以 L_1 表示为交易性动机和谨慎性动机而保有货币的货币需求，以 L_2 表示为投机性动机而保有货币的货币需求，则 $L_1(Y)$ 为收入的递增函数，$L_2(r)$ 为利率 r 的递减函数。货币需求总量 $L=L_1(Y)+L_2(r)$。

由于货币供给独立于利率，因而货币供给曲线 Ms 是一条垂线。货币需求曲线 L 是一条由上而下、由左到右的曲线，愈向右，愈平行于横轴。如图 3-2 所示。

当货币供给曲线与货币需求曲线的平行部分相交时，利率将不再变动，此时无论中央银行供应多少货币，都会被相应的投机性货币需求吸收，从而使利率不能继续下降。这就是凯恩斯的利率决定理论中著名的“流动性陷阱”。在“流动性陷阱”区间，货币政策是完全无效的，此时只能依靠财政政策。

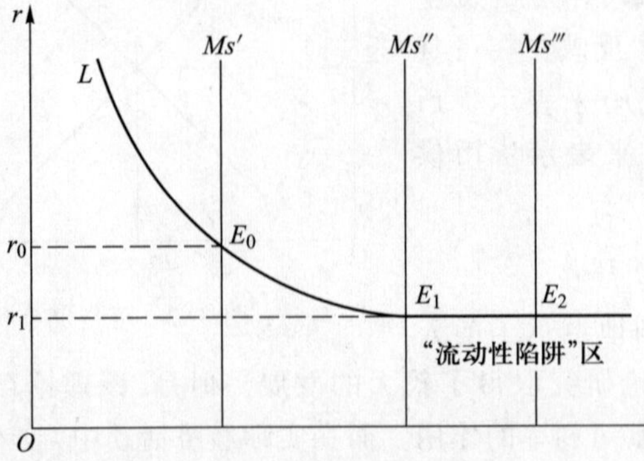

图 3-2 流动性偏好理论

（三）可贷资金利率理论

无论是古典学派的储蓄投资理论还是凯恩斯的流动性偏好理论都是单纯从某一个方面来分析利率决定的。古典学派的储蓄投资理论过分地强调了实际因素的作用，认为利率就是完全由实际因素中的储蓄和投资决定的。而与之相反，凯恩斯的流动性偏好理论则过分地强调了货币因素在利率决定中的作用，认为利率完全是由货币供求决定的，是货币市场均衡的一个结果。显然，这两种理论都过于偏激，利率既不是单纯由实际因素决定的，也不是单纯由货币因素决定的，而是由实际因素和货币两种因素所共同决定的。因此，分析利率的决定机制必须同时考虑实际因素和货币两种因素。正是基于这样一种考虑，英国的罗宾逊与瑞典的俄林提出了可贷资金利率理论。

可贷资金利率理论认为，利率是由可贷资金的供给与可贷资金的需求来决定的。可贷资金的供给既来自中央银行，也来自人们的储蓄以及人们的货币反窖藏，还有商业银行的信用创造。可贷资金的需求则来自投资和人们的货币窖藏。如果考虑到投资和窖藏是利率的递减函数，储蓄和商业银行的信用创造以及人们的反窖藏则是利率的递增函数这些因素，那么，可以发现，利率的决定是一个非常复杂的过程。

以 $I(r)$ 代表投资是利率的反函数，$\Delta H(r)$ 代表窖藏是利率的反函数，$S(r)$ 代表储蓄是利率的增函数，$\Delta M(r)$ 代表信用创造或货币发行是利率的增函数，$DH(r)$ 代表反窖藏是利率的增函数，L_S 代表可贷资金供给，L_D 代表可贷资金需求，则：

$$L_S = S(r) + \Delta M(r) + DH(r)$$

$$L_D = I(r) + \Delta H(r)$$

可贷资金利率理论认为，利率取决于可贷资金的供给与需求的均衡点。当可贷资金供给与可贷资金需求达到均衡时，有：

$$S(r) + \Delta M(r) + DH(r) = I(r) + \Delta H(r)$$

用图表示，可参见图 3-3。

从可贷资金利率理论所研究的决定利率水平的主要因素来看，这一理论正好将古典利率理论和凯恩斯的利率理论综合其中，古典学派所重视的投资和储蓄、凯恩斯所重视的货币供给与货币需求，在可贷资金利率理论的模型中都得到了反映。在可贷资金利率理论中，是用 $\Delta H(r)$ 来表示货币需求，而用 $\Delta M(r)+DH(r)$ 来表示货币供给的。

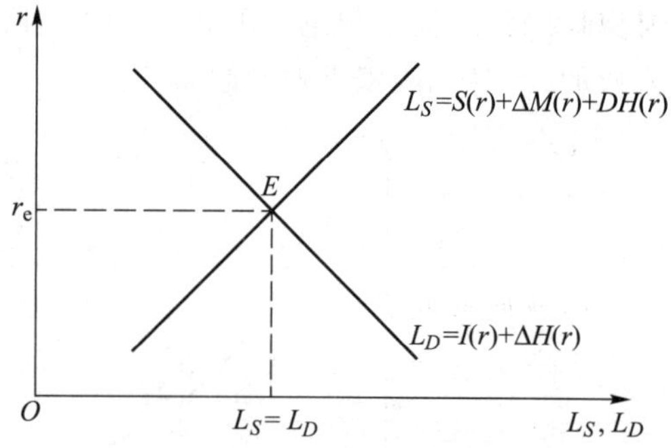

图 3-3 可贷资金利率理论

（四）*IS-LM* 分析的利率理论

可贷资金利率理论批判地继承了前人的研究成果，使利率决定理论研究取得了较大的发展。但是，该理论存在一个明显的缺陷，那就是没有考虑收入因素对利率的作用。而在实际经济活动中，收入状况对利率的决定是有着重要作用的，这种作用是通过对储蓄和货币需求的影响而实现的。

由英国经济学家希克斯首先提出，由美国经济学家汉森加以发展而成的 *IS-LM* 分析模型，则充分考虑了收入在利率决定中的作用，从而又促进了利率理论的发展。

IS-LM 分析模型是从整个市场全面均衡来讨论利率的决定机制的。该模型的理论基础有以下几点：

（1）整个社会经济活动可分为两个领域：实际领域和货币领域。在实际领域中要研究的主要对象是投资 I 和储蓄 S，在货币领域中要研究的主要对象是货币需求 L 和货币供给 M。

（2）实际领域均衡的条件是投资 I= 储蓄 S，货币领域均衡的条件是货币需求 L= 货币供给 M，整个社会经济均衡只有在实际领域和货币领域同时达到均衡时才能实现。

（3）投资是利率 r 的反函数，即 $I(r)$；储蓄是收入 Y 的增函数，即 $S(Y)$。货币需求可按不同的需求动机分为两个组成部分，即 $L=L_1+L_2$。L_1 是满足交易和预防动机的货币需求，是收入的增函数，即 $L_1(Y)$；L_2 是满足投机动机的货币需求，它是利率的反函数，即 $L_2(r)$。

根据以上给出的条件，必须在实际领域找出 I 和 S 相等的点的轨迹，即 *IS* 曲线；在货币领域要找出 L 和 M 相等的点的轨迹，即 *LM* 曲线。然后，由这两条曲线所代表的两个领域同时达到均衡的点来决定利率和收入水平，此即 *IS-LM* 分析模型，如图 3-4 所示。

（五）马克思的利率决定理论

马克思的利率决定理论是在批判和继承古典经济学派利息理论的基础上建立起来的，以剩余价值在不同资本家之间的分割作为起点。马克思揭示，资本所有权与资本使用权的分离是利息产生的经济基础；利息是利润的一部分，是剩余价值的转化形式；利息是借贷资本的价格。

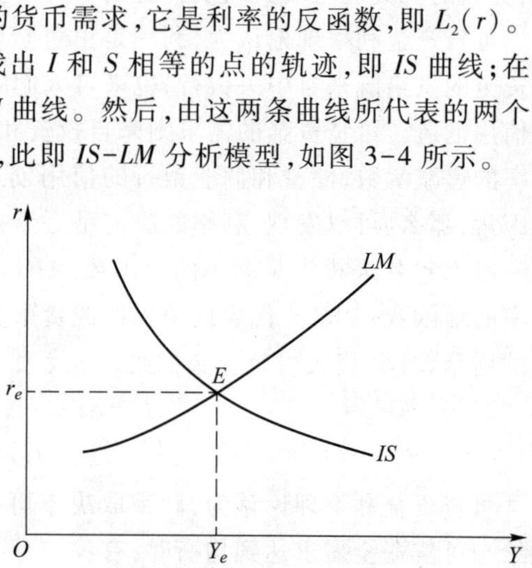

图 3-4 *IS-LM* 分析模型

因此，马克思认为利率主要是由平均

利润率和借贷资本供求关系这两个因素决定的。在其他条件不变的情况下,利率与平均利润率成正比。在正常条件下,利率不能超过或等于平均利润率,否则职能资本家就无利可图;利率的最低界限也不能低于或等于零,否则借贷资本家无利可图。因此,利率总是在零和平均利润率之间上下波动。

马克思认为,在货币市场上,一切借贷资本总是作为一个总额和执行职能的资本相对立,从而借贷资本的供给和借贷资本的需求之间的关系,决定着当时市场的利息状况,生息资本虽然是和商品绝对不同的范畴,但却变成特种商品,因而利息就变成了它的价格,这种价格就像普通商品的市场价格一样,任何时候都由供求决定。因而,一般情况下,借贷资本供不应求,信用紧缩,利率上升;借贷资本供过于求,信用松动,利率下降,利率的波动受借贷资本供求状况的影响。

二、利率风险结构理论

前面的利率决定理论是针对一种利率而言的。但现实中存在多种多样的利率,比如贷款利率、短期政府债券利率、长期政府债券利率、公司债券利率,这些利率不尽相同。那么这些不同利率之间的关系如何?为什么会出现利率差异?回答这些问题正是利率风险结构理论和利率期限结构理论的任务。

利率风险结构理论考察相同期限的证券出现利率差异的原因,利率期限结构理论考察具有相同风险及流动性的证券,其利率随到期日的时间长短出现差异的原因。

利率风险结构是指相同期限的金融资产因风险差异而产生的不同利率之间的关系。影响利率大小的风险因素,主要有信用风险、流动性和税收因素等。

(一) 信用风险

信用风险,又称违约风险,指债务人未能依约偿还本金或利息,使债权人遭受损失的风险。

违约风险越高,债权人所要求的利率就越高。债券的信用评级越高,表示债券的违约风险越低,因此利率也就越低。我们把某种有违约风险的债券与无违约风险的债券之间的利率差额称为“违约风险贴水”或“违约风险溢价”。国债没有风险,可以看成无违约风险的债券。

(二) 流动性

流动性是指资产能够以一个合理的价格顺利变现的能力,它反映的是投资的时间尺度(卖出它所需多长时间)和价格尺度(与公平市场价格相比的折扣)之间的关系。各种债券工具由于交易费用、偿还期限、是否可转换等方面不同,变现所需要的时间或成本不同,流动性也就不同。我们把为弥补债券较差的流动性而给予债券持有人的风险补偿称为“流动性贴水”。债券的流动性越强,变现越容易,利率越低。反之,流动性差的债权工具,利率定得就高一些。

(三) 税收因素

由于政府对不同债券税收的待遇不同,因而利率也受影响。在同等条件下,具有免税特征的债券利率要低。假定有证券 A 和证券 B,它们的违约风险和流动性相同,但是证券 A 利息收入的所得税率为 t_A,而证券 B 利息收入的所得税率为 t_B,那么证券 A 的税后利率就等

于 $r_A(1-t_A)$，证券 B 的税后利率就等于 $r_B(1-t_B)$，其中 r_A 与 r_B 分别为证券 A 和证券 B 的税前利率。对于投资者来说，他们关心的是证券的税后收益率，因此有：$r_A(1-t_A)=r_B(1-t_B)$，即有：$r_A=r_B(1-t_B)/(1-t_A)$。如果证券 A 的税率 t_A 大于证券 B 的税率 t_B，那么有 $r_A>r_B$。

一般而言，地方政府债券的违约风险高于中央政府债券，流动性也比较差。但在西方国家，地方政府债券的利率却是比较低的，这其中的原因是二者的税收待遇不同。地方政府债券的利息一般是免缴所得税的，投资于中央政府债券就可能要缴所得税。税率越高的债券，其税前利率也越高。如在美国，市政债券的违约风险高于国债，流动性也低于国债，但由于市政债券的利息收入是免缴联邦所得税的，使得市政债券的预期收益率相对较高，导致 1940—1980 年美国市政债券的利率低于国债的利率。

三、利率期限结构理论

利率期限结构是指具有相同风险及流动性的证券，其利率随到期日的时间长短会有所不同。

在风险、流动性和税收特征等方面相同的证券，由于到期时间不同，利率也会有所不同，人们用收益率曲线来描述利率的这种期限结构特征。收益率曲线的可能形状有三种：水平的收益率曲线表示各种期限的证券的利率相等，向上的收益率曲线代表期限越长的证券利率越高，向下的收益率曲线则表明证券的期限越长，利率越低。如图 3-5 所示。

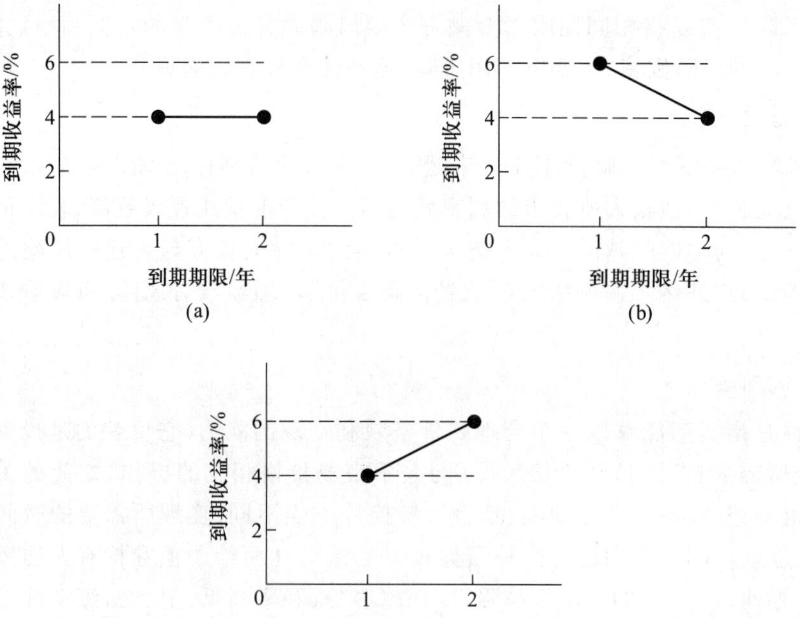

图 3-5　不同形状的收益率曲线

（a）水平的收益率曲线：当 1 年期债券和 2 年期债券的到期收益率均为 4%时，收益率曲线是水平的；
（b）向下倾斜的收益率曲线：当 1 年期债券的收益率为 6%，2 年期债券的收益率为 4%时，收益率曲线是向下倾斜的；
（c）向上倾斜的收益率曲线：当 1 年期债券的收益率为 4%，2 年期债券的收益率为 6%时，收益率曲线是向上倾斜的

专栏 3-5

收益率曲线是预测通货膨胀和经济周期的工具

由于收益率曲线中包含了预期未来利率的信息，因而有助于预测通货膨胀和实际产出波动。一般来说，利率上升对应经济繁荣，利率下跌对应经济萧条。如果收益率曲线是平坦或者向下倾斜的，就意味着预期未来短期利率下跌，因而，经济很可能将步入萧条。事实上，研究发现收益率曲线可以用来准确预测经济周期。

因为名义利率等于实际利率加上预期通货膨胀率，这意味着收益率曲线描述了名义利率和未来通货膨胀率的运动轨迹。陡峭的收益率曲线意味着未来通货膨胀率将上升，平坦或者向下倾斜的收益率曲线意味着未来通货膨胀率将下降。

收益率曲线可以用来预测经济周期和通货膨胀率，因而是许多经济预测人士的重要工具。

经济学家对利率期限结构形成的内在机理进行了分析，形成了期限结构理论。其中最主要的理论是预期假说理论、市场分割理论和流动性升水理论。

（一）预期假说理论

预期假说理论首先是由费雪于 1896 年提出的，是一种古老的利率期限结构理论，目前被广泛地用作利率相关证券的定价依据。这是基于以下假设成立的：① 投资者是典型的经纪人，即追求利润最大化；② 投资者对证券的期限没有偏好，各种期限的证券可以互相替代；③ 交易成本为零；④ 金融市场是完全竞争的；⑤ 完全替代的证券具有相同的预期收益率；⑥ 投资者对证券的预期准确，并依据该预期收益做出相应行为。该理论的基本命题是：长期利率相当于在该期限内人们预期出现的所有短期利率的平均值，因而收益率曲线反映所有金融市场参与者的综合预期。例如，在当前市场上 1 年期证券的收益率是 6%，预期明年的 1 年期证券的收益率是 6.5%，预期后年的 1 年期证券的收益率是 8.5%，那么当前市场上 3 年期证券的收益率为 $(6\%+6.5\%+8.5\%)/3=7\%$。

该理论可以大致解释收益率曲线向上、向下和水平倾斜的三种现象。如果人们预期未来的短期利率将会上升，且高于当前的市场短期利率，收益率曲线将会向上倾斜，意味着将来投资的回报要大于现在所做的投资；如果市场预期未来的短期利率低于当前的短期利率，长期利率就将是这一系列下降的短期利率的平均值，它必然比当前的短期利率要低，从而收益率曲线表现为向下倾斜；当预期短期利率不变时，收益率曲线则相应持平。

预期假说理论可以说明短期利率和长期利率的同方向变动，也可以说明收益率曲线向上或向下倾斜，因为现在的短期收益率低或者高，人们会预期它将来上升或下降，从而带动收益率上升或下降。但是，这种简单的平均值的概念是无法完全解释实际现象的，人们对短期利率的预测既有上升的情况，也有下降的情况，并且从理论上来看这两种情况的发生概率大致持平，如果将预期假说理论运用于此，就无法解释收益率曲线通常情况下总是向上倾斜的原因，这是该学说的局限所在。

（二）市场分割理论

期限结构的市场分割理论认为，投资者的投资需求往往不同，因此每个投资者一般都有自己偏好的某个特定品种的证券，由此导致各种期限证券的利率由该种证券的供求关系决定，而不受其他期限的证券预期回报率的影响。

按照市场分割假说的解释，正是由于不同期限证券的供求关系造成了收益率曲线形状的不同。① 如果市场对短期证券的需求要高于对长期证券的需求，就会使短期证券相对具有较高的价格和较低的利率水平，长期利率将高于短期利率，收益率曲线因此向上倾斜。② 与收益率曲线向上倾斜的情况相反，如果市场对短期证券的需求要低于对长期证券的，则长期证券将相对具有较高的价格和较低的利率水平，短期利率将高于长期利率，收益率曲线因此向下倾斜。

市场分割理论可以解释典型的收益率曲线往往向上倾斜的原因。因为人们一般都存在喜短厌长的心理，所以对长期证券的需求比对短期证券少，造成长期证券价格较低，利率较高，将来买进长期证券的收益高于短期利率，收益率曲线因此向上倾斜。但是该理论却无法解释不同期限证券利率的一起波动，它也不能解释为何短期利率较低时收益率曲线向下倾斜、短期利率较高时收益率曲线向上倾斜的情况。

（三）流动性升水理论

预期假说理论和市场分割理论都有各自不能解释的收益率曲线变化现象，流动性升水理论是对前两种理论的进一步发展。它的基本命题是：长期证券的利率水平等于在整个期限内预计出现的所有短期利率的平均值，再加上一定的风险补偿，也就是流动性升水。这是由于证券的期限越长，本金价值波动的可能性就越大，因此投资者一般倾向于选择短期证券，但是借款人却偏向于发行稳定的长期证券，结果就是借款人要使投资者购买长期证券，就需要给投资者一定的风险补偿，这就造成了长期利率高于短期利率和未来短期利率的平均值。

该理论隐含这样的表述：① 期限不同的证券之间是可以互相替代的，短期证券的收益率水平会影响长期证券的利率水平。② 投资者不同期限的证券的偏好不同，一般更倾向于短期证券。③ 证券收益率大小对投资者的影响程度要大于期限长短对投资者的影响。流动性升水理论用公式可以表述成：

$$r_{nt}=K_{nt}+(r_t+r_{t+1}^e+r_{t+2}^e+\cdots+r_{t+n-1}^e)/n$$

式中：K_{nt}表示一个正的时间溢价，也即风险补偿，只有一个正的风险补偿率才能吸引投资者考虑放弃短期证券转而选择长期证券；

$(r_t+r_{t+1}^e+r_{t+2}^e+\cdots+r_{t+n-1}^e)/n$ 表示在一定期限内所有短期利率的平均值，长期利率就是该期限内这种平均值与正的风险补偿的总和。

流动性升水理论至少能够解释以下几种收益率曲线的变化情况：① 即使短期利率在未来的平均水平保持不变，长期利率也会高于短期利率，这就解释了大多数情况下收益率曲线向上倾斜的现象。② 若预期利率水平将有所下降，那么只要同期限内风险补偿的水平能够超过预期利率平均值下降的水平，长期利率仍然能够向上倾斜，这解释了为何在预期短期利率小幅下降的情况下，收益率水平还可以保持向上倾斜的情况。③ 若预期短期利率大幅下降，则在较低的短期利率水平上加上一个正的时间溢价，也不能抵补这种下降带来的影响，因此收益率曲线有时会出现向下倾斜的现象。④ 当短期利率水平较低时，投资者往往会预期短期利率水平会有所上升，那么未来预期短期利率的平均值就会相对高于现行的短期利率水平，再加上一个正的风险溢价后，就会使长期利率大大高于现行短期利率，从而出现了收益率曲线往往比较陡峭地向上倾斜；反之，收益率曲线则会大幅向下倾斜。⑤ 在时间溢价水平一定的前提下，短期利率的上升意味着平均看来短期利率水平将来会更高，因而长期利率也会随之上升，这解释了不同期限证券的利率总是共同变动的原因。

此外，人们还可以根据流动性升水理论的解释，依据实际收益率曲线的斜率来判断未来短期利率的市场预期。

专栏 3-6

长短期利率倒挂之谜

2005 年年底至 2006 年第一季度，美国债券的利息率出现了“长短期利率倒挂”现象，对美联储调整联邦基金利率最敏感的两年期债券利率略高于 10 年期利率。对此，美联储前任主席格林斯潘在位时曾经称之为一个谜，并列出了一串可能导致长期利率偏低的理由。包括：市场对未来的前景看淡；各国央行对美国长期债券的需求旺盛；全球储蓄过剩；未来经济前景的可预测性增强；长期利率的风险溢价下降；等等。但是美联储一直没给出具体的理由。在格林斯潘列出的各种理由中，没有提到战争经济对景气的刺激是有其特殊性的。对于军工及相关企业而言，在战争期间：

1. 工人加班，失业率下降，设备利用率上升，存货上升

比如，在一片战争叫嚣声中，2002 年 3 月，波音的“精准武器”制造 24 小时三班倒，加紧生产提高非制导炸弹命中率的 JDAM 装置，月产 1 500 个，出厂价两万美元一个。就连民航公司也可以从中分一杯羹。2003 年，为承载赶赴海湾地区的全副武装的美国大兵，美国大型航空公司都开辟了一些“特殊航班”——不仅不需要正常的安全检查，而且允许乘客携带武器乘机；这种特殊航班成为当时美国最繁忙、最赚钱的航班，五角大楼在一个月内可能就要付给这些航空公司 1.2 亿~2 亿美元的巨额租金。美国的失业率从 2003 年第二三季度的 6.1%下降到 2006 年第一季度的 4.7%；工厂设备使用率重新达到 80%以上。伊拉克战争爆发前夕，美国的非农业存货从 2001 年的负 318 亿美元一下猛增到 2002 年 152 亿美元。

2. 对流动资金的需求增加，长期资金需求变化不大

军工行业的需求大增，制造商不但要增加劳动力投入和提高设备使用率，而且需要流动资金来采购原材料和支付工资。美国劳工部规定，如果员工在一个工作周内工作超过 40 小时，加班工资将不得少于正常工资的 1.5 倍。也就是说，制造商即使在短期内没有增聘工人，类似波音那样的“三班倒”生产，也会给企业带来额外支付加班工资的成本。流动资金的需求增加，对短期利率的上升趋势起到支持作用。

但是，军工制造商的长期投资并未相应大幅增加。这一点与一般耐用消费品不同。对于制造商来说，一般耐用消费品的需求是可以预测的。例如，汽车市场营销家们在谈到大众轿车的车型定位时，提出了后来被反复引用的“购买能力系数”分析理论，认为只有当轿车的销售价格与人均国民收入之比为1.4左右时，相应型号的轿车才能大规模地进入家庭。根据这些指标，制造商们可以比较“合理”地预测市场需求，一旦预测结果是产品长期需求增加，就需要持续增加产量，就会在增加短期资金投入的同时部署长期投资。这时，对短期和长期资金的需求可能都会增加，两类利率应该同时趋升。

再看军工行业，很难想象制造商能够根据人均国民收入、普及率之类的指标，来判断政府未来需要采购哪一类武器。一个突出的例子，人均国民收入差着几十倍的美国和巴勒斯坦，同样拥有核武器。另外，美国的这些高科技军工产品，研发周期长、资金投入大，政府本来就有按部就班、纳入军费预算的拨款，所以不会因为战争的发动而突然大幅增加对长期资金的需求量。

由战争带动的军工需求，使短期资金需求增加而长期资金需求不变，从这个角度来看美国债券长短期利率倒挂之谜，也就不足为奇了。

本章小结

1. 货币时间价值是指一笔资金经过一定时间的运用后产生的增值额。利息是货币时间价值的具体体现。

2. 对利息存在的原因有不同的解释，因而形成了不同的利息理论。

3. 利息的出现，使任何有收益的资产，不论是金融资产，还是实质资产，都可以通过收益与利率的对比从而推出它相当于多少资本金额。这被称为收益的“资本化”。

4. 利息的计算方法有单利法和复利法两种。利息反映了现在购买力和将来购买力的交换，通过利率可以计算出现在的一笔资金在未来若干年的终值，也可以计算出未来若干年的一笔资金的现值。

5. 利率按照不同的标准，有多种不同的分类方法。

6. 利率决定理论所要研究的是利率水平的决定与变动，主要的利率决定理论有古典学派的储蓄投资理论、流动性偏好理论、可贷资金利率理论和*IS-LM*模型。

7. 除了利率总水平之外，金融工具的期限长短、风险大小决定了不同利率的水平高低，这就是利率结构问题。利率结构理论，包括利率风险结构理论和利率期限结构理论。

关键术语

货币时间价值　利息　利率　收益的资本化　单利　复利　现值　终值　收益率曲线　利率风险结构　利率期限结构

思考题

1. 什么是货币时间价值？

2. 怎样认识利息的来源与本质?
3. 什么是利率体系? 利率有哪些主要分类?
4. 决定和影响利率的因素有哪些?
5. 简要阐述古典学派与凯恩斯学派的利率决定理论。
6. 简述利率风险结构理论和期限结构理论的主要内容。
7. 当利率分别为20%与10%时,对你而言,明年的1元在哪种情况下在今天的价值更高?

案例分析

案例一:项目投资分析

某人的初始投资为900万元,项目要求的投资收益率为10%,该项目每个年度的现金流入和流出情况如下表所示。

投资项目A各年度的现金流入和情况流出 单位:万元

年度	收入	支出
1	1 100	600
2	1 900	1 200
3	2 800	3 300
4	1 800	600

案例思考:

试分析该项目是否值得投资。

案例二:该证券是否值得购买?

假设你继承了一笔钱。你有一个朋友在当地的证券公司做实习生,他的老板正在出售一种能带来4年收益的证券,头3年每年年末你能获得50元,而第4年年末,你能获得1 050元。你的朋友能帮你以每张900元的价钱买到这种证券。你的现金存在一家支付8%年利率(单利计息)的银行里。你认为证券和你的银行存款的安全性和流动性是一样的,所以你要求的证券年回报率至少和你银行存款的年利率相同。

案例思考:

为判断这项投资是否值得,必须先知道证券的价值。那么,请问我们该如何计算证券的价值?

延伸阅读

1. [英]约翰·梅纳德·凯恩斯.就业、利息和货币通论.高鸿业译.北京:商务印书馆,2011.
2. [美]欧文·费雪.利息理论.陈彪如译.北京:商务印书馆,2013.
3. 孟生旺.利息理论及其应用.北京:中国人民大学出版社,2014.
4. 孙皓.利率期限结构的经济预测能力研究.上海:立信会计出版社,2016.

第四章

外汇与汇率

引言

当前，国际金融市场瞬息万变，风声鹤唳。2018 年 3 月 8 日，美国总统特朗普在白宫举行了与钢铝行业高管和工人的见面会，并在会上正式签署了命令，将于 15 天后对美国进口的钢铁和铝分别征收 25%和 10%的关税。3 月 14 日，更是传出了特朗普考虑对 600 亿美元中国进口商品征关税的消息，人们担心的"货币战争"可能就此开启。

中国古代有一个成语故事：以邻为壑。相传古代大禹奉舜的命令，用疏导的办法兴修水利，造福于民。到了战国时期，魏惠王的大臣白丹也兴修水利。他自以为了不起，对人说："我在治理水患方面比大禹还要强。"孟轲说："禹之治水，水之道也，是故禹以四海为壑。今吾子以邻为壑。"意思是：大禹治水患，用疏浚河道的办法使水流注四海，而你却采取筑堤的办法把水流到邻国去。就是拿邻国当作大水坑，把本国的洪水排泄到那里去。

不难理解，美国政府的这种策略本质上是极端的贸易保护主义，企图以单边的贸易主义来取代多双边、全球的贸易规则。在世界经济复苏基础薄弱的局面下，这无异于饮鸩止渴，没有人会成为赢家。

通过本章的学习，你将能够了解和掌握以下知识：

- 外汇的基本含义；
- 外汇的主要分类及其标价方法；
- 汇率变动的主要因素及汇率变动对经济的影响；
- 外汇汇率的计算方法。

本章知识架构图

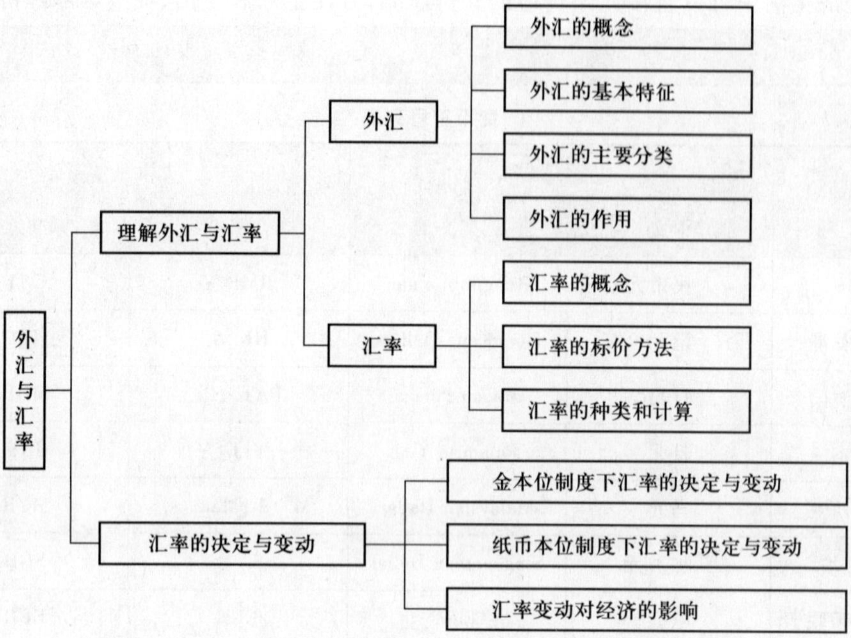

第一节　理解外汇与汇率

一、外汇

（一）外汇的概念

外汇有动态和静态两层含义。

1. 动态的外汇

动态的外汇是国际汇兑的简称，是指外汇兑换的过程，它强调外汇是一种活动。也就是通过银行体系，把一种货币兑换成另一种货币，并借助各种信用工具，把货币资金转移到另一个国家，以清偿国际上由于贸易、非贸易往来而产生的债权债务的过程。

2. 静态的外汇

静态的外汇可以从广义和狭义两方面理解。广义的外汇泛指一切以外币表示的债权或金融资产。国际货币基金组织和我国关于外汇的解释都是指静态含义中广义的外汇。按我国 1997 年 1 月颁布并在以后修订的《中华人民共和国外汇管理条例》中的规定，外汇有：外国货币，包括纸币、铸币；外币支付凭证，包括票据、银行存款凭证、邮政储蓄凭证等；外币有价证券，包括政府债券、公司债券、股票等；特别提款权；其他外汇资产，其他以外币表示的用以进行国际结算的支付手段，即各种外币收益，如股息、利息、债息、红利等。

狭义的外汇一般是指以外国货币表示的、在国际支付中使用的直接用于国际结算的支付手段，具体包括以外币表示的汇票、支票、本票和以银行存款形式存在的外汇，其中以银行存款形式存在的外汇是狭义外汇的主体。区别广义和狭义的外汇主要在于狭义外汇在现实经济生活中可以直接充当货币的支付职能，方便生产和生活，促进国际经济交往。

专栏 4-1

货币符号列表

国别	货币名称		货币符号	
	中文	英文	原有旧符号	标准符号
中国	人民币元	Renminbi Yuan	RMB ￥	CNY
中国香港	港元	HongKong Dollars	HK $	HKD
中国澳门	澳门元	Macao Pataca	PAT. ;P.	MOP
日本	日元	Japanese Yen	￥;J. ￥	JPY
马来西亚	马元	Malaysian Dollar	M. $;Mal. $	MYR
新加坡	新加坡元	Singaporean Dollar	S. $	SGD
欧洲货币联盟	欧元	Euro	EUR	EUR
瑞士	瑞士法郎	Swiss Franc	SF. ;SFR.	CHF
英国	英镑	Pound;Sterling	£ ;£ Stg.	GBP
法国	法郎	French Franc	F. F. ;Fr. Fc. ;F. FR.	FRF
加拿大	加元	Canadian Dollar	Can. $	CAD
美国	美元	U. S. Dollar	U. S. $	USD

资料来源：网易博客

（二）外汇的基本特征

从外汇的实际用途来说，外汇必须具备以下三个特征：

（1）外汇必须是以外国货币表示的，并为各国所普遍接受，具有国际性。

（2）外汇必须具有一定的可兑换性。可兑换性可强可弱，但必须具有一定的可兑换性，如果不具有任何可兑换性，则其失去了用于国际结算的意义，不能称之为外汇。

（3）外汇必须是能够得到偿付的债权，具有有效性。

（三）外汇的主要分类

1. 按照能否自由兑换划分

按照能否自由兑换，可分为自由外汇和记账外汇。

自由外汇又称“自由兑换外汇”，是指无须经过发行货币国家批准，既可以在国际市场上自由买卖、随时使用,又可以自由转换为其他国家货币的外汇。它在国际交往中能作为支付手段广泛地使用和流通,如美元、英镑、瑞士法郎、日元、德国马克等主要西方国家货币。

记账外汇,又称协定外汇、清算外汇或双边外汇,它是根据两国政府贸易清算协定,进行国际结算时用作计价单位的货币,常用于贸易交易频繁的国家之间。记账外汇可使用交易双方任何一方的货币,也可使用第三国货币或某篮子货币。例如中国和俄罗斯两国政府在支付协定中规定中俄之间的每笔贸易合同都以美元来计价,也就是在交易中双方银行的账户上以美元为记账外汇,但并不在每次交易中都实际支付美元,只是以其作为计价单位的货币记载双方贸易额。其收支差额在一定时期进行冲抵,其余额或转入次年或用双方可接受的货币清偿或以实物来轧平。此时美元只是充当了记账外汇的作用,而没有在每次交易中得到实际的结算与兑换。

2. 按资金实际收付的时间划分

在外汇交易中,按资金实际收付的时间,可以分为即期外汇和远期外汇。

即期外汇(Spot Foreign Exchange)是指外汇交易达成后,在两个营业日之内就可完成资金实际收付的外汇。资金的收付以双方相应账户中的资金的实际变动为标志。各外汇市场对即期外汇交割时间的具体规定大同小异,有当天交割的即期外汇,有次日交割的即期外汇,也有在第二个营业日交割的即期外汇。

远期外汇(Forward Exchange)是指外汇交易达成后,交易者只能在合同规定的超过两个营业日之外的日期办理资金实际收付的外汇。远期外汇交割期限可以是一周,最短的为3天,在多数情况下是1~6个月,也可长达一年以上,历史上最长的远期外汇交割期限长达10年。

3. 按外币的形态划分

按外币的形态可以分为外汇现钞和外币现汇。

外汇现钞是指外国钞票、铸币,外汇现钞主要由境外携入。外币现汇是指在货币发行国本土银行的存款账户中的自由外汇,外币现汇主要由国外汇入,或由境外携入、寄入的以外币表示的经银行托收的票据。各种外汇的标的物,一般只有转化为货币发行国本土的银行的存款账户中的存款货币,即现汇后,才能进行实际上的对外国际结算。

4. 根据外汇来源和用途划分

根据外汇来源和用途分为贸易外汇和非贸易外汇。

贸易外汇是指由商品进出口及其从属费用(主要包括与商品进出口直接关联的运费和保险金等)引起收付的外汇。非贸易外汇则是指非贸易业务引起收付的外汇。例如捐赠、留学、劳务合作和资本流动等方面的外汇收支。

(四)外汇的作用

外汇是国际经济交流必不可少的工具,是国际结算的支付手段。它对促进国际经济贸易,以及政治文化交流起着重要的促进作用。可以概括为:

1. 外汇转移了国际购买力

由于各国的货币制度不同,国与国之间使用的货币不同,一国货币不能在其他国家内流通,不同国家间的购买力是无法转移的。而国际债权债务关系发生在不同的国家之间。

过去一般是使用国际上共同确认的黄金作为清偿国际债务的手段,运输过程中问题多又麻烦。外汇的出现解决了这一难题。外汇是用一种货币兑换成另一种货币作为支付手段,使货币购买力在不同的国家内流通变为现实,促进了各国的经济发展和国际经济交往。

2. 外汇促进了国际贸易的发展

外汇是国际债权债务清偿的工具,使用这种工具结算,不仅减少了运送黄金或现钞的费用,防范了风险,而且加速了资金周转。特别是汇票等各种外汇信用工具的使用,使进出口商的信用增加,资金的融通范围扩大,使得国际结算安全、迅速和便利,从而促进了国际贸易的发展。

3. 外汇调节了资金的国际流动,促进世界经济的一体化

世界各国经济发展不同,资金富足程度情况也就不同,在客观上存在调剂资金的必要。一般来说,资金比较匮乏的发展中国家特别需要外汇资金来加速其经济增长;发达国家一般拥有大量的闲置资金,正在寻找投资的途径以求更多的获利。外汇使资本的国际化流动成为可能,发达国家可以通过建立跨国公司等形式,将其资本进行国际化的投资获取利润,也支持了发展中国家的经济建设,加速了世界经济的均衡发展和世界经济的一体化进程。

二、汇率

(一)汇率的概念

汇率(Foreign Exchange Rate)又称汇价、外汇牌价或外汇行市,是不同货币之间兑换的比率或比价,也可以说是以一种货币表示的另一种货币的价格。在国际汇兑中,不同的货币之间可以相互表示对方的价格,既可以用本币来表示外币价格,又可以用外币来表示本币的价格。这里,本币和外币都具有同样的表现对方货币价格的功能,至于某个国家使用本币来表示外币,还是使用外币来表示本币,则取决于其所采取的汇率标价方法。

(二)汇率的标价方法

1. 直接标价法(Direct Quotation)

直接标价法又称应付标价法,是用一定单位(如1、100、10 000等)的外国货币作为标准来计算可折合成多少单位的本国货币。目前世界上绝大多数国家都采用直接标价法,我国人民币对外币也采用这种标价方法。例如,2017年10月10日,国家外汇管理局公布的人民币外汇汇率[①]为:

100美元=664.93元人民币

100港元=85.18元人民币

100日元=5.914 5元人民币

100欧元=780.92元人民币

100英镑=870.73元人民币

① 国家外汇管理局网站。

在直接标价法下，外币的金额不变，始终为一定的单位，本币的金额随着外币币值的变化而变化。如果一定单位的外币换得的本币数额增多，说明外币的币值上升，本币的币值下降，称为外汇汇率上浮，本币汇率下浮；反之，如果一定单位的外币换得的本币数额减少，称为外汇汇率下浮，本币汇率上浮。

2. 间接标价法（Indirect Quotation）

间接标价法又称应收标价法，是指用一定单位（如1、100、10 000等）的本国货币作为标准来计算可折合为多少单位的外国货币。例如2017年10月10日，纽约外汇市场各种外汇收盘价[①]为：

1美元＝1.253 1加元

1美元＝7.804 1港元

1美元＝6.623 5元人民币

1美元＝0.978 7瑞士法郎

在间接标价法下，本币的金额不变，始终为一定的单位，应收外币的金额随着本币币值的变化而变化。如果一定单位的本币换得的外币数额减少，称为外汇汇率上浮，本币汇率下浮。反之，如果一定单位的本币换得的外币数额增多，说明本币的汇率上浮，外汇汇率下浮。世界上采用间接标价法的国家是以英国和美国为代表的少数几个国家。

3. 美元标价法（US Dollar Quotation）

对于某个国家或某个外汇市场来说，除本币以外的其他各种货币之间的比价无法用直接标价法或间接标价法来表示。实际上，非本国货币之间的汇率往往是以一种国际上的主要货币或关键货币为标准的。例如，第二次世界大战以后由于布雷顿森林货币体系的确立，美元成为中心货币，各国外汇市场上公布的外汇牌价均以美元为标准，比如，1美元＝1.253 1加元，1美元＝7.804 1港元，1美元＝6.623 5元人民币等。这种标价情况被称为“美元标价法”。

（三）汇率的种类和计算

在国际汇兑的实际业务中，经常涉及不同种类的汇率。下面我们按不同的分类标准简单介绍一下汇率的不同种类。

1. 按银行买卖外汇的角度划分

按银行买卖外汇的角度不同，汇率可分为买入汇率、卖出汇率、中间汇率和现钞汇率。

买入汇率（Buying Rate）又称买入价，是银行购买外汇时所使用的汇率。卖出汇率（Selling Rate）又称卖出价，是银行卖出外汇使用时的汇率。在外汇市场上，银行通常采用双向报价法，即同时报出买入价和卖出价。银行进行外汇买卖活动时，分别以不同的汇率进行，当银行买入外汇时以较低的外汇价格买入，卖出外汇时则以较高的外汇价格卖出，两者之间的价差即为银行的利润。

在直接标价法下，较小的价格为买入价，较大的价格为卖出价，例如某日纽约外汇市

① http://forex.hexun.com/。

场上，某家银行报出的汇率为：1 英镑 = 2.005 6/2.006 6 美元，表示该银行买进 1 英镑外汇时付给对方 2.005 6 美元，而卖出 1 英镑时则向对方收取 2.006 6 美元；在间接标价法下则相反，价格较小的是外汇卖出价，价格较大的是外汇买入价。例如，某日伦敦外汇市场上某银行美元对英镑的汇率为 1 英镑 = 2.005 6/2.006 6 美元，则前者表示该行收入英镑即卖出美元的价格是 0.498 6 英镑（1/2.005 6），后者表示该行付出英镑即买入美元的价格为 0.498 4 英镑（1/2.006 6）。所以在间接标价法下，银行所公布的价格中较小的是外汇卖出价，较大的价格是外汇买入价。

中间汇率（Middle Rate），又称中间价，是银行买入价和卖出价的平均数。中间汇率常常用于报刊上关于汇率的报道、分析和预测等。现钞汇率（Bank Note Rate）又称现钞价，是银行在买卖外汇现钞时使用的汇率。现钞价又分为现钞买入价和现钞卖出价，银行的现钞卖出价与现汇卖出价相同，但由于银行买入现钞要承担一定的时间成本和运输成本，所以现钞的买入价略低于现汇的买入价。

专栏 4-2

中国银行外汇牌价 日期：2017 年 10 月 10 日

货币名称	现汇买入价	现钞买入价	卖出价	中间价
英镑 GBP	867.8	840.77	873.9	870.85
港元 HKD	84.72	84.04	85.04	84.88
美元 USD	661.31	655.88	663.96	662.64
瑞士法郎 CHF	673.79	653	678.53	676.16
瑞典克朗 SEK	81.23	78.73	81.89	81.56
日元 JPY	5.861 2	5.678 6	5.902 3	5.881 8
加元 CAD	526.11	509.46	529.81	527.96
澳大利亚元 AUD	512.39	496.42	515.98	514.19
欧元 EUR	775.48	751.32	780.93	778.21
澳元 MOP	82.28	79.52	82.59	82.44
新西兰元 NZD	466.22	451.84	469.5	467.86
韩元 KRW	0.576 9	0.556 6	0.581 5	0.579 2
新加坡元 SGD	484.29	469.34	487.69	485.99

资料来源：美元・人民币汇率网。

2. 按汇率制定的方法划分

按汇率制定的方法不同，汇率可分为基础汇率和套算汇率。

基础汇率(Basic Rate)是一国所制定的本国货币与关键货币之间的汇率。与本国货币有关的外国货币往往有许多种,但不可能使本币与每种货币都单独确立一个汇率,所以往往选择某种关键货币作为本国汇率的制定标准。关键货币是指在国际贸易或国际收支中使用最多、在各国的外汇储备中占比最大、自由兑换性最强、汇率行情最稳定、事实上普遍为各国所接受的货币。目前,各国普遍把美元作为制定汇率的关键货币,因此,本币与美元的汇率一般作为基础汇率。

套算汇率(Cross Rate)是在基础汇率的基础上套算出的本币与非关键货币之间的比率。如果将本币与美元之间的汇率作为基础汇率,则本币与其他非美元货币之间的汇率即为套算汇率,它是通过它们各自与美元之间的基础汇率套算出来的。例如,若在某一时点上我国的基础汇率是 1 美元兑 6. 846 2 元人民币,而美元对英镑的汇率是 1 英镑兑 2. 019 0 美元,则 1 英镑可兑换 13. 822 5(6. 846 2×2. 019 0)元人民币。目前各国外汇市场上每天公布的外汇汇率都是各种货币对美元之间的汇率,非美元货币之间的汇率均须通过该汇率套算出来。具体计算方法如下:

(1) 关键货币相同且同为单位货币或标价货币(同在一侧),用交叉相除法。

[例 4-1]

已知:某日外汇市场的行情为 1USD=99. 19—99. 23 JPY,1USD=1. 067 2—1. 068 9 CAD,求 1CAD=? JPY。

分析:在这两组报价中,美元均为关键货币并且是单位货币(同在左侧),采用交叉相除法。

1USD=99. 19—99. 23 JPY

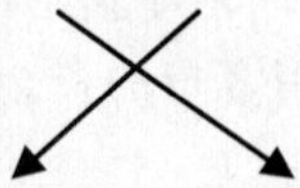

1USD=1. 067 2—1. 068 9 CAD(交叉相除)

因此,1CAD=99. 19÷1. 068 9—99. 23÷1. 067 2 JPY

1CAD=92. 80—92. 98 JPY

[例 4-2]

已知:某日外汇市场行情为 1EUR=1. 441 1—1. 442 2 USD,1GBP=1. 898 6—1. 899 6 USD,求 1EUR=? GBP。

分析:在这两组报价中,美元均为关键货币并且是标价货币(同在右侧),采用交叉相除法。

1EUR=1. 441 1—1. 442 2 USD

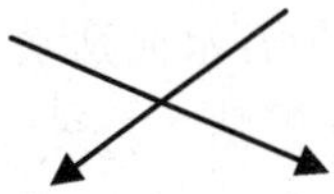

1GBP=1. 898 6—1. 899 6 USD (交叉相除)

因此,1EUR=1. 441 1÷1. 899 6—1. 442 2÷1. 898 6 GBP

1EUR=0. 758 6—0. 759 6 GBP

(2) 关键货币在两组汇率中分别为单位货币和标价货币(一个在左,一个在右),用同边相乘法。

[例 4-3]

已知：某日外汇市场行情为 1USD＝99.19—99.23 JPY，1EUR＝1.441 1—1.442 2 USD，求 1EUR＝？ JPY。

分析：在这两组报价中，美元均为关键货币并且在两组汇率中分别为单位货币和标价货币，采用同边相乘法。

1USD＝99.19—99.23 JPY

　　　　↓　　↓

1EUR＝1.441 1—1.442 2 USD（同边相乘）

因此，1EUR＝99.19×1.441 1—99.23×1.442 2 JPY

1EUR＝142.94—143.11 JPY

3. 按外汇交易中的支付方式划分

按外汇交易中支付方式不同，汇率可划分为电汇汇率、信汇汇率和票汇汇率。

电汇汇率（Telegraphic Transfer Rate，T/T Rate）也称电汇价，指买卖外汇以电汇方式支付外汇所使用的汇率。银行卖出外汇后，立即用电报、电传等通信方式通知国外分行或代理行支付款项给收款人，外汇付出迅速，银行无法占用客户汇款资金，且国际电报、电传收费较高，因而向客户收取的价格也就较高。现代外汇市场上多用电汇方式付出外汇，各国公布的外汇牌价一般都是电汇汇率。

信汇汇率（Mail Transfer Rate，M/T Rate）也称信汇价，是银行卖出外汇时开具付款委托书，以信函方式通知国外分行或代理行付款时所使用的汇率。由于信汇的邮寄时间较长，银行可利用客户在途资金的时间较长，在此期间银行可占用客户的资金获取利息，因此需将银行占用在途资金的利息扣除，汇率也就较电汇汇率低。

票汇汇率（Demand Draft Rate，D/D Rate）也称票汇价，是银行卖出外汇时，开具以其在国外分行或代理行为付款人的汇票时使用的汇率。汇票开立后，交付给汇款人，由汇款人自带或邮寄给收款人，收款人拿到汇票后，即可向付款银行提示或取款。银行可占用客户资金时间也较长，因而汇率较电汇汇率也较低。

4. 按外汇买卖成交后交割时间长短划分

按外汇买卖成交后交割时间长短不同，汇率可分为即期汇率和远期汇率。

即期汇率（Spot Rate）也称现汇汇率，是交易双方达成外汇买卖协议后，在两个工作日以内办理交割的汇率。远期汇率（Forward Rate）也称期汇汇率，是交易双方达成外汇买卖协议，约定在将来某一时间进行外汇实际交割所使用的汇率。这一汇率是双方以现汇汇率为基础约定的，但往往与现汇汇率有一定的差价，其差价称为升水或贴水。当远期汇率高于即期汇率时称外汇升水；当远期汇率低于即期汇率时称外汇贴水。另外，远期汇率虽然是未来交割所使用的汇率，但与未来交割时的市场现汇汇率是不同的，前者是事先约定的远期汇率，后者是将来的即期汇率。

5. 按外汇管制程度不同划分

按外汇管制程度不同，汇率可分为官方汇率和市场汇率。

官方汇率(Official Rate)又称法定汇率,是外汇管制较严格的国家授权其外汇管理当局制定并公布的本国货币与其他各种货币之间的外汇牌价。这些国家的外汇交易必须按官方汇率进行。官方汇率一经制定往往不能频繁地变动,虽保证了汇率的稳定性,但是缺乏弹性。

市场汇率(Market Rate)是外汇管制较松的国家中,在自由外汇市场上进行外汇交易的汇率。它一般存在于市场机制较发达的国家,在这些国家的外汇市场上,外汇交易不受官方限制,市场汇率受外汇供求关系的影响自发地经常性地波动,官方不能规定市场汇率,而只能通过参与外汇市场活动来干预外汇变化,以避免汇率出现过度频繁或大幅度波动。

6. 按外汇的来源与用途划分

按外汇的来源与用途,汇率可分为贸易汇率、金融汇率等。

贸易汇率(Commercial Rate)是用于进出口贸易及其从属费用的计价结算的汇率。一些实行外汇管制的国家,对出口收入外汇的卖出、进口支付外汇的买入及由进出口贸易所发生的从属费用,如中间商的佣金、货物样品费等的收入或支出,专门规定一种汇率,官方制定贸易汇率主要是为了促进出口、限制进口,改善本国贸易状况。

金融汇率(Financial Rate),也称非贸易汇率,是用于非贸易往来如劳务、资本移动等方面的汇率。一些实行外汇管制的国家常常把非贸易往来所发生的外汇收支,如对资本输出入、旅游、通信、驻外机构经费、运输、银行、保险、邮电等业务收支的外汇买卖另行规定一种金融汇率,官方制定金融汇率的目的是增加非贸易外汇收入以及限制资本流出。

7. 按汇率的适用范围划分

按汇率的适用范围划分,汇率可以分为单一汇率与复汇率。

单一汇率(Single Rate)是指一国货币对某种外国货币仅有一个汇率,各种收支都按这个汇率结算;复汇率(Multiple Rate)是指一国货币对某种外国货币的汇率同时规定两种或两种以上的汇率。实际上,复汇率是外汇管制的一种产物,在某些外汇管制比较严格的国家,常常对进口、出口及非贸易规定出不同的汇率,如用于进出口方面的贸易汇率及用在资本国际转移、旅游等非贸易方面的金融汇率,就是复汇率。

8. 按国家汇率制度划分

按国家汇率制度不同,汇率可分为固定汇率、浮动汇率等。

固定汇率(Fixed Rate)是指一个国家规定本国货币与其他货币之间保持一个固定的比率,或者汇率波动只能限制在较小范围内,由官方干预来保证汇率的稳定。浮动汇率(Floating Rate)是指本国货币与其他国家货币之间的汇率由外汇市场供求关系决定,可自由浮动。当汇率出现过度波动时,官方才出面干预市场。不同的国家按照本国的实际情况执行不同的汇率制度。

第二节　汇率的决定与变动

一、金本位制度下汇率的决定与变动

(一) 金本位制度下汇率的决定基础

金本位制度是从19世纪初到20世纪初资本主义国家实行的货币制度,1816年英国

《金本位法》的颁布标志着金本位制度最早在英国诞生。此后，其他国家也陆续实行金本位制度。金本位制度具体包括金铸币本位制、金块本位制和金汇兑本位制三种形式，其中金铸币本位制是典型的金本位制度，后两种是改变了的金本位制度。金本位制度下金币具有可以自由流通、自由铸造、自由输出入的特点。

在金本位制度下，各国货币均以黄金作为统一的货币币材、统一的价值衡量标准，尽管它们在重量、成色等方面有不同的规定，但在国际结算和国际汇兑领域中都可以按各自的含金量多少加以对比，从而确定出不同货币之间的比价。因此，金本位制度下两种货币之间含金量之比，即铸币平价（Mint Par），就成为决定两国货币汇率的基础。用英国的本位币英镑和美国本位币美元这两个典型例子来说明，在金本位制度下，英国规定 1 英镑的含金量为 113.001 6 格令，美国规定 1 美元的含金量为 23.22 格令。则 1 英镑金币的含金量等于 1 美元金币含金量的 4.866 6（113.001 6÷23.22）倍，也就是说英镑与美元之间的基础汇率为 1 英镑=4.866 6 美元。这就是英镑与美元之间的铸币平价，也就是英镑与美元之间的汇率的决定基础，一经确定轻易不会改动，因此，金本位制度下的汇率是相对比较稳定的。

（二）金本位制度下汇率变动的影响因素

金本位制度下铸币平价是决定汇率的基础，但实际上，汇率水平的变化还取决于外汇供求关系、黄金输送点等因素。

1. 外汇供求关系的影响

正如商品价格取决于商品的价值，但会受供求关系的影响围绕价值上下波动一样，在外汇市场上，汇率也是以铸币平价为中心，在外汇供求关系的作用下上下波动的。当某种货币供不应求时，其汇价会上涨，超过铸币平价；当某种货币供大于求时，其汇率会下跌，低于铸币平价。当一国在某个时期出口增加，有大量的贸易顺差时，外国对该国货币的需求旺盛，同时本国的外汇供给增加，从而导致本币汇率上涨；反之，当一国在某个时期进口增加，出口减少，有大量贸易逆差时，该国对外汇需求增大，同时外国对该国货币需求减少，从而导致本币汇率下跌。

2. 黄金输送点的影响

在金本位制度下，另外一个影响汇率的因素——黄金输送点，使外汇市场汇率变化并不是无限的上涨和下跌，而是被限定在铸币平价上下各一定界限内，这个界限就是黄金输送点（Gold Transport Points），黄金输送点是黄金输出点和黄金输入点的合称。黄金输送点作为汇率波动的界限，是由金本位制度的特点所决定的。金本位制度下黄金可以自由铸造、自由兑换和自由输出入的特点，使得黄金可以代替外汇用于国际债务的清偿。具体地，当外汇市场上的汇率上涨达到或超过某一界限时，本国债务人用本币购买外汇的成本超过用黄金直接输出国境用于支付的成本，从而引起黄金输出，引起黄金输出的这一汇率界限就是“黄金输出点”。另一方面，当外汇市场上汇率下跌，达到或低于某一界限时，本国拥有外汇债权者用外汇兑换本币所得会少于用外汇在国外购买黄金再输回国内所得，从而引起黄金输入，引起黄金输入的这一汇率界限就是“黄金输入点”。黄金输出点和黄金输入点共同构成了金本位制度下汇率波动的上下限。

仍然以英国和美国的实例加以说明，假设在金本位制度下，英国向美国出口的商品多于美国向英国出口的商品，英国对美国有贸易顺差，那么外汇市场上对英镑的需求增加，英镑对美元汇率上涨，高出其铸币平价（4.866 6 美元）。当市场汇率进一步上涨，超过从美国向英国输出黄金的运费等成本时，美国进口商便会采取直接向英国运送黄金的方法支付商品货款。假设运费等按英镑价值的5‰计算，支付1英镑的债务需附加费用0.024 3 美元（4.866 5×5‰），那么，当英镑对美元汇率超过4.890 8 美元（铸币平价4.866 6 美元加上黄金输送费用0.024 3 美元）时，美国人输出黄金显然比在外汇市场上用高价购买英镑更便宜，则美国人停止在外汇市场上购买英镑，而代之以直接用黄金支付。这样，1英镑=4.890 8 美元就成了英镑上涨的上限，这一上限就同时是美国的黄金输出点和英国的黄金输入点。相反的情况，假如美国对英国有贸易顺差，英镑对美元汇率下跌，跌至4.842 3 美元（铸币平价4.866 6 美元减去黄金输送费用0.0243 美元）以下，持有英镑的美国债权人也就不会再用贬值的英镑在外汇市场上兑换美元，而是将英镑在英国换成黄金运回国内。这样，1英镑=4.842 3 美元就成了英镑下跌的下限，这一下限也就是美国的黄金输入点和英国的黄金输出点。

由此可见，金本位制度下，由于黄金输送点的制约，外汇市场上汇率波动总是被限制在一定范围内，不会超过黄金输送点。也就是说，由供求关系导致的外汇市场汇率波动是有限度的，汇率制度也是相对稳定的。金本位制度下的汇率制度是最理想的、自发的、不用国家干预的固定汇率制度。

专栏 4-3

黄金货币史

"金银天然不是货币，但货币天然是金银。"这种属性就决定了黄金在当今经济社会仍具有货币的职能作用，每当通货膨胀加剧，纸币争相贬值的时期，金银的这种属性会更加突出；如果世界政治经济失衡，动荡加剧，金银必然是货币避险的首选；如果在世界范围发生大规模的战争，金银就可能演变成为主要的货币。从黄金的历史演变过程，就可以清晰洞悉其脉络。

早在公元前500年时，金币就在流通中广泛使用。黄金作为一种货币已经有2 500多年的历史，但以黄金为本位货币的制度，也就是金本位制度，是在1816年英国制定货币法，将英镑作为主要货币单位为标志才得以确立的。同时，黄金的生产和消费历史悠久，是深受人们喜爱的贵金属商品。体积小、价值大、易储存保管、易分割合并等特点，使得其天然就具有货币材料及一般等价物的特殊属性。金本位制度的实施及政府对黄金流通的控制程度与黄金交易的发展呈反向关系。在很长一个历史时期内，由于各国政府对黄金流通的严格控制，黄金市场发育迟缓。1914年第一次世界大战发生后的11年间，金本位制度曾经暂停实施。1931年英国放弃金本位制度，其他国家也相继放弃，但在相当长一个时期内许多国家仍直接或间接地保持黄金与所发行的纸币之间的联系。1974年12月31日，美国政府宣布公众可以自由持有和买卖黄金，黄金成为可以在市场上进行自由交易的商品，结束了黄金的货币身份，从而促成了纽约黄金期货市场的发育和成熟。

二、纸币本位制度下汇率的决定与变动

（一）国际收支状况

国际收支是一国对外经济活动的综合反映，它对一国货币汇率的变动有着直接的影响。而且从外汇市场的交易来看，国际商品和劳务的贸易构成外汇交易的基础，因此它们也决定了汇率的基本走势。例如自20世纪80年代中后期开始，美元在国际经济市场上长期处于下降的状况，而日元正好相反，一直不断升值，其主要原因就是美国长期以来出现国际收支逆差，而日本持续出现巨额顺差。仅以国际收支经常项目的贸易部分来看，当一国进口增加而产生逆差时，该国对外国货币产生额外的需求，这时，在外汇市场就会引起外汇升值，本币贬值；反之，当一国的经常项目出现顺差时，就会引起外国对该国货币需求的增加与外汇供给的增长，本币汇率就会上升。

（二）相对通货膨胀率

通货膨胀是影响汇率变动的一个长期、主要而又有规律性的因素。在纸币本位制度下，两国货币之间的比率，从根本上来说是根据各自货币所代表的购买力的对比关系决定的。因此，在一国发生通货膨胀的情况下，该国货币所代表的价值量就会减少，其实际购买力也随之下降，于是其对外比价同样趋于下跌。当然，如果对方国家也发生了通货膨胀，并且幅度恰好一致，两者就会相互抵消，两国货币间的名义汇率可以不受影响，然而这种情况毕竟少见。一般来说，两国通货膨胀率是不一样的，相对通货膨胀率高的国家货币汇率下跌，相对通货膨胀率低的国家货币汇率上升。特别值得注意的是通货膨胀率对汇率的影响一般要经过一段时间才能显现出来，因为它的影响往往要通过一些经济机制体现出来，因为它对汇率的影响是间接的。一般估计，通货膨胀率对汇率的影响，往往需要经过半年以上的时间才显示出来，但这种影响一旦起作用，其延续时间却比较长，可能要持续好几年。

（三）相对利率水平

利率高低，会影响一国金融资产的吸引力。一国利率的上升，会使该国的金融资产对本国和外国的投资者来说更有吸引力，从而导致资本内流，汇率升值。当然，这里也要考虑一国利率与别国利率的相对差异，如果一国利率上升，但别国也同幅度上升，则汇率一般不会受到影响；如果一国利率虽有上升，但别国利率上升更快，则该国利率相对来说反而下降了，其汇率也会趋于下跌。另外，利率的变化对资本在国际流动的影响还要考虑到汇率预期变动的因素，只有当外国利率加汇率的预期变动率之和大于本国利率时，把资金移往外国才会有利可图。最后，一国利率变化对汇率的影响还可通过贸易项目发生作用。当该国利率提高时，意味着国内居民消费的机会成本提高，导致消费需求下降，同时意味资金利用成本上升，国内投资需求也下降，这样，国内有效需求总水平下降会使出口扩大，进口缩减，从而增加该国的外汇供给，减少其外汇需求，使其货币汇率升值。不过在这里需要重点强调的是，利率因素对汇率的影响是短期的，一国仅靠高利率来维持汇率坚挺，其效果是有限的，因为这很容易引起汇率的高估，而汇率高估一旦被市场投资者认识，很可能产生更严重的本国货币贬值风潮。例如，20世纪80年代初期，里根入主白宫以后，

为了缓和通货膨胀,促进经济复苏,采取了紧缩性货币政策,大幅度提高利率,其结果使美元在20世纪80年代上半期持续上扬,但是1985年,伴随美国经济的不景气,美元高估的现象已经非常明显,从而引发了1985年秋天美元开始大幅度贬值的风潮。

(四) 财政、货币政策

政府的财政、货币政策也常常被作为该国货币汇率预测的主要指标,当一国出现财政赤字,其货币汇率是升还是降主要取决于该国政府所选择的弥补财政赤字的措施。一般来说,为弥补财政赤字一国政府可采取四种紧缩的财政、货币措施:一是通过提高税率来增加财政收入,如果这样,会降低个人的可支配收入水平,从而减少个人消费需求,同时税率提高会降低企业投资利润率而导致投资积极性下降,投资需求减少,导致资本品、消费品进口减少,出口增加,进而导致汇率升值;二是减少政府公共支出,这样会通过乘数效应使该国国民收入减少,减少进口需求,促使汇率升值;三是增发货币,这样将引发通货膨胀,由前所述,将导致该国货币汇率贬值;四是发行国债,从长期看这将导致更大幅度的物价上涨,也会引起该国货币汇率下降。在这四种措施中,各国政府比较有可能选择的是后两种,尤其是最后一种,因为发行国债最不容易在本国居民中带来对抗情绪,相反由于国债素有"金边债券"之称,收益高,风险低,为投资者提供了一种较好的投资机会,深受各国人民的欢迎,因此在各国财政出现赤字时,其货币汇率往往是看贬的。

(五) 市场预期

在外汇市场上,人们买进还是卖出某种货币,与交易者对各种货币汇价走势的心理预期有相当的关系。当他们预期某种货币汇价以后要下跌时,为了避免损失便会大量抛出该种货币。反之,若他们预期某种货币汇价将会上升时,则会大量买进。外汇交易者对某种货币的预期心理,是决定这种货币短期汇率的因素之一。因为在预期心理的支配下,往往引发资金的大规模运动。

(六) 政府的市场干预

虽然目前世界上大多数国家都实行浮动汇率制度,但是鉴于汇率变动对国际经济与贸易、国民经济的发展影响巨大,各国政府为了稳定外汇市场,或使汇率的变动控制在一定范围之内,通常要对外汇市场进行干预。这种干预的形式主要有:① 直接在外汇市场上买进或卖出外汇,其影响汇率变动的能力取决于该国金融当局持有外汇储备的多少。② 调整国内货币政策和财政政策。③ 在国际上发表表态性言论以影响市场预期心理。④ 与其他国家联合,进行直接干预或通过政策协调进行间接干预等。政府干预有时规模盛大,几天之内就可能向市场投入数亿美元乃至数十亿美元的资金。当然,它只能在短期内对汇率的变动产生影响,而无法从根本上改变汇率的长期趋势。

(七) 相对经济增长率

相对经济增长率对汇率的影响是多方面的,当一国相对经济增长率较高时,该国对外国商品和劳务的需求会增加,从而该国对外汇的需求增加,导致该国货币汇率趋于下跌。另外,一国经济增长率较高也意味着劳动生产率的提高和成本的降低,本国商品在国际市场的竞争力的提高,为该国带来出口和外汇的增加,该国货币汇率可能出现上升趋势。对于出口导向型国家来说，相对经济增长率较高，意味着出口产品生产增加，出口大于进口，本国货币汇率也有可能上涨；如果国外投资者把该国经济增长率较快看成资本收益率较高的反映，在这种情形下，国外投资者会扩大对该国的投资，增加该国资本的净流入，这时，该国货币汇率也可能出现上升趋势。

三、汇率变动对经济的影响

（一）汇率变动对国际收支的影响

1. 汇率的变动会影响一国的贸易收支，进而使贸易收支差额以至于国际收支差额发生变化。以本币贬值为例，本国货币汇率下降对一国对外贸易的影响一般会起到刺激出口、抑制进口的作用。

首先，本币贬值会刺激出口。主要原因有二：第一，会使出口企业利润增加，从而增强出口商出口产品的积极性，进而刺激出口。例如，我国某出口企业出口 100 万美元的商品，在美元与人民币汇率为 1∶5 的情况下，该出口企业的收入以人民币表示为 500 万元；在其他条件没有发生变化的前提下，如果汇率变为 1∶8，则该出口企业最终收入以人民币表示为 800 万元，增加 300 万元的利润将成为鼓励企业出口的动力。第二，会使出口产品的价格变得相对便宜，进而可以增强出口产品的国际竞争力，以价格竞争取胜。例如，我国某出口企业出口价值为 100 万元人民币的商品，在以外币计价的前提下，如果美元与人民币汇率为 1∶5，100 万元的商品可以折合为 20 万美元。其他条件不变，如果汇率变为 1∶8，则 100 万元的商品可以折合为 12.5 万美元。无形中，价值 100 万元的商品在以外币计价时会由于本币贬值而变得相对便宜，从而可以扩大出口。

其次，本币贬值会抑制进口。原因是进口成本上升。例如，我国某进口企业进口 100 万美元的商品，在美元与人民币的汇率是 1∶5 的情况下，以人民币支付需用 500 万元。而在汇率变为 1∶8 的情况下，以人民币支付为 800 万元。很显然，由于美元与人民币汇率变化，使进口商品的相对价格发生了变化，进口商品的成本增加了人民币 300 万元。对任何一个进口企业来说，如果国内有可替代产品的话，它将放弃从国外进口，所以汇率下降会抑制进口。

本币贬值有时并不会或不会同步产生上述的结果，这主要受两个因素的制约：一个因素是进出口商品的需求弹性，如果进口商品的需求弹性和出口商品的需求弹性之和大于 1，则说明本国货币汇率下降对出口和进口的量比较敏感，那么本币贬值的效果比较明显，出口就能增加，从而改善一国的贸易条件。反之，如果进出口商品的需求弹性之和小于 1，则本国货币汇率下降的效果就不明显。另一个因素是 J 曲线效应，也称时滞效应。该效应指即使在上一个因素符合的情况下，本币贬值效果的出现也要有一个时滞。因为首先人们对本国货币贬值的经济现象或经济政策有一个认识、理解并接受的过程，这期间，出口量不会增加反而会因此减少。结果会使贸易情况进一步恶化，赤字加大。直到人们对货币贬值有了全面的了解并接受之后，才开始逐渐增加贸易出口，最后，出现贸易盈余。

最后，对一些进口依赖性较强的国家，本币贬值会使进口成本上升，但是由于这类国家进口商品的需求弹性较小，所以进口不会减少，那么，大量的进口意味着大量的外汇支出，尽管这类国家会由于增加出口而产生一定的贸易盈余，但是高昂的进口成本会抵消出口的盈余,这种现象被称为贬值赋税效应。对进口的依赖性越强,这种贬值赋税效应就越明显。

2. 汇率的变动也会影响一国的非贸易收支。比如服务贸易收支,如果本币汇率下跌,外币的购买力相对提高,有利于本国服务产品的扩大出口和吸引境外游客入境旅游。同时,将减少进口服务产品和本国居民的出境旅游,这有利于该国涉外旅游与其他劳务收支状况的改善;若本币汇率上升,则作用正好相反。

专栏 4-4

广场协议(Plaza Accord)

20世纪80年代初期,美国财政赤字剧增,对外贸易逆差大幅增长。美国希望通过美元贬值来增加产品的出口竞争力,以改善美国国际收支不平衡状况。

1985年9月22日,美国、日本、联邦德国、法国以及英国的财政部长和中央银行行长在纽约广场饭店举行会议,达成五国政府联合干预外汇市场,诱导美元对主要货币的汇率有秩序地贬值,以解决美国巨额贸易赤字问题的协议,即"广场协议"。"广场协议"签订后,上述五国开始联合干预外汇市场,在国际外汇市场大量抛售美元,继而形成市场投资者的抛售狂潮,导致美元持续大幅度贬值。

(二)汇率变动对物价水平的影响

一国汇率变动对国内经济最直接的作用是影响物价。一般来讲,一国货币汇率下降容易引发国内的通货膨胀现象。首先从进口角度看,本币贬值引起进口商品的本币价格相应上升。它会带动国内同类商品的价格上升。若进口商品是生产资料,其价格上升还会通过生产成本上升推动最终产品价格上涨。其次从出口角度看,一国货币汇率下降首先引起出口量的扩大。在国内生产力已经得到比较充分利用的情况下,这会加剧国内的供需矛盾,使出口商品的国内价格上升,因此容易引发通货膨胀。反之,一国货币汇率上升,则有助于抑制本国通货膨胀。

(三)汇率变动对资本流动的影响

汇率变动对国际资本流动有着重大影响,是影响国际资本流动的直接因素。不过就长期资本流动而言,汇率变动的影响不大,因为长期资本流动更注重的是投资整体环境的好坏。

汇率变动对于短期资本流动的影响较大,短期资本的流动性较强,以追求短期效益为目标。当一国的货币将贬而未贬时,会引起本国资本外逃。若该国货币贬值到位,在具备投资环境的情况下,投资者不再担心贬值受损,外逃的资本就会流回国内。特别是当某种货币贬值过头,有可能引起大规模的资本流入。而货币升值的作用与此正好相反。当一国的货币将升而未升时,会增加本国资本流入。若该国货币升值到位,为规避风险,可能引起资本外逃。汇率变化对于资本流动的影响方向和影响程度还要受其他因素如政府的管制、资本投资的安全性等方面的制约。

（四）汇率变动对外汇储备的影响

外汇储备是一国国际储备的主要内容，由本国对外贸易及结算中的主要货币组成。在第二次世界大战以后的布雷顿森林货币体系下，美元是各国外汇储备的主要币种。在以美元为主要储备货币时期，外汇储备的稳定性和价值高低完全取决于美元汇率的变化：美元升值，一国外汇储备相应升值；美元贬值，一国外汇储备也相应贬值。因此，20世纪70年代初期，美元在国际市场上的一再贬值，曾经给许多国家尤其是发展中国家的外汇储备带来了不同程度的损失。20世纪70年代以后，各国外汇储备逐渐走向多元化，由美元、日元、英镑、欧元等外汇共同组成。不管是以单一的币种为储备还是以多元化的币种为储备，储备货币汇率变化都会直接影响一国外汇储备的价值。

在多元化外汇储备时期，汇率变动对储备货币的影响较为复杂，有时外汇市场汇率波动较大，但因储备货币中升值、贬值货币的力量均等，外汇储备就不会受到影响；有时虽然多种货币汇率下跌，但占比较大的储备货币汇率上升，外汇储备总价值也能保持稳定或略有上升。国际储备多元化加之汇率变动的复杂化，使国际储备管理的难度加大，各国货币当局都随时注意外汇市场行情的变化，相应地进行储备货币的调整，以避免汇率波动给外汇储备造成损失。

分析汇率的变动对储备的影响要从多方面进行分析。首先，应明确构成一国外汇储备的币种，这些货币在外汇市场上的汇率变化常常是不相同的，它们会分别对外汇储备总体产生影响；其次，需要将各储备货币分成升值的和贬值的两种，计算各自升值或贬值的幅度；再次，根据构成外汇储备币种的不同权重，结合各种货币升值或贬值的幅度，衡量出一定时期内储备币种汇率变化对一国外汇储备的综合影响；最后，要考虑储备货币中软硬币的利息差异，与汇率涨跌相比较，从而得出一定时期内不同货币汇率变化及利率变化对一国外汇储备总体影响的分析结论。

（五）汇率变动对一国国内就业、国民收入及资源配置的影响

一国货币汇率下降会使该国出口增加，从而刺激国内出口产品生产规模的扩大，进而带动国内其他行业生产的发展，推动就业水平的提高，增加国民收入。同时，本币汇率下降使进口减少，导致国内对进口产品的需求转向对国内的同类商品上，即产生进口替代效应，使生产进口替代品的部门和企业的收益增加，从而引起资源在国内各部门的重新配置，而上述的一系列变化会使该国的国民收入总额增加。如果一国的货币汇率上升，则情况正好相反。

（六）汇率变动对国际经济关系的影响

在浮动汇率制度下，外汇市场上各种货币频繁的、不规则的变动，不仅给各国对外贸易、国内经济等造成了深刻影响，而且影响着各国之间的经济关系。这体现在：

1. 加深了各国争夺销售市场的斗争。如果一国实行以促进出口、改善贸易逆差为主要目标的货币贬值，会使对方国家货币相对升值，出口竞争力下降，这些国家会采取针锋相对的措施，直接地或隐蔽地抵制贬值国商品的侵入，汇率战由此而生，竞相货币贬值以促进各自国家的商品出口是国际上很普遍的现象，由此造成的不同利益国家之间的分歧和矛盾也层出不穷，这加深了国际经济关系的复杂化。

2. 促进了储备货币多元化的形成。由于某些储备货币的发行国的国际收支恶化,其货币汇率不断下跌,影响其国际地位,而有些国家的情况相反,其货币在国际领域的地位和作用日益加强,进而促进了国际储备货币多元化的形成。

3. 加剧了国际金融市场的动荡和投机,促进了国际金融业务的不断创新。由于汇率变动,促进了外汇交易的投机,造成了国际金融市场的动荡与混乱。同时由于汇率的起伏不定,加剧了国际贸易与金融的汇率风险,进一步促进了期货和期权交易、货币互换和欧洲票据等衍生金融工具的出现,国际金融业务形式与市场机制的不断创新。

本章小结

1. 动态的外汇是指外汇兑换的过程。广义的外汇泛指一切以外币表示的债权或金融资产。狭义的外汇是指以外国货币表示的,在国际支付中使用的用于国际结算的支付手段,具体包括以外币表示的汇票、支票、本票和以银行存款形式存在的外汇。外汇按照能否自由兑换,可分为自由外汇和记账外汇;按照外汇交易中资金实际收付的时间,可以分为即期外汇和远期外汇;按外币的形态可以分为外汇现钞和外币现汇;根据外汇来源和用途分为贸易外汇和非贸易外汇。

2. 汇率又称汇价、外汇牌价或外汇行市,是不同的货币之间兑换的比率或比价,也可以说是以一种货币表示的另一种货币的价格。汇率的标价方法有直接标价法、间接标价法和美元标价法。从银行买卖外汇的角度出发,汇率可分为买入汇率、卖出汇率、中间汇率和现钞汇率;按汇率制定的方法不同,汇率可分为基础汇率和套算汇率等。套算汇率的计算方法为:关键货币同在一侧,用交叉相除法;关键货币一个在左一个在右,用同边相乘法。

3. 金本位制度下汇率的决定基础是铸币平价,汇率的变动影响因素是供求关系和黄金输送点。纸币本位制度汇率不再以其法定含金量为决定基础,而是取决于货币在国内的购买力高低。

4. 影响汇率变动的主要因素有国际收支、相对通货膨胀率等;汇率变动反过来会对经济产生影响,如对国际收支的影响、对物价水平的影响、对资本流动的影响等。

5. 汇率变动对一国的国际收支、物价水平、资本流动和外汇储备等都有影响。

关键术语

外汇　　汇率　　直接标价法　　间接标价法　　自由外汇　　套算汇率
即期汇率　　远期汇率　　现钞汇率　　记账外汇

思考题

1. 怎样从广义与狭义两方面理解外汇概念?
2. 简述汇率的标价方法。
3. 试述影响汇率变动的主要因素。
4. 试说明汇率变动如何影响一国的经济。
5. 某日,纽约外汇市场美元对日元汇率如下:USD/JPY = 108.20/30。请问:美元采用何种标价方法？如果此汇率出现在东京外汇市场，对日元来讲是何种标价方法？

6. 美元/瑞士法郎 1.655 0/60，英镑/美元 1.669 7/707，问：某进出口公司要以英镑支付瑞士法郎，那么该公司以英镑买进瑞士法郎的套汇价是多少？

案例分析

案例分析一：

若 2017 年 6 月 6 日我国 A 公司按当时汇率 USD1 = EUR0.839 5 向德国 B 商人报出销售花生的美元价和欧元价，任其选择，B 商人决定按美元计价成交，与 A 公司签订了数量为 1 000 吨的合同，价值为 750 万美元。但到了同年 9 月 6 日，美元与欧元的汇率却变为 USD1 = EUR0.845 1，于是 B 商人提出改按 6 月 6 日所报欧元价计算，并以增加 0.5% 的货价作为交换条件。

案例思考：

你认为 A 公司能否同意 B 商人的要求？为什么？

案例分析二：

如果你是香港某银行交易员，你向客户报出美元对港币汇率为 7.805 7/67，客户要以港币向你买进 100 万美元，请问：① 你应给客户什么汇价？② 如果客户以你的上述报价，向你购买 3 500 万美元，卖给你港元，随后，你打电话给一经纪人想买回美元平仓，几家经纪人的报价是：

A. 7.805 8/65　　B. 7.806 2/70　　C. 7.805 4/60　　D. 7.805 3/63

案例思考：

你该问哪一位经纪人以什么汇价进行交易对你最有利？这两笔交易你赚了还是赔了？

延伸阅读

1. 杨长江，姜波克.国际金融学.4 版.北京：高等教育出版社，2014.
2. 姜波克.国际金融新编.5 版.上海：复旦大学出版社，2013.
3. 杨胜刚.国际金融.4 版.北京：高等教育出版社，2016.

第二篇　金融市场与金融机构

第五章

金融市场

引言

华尔街上赫赫有名的美国第四大投资银行——雷曼兄弟在经历了158年的风雨之后,在美国金融风暴越演越烈之时,于2008年9月15日申请破产保护。这一事件对全球金融市场的影响将是长远而深刻的。雷曼破产后,9月17日,我国的招商银行率先发布公告称,公司持有美国雷曼兄弟公司发行的债券敞口共计7 000万美元。其中高级债券6 000万美元,次级债券1 000万美元。9月18日,中国银行公告称其共持有雷曼兄弟控股及其子公司发行的债券7 562万美元。同日,兴业银行公告称,截至本公告日,与美国雷曼兄弟公司相关的投资与交易产生的风险敞口总计折合约3 360万美元。

雷曼兄弟破产的直接原因是次贷危机导致其所持有的金融产品成为坏账,是因为它在次贷产品上赌得太多了。除了赌次贷产品,雷曼还赌信贷违约掉期(Credit Default Swap,CDs),涉及的金额高达8 000亿美元。不顾风险的雷曼公司最终毁了自己。

雷曼兄弟破产的案例再一次警示世人:经营会失败的道理十分简单,就是被暴利蒙蔽了双眼和理性。

通过本章的学习,你将能够了解和掌握以下知识:

- 金融市场的特征与功能;
- 货币市场的类型与作用;
- 资本市场的构成与运作;
- 衍生金融产品交易的基本原理。

本章知识架构图

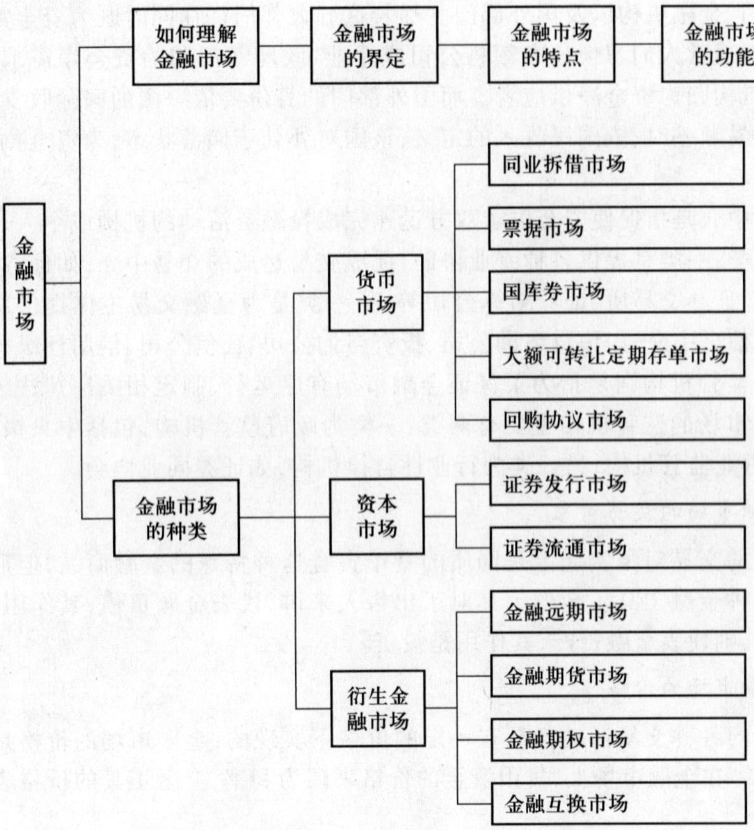

第一节　金融市场的本质

一、金融市场的界定

金融市场是资金供求双方通过买卖金融工具，实现资金融通的场所及其各种融资关系的总和。

金融市场有广义和狭义之分。广义金融市场泛指资金供求双方运用各种金融工具，通过各种途径进行的全部金融性交易活动的场所，包括存贷款市场、拆借市场、票据市场、证券市场、黄金市场、外汇市场、信托市场、租赁市场、保险市场。狭义金融市场指以有价证券为金融工具进行的融资活动、金融机构之间的同业拆借以及黄金外汇交易。狭义金融市场通常不包括银行信贷业、金融信托业和保险业。

二、金融市场的构成要素

（一）金融市场的参与者

金融市场的参与者即参与金融市场资金融通、提供融资服务以及对金融市场进行监督管理的自然人和法人。

金融市场最基本的参与者是资金需求者与资金供应者，一般包括个人或家庭、公司或企业、政府部门、金融机构以及国外部门。尽管这五大部门往往同时既为资金需求者又为资金供应者，但通常人们习惯依净额将公司或企业、政府部门归为资金净需求者，将个人或家庭、金融机构归为资金净供应者。而国外部门的身份要依一国的国际收支状况而定，当一国出现贸易顺差时，依国民收入的定义，该国对外处于储蓄状态，为资金供应者；反之则为资金需求者。

金融市场中介是指促使资金供求双方迅速完成投融资活动的机构或个人。金融市场中介主要有两类：一类是提供各种专业协助，促成交易达成的交易中介，如证券承销商、证券交易经纪人、证券交易所、证券结算公司等；另一类是为金融交易主体提供所需信息及其相关服务的信息中介，如信息咨询公司、投资咨询公司、征信公司、信用评级机构等。

金融市场监管机构则是指为了保证金融市场有序运行、制定相关法律法规的市场监管组织。金融市场的监管机构主要有两类：一类为政府监管机构，包括中央银行、银行业监管机构、证券业监管机构；另一类为行业性自律机构，如证券同业协会。

（二）金融市场的交易对象

金融市场的交易对象实质上是同质的货币资金这种特殊的金融商品，但形式上则是千差万别的各种金融工具。金融工具对于出售人来讲，代表金融负债，其作用是筹资；对于购买者来讲，则代表金融资产，其作用是投资。

（三）金融市场的价格

金融市场的各种交易活动都是在一定的价格下实现的，金融市场的价格是指金融工具的交易价格。在金融市场上，货币资金的价格表现为利率，金融工具的价格表现为交易价格。

三、金融市场的特性

（一）交易对象的特殊性

金融市场的交易对象不是普通商品，而是一种特殊的商品——货币资金或其衍生物。当人们使用原生性金融工具和某些衍生金融工具进行交易时，交易对象是货币资金；当人们使用诸如利率期权等衍生金融工具进行交易时，其交易对象则是风险。

（二）交易主体之间关系的特殊性

金融市场主体之间的关系不是一种单纯的买卖关系，而主要是一种借贷关系和委托代理关系，是以信用为基础的货币资金的使用权和所有权的暂时分离或有条件的让渡。

（三）交易价格决定的特殊性

金融商品的交易价格，在正常情况下，不仅受市场供求关系的影响，而且在很大程度上受中央银行货币政策的影响。如金融市场上最有影响的价格——利率，既受资金供求状况的影响，也受基础利率的影响。金融市场上的价格还具有趋同的特点。

（四）交易场所的特殊性

与普通商品市场不同，金融市场是一个复杂而庞大的市场体系，大量的交易活动是通过现代化通信设施进行的，如电话、计算机网络以及卫星传送系统等。因此，现代金融市场大多属于抽象的或无形的市场。

四、金融市场的类型

（一）按融资的期限划分：货币市场和资本市场

货币市场又叫短期资金市场，通常是指偿还期在一年期以内的金融工具交易的场所。货币市场融通的资金多用于工商业短期周转，因此这些金融工具多具有较好的流动性。货币市场交易的金融工具期限短，风险小，流动性高，其中许多金融工具被称为“准货币”，这正是货币市场名称的由来。货币市场通常包括票据市场、同业拆借市场、国库券市场、大额可转让定期存单市场以及回购协议市场，广义的货币市场还包括银行短期信贷市场。

资本市场又叫长期资金市场，通常是指偿还期在一年以上的金融工具交易的场所。资本市场所筹集的资金大都用于技术改造、固定资产投资等，从而起到“资本”的作用。相对于货币市场上的工具，资本市场上的工具风险一般较大，流动性较差，收益较高。资本市场通常包括股票市场和中长期债券市场，广义的资本市场还包括银行中长期信贷市场。

（二）按融资的职能划分：初级市场和次级市场

初级市场又称一级市场，是指新证券发行的市场。凡新公司成立发行股票、老公司增资补充发行股票、政府及工商企业发行债券等，均构成初级市场活动的内容。因此，初级市场的基本功能是筹集资金。初级市场并非局限于某些特定的固定场所，属于无形市场。

次级市场又称二级市场，是指旧证券流通转让的市场。当股东想转让股票或债券持有人想将未到期债券提前变现时，均需通过二级市场转让。由此，二级市场的功能主要是提供流动性。二级市场的主要场所是证券交易所，属于有形市场。

（三）按交割的期限划分：金融现货市场与金融期货市场

金融现货市场是指交易双方成交后立即办理交割手续所形成的市场。金融期货市场是指交易双方成交后在将来一定时间办理交割手续所形成的市场。

（四）按市场的组织形态划分：有形市场和无形市场

有形市场多为场内市场，通常有固定的交易场所和严密的组织程序。这类市场的交易大多通过经纪人来进行，一般包括证券交易所、期货交易所以及票据交换所等交易市场。

无形市场多为场外市场，没有固定交易场所的市场。早期的场外交易大多在咖啡店或银行柜台进行，所以又称店头市场、柜台市场。随着现代通信技术的不断进步，这类市场的交易大量通过电传、电报、电话以及网络等工具洽谈成交，而且出现了有形市场无形化的总体发展趋势。

（五）按融资的背景划分：传统金融市场和衍生金融市场

传统金融市场又称基础性金融市场，是以各种有价证券等传统金融工具为对象的交易市场。传统金融市场交易的目的是融通资金。上面所说的货币市场和资本市场都属于传统金融市场。

衍生金融市场是以衍生金融工具为交易对象,在传统金融市场基础上派生出来的金融市场。衍生金融市场交易的目的是转移传统金融资产的风险以及降低交易双方的成本等。衍生金融市场主要包括金融远期市场、金融期货市场、金融期权市场以及金融互换市场。

另外,以交易对象为标准,金融市场可分为资金市场、外汇市场、黄金市场和保险市场等;以融资范围为标准,金融市场可分为国内金融市场和国际金融市场。

五、金融市场的功能

(一) 融通资金功能

金融市场作为资金的聚散地,为资金短缺者和资金盈余者创造了调剂资金余缺的市场交易机制,在储蓄与投资之间架起了转化的桥梁。

(二) 配置资源功能

在金融市场上,随着金融工具的流动,价值和财富相应地发生了再分配,在良好的市场环境和价格信号引导下,有利于实现资源的最佳配置。

(三) 提供流动性功能

金融市场,尤其是二级市场的存在,为金融资产的持有者将资产出售变现创造了条件,发挥着提供流动性,将数量大小不一、期限长短不同的闲置资金转化为生产投资资金的功能。

(四) 分散和转移风险功能

在金融市场上,筹资者通过向投资者发行金融工具,不仅筹集到了所需资金,同时也将风险分散、转移给了广大投资者,一旦公司经营失败,投资者就要负担风险。而二级市场上的交易,在转让有价证券的同时又使风险随之转移。但要强调的是,金融市场的风险分散或转移,只是针对某个局部来说的,而非从总体上消除风险。

(五) 传递信息功能

一个完善、发达、高效的金融市场往往是一国国民经济发展的晴雨表,是一国国民经济的信号系统。首先,金融市场从总量趋势上反映着宏观经济运行状况;其次,金融市场反映了微观经济运行状况;最后,由于世界金融市场自由化、电子化、全球化趋势的加强,尤其是金融机构有着广泛而及时的信息收集、传播网络,国内金融市场与国际金融市场逐渐连接为一体,通过金融市场各方面的变化,可以进一步了解世界经济发展的新动向。

(六) 调控经济功能

金融市场的形成与发展,为中央银行货币政策和财政政策以及产业政策的实施创造了更有利的条件,进一步拓展了政府进行宏观调控的渠道,并使宏观调控显得更加灵活、更富有弹性。

第二节　货币市场

货币市场是指短期资金借贷或短期金融工具交易的市场，通常包括同业拆借市场、票据市场、国库券市场、大额可转让定期存单市场和回购协议市场。

一、同业拆借市场

同业拆借市场是指银行等金融机构之间为调剂头寸或解决临时资金困难所进行的短期资金融通的场所。

（一）同业拆借的原因

1. 法定准备金不足

根据各国的存款准备金制度的要求，存款类金融机构在吸收到存款后必须按照中央银行规定的存款准备金比率向中央银行上缴法定准备金。存款准备金制度十分严格，各商业银行必须缴足法定准备金，如有不足，必须当天补足，否则，会受到严厉处罚。因此，当有的商业银行法定准备金不足时，便可通过同业拆借补足。

2. 库存现金不足

库存现金是存款类金融机构在吸收到一定数量存款后，为了满足顾客提现的需要，按照一定比例保留的现金。由于顾客每天提取的现金数量多少不一，商业银行等存款类金融机构只能根据经验按一定比例提留，当遇到取款高峰时，就可能出现库存现金不足，为了保证顾客取款、树立银行的信誉，需要进行紧急拆借。

3. 结算资金不足

结算资金是各类金融机构为保证相互之间债权债务关系的了结而保存在中央银行账户上的超额准备金。各国中央银行都成立了资金结算中心或票据交换中心，供各类金融机构之间进行资金清算，在票据交换所的营业时间内，各金融机构对应收票据和应付票据进行轧差，有的金融机构出现净收，有的出现净付，对于净付金融机构来说，如果净付差额超过自己在交易所账户上保留的资金余额，则表现为结算资金不足，此时便可通过同业拆借来弥补缺口。

4. 其他资金不足

各金融机构在开展诸如资产业务、中间业务以及服务业务过程中，也可能出现头寸不足的情况。如保险机构在经过大额赔付后出现的头寸不足、证券机构向客户提供保证金交易时出现的头寸短缺、商业银行在国库券回购时出现的头寸紧张等。

专栏 5-1

商业银行的“头寸”是什么？

“头寸”一词源于旧中国的金融用语，即收支相抵后的差额。现在头寸特指银行等金融机构的资金状况，即有的金融机构收大于支，有的金融机构支大于收，或有的金融机构今天收大于支，明天支大于收，于是出现了多头寸（资金有余），或少头寸（资金不足）的情况。多头寸的金融机构拆出多余的资金以生息，少头寸的金融机构则拆入资金补足差额，保证清算顺利进行。不仅如此，银行等金融机构之间因为临时性或季节性的资金余缺也常常通过同业拆借予以调剂，即同业借贷。对借入银行来说，同业借贷是其扩大资金来源、增加贷款能力的又一途径；对贷出银行来说，同业借贷是其充分利用闲散资金以提高其资产流动性和营利性的手段。所以，同业拆借市场已成为当今各金融机构特别是各商业银行弥补资金流动性不足和充分有效运用资金、协调其流动性与营利性关系的市场机制。

（二）同业拆借市场的特点

1. 参与者都是金融机构

同业拆借市场对于进入市场的主体有严格的限制，必须是银行等金融机构或指定的某类金融机构，个人、企事业单位、政府部门以及非指定的金融机构均不能进入该市场。同业拆借市场最重要的参与者是商业银行，商业银行既是同业拆借市场的资金供应者，又是资金需求者。

2. 拆入资金不得做营利性使用

同业拆借是指银行等金融机构之间为调剂头寸或解决临时资金困难所进行的短期资金融通，因此，各国中央银行对于拆入资金的用途都有严格的规定。通常，拆入资金只能用于弥补票据结算、联行汇差头寸的不足和解决临时性周转资金的需要，禁止利用拆入资金发放固定资产贷款及投资等营利性使用。

3. 利率属于市场利率

同业拆借利率由拆借双方直接议定，或拆借双方借助中介人，通过市场公开竞价确定，因此属于市场利率。同业拆借利率是货币市场的核心利率，也是整个金融市场上具有代表性的利率，能够及时、准确地反映货币市场乃至整个金融市场的资金供求关系，对货币市场上其他金融工具价格变动具有重要的导向作用，是市场利率走势的风向标。

4. 市场无形化程度高

同业拆借的交易手段先进，交易主要是采取电话洽谈、网络报价等方式进行。拆借双方洽谈达成协议后，可以通过各自在中央银行的存款账户自动划账清算，或由交易中心进行资金交割划账。所以，同业拆借市场一般没有固定场所，属于无形市场。

5. 拆借期限短

同业拆借市场是货币市场的重要组成部分，其拆借期限最长不超过一年。但由于拆借目的不同，拆借期限存在明显差别。头寸拆借通常都是以 1~10 天为期，以 1 日拆借最常见，即今借明还，同业借贷期限最长不超过一年。

二、票据市场

票据市场是指各种票据的发行、流通转让的场所，主要包括票据承兑市场、票据贴现市场和商业本票市场。

(一) 票据承兑市场

1. 票据承兑的实质

票据承兑是指商业票据(主要是商业汇票)的付款人或指定银行承诺在汇票到期日按出票人的要求,保证向持票人付款的意思表示,并将该意思表示记载在票据上的一种票据行为。由于汇票是出票人签发的,委托付款人在见票时或在指定日期无条件支付确定的金额给持票人的合法凭证,因此从法律角度看,汇票之所以需要承兑,是因为出票人只是单方面将付款人、付款金额、付款期限等内容记载于商业汇票中,在付款人做出保证付款的承诺之前并非真正的汇票债务人,只有经过付款人做出保证付款的意思表示(承兑)后,票据中指定的付款人才成为票据的主债务人。所以,只有经过承兑的商业汇票才具有法律效力,才是有效汇票。

2. 票据承兑的办理

票据承兑分为两个方面:一是票据的付款人或指定银行在票据上签字,写上“承兑”字样;二是把经过承兑的票据或承兑通知书交给持票人,这样才算完成了承兑行为。

票据承兑,既可以由付款人自己办理,也可以由银行等金融机构办理。由于付款人(如企业或公司)的信誉有限,所以大多数汇票的承兑都是由出票人向商业银行申请办理的。商业银行对汇票进行承兑,实际上是把银行的信用出借给企业,对此商业银行在接受出票人的承兑申请时,须审查出票人的资格、资信、购销合同以及汇票记载的内容,所以商业银行要收取一定的承兑手续费,由此形成了票据承兑市场。

(二) 票据贴现市场

1. 票据贴现的含义

票据贴现是指持票人在票据到期前,将背书后的票据提交银行,银行从票据面额中扣除自贴现日起到贴现日止的利息,将余额支付给持票人的票据转让行为。

票据贴现对于贴现银行来说,就是收购没有到期的票据。从表面上看,票据贴现是一种票据转让行为。但从性质上看,银行买入未到期票据,体现了贴现银行对贴现申请人的授信行为。这种授信行为是将商业信用与银行信用有机结合的产物,体现的是银行信用与商业信用交叉的双重信用关系。

票据贴现按贴现关系人或贴现环节不同,可分为初贴现、转贴现和再贴现。

2. 贴现价格的计算

票据贴现价格也就是票据贴现时银行付给贴现申请人的实付贴现金额。

$$票据贴现价格=票据面额-贴现利息$$

$$贴现利息=票据面额\times贴现利率\times贴现期$$

(三) 商业本票市场

1. 商业本票市场的参与者

商业本票市场的参与者包括筹资者与投资者,主要都是各种机构。

商业本票市场的筹资者即发行者一般有两类:一是大公司及其下属的金融公司。一些实力雄厚、信誉卓著的大公司与大企业,以自己强大的信誉作为发行保证,在急需资金时,便通过市场直接发行这种融资性商业本票筹集资金。同时,一些大型工商企业也专门组建自己的金融公司(如财务公司),通过发行商业本票融资,然后通过购买母公司的商品销售分期付款的债权,解决其流动资金困难。二是银行控股公司。尤其是在20世纪80年代中期前,为了规避金融管制,一些商业银行的控股公司也通过直接发行这种融资性商业本票筹措资金,支持商业银行诸如租赁、代收代付、消费信用等金融业务的开展。

2. 商业本票的发行价格与发行方式

商业本票的发行价格通常采用贴现价格,即低于本票的面额发行,到期按面额兑付,到期时面额与发行价格的差额即为本票投资者的利息收入。商业本票的贴现利率的高低取决于发行者的信用等级、商业本票的期限、同期银行借贷利率和其他货币市场利率等因素。

商业本票的发行方式主要有两种:一是直接发行方式,即由筹资者直接面向投资者发行商业本票筹措资金。这种方式适合于那些信用等级高、实力雄厚且经常大量发行票据融资的大公司。二是委托发行方式,即筹资者将所需发行的商业本票委托给商业银行、证券公司等金融机构,通过其营业网点向投资者发售的发行方式。

由于商业本票的期限短、收益高,本票持有者大多会持有到期,所以,商业本票的交易主要集中于发行市场,二级市场的规模通常很小。

三、国库券市场

(一)国库券市场的特点

1. 市场风险小

由于国库券的直接债务人是政府,其信用基础是国家主权和全社会的资源与财富,发行保证为财政收入,因此,国库券有“无风险债券”和“金边债券”的美称,与其他私人部门发行的货币市场工具相比,投资者无须顾虑违约风险。

2. 流动性强

由于国库券是一种在高组织性、高效率和充分竞争市场上交易的短期金融工具,变现能力特别强,仅次于现款,因此,国库券被许多经济学家称为“准货币”,被各商业银行作为防范流动性风险的二线准备金。

3. 收益较高

由于各国税收政策一般都对政府债券免征所得税或资本利得税,所以,国库券的投资收益相比其他固定收益投资工具的实际收益率显得更高,深受投资者(尤其是高收入的投资者)的喜爱。

(二)国库券的发行

1. 国库券的发行方式

国库券发行主要采取拍卖方式,也称竞价投标方式。这是一种在金融市场上通过公开招标发行国库券的方式。财政部门在每次发行前,向社会发出通知,由认购者按照自己的需要量,对准备发行的国库券价格进行投标,按出价高低顺序,依次卖出,直到售完为止。具体拍卖方法包括:价格拍卖、收益拍卖、竞争性出价、非竞争性出价等。这一发行方式的优点在于可以避免因市场利率的不稳定而影响国库券发行。按照这种方式,各认购者的购买价格和收益率是不同的。

专栏 5-2

美国的国库券竞价投标方式

在美国，财政部通过发行市场于每周四宣布 7 天后发行为期 3 个月和 6 个月的国库券的数量，要求投资者（如商业银行、证券交易商等）公开招标，并将投标书于次周星期一以前送达一家联邦储备银行或分行。投标分竞争性和非竞争性两种：竞争性投标者应在投标中列明想购买的数量及价格。每一投标者可提交几份投标书，表示愿意按照不同价格购买不同数量。非竞争性投标者应在投标书中说明参加非竞争性投标，他们不设定投标价格，而是以竞争性投标者的平均价格为价格，但认购金额受到限制。联邦储备银行于星期一下午开标，以价格高低顺序通知财政部，财政部宣布非竞争性投标者全部得标，价格以竞争性投标者的平均价格为准。而后将余额按价格高低宣布竞争投标者的得标数量、金额、最高和最低利率及平均利率，周二公布于报刊上，周四正式发售，得标者向联邦储备银行缴款，领取新券。至此，国库券发行阶段即告完成而转入流通市场。

2. 国库券的发行价格

国库券的发行价格一般采用贴现价格，即以低于票面金额发行，到期按面额兑付。也就是票面金额减去贴现利息作为发行价格，到期再按票面金额足值偿付。发行价格与面额之差即为国库券的利息。

$$发行价格=国库券面值-贴现利息$$

$$发行价格=面值\times(1-贴现率\times发行期限)$$

例如：发行某面值为 100 元的国库券，发行期限为 60 天，贴现率为 6%，则：

$$发行价格=100\times(1-6\%\times60/360)=99(元)$$

（三）国库券的流通

国库券的流通转让通常在证券经销商、中央银行、商业银行、企业和个人投资者之间进行，交易方式有现货交易、期货交易等（国库券现货交易、期货交易方式比照本章资本市场中股票的现货交易与期货交易方式理解掌握）。

国库券在二级市场上的转让价格仍然是按照贴现方式进行计算的。计算公式如下：

$$流通价格=国库券面值-贴现利息$$

$$流通价格=面值\times(1-贴现率\times贴现期限)$$

在实际交易中，国库券是按收益率报价的，则国库券的收益率和交易价格计算公式为：

$$收益率=\frac{面额-发行价格}{面额}\times\frac{360\ 天}{到期天数}\times100\%$$

$$交易价格=\frac{360\ 天\times面额}{360\ 天+收益率\times到期天数}$$

四、大额可转让定期存单市场

（一）大额可转让定期存单的特点

大额可转让定期存单与普通商业银行定期存单相比较具有以下特点：

1. 不记名、可转让

大额可转让定期存单一般都不记名，通常载有“付给来人”字样，存单虽然不可提前支取，但持有人可在二级市场上转让变现。如美国花旗银行在发行这种存单时，就着手争取投资银行开拓CD存单的二级市场，从而大大提高了CD存单的流动性。

2. 面额大且固定

美国花旗银行首次发行CD存单的最低面额为2.5万美元，目前最低面额为10万美元，最高可达1 000万美元；英国的CD存单最低面额5万英镑；日本的CD存单最低面额为1亿日元；中国香港地区的CD存单最低面额为10万港元。而且存单的面额是固定的，多为最低面额的倍数。

3. 期限短

大额可转让定期存单的期限大多在1年以下，1个月、3个月、6个月、9个月期限的存单最为普遍，最短期限可以是14天，最长不超过1年。

4. 收益较高

大额可转让定期存单的利率有固定利率和浮动利率两种，利率高低一般根据期限长短而定。由于CD存单不受中央银行规定的最高利率限额的管制而可高于同期商业银行定期存款利率，因而收益相对较高。

（二）大额可转让定期存单的发行

1. 大额可转让定期存单的发行方式

大额可转让定期存单的发行方式主要有两种：一是批发发行方式；二是零售发行方式。批发发行方式是指发行银行将拟发行的存单总额、利率、期限、面额等有关内容预先公布，让投资者考虑选择，到时发行银行按事先公布的条件发行。零售发行方式是指发行银行随时根据投资者（主要是机构投资者）的需要发行存单，金额、期限的确定较为灵活，利率则可以由双方议定。

2. 大额可转让定期存单的发行价格

大额可转让定期存单的发行价格的确定，主要取决于以下因素：一是存单发行者的资信等级；二是存单发行当时的市场利率；三是存单的期限长短。

大额可转让定期存单的发行价格计算方式一般有两种：一是按面额发行固定利率存单，其发行价格一般就是存单的票面面额。另一种是贴现发行，以票面面额扣除一定的贴现利息，发行价格低于面额。

（三）大额可转让定期存单的转让

对于已发行上市但尚未到期的CD存单，持有者在急需资金时，可在二级市场上将存单转让流通。未到期的存单通常由票据经销商买入，以维系存单的流动性。票据经销商既可以将这些存单持有到期满兑取本息，也可以再到二级市场上出售，从而形成连续的二级市场转让。1961 年美国纽约花旗银行推出大额可转让定期存单的时候,美国证券经销商也同时为存单创造了一个流通市场,使存单在期满前能随时变现。

五、回购协议市场

(一)回购协议市场的含义

回购协议是指卖方将一定数额的金融资产卖给买方,同时承诺若干日后按约定价格将该种金融资产如数买回的协议。

回购协议实质上是以金融资产为质押品的短期借贷。回购质押的资产一般都是流通量较大、质量最好的金融资产(如政府债券、CD 存单等)。回购协议的借款方(卖方)到期须支付一定的利息给贷款方(买方),利率通常略低于同业拆借利率。

(二)回购协议市场的特点

1. 期限短

回购协议的期限以短期为主,其中期限为 3 天、7 天、14 天的交易最为活跃,最长不超过 1 年。我国目前回购协议期限有 1 天、7 天、14 天、21 天、1 个月、2 个月、3 个月、4 个月、6 个月、9 个月和 1 年。

2. 安全性高

回购协议的交易场所为规范性的场内交易场所,交易双方的权利、责任和义务都有法律保护。参与交易的主体均为合法的机构,回购交易的对象是经货币管理当局批准的高信用等级的有价证券(如政府债券),交易双方以出让或取得证券资产为担保进行资金拆借时,作为证券抵押权的监管组织——交易所还将承担相应的责任。因此,回购交易几乎是无风险的交易。

3. 收益较高且稳定

回购利率是市场公开竞价的结果,一般可获得平均高于银行同期存款利率的收益。证券回购中的证券定价方法有两种:一是净价定价法;二是总价定价法。目前西方各国证券回购价格的确定通常采用总价定价法。

4. 融入资金免交法定存款准备金

商业银行利用回购协议融入的资金不属于存款负债,无须向中央银行缴纳法定存款准备金,从而降低了商业银行筹集资金的成本,提高了商业银行扩张业务的积极性,同时减少了银行间同业拆借的风险,能够更好地引导信贷资金实现最佳配置,回购协议市场成了商业银行扩大筹资规模的重要场所。

第三节 资本市场

资本市场是指长期资金借贷或长期金融工具交易的市场。按交易对象不同,分为股票市场、债券市场与投资基金市场;按市场功能不同,分为证券发行市场与证券流通市场。

一、证券发行市场

证券发行市场也称初级市场或一级市场,是指筹资者通过发行股票、债券等资本性工具筹措资金所形成的市场。其内容主要包括证券发行制度、证券发行方式、证券发行价格、证券的评级等。

(一) 证券发行制度

为了保证证券市场的健康发展,保障投资者的合法权益,加强对证券市场的管理,各国都建立了与本国证券管理体制相适应的证券发行的审核制度。目前,世界各国证券发行的审核制度主要有两种,即注册制和核准制。

1. 注册制

注册制也称申报制或登记制,是指股票发行人在公开发行前,按法律的规定向证券发行主管机关提交与股票发行有关的文件,在一定的期限内,主管机关未提出异议的,其证券发行注册即发生效力的一种证券发行审核制度。

注册制的主要特点是主管机关的审核强调公开原则和形式审查原则,主管机关要求发行人依照法律、法规的规定,全面、真实、准确地提供一切与发行有关的资料,对其投资价值不做判断,在申报文件提交的一定期间内,主管机关未提出补充或修订意见或未以停止命令阻止注册生效者视为已依法注册,发行人即可正式进行证券的发行。

注册制的优点为:一是可以简化审核程序,减轻主管机关的负担;二是有利于具有发展潜力和风险性的企业通过证券市场募得资金,获取发展机会;三是提高投资人的投资判断力,减少对政府的依赖性。当然,这种发行审核制度,对那些不成熟的投资者来说,自然具有较大的投资风险。

2. 核准制

核准制是指股票发行人发行股票时,不仅要公开本公司的真实情况,而且必须符合法定的条件(如股本结构、股本规模、产业结构等),证券监管机构有权否决不符合法定条件的申请。

核准制的特点是证券主管部门对证券发行既要进行形式审查,又要进行实质审查,除审查发行所提交的文件的完全性及真实性外,还要审查该证券是否符合法律、法规规定的实质条件,方可获准发行。

核准制的优点为:一是对拟发行的证券进行了形式上和实质上的双重审查,获准发行的证券投资价值有一定的保障;二是有利于防止不良证券进入市场,损害投资者利益。但缺点也是显而易见的:一是主管机关负荷过重,在证券发行种类和数量增多的情况下,也难免"萝卜快了不洗泥",质量不保;二是容易造成投资人的依赖心理,不利于培育成熟的投资人群;三是不利于发展新兴事业,具有潜力和风险性的企业可能因一时不具备较高的发行条件而被排斥在外。

(二) 证券发行方式

1. 私募发行与公募发行

私募发行是指证券发行人对特定的少数投资者发行证券的方式。私募发行与公募发行是依据发行对象不同划分的。私募发行方式发行手续简单,发行成本低,弹性较大。但发行范围小,证券不能上市交易,流动性差。在我国主要是指对公司内部职工发行。

公募发行是指证券发行人以同一条件向不特定的多数投资者公开发行证券的方式。

公募发行方式发行面广，发行量大，可上市流通；但手续复杂、发行成本较高。

2. 直接发行与间接发行

直接发行是指证券发行人不通过金融中介机构直接向投资者销售证券的方式。直接发行与间接发行是依据是否委托金融中介机构发行划分的。私募发行证券往往采用直接发行方式，公募发行证券通常采用间接发行方式。

间接发行是指筹资者通过金融中介机构办理证券发行事宜的方式。间接发行方式有代销与包销两种。代销是指筹资者将证券委托给金融中介机构代为发行，金融中介机构按照筹资者规定的条件在市场上发售，发行截止时，若有证券积压，则退还筹资者。代销方式的优点是发行成本较低；缺点是筹资者到期不一定能够筹集到全部所需资金。包销是指筹资者将证券一次性卖给金融中介机构，然后，金融中介机构再到市场上发售。包销方式的优点是筹资者可以迅速筹集到自己所需全部资金；缺点是证券发行溢价的好处更多地被金融中介机构获得。

（三）证券发行价格

股份公司股票发行的目的、对象、方式不同，其股票发行价格也各有不同。按照发行价格与股票面额的关系，发行价格有以下几种类型：

1. 平价发行

平价发行又称为面值发行，即以证券的票面金额作为证券的发行价格。由于证券的市场价格（如股票）通常高于票面金额，平价发行对于证券投资者来说十分有利，因而有利于证券的顺利发行。但公司则失去了证券发行的溢价收益。

2. 溢价发行

溢价发行是以高于证券面值的价格作证券的发行价格。溢价发行能以较少的证券筹集到较多的资金，有利于提高公司的筹资效率，但溢价过高，尤其是在证券市场低迷时，可能导致证券发行失败。因此，要科学合理地确定溢价高低。

3. 折价发行

折价发行是指以低于证券面值的价格作为发行价格。筹资者采用折价发行的原因有二：一是公司证券发行不理想，通过折价来吸引投资者，但其后果将导致公司资产的流失，对此，各国证券法一般都明文规定禁止这种折价发行；二是公司无偿增资或搭配增资发行股票，使得证券发行价格低于面值。

（四）证券评级

证券评级是指专门从事信用评级的机构通过一定的程序，根据科学的指标体系，对评级对象履行经济责任的能力及其资信情况进行客观公正的评价，并确定其信用等级的一种经济活动。

证券评级始于20世纪初的美国。按照国际惯例，证券信用等级一般为三等九级和两大类，即A、B、C三等，每等又有三级。其中AAA、AA、A和BBB称为投资类债券，BBB以下的称为投机性债券。

1975年美国证券交易委员会SEC认可惠誉国际、标准普尔公司、穆迪投资者服务公司为全国认定的评级组织。其评级标准见表5-1。

表 5-1 标准普尔公司和穆迪投资者服务公司的证券评级标准

标准普尔公司		穆迪投资者服务公司	
债券级别	级别含义	债券级别	级别含义
AAA	归于最高信用等级,偿还能力非常强	Aaa	判定为最高质量,风险程度小
AA	偿还能力强,只是在很大程度上不属于最高等级	Aa	高质量但低于 Aaa,因为保护程度不够大,或可能有其他长期风险成分
A	偿还能力强,可是借者在环境和经济条件变化时易受不利影响	A	债券具有有利的投资性,但未来易受风险
BBB	有足够的偿还能力,但不利的经济条件变化和环境变化可能导致风险	Baa	既无高度保护,也没有足够担保,偿付能力足够
BB	总的来说,如同 CCC,突出地投机	Ba	判断有投机成分,未来没希望
CC	象征最低投机等级和最高的 CC	B	一般缺乏合乎需要的投资特点,支付保护能力小
C	备用的收益债券,没利息支付	Caa	地位差或可能拖欠或含有危险成分
D	不履行债券偿付或拖欠支付	Ca	非常投机,发行的债券往往拖欠
		C	高度投机,往往拖欠

二、证券流通市场

证券流通市场也称次级市场或二级市场,是指已发行的证券在投资者之间转让流通所形成的市场。

(一) 证券流通市场的类型

证券流通市场以其组织形式为标准,可分为场内市场与场外市场。

1. 场内市场

场内市场即证券交易所,是专门的、有组织的各种有价证券集中买卖的场所。证券交易所有固定的场所、严格的管理制度、完善的组织程序,属于有形市场。证券交易所按组织形式分为会员制证券交易所与公司制证券交易所两种。

(1) 会员制证券交易所。会员制证券交易所是不以营利为目的,由会员自治自律、互相约束,参与经营的会员可以参与上市股票的买卖与交割的证券交易所。

会员制证券交易所的特点是:会员制证券交易所是非营利性的社团法人组织,起媒介证券交易的作用,不向证券交易会员收取交易佣金,只收取会员费;会员制证券交易所由证券商组成,证券公司既是证券交易所的会员,也是媒介证券交易活动的证券商,非证券公司既不能充当证券商,也不能作为证券交易所的会员;会员制证券交易所强调自律性原则的管理方式,立法机关和政府大多不加干预。

(2) 公司制证券交易所。公司制证券交易所是由投资者以股份有限公司设立的、以营利为目的的证券交易所。

公司制证券交易所是由股份公司提供场地、设备和人员，证券商依据证券法和公司章程，在主管机构的管理和监督下进行证券买卖和集中交割。其特点是：证券交易所是独立的法律主体，虽然证券交易所可以由证券商投资兴办，但在法律上与证券商的地位相互独立；证券交易所是独立的经济实体，它只为证券商从事证券交易活动提供所需的物质条件和服务，证券交易所的职员不参与具体的证券交易活动；证券交易所有权向证券发行公司收取证券上市费，并向证券商收取证券成交的其他费用。

专栏 5-3

纽约证交所上市的条件要求

1. 纽约证交所对美国国内公司上市的条件要求：

公司最近一年的税前盈利不少于 250 万美元；

社会公众拥有该公司的股票不少于 110 万股；

公司至少有 2 000 名投资者，每个投资者拥有 100 股以上的股票；

普通股的发行额按市场价格计算不少于 4 000 万美元；

公司的有形资产净值不少于 4 000 万美元。

2. 纽约证交所对美国国外公司上市的条件要求：

作为世界性的证券交易场所，纽约证交所也接受外国公司挂牌上市，上市条件较美国国内公司更为严格，主要包括：

社会公众持有的股票数目不少于 250 万股；

有 100 股以上的股东人数不少于 5 000 名；

公司的股票市值不少于 1 亿美元；

公司必须在最近 3 个财政年度里连续营利，且在最后一年不少于 250 万美元、前两年每年不少于 200 万美元或在最后一年不少于 450 万美元，3 年累计不少于 650 万美元；

公司的有形资产净值不少于 1 亿美元；

对公司的管理和操作方面的多项要求；

其他有关因素，如公司所属行业的相对稳定性，公司在该行业中的地位，公司产品的市场情况，公司的前景，公众对公司股票的兴趣等。

2. 场外市场

场外市场是指在证券交易所外进行证券买卖的市场。其构成各国不尽相同，美国的场外市场主要由柜台交易市场、第三市场、第四市场组成；我国的场外市场主要由金融市场报价、信息和交易系统（NET）与全国证券自动报价系统（STAQ）组成。

（1）场外市场的特点。

第一，场外市场是一个分散的无形市场。它没有固定的、集中的交易场所，而是由许多各自独立经营的证券经营机构分别进行交易，并且主要依靠电话、电报、传真和计算机网络联系成交。

第二,场外市场的组织方式采取做市商制。场外市场与证券交易所的区别在于不采取经纪制,而在于投资者直接与证券商进行交易。证券交易通常在证券经营机构之间或是证券经营机构与投资者之间直接进行,不需要中介人。证券经营机构先行垫入资金买进若干证券作为库存,然后开始挂牌对外进行交易。它们以较低的价格买进,再以略高的价格卖出,从中赚取差价,但其加价幅度一般受到限制。

第三,场外市场是一个拥有众多证券种类和证券经营机构的市场,以未能在证券交易所批准上市的股票和债券为主。由于证券种类繁多,每家证券经营机构只固定地经营若干种证券。

第四,场外市场是一个以议价方式进行证券交易的市场。在场外市场上,证券买卖采取一对一交易方式,对同一种证券的买卖不可能同时出现众多的买方和卖方,也就不存在公开的竞价机制。具体地说,是证券公司对自己所经营的证券同时挂出买入价和卖出价,并无条件地按买入价买入证券和按卖出价卖出证券,最终的成交价是在牌价基础上经双方协商决定的不含佣金的净价,券商可根据市场情况随时调整所挂的牌价。

第五,场外市场的管理比证券交易所宽松。由于场外市场分散,缺乏统一的组织和章程,不易管理和监督,其交易效率也不及证券交易所。但目前美国的 NASDAQ 市场借助计算机将分散于全国的场外市场联成网络,在管理和效率上都有很大提高。

(2) 场外市场的功能。第一,场外市场是证券发行的主要场所。新证券的发行时间集中,数量大,需要众多的销售网点和灵活的交易时间,场外市场是一个广泛的无形市场,能满足证券发行的要求。

第二,场外市场为政府债券、金融债券以及按照有关法规公开发行而又不能获批到证券交易所上市交易的证券提供了流通转让的场所,为这些证券提供了流动性的必要条件,为投资者提供了兑现及投资的机会。

第三,场外市场是证券交易所的必要补充。场外市场是一个"开放"的市场,投资者可以与证券商当面直接成交,不仅交易时间灵活分散,而且交易手续简单方便,价格又可协商。这种交易方式可以满足部分投资者的需要,因而成为证券交易所的卫星市场。

(二) 证券的交易价格

1. 股票交易价格

股票交易价格也称股票行市,是指股票在二级市场上流通转让的价格。股票行市的形成与变化主要取决于股票的预期收益与当时的市场利率。

根据收益资本化的现金流折现法,则股票理论价格的基本公式为:

$$P=\frac{R_1}{1+i}+\frac{R_2}{(1+i)^2}+\cdots+\frac{R_t}{(1+i)^t}+\frac{P_t}{(1+i)^t}$$

式中:P 表示股票的理论价格;

t 表示持股时间;

i 表示当时的市场利率;

R 表示预期股利；

P_t 表示股票第 t 年的市场价格。

若假定未来各期的预期收入为固定值，且持有时间无限长，则该公式转化为：

$$P=\sum_{t=1}^{\infty}\frac{R}{(1+i)^t}+\frac{P_t}{(1+i)^{\infty}}=\frac{R}{i}$$

如果假定股票预期股利按某一速度增长，则股票理论价格的公式为：

$$P=\frac{R}{1+i}+\frac{R(1+g)}{(1+i)^2}+\cdots+\frac{R(1+g)^t}{(1+i)^t}+\frac{P_t}{(1+i)^t}$$

$$P=\frac{R}{i-g}$$

式中：g 表示红利增长速度。

以上分析的股票价格为其理论价格，而股票交易的实际价格通常与其理论价格相差甚远。这是因为影响股票交易的实际价格，除了股票的预期收益和当时的市场利率这两个基本因素外，还有宏观经济因素、国际国内政治因素、市场因素以及心理因素等。

2. 债券的交易价格

债券定价的理论基础是现值理论。现值理论认为，人们之所以愿意购买证券，是因为它能够为其持有者带来预期收益。因此，它的价值就在于未来收益的大小，也就是用今天的现款去购买未来的现金收入。

如果用 P 表示债券的交易价格（债券的现值），F 为本利和，r 为当时的市场利率，C 为定期支付的利息，M 为债券的面值，n 为债券未到期期限，t 为支付利息的次数，根据现值理论，可以得出不同计息方式下债券的交易价格。其计算公式如下。

（1）一次性还本付息债券的交易价格。

$$P=\frac{F}{(1+r)^n}$$

（2）分次付息到期还本债券的交易价格。

$$P=\sum_{t=1}^{n}\frac{C}{(1+r)^t}+\frac{M}{(1+r)^n}$$

综上所述，债券的理论价格就是债券的现值，它主要受市场利率和实际收益率的影响。债券终值与现值的差额即为持有债券期间的投资收益，持有债券时间越长，债券终值与现值的差额就越大，因而收益越多。

（三）证券交易程序

证券交易的基本程序主要包括开户、委托买卖、成交、清算与交割、过户等。

1. 开户

开户即开立证券账户的简称，是指证券投资者确定某一证券商作为自己的经纪人后，凭个人身份证、银行卡、手机到券商营业场所与券商签订风险责任书和委托交易书，由此开立证券账户和资金账户。

2. 委托买卖

委托买卖是指客户填写申报委托买卖的证券名称或代码、数量、价格、时间，由证券商受理证券的买卖的过程。证券买卖委托方式按委托的形式分为当面委托、电话委托、电传委托、信函委托等；按委托的价格条件分为限价委托和市价委托。

3. 成交

成交是指证券买卖双方达成一项或一笔交易。由于每一种证券的买卖有众多的参与者，证券交易以竞价方式，按照价格优先原则和时间优先原则确定每笔交易的买方与卖方。

4. 清算与交割

清算是证券买卖双方在证券交易所进行证券买卖成交以后，将买卖证券的数量和金额分别予以轧抵计算。

交割就是清算结束后，卖方向买方交付股票而买方向卖方支付价款，即钱货两清手续。

清算交割分两个部分：一是证券商与交易所之间的清算交割；二是证券商与投资者之间的清算交割。

5. 过户

证券过户是投资人从证券市场上买到证券后，到该证券发行公司办理变更投资者名簿记载的活动。股票有记名股票与不记名股票两种，不记名股票可以自由转让，而记名股票的转让必须办理过户手续。在证券市场上流通的股票基本上都是记名股票，都应该在办理过户手续后才能生效。

（四）证券交易方式

证券交易方式一般包括现货交易、期货交易、信用交易和期权交易四种类型。

1. 现货交易

现货交易是指买卖双方谈妥一笔交易后立即办理交割手续的交易方式。

现货交易的特点是：成交与交割时间上基本同步；属于实物交易，不允许轧抵差额；对于股票买卖双方而言都是一种投资行为。

2. 期货交易

期货交易是买卖双方谈妥一笔交易后，签订标准化的期货合约，规定将来一定时间办理交割手续的交易方式。

与现货交易相比较，期货交易的特点是：成交与交割不同步；属于买空卖空交易，允许轧抵差额；对于股票买卖双方而言都是一种保值或投机行为。

3. 信用交易

信用交易是指客户向证券经纪人缴纳一定数量保证金后，通过向证券经纪人借款借券进行股票买卖的交易方式。

信用交易又称保证金交易、垫头交易或融资融券交易，投资者在开立股票信用交易账户时，须存入初始保证金，且严格按照保证金比率每天结算。

4. 期权交易

期权交易是一种选择权交易，是指投资者在一定时期内以一定价格买进或卖出一定数量某种股票的权利的交易。

期权的买方向期权的卖方支付一定数额的期权费后,便获得了这种权利,期权的买方行使权利时,卖方必须按期权合约规定的内容履行义务;期权的买方如果放弃行使权利,此时买方只损失期权费。总之,期权的买方拥有执行期权的选择权,无执行的义务;而期权的卖方只有履行期权的义务。

第四节 衍生金融市场

衍生金融市场是以各种金融衍生工具为交易对象的市场,一般包括金融远期市场、金融期货市场、金融期权市场和金融互换市场。

一、金融远期市场

金融远期是指双方约定在未来的某一确定时间,按确定的价格买卖一定数量某种金融资产的合约。金融远期市场是以金融远期合约为交易对象的市场。

(一) 金融远期协议

1. 远期利率协议

(1) 远期利率协议的含义。远期利率协议是交易双方为规避利率风险或利用未来的利率波动进行投机而签订的协议。

(2) 远期利率协议的要素。根据英国皇家协会 1985 年拟定的远期利率协议的合同标准条款,远期利率协议的要素有:

① 合同金额:借贷的名义本金。

② 合同货币:合同金额的货币币种。

③ 交易日:远期利率协议成交的日期。

④ 结算日:名义借贷开始的日期,即交易一方向另一方支付结算金的日期。

⑤ 确定日:确定参照利率的日期。

⑥ 到期日:名义借贷到期的日期。

⑦ 合同期:结算日至到期日之间的天数。

⑧ 合同利率:交易双方在协议中商定的利率。

⑨ 参照利率:在协议中指定的用于确定结算金的某种市场利率。

⑩ 结算金:在结算日根据合同利率和参照利率计算出来的,由交易一方支付给另一方的金额。

(3) 结算金的计算。如果确定日的参照利率高于协议约定的利率,则卖方向买方支付结算金,即意味着买方规避了借款过程中因利率上升所带来的利息损失。由于实际借款的利息是在借款到期时支付,而结算金却是在结算日支付,因此,结算金并不等于利率上升给买方造成的额外利息支出,而是等于利息支出在结算日的贴现值。结算金的具体计算公式为:

$$\text{结算金}=\frac{(\text{参照利率}-\text{合同利率})\times\text{合同金额}\times\text{合同期限}}{1+\text{参照利率}\times\text{合同期限}}$$

如果公式中的参照利率和合同利率为年利率，合同期限按天计算，则合同期限应换算为年，天数计算惯例中美元为 360 天，英镑为 365 天。

公式中的分子表示由于利率上升给买方带来的额外利息支出，分母表示对额外利息支出的贴现，以说明结算金的支付是在借贷期开始而非结束。因此，计算结果为正数，表示卖方支付买方；反之，为买方支付卖方。

2. 远期外汇协议

（1）远期外汇协议的含义。远期外汇协议是外汇买卖双方约定在未来某个时期按约定的远期汇率、币种、金额进行交割的协议。远期汇率并不是未来的即期汇率，它是预先约定的未来交割时的汇率，在合约中一经确定就不能改变。远期外汇交易的主要目的是规避汇率变动的风险。

（2）远期外汇交易的方式。远期外汇交易又称期汇交易，按照交割日分为固定日期交割的交易和择期交割的交易两种。

（二）金融远期交易的特点

金融远期交易活动通常具有以下特点：

1. 交易所外进行交易

金融远期合约是通过电话、电传等现代通信方式在场外市场进行的，由银行给出双向标价。

2. 交易条件由双方约定

金融远期交易是直接在银行与银行之间、银行与客户之间进行的，交易双方相互认识，每笔交易都是双方直接见面，交易意味着接受参与者的对应风险。

3. 不需要保证金，交易到期交割

金融远期交易不需要保证金，风险是通过变化双方的远期价格差异来承担的，而且不必每日结算，大部分交易都是合约到期通过实物交割来了结。

二、金融期货市场

（一）金融期货的类型

1. 外汇期货

外汇期货，又称为货币期货，是一种在最终交易日按照当时的汇率将一种货币兑换成另外一种货币的期货合约。外汇期货的作用首先是规避外汇风险，即套期保值；其次是投机，即套利。但外汇期货的交易规模远不及外汇远期。

2. 利率期货

利率期货是交易双方以预先确定的价格约定在将来某一特定时期买进或卖出一定数量特定金融产品的金融期货交易。

3. 股指期货

股指期货是以股价指数为标的物的标准化期货合约，双方约定在未来的某个特定日期，可以按照事先确定的股价指数的大小，进行标的指数的买卖。

专栏 5-4

沪深300股指期货交易基本规则

合约标的:沪深300指数

合约乘数:每点300元

报价单位:指数点

最小变动价位:0.2点

合约月份:当月、下月及随后两个季月

交易时间:上午:9:15—11:30,下午:13:00—15:15

最后交易日时间:上午9:15—11:30,下午13:00—15:00

每日最大幅度:上一个交易日结算价的±10%

最低保证金:合约价值的12%

持仓限额:100手

最后交易日:合约到期月份的第三个周五,遇国家法定假日顺延

股指期货交割日:同最后交易日

交割方式:现金交割

交易代码:IF

(二)金融期货交易的特点

金融期货是在金融远期基础上发展起来的。金融期货交易与金融远期交易相比较具有以下特点:

1. 交易所内进行交易

金融期货合约均在有严密组织的交易所内进行,交易双方不直接接触,而是各自与交易所的清算所或专设的清算公司结算。由于金融期货合约的所有买卖双方都集中在交易所中交易,因此克服了金融远期交易中所存在的信息不对称风险以及违约风险。

2. 标准化的期货合约

金融期货合约是由交易所制定的标准化的合同文本,合约中规定了标准的数量、交割地点、交割期限等要素。交易双方只需协商合约的份数和价格即可,这就克服了金融远期流动性差的缺陷。

3. 需交保证金,每天结算

金融期货交易双方需要交纳保证金,合约账户是每天严格按照保证金比例的要求进行结算与交割,保证金账户每天盈进亏补,这使得合约账户内的资金单位价值每天都与市场价格保持一致。因此,期货合约本身的市场价值永远为零,同时也遵循了"无负债"原则。

4. 对冲结清头寸,无须实物交割

金融期货交易双方都可以在交割日之前采取对冲交易来关闭期货头寸(平仓),而无

须进行最后的实物交割,即期货合约的买方将原来买入的期货合约卖掉,期货合约的卖方将已经卖出的期货合约买回。

三、金融期权市场

(一) 金融期权的内涵与构成要素

1. 金融期权的内涵

金融期权也称金融合约的选择权,是指在将来某一特定时间内以一定价格买入或卖出一定数量某种金融资产的权利。

期权合约的买方具有选择权,是否决定行使其权利,主要取决于金融资产的市场价格对自己是有利还是无利。当金融资产的市场价格高于期权合约约定的买入价格或低于期权合约约定的卖出价格时,合约买方便会选择行使其权利;反之便会选择放弃其权利。因此,一个完整的金融期权应该具备一定的要素。

2. 金融期权的要素

(1) 金融期权交易的参与者。金融期权交易的参与者主要包括期权合约的买入者、期权合约的卖出者以及期权交易的经纪商。

(2) 期权价格。金融期权的价格又称期权费或权利金,是期权合约的买方为取得期权合约所赋予的权利而向期权合约的卖方支付的费用。对期权合约的买方来说,支付一定期权费既可以获得期权,又可以把可能遭受的损失控制在期权费范围内;对期权合约的卖方来说,期权费是他出售期权合约所得的报酬。

(3) 履约价格。履约价格又称执行价格、协定价格或行权价,是指在期权合约中协定的履行合约时买入或卖出期权标的物的价格。场内期权交易的执行价格通常由交易所竞价确定;场外期权交易的执行价格则由买卖双方以现行市价为参考磋商确定。

(4) 金融期权合约的标的物及其数量单位。金融期权合约的标的物是指合约中规定的买卖的金融产品。合约标的物可以是股票、债券等传统金融产品,也可以是金融期货等衍生产品。合约的数量单位是指每份合约买入或出售的标的物的数量单位。相同标的物的期权合约,其合约数量单位相同;不同标的物的期权合约,其合约数量单位不同。

(5) 期权合约的开始日、到期日和交割日。期权合约的开始日又称生效日,是指期权交易双方在合约中规定的由买方行使权利或买方权利生效的第一日。

期权合约的到期日又称失效日,是指期权合约中指定的买方执行权利的最后日,超过这一天将意味着合约的买方放弃了履约的权利。

期权合约的交割日又称清算日,是指按照合约的规定,由合约的买方提出行使期权,合约的卖方履行合约义务的清算日。

(二) 金融期权交易与金融期货交易的区别

金融期权与金融期货均为一种合约,都是约定在某一时间进行某一特定的交易,二者的交易条件均记载在合约中,均可为交易者提供最大限度的价格保护及其利用价差谋取风险收益。但二者是完全不同的两种交易方式。其主要区别见表 5-2。

表 5-2　金融期权与金融期货的区别

区别	品种	
	金融期权	金融期货
交易的标的物	买卖金融产品的权利	金融产品的合约
交易的场所	既可在交易所内交易，也可在场外交易	集中在交易所内交易
交易双方的权利与义务	合约的买方具有履约的权利，无履约的义务；合约卖方必须承担其义务，而无要求对方履约的权利	合约买卖双方对合约的义务和责任是相等的，都有要求对方履约的权利，在履约方面对双方都具有强制性
履约保证	合约卖方交纳保证金，合约买方无须交纳保证金	合约买卖双方都必须交纳保证金
盈亏风险	期权买方的亏损是有限的，而盈利可能是无限的；期权卖方获得的盈利是有限的，而亏损可能是无限的	交易双方的盈亏风险是对等的，交易一方的盈利便是另一方的亏损

(三) 金融期权的基本类型

1. 看涨期权与看跌期权

根据期权买方的权利不同，金融期权可划分为看涨期权与看跌期权。

看涨期权是指期权买方拥有在规定期限内或到期日按协定价格买进某种金融产品的权利。

看跌期权是指期权买方拥有在规定期限内或到期日按协定价格卖出某种金融产品的权利。

2. 欧式期权与美式期权

根据行使期权的时间不同，金融期权可划分为欧式期权与美式期权。

欧式期权是指期权持有者只能在到期日选择行权或放弃行权的期权。

美式期权是指期权持有者可以在到期日以及到期日以前的任何时间行权，或在到期日放弃行权的期权。

四、金融互换市场

(一) 金融互换的基本原理

金融互换，是将不同货币的债务、不同利率的债务或交割期限不同的同种货币的债务，由交易双方按市场行情签订合约，在约定期限内互相交换，进行一系列支付的金融交易行为。

金融互换的理论基础源于英国著名经济学家大卫·李嘉图的比较优势理论。比较优势理论认为，国际贸易的基础是生产技术的相对差别(而非绝对差别)，以及由此产生的相对成本的差别。每个国家都应根据“两利相权取其重，两弊相权取其轻”的原则，集中生产并出口其具有“比较优势”的产品，进口其具有“比较劣势”的产品。比较优势贸易理论在更普遍的基础上解释了贸易产生的基础和贸易利得，大大发展了绝对优势贸易理论。李嘉图的比较优势理论不仅适用于国际贸易，也适用于金融市场的交易活动。

(二) 金融互换的种类

现代金融互换市场上的互换主要有利率互换和货币互换两种。

1. 利率互换

利率互换是指交易双方对两笔货币与金额相同、期限一样但付息方法不同的资金进行的相互交换利率的业务活动。利率互换交易最普通的形式是固定利率与浮动利率的交换，其结果是把固定利率的资产或债务调换为浮动利率的资产或债务。

2. 货币互换

货币互换是根据交易双方的互补需要，以商定的筹资本金和利率为基础，将持有的不同种类的货币进行交换并结算利息。

本章小结

1. 金融市场是货币资金自由融通的场所，构成要素包括金融市场的参与者、金融市场的交易对象、金融市场的交易价格。其功能主要有融通资金、配置资源、提供流动性、分散和转移风险、传递信息以及调控经济等。

2. 金融市场按不同的标准划分有不同的类型。其中，按融资性质分为直接金融市场和间接金融市场，按融资期限分为货币市场和资本市场，按融资的职能分为初级市场和次级市场，按融资背景分为传统金融市场和衍生金融市场。

3. 货币市场是指短期资金借贷或短期金融工具交易的市场，具有期限短、流动性强、风险小、收益稳定等特点。货币市场通常包括同业拆借市场、票据市场、短期政府债券市场、大额可转让定期存单市场和回购协议市场。

4. 资本市场是指长期资金借贷或长期金融工具交易的市场，具有期限较长、收益较高、流动性低、风险性和投机性较大等特点。按交易对象不同，分为股票市场、债券市场与投资基金市场；按市场功能不同，分为证券发行市场与证券流通市场。

5. 衍生金融市场是以各种金融衍生工具为交易对象的市场，一般包括金融远期市场、金融期货市场、金融期权市场和金融互换市场。衍生金融交易具有杠杆性、联动性、跨期性和高风险性等特点。

关键术语

金融市场　货币市场　资本市场　初级市场　次级市场　同业拆借
票据贴现　回购协议　注册制　核准制　公募发行　私募发行
直接发行　间接发行　证券交易所　股价指数　现货交易　期货交易
信用交易　期权交易

思考题

1. 金融市场与普通商品市场有何区别？

2. 金融市场有何经济功能？

3. 同业拆借形成的原因及其市场特征是什么？

4. 证券交易的场外市场有何特点？

5. 金融远期与金融期货有何区别？

6. 金融期货与金融期权有何区别？

7. 甲企业于2008年2月25日将一张面额为100万元、2008年3月2日到期的银行承兑汇票向A银行申请贴现，当时的贴现利率为8%，则A银行应付给甲企业多少钱？

8. 某债券面额1 000元、期限3年、利率6%，当市场利率为8%时，则：(1) 若到期一次性还本付息，该债券的发行价格应为多少？(2) 若每半年支付一次利息，到期还本，该债券的发行价格应为多少？

案例分析

案例一：远期利率协议交易

2012年7月10日，甲(买方)乙(卖方)签订了一份1×3、名义金额100美元、合同利率5.25%的远期利率协议，参照利率为伦敦银行同业拆放利率(LIBOR)。

案例思考：

1. 以上远期交易的交易日、起算日、确定日、结算日、到期日的具体日期分别是哪一天？

2. 若结算时LIBOR为5.45%，谁支付给谁多少结算金？

案例二：利率互换案例

信用等级为AAA级的甲公司现有5亿元的固定利率美元借款，由于公司借款结构偏重于固定利率，因而希望在不增加借款总额的基础上调整其浮动利率负债。当时欧洲美元市场上，浮动利率为6个月LIBOR+0.125%。该公司决定将一笔利率为11%、尚有3年到期的1亿美元固定利率借款进行利率互换。与此同时，信用等级为A级的乙公司过去的借款结构偏重于浮动利率，因而希望能以固定利率获取1亿美元3年期资金。由于乙公司信用等级不高，它只能以13%的利率借到固定利率借款，而它在欧洲美元市场上只能以6个月LIBOR+0.725%借到浮动利率借款。

从以上情况可以看出甲公司比乙公司在借债方面具有利率优势。

案例思考：

1. 互换后甲、乙两公司各自的贷款利率是多少？

2. 画出甲、乙两公司利率互换交易资金流向图。

延伸阅读

1. 中国人民银行发布的《同业拆借管理办法》(百度搜索)。

2. 黄达.金融学.3版.北京：中国人民大学出版社，2012：208-257.

3. 李健.金融学.北京：高等教育出版社，2014：185-267.

4. http://www.cs.com.cn/.

第六章 商业银行

引言

2008年9月25日美国联邦监管机构宣布接手华盛顿互惠银行,并将其部分业务出售给摩根大通公司。成立于1889年的华盛顿互惠银行,因不堪次贷危机的重负,终于在其成立119周年纪念日这天成为美国历史上规模最大的银行倒闭案的主角。

华盛顿互惠银行是美国最大的储蓄银行,拥有3 070亿美元资产和1 880亿美元存款。其资产额远高于1984年遭关闭的大陆伊利诺伊国民银行(资产额400亿美元)和2008年7月被政府接管的印地麦克银行(资产额320亿美元)。

华盛顿互惠银行的住房贷款业务2006年开始出现问题。当年,华盛顿互惠银行房贷部门损失4 800万美元,而2005年该部门净收入则达10亿美元。2008年7月,华盛顿互惠银行宣布当年第二季度损失30亿美元。这是该银行历史上最大的季度亏损额。

2008年年初,华盛顿互惠银行董事会免去了克里·基林格的董事长职务,9月初又解除了他的首席执行官职务。克里·基林格1990年开始担任华盛顿互惠银行的首席执行官,翌年兼任董事长。在他的带领下,这家银行迅速由一家名不见经传的地区性储蓄机构成长为全美银行业巨头。但是,由于基林格积极发展次贷及其他风险抵押贷款业务,华盛顿互惠银行在快速扩张的同时,也将自己置于遭受信贷危机冲击的风险当中,最终逃脱不了倒闭破产的厄运。

华盛顿互惠银行的倒闭给我们的启示是:必须严格遵守商业银行经营的安全性、流动性和营利性原则,不应追求利润最大化而忽视经营风险;强化对市场趋势的把握,贷款投资要分散,及时补充资本金,保持畅通的融资渠道;必修加强商业银行内部监管,及时监督检查所存在的经营风险。

通过本章的学习,你将能够了解和掌握以下知识:

- 商业银行的性质与职能;
- 商业银行的业务活动;
- 商业银行的经营管理。

本章知识架构图

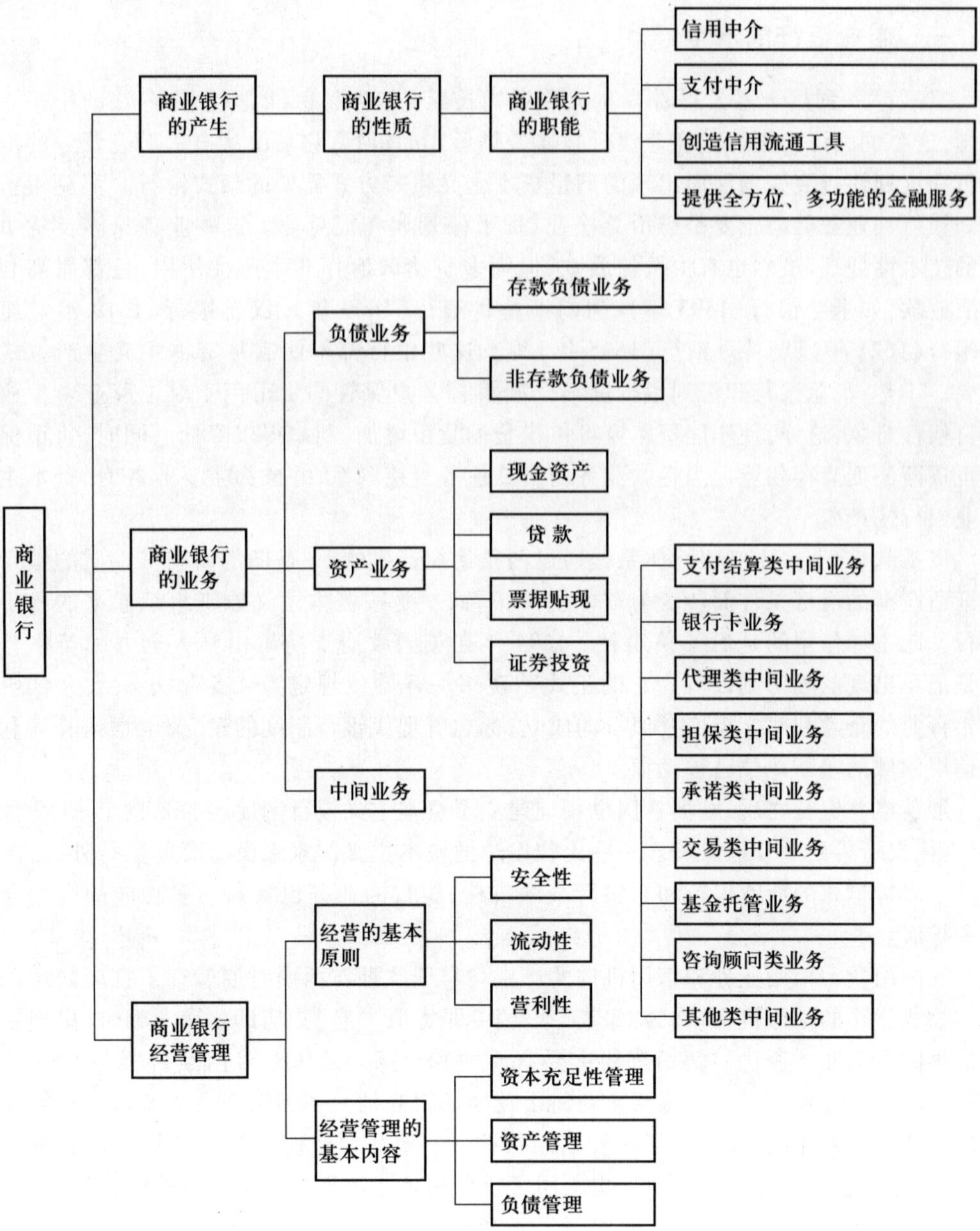

第一节　商业银行的性质和职能

商业银行是以追求最大利润为目标，以多种金融负债筹集资金，以多种金融资产为其经营对象，能利用负债进行信用创造，并向客户提供多功能、综合性服务的金融企业。它是各国金融体系中的骨干力量，是货币进入流通领域的最后一道闸门。它的业务活动与社会经济生活密切相关，在日常经济生活中发挥着特别重要的作用。

一、商业银行的产生

“银行”一词始于意大利语 Banco，原意为长凳，英语为 Bank，原意为存钱的柜子。在中国，这个词翻译为银行。商业银行并非最早形式的银行，它是由从事货币经营业的汇兑银行和汇划银行演变发展而出现的满足资本主义生产方式需要的新式银行。汇兑银行和汇划银行其业务活动主要是铸币兑换业、货币保管业和汇兑业。这些业务只涉及货币流通的技术性处理，虽然也有少量的放款，但大多贷给政府作非生产性使用，且都属高利贷性质放款，如米兰银行（1593 年）、阿姆斯特丹银行（1609 年）、汉堡银行（1619 年）、纽伦堡银行（1621 年）、鹿特丹银行（1635 年）等。这些银行都不能满足资本主义生产方式的需要。于是，汇兑银行和汇划银行逐渐开始将替客户保管的货币用于对工商业者发放短期自偿性贷款，这样，使职能资本家可供借贷的货币增加，利率得以降低。同时，货币保管业也逐渐演变为存款业。当存款业务与贷款业务直接联系，并成为主要业务时，资本主义商业银行便产生了。

概括起来，资本主义银行体系是通过两条途径产生的：一是旧的高利贷性质的银行业逐渐适应新的经济条件而转变为资本主义银行；二是按资本主义原则组织起来的股份制银行。起主导作用的是后一条途径。1694 年在英国政府支持下由私人创办的英格兰银行是最早出现的股份制银行。它的正式贴现率一开始就规定为 4.5%～6%，大大低于早期银行业的贷款利率。英格兰银行的成立，标志着现代银行制度的建立，也意味着高利贷在信用领域的垄断地位已被动摇。

继英格兰银行之后，欧洲各国也相继建立了资本主义银行制度，到 18 世纪末 19 世纪初，现代银行得到了普遍发展。一些比较发达的资本主义国家除设立商业银行外，还陆续建立了多种形式的商业银行和非银行金融机构，银行的业务也逐渐向多功能的全面金融服务扩展。

我国的货币信用业务和信用机构的产生均早于欧洲。西周时期就有了官府向居民赊贷实物或货币的信用机构，称为“泉府”。“泉”即货币，“府”指店铺。南北朝时，出现了我国最早的典当业。唐代的信用机构主要有质库和柜房。北宋有专门经营“银钱钞引”的钱铺和质库。元代有经营金银买卖与铸币兑换的银匠铺。明朝出现了从事货币兑换业的钱庄。清朝乾隆年间，又产生了一种信用机构——票号。钱庄和票号是与银行非常相似的金融机构，在中国金融业的发展史上居于重要地位。至于资本主义性质的银行，在我国自设银行之前，由于西方列强在政治、经济、军事等方面的侵略，外国金融势力也随之侵入我国。英国最先于 1845 年在广州设立了利如银行，接着其他西方国家也纷纷来华开设银行。在外国资本入侵的刺激下，19 世纪 60 年代，清政府内部的“洋务派”开始创办军事工业，以后又由军事工业扩展到民用工业。在中国民族资本主义经济初步发展的基础上，1897 年 5 月，在上海成立了我国第一家民主资本银行——中国通商银行，随后又有一些民主资本或半官半商的银行成立。

专栏 6-1

日升昌票号

票号是清代出现的一种金融机构，又称汇兑庄或票庄，开始主要承揽汇兑业务，后来也进行存放款等业务。开办最早的票号是日升昌票号，它是中国历史上第一家私人银行，是现代各式银行的鼻祖。

日升昌票号的前身是西裕成颜料庄，总庄设在山西平遥。当时，中国商品经济发展迅速，商业资本异常活跃，各地商帮纷纷崛起。由于晋人在外做生意的很多，年终结账，往老家捎钱多让镖局起镖运现款，不仅运费高，而且风险屡出，常有丢失，遂有人将银钱交北京西裕成分号，由经理写信给总号，在平遥总号取款。起初不过朋友、亲戚，两相投兑，无汇费和手续费。以后乡民感觉此法方便保险，皆求拨兑，并愿付一定汇费。平遥县西裕成颜料庄总号掌柜雷履泰认为此乃生财之道，大有发展的必要，便继承和借鉴历史上的汇票经验，开始兼营京晋埠际商业汇兑，盈利颇丰。道光初年，雷履泰与东家李箴视共商创设日升昌票号，逐渐放弃颜料生意，专营汇兑，并先后在汉口、天津、济南、西安、开封、成都、重庆、长沙、厦门、广州、桂林、南昌、苏州、扬州、上海、镇江、奉天、南京等地设票号分庄。雷履泰此举将我国只做存放业务的账局银钱业大大推进了一步，创建了专营存汇款和拆借资金业务的"票号"。山西票号业的蓬勃发展，对我国金融业以及商品经济和信用制度的发展具有积极促进作用。

后因信用危机，日升昌票号于民国二年（1913 年）停业清理，民国十四年（1925 年）改组为日升昌钱庄。

二、商业银行的性质

商业银行是经营货币信用业务的特殊企业。这说明商业银行与工商企业既有共同之处，又与工商企业存在不同之处。

首先，商业银行与从事商品生产、商品流通的企业一样，其经营活动的目的都是获得利润，而且是最大限度的利润。从事商品生产、流通的企业如果不能获得利润或利润水平很低，在激烈竞争的市场经济中就不能生存下去。商业银行也是如此，必须遵循安全性、流动性和营利性原则，并且在安全性和流动性得到保证的前提下，力求利润最大化。如果商业银行在经营过程中无利或亏损，在激烈竞争中这类银行同样也无法生存下去。

其次，商业银行又与一般工商企业不同，存在明显的特殊性。这主要表现为：第一，商业银行经营的对象是货币这种特殊的商品，而工商企业经营的对象是普通的商品。第二，商业银行的活动领域是货币信用领域，而工商企业的活动领域要么是商品生产领域，要么是商品流通领域。第三，在资金来源上，商业银行的自有资本很少，主要靠吸收存款等借入资金从事经营活动，而一般工商企业其自有资本占整个资金来源的比重要比商业银行大得多。第四，商业银行的利润并非是由其从业人员直接创造出来的，而是从那些从事工农业生产劳动的工人农民创造出来的剩余价值中分得的一部分，属于价值的再分配。

三、商业银行的职能

商业银行是以货币为对象,获得利润为目的的金融企业。在资本主义经济中,商业银行区别于一般资本主义工商企业的地方,在于它的特定的经营活动内容及特定的职能作用。商业银行的职能主要表现为以下几个方面:

(一)信用中介职能

信用中介职能是商业银行最基本的职能,是指商业银行充当资本家(或工商企业)之间货币借贷的中间人。具体表现在商业银行一方面通过吸收存款等方式动员和集中社会再生产过程中一切闲散的货币资金,使之转化为银行的信贷资金,形成其重要的资金来源;另一方面则把这些集中起来的货币资本以贷款和投资的方式提供给暂时需要补充货币资本的工商企业使用。马克思曾这样表述信用中介职能:银行"以货币资本的实际贷出者和借入者之间的中介人的身份出现""银行一方面代表货币资本的集中,即贷出者的集中,另一方面代表借入者的集中"。商业银行的这一职能作用不仅使闲置的货币资本能够得到充分的运用,解决产业资本运动中资本闲置与资本增殖的矛盾,而且通过商业银行发挥积少成多、续短为长的作用,克服了工商企业之间直接借贷时在资本数量、借贷期限上不易取得一致的矛盾,充分利用现有资本,促进社会生产与投资规模的扩大。

(二)支付中介职能

商业银行的支付中介职能是指商业银行通过为客户开立账户,充当其间货币结算与货币收付的中间人。由于商业银行的信誉高,拥有大量的分支机构和代理关系,工商企业一般都在商业银行开立账户,委托办理货币结算和货币收付工作,从而使商业银行成了工商企业之间的支付中介。商业银行的这一职能的发挥,使得货币收付方便易行,提高了资本周转速度,促进了商品生产和商品流通的顺利进行。

(三)创造信用流通工具

这一职能是指商业银行是银行券和存款货币的创造者。随着银行信用业务的发展,流通中出现了商业银行发行的银行券;随着商业银行网的扩大和存款业务的发展,又产生了用于转账结算的支票。商业银行正是在组织支票转账基础上创造出了存款货币这一流通工具。商业银行创造信用流通工具这一职能的发挥,一方面可以通过创造货币满足日益扩大的商品生产、流通的需要,避免经济因缺乏货币而陷入萧条;另一方面,为中央银行调节货币供给量、调节宏观经济创造了有利条件,从而保证国民经济持续、稳定发展。

(四)提供全方位、多功能的金融服务

商业银行以安全性、流动性、营利性为其经营原则,以利润最大化为其经营目标。为了贯彻实现这一切,在竞争日趋剧烈的市场上要想争取到更多的客户群体,就必须为客户提供全方位、多功能的金融服务,否则就将失去客户,失去市场。正是基于这一点,商业银行的业务领域越来越广,服务范围越来越大,服务种类越来越多,服务质量越来越高。商业银行被誉为"金融百货公司"。

第二节 商业银行的业务

商业银行的业务是其职能的体现,是其实现经营目标的具体途径。商业银行的传统业务分为三类,即负债业务、资产业务和中间业务,其中,前两者统称为信用业务。随着金融业的发展,商业银行的业务活动已远远超过了传统业务的范围,出现了大量的所谓表外业务。

一、商业银行的负债业务

商业银行的负债业务就是指形成其资金来源的业务。它是商业银行开展营利性业务活动的前提和条件。

(一)存款负债业务

商业银行的存款负债属于被动负债,是指商业银行通过吸收存款形成其资金来源的业务。这是商业银行最主要的资金来源,一般占总的资金来源的70%以上。正是基于这一点,商业银行也被视为存款银行的代表。商业银行存款总额的多少以及增长速度的快慢,是其经营成败的主要标志之一。

商业银行存款按不同的方法划分有不同的类型,最常见的分类方法是根据存款的性质、所有权、安全度和来源来划分。

1. 按存款的性质分为活期存款、定期存款与储蓄存款

活期存款也叫支票存款,是流动性最高的一种负债。支票存款的所有者可以随时要求提取账户中的余额,也可以向第三者开出支票,由第三者凭支票到开户银行要求付款。其特点是:第一,流动性大,方便灵活,很受政府、团体、企业和个人欢迎。第二,活期存款虽然没有规定期限,随时可以支取,但由于存取有一定间歇期,从存款总额看,能始终保持一个比较稳定的余额,供银行用于中长期贷款和投资。第三,符合条件的工商企业客户,经向银行申请,在约定的期限、额度和利率范围内,可以此账户透支款项。第四,开立这种存款账户的目的是通过银行办理各种支付结算,由于支付频繁,银行提供服务要付出较高费用,所以一般不对存款支付利息。

定期存款是法人存款户与银行预先约定存款期限的存款,到期前一般不能支取,但银行往往允许存款户提前支取。定期存款的特点是:第一,带有投资性。第二,所要求的存款准备金率低于活期存款。第三,手续简单,费用较低,风险性小。

储蓄存款是商业银行针对居民个人积蓄货币之需所开办的一种存款业务。储蓄存款的特点是:第一,是个人为积蓄购买力而进行的存款;第二,金融监管当局对经营储蓄业务的商业银行有严格的规定,以保障储蓄存款的安全。

2. 按存款的所有权分为政府机构存款、银行同业存款与私人存款

政府机构存款是指所有权属于各级政府的存款,包括中央政府、地方政府及其下属机构的存款。

银行同业存款是指所有权属于其他银行(包括国内外商业银行以及互助储蓄银行)的存款。它是其他银行存入本行的资金,供同业之间资金结算时用。银行同业存款的处

理手续与活期存款基本上相同。

私人存款是指个人、合伙企业、公司以及其他私人机构拥有的存款。在西方各国，由于公司（企业）的私有制性质，商业银行吸收的存款绝大部分都属于个人和企业的存款。

3. 按存款的安全度分为担保存款与非担保存款

担保存款是银行必须对客户承诺安全保证的存款。政府机构存款一般都是担保存款，银行必须通过抵押作担保用的证券来确保这些存款的安全。

非担保存款是银行没有提供特别资产以保证其安全性的存款。私人存款一般都没有担保，属于非担保存款。

4. 按存款的来源分为原始存款与派生存款

原始存款是指商业银行通过吸收存款以及向中央银行借款等负债业务所形成的存款。

派生存款是指商业银行通过放款等正常业务所创造的存款。

（二）非存款负债业务

商业银行的非存款负债属于主动负债，是指商业银行以借入款形式形成资金来源的一项负债业务。随着金融业的发展，商业银行为了拓展其资产规模和灵活调度资金，在努力吸收存款的同时大力发展非存款负债业务，从而导致商业银行借入资金迅速增加。这些业务主要有以下几项：

1. 向中央银行借款

商业银行资金不足，必要时可向中央银行借款。一般说来，商业银行向中央银行借款，其主要的、直接的目的在于缓解本身资金暂时不足的境况，而非用来谋利。商业银行向中央银行借款主要有两种形式：第一，再贴现。即商业银行把自己所持有的、未到期的票据，如商业承兑汇票、国库券等，转卖给中央银行取得所需资金。第二，直接借款。即商业银行用自己持有的合格票据、政府公债等有价证券作为抵押品向中央银行取得抵押贷款。

2. 银行同业拆借

银行同业拆借是商业银行之间互相融通短期资金的一项传统业务。它是商业银行用于调剂头寸余缺的主要手段。银行同业拆借的期限均为短期，有的只有一日，今日借，明日还。所以，同业拆借又称隔夜放款、买新卖新等。

3. 发行金融债券

金融债券是商业银行为了筹措中长期稳定资金而发行的一种债务凭证。对于金融债券的购买者来说，它是一种债权证书，债券持有者有权从发行债券的银行取得固定利息，并到期收回本金；对于银行来说，则可以筹措一部分资金，形成银行的一项重要资金来源。

4. 债券回购

债券回购是债券交易的双方在进行债券交易的同时，以契约方式约定在将来某一日期以约定的价格，由债券的卖方（正回购方）向买方（逆回购方）再次购回该笔债券的交易行为。债券回购是存款类金融机构短期借款的重要方式。与纯粹以信用为基础的同业拆借方式相比，债券回购的风险要小得多。对信用等级相同的金融机构来说，债券回购利率一般低于同业拆借利率。因此，债券回购的交易量要远大于同业拆借的交易量。

5. 结算过程中的短期资金占用

商业银行在为客户办理转账结算等业务过程中不可避免会占用客户的资金，从而形成其资金来源。

二、商业银行的资产业务

商业银行的资产业务是指形成其资金运用的业务，它是商业银行取得收益的主要途径。其业务主要包括现金资产、贷款、票据贴现与证券投资等业务。

（一）现金资产

现金资产是指商业银行随时可以运用的、流动性极强的资产，起着保证流动性作用，因而被称为商业银行的一线准备金。现金资产主要包括下列项目：

1. 在中央银行的准备金存款

中央银行为了加强对商业银行的信贷控制，以及为商业银行办理资金清算，商业银行必须在中央银行保持一定数额的存款，分为法定存款准备金和超额存款准备金。商业银行按照中央银行规定的法定存款准备金比率缴存中央银行的部分，称为法定存款准备金。超过法定存款准备金的部分，称为超额存款准备金。法定存款准备金是商业银行必须上缴中央银行且自己不能动用的存款。超额存款准备金则是构成商业银行头寸的重要组成部分，商业银行随时可用以支付存款或发放新贷款。

2. 库存现金

这是指商业银行保留在金库里的（可以过夜的）现钞和硬币，商业银行随时可用于支付。它是一种典型的现金资产。商业银行在其经营过程中，为了保证客户提取存款和日常开支的需要，总要保留一定数额的现金。由于现金是一种非营利性资产，再基于安全性考虑，一般不宜保留过多，它只占银行一线准备金的很小部分。

3. 存放同业款

这是商业银行为了提高清算效率或补偿代理行所提供的服务（如代理国际银行业务、投资顾问服务等），而在其他银行存入一定数额的活期存款。银行间的代理关系对于双方银行来说都是有利的，小银行通过委托代理行可借助大银行的业务专长和经营范围，以实现相当的规模经济，获得规模效益。作为代理行来说，代理关系也是有利可图的，它可以增加同业存款，且无须支付利息，代理行可以用于贷款或投资，以获取利润。当然，代理行需向被代理行提供有关服务。

4. 托收中款项

这是指处于清算过程的现金资产，即在结算过程中由银行垫付的资金。若基于另一银行账户所签发的支票被存入某银行，但该支票所对应的资金还没有从另一家银行收到，这张支票就被归入托收中款项项目。

（二）贷款

贷款是指银行将其超额存款准备金按一定的利率借给客户并约期偿还的业务。这是商业银行利润的最大来源，是商业银行最主要的资产业务。商业银行贷款较常见的分类标准及其种类有：

1. 按贷款的用途和对象分为工商业贷款、农业贷款、不动产贷款、消费贷款

工商业贷款主要用于工商企业固定资产投资、购入流动资产以及商品流转的资金需要。这是商业银行发放的主要贷款。

农业贷款主要用于购买种子、肥料、农药、土地、改良土壤或建造水利设施以及造林等。

不动产贷款是指银行对住宅和工商业不动产的所有权、建设、整修,以及农场主购买土地所发放的贷款,贷款期限一般长达10~30年。

消费贷款是指向消费者个人发放的用于购买消费品或支付劳务费用的贷款,其中主要是用于购买高档耐用消费品,如房屋、汽车等。

2. 按贷款是否有抵押品分为抵押贷款和信用贷款

抵押贷款是指银行为了贷款的安全而要求借款人提供抵押品的贷款。抵押品可以是不动产、应收款、机器设备、提货单、股票和债券等资产。

信用贷款是指银行只凭借款人或第三者的信用而无须借款人提供抵押品所发放的贷款。信用贷款按有无保证人担保分为有保证人的信用贷款和无保证人的信用贷款。信用贷款一般是贷给那些有良好资信者,对于这种贷款,银行通常收取较高的利息,并往往附加一定的条件。

3. 按贷款期限分为活期贷款、定期贷款和透支

活期贷款又称通知放款。这是一种偿还期限不固定,商业银行可以随时通知借款人于一定期限内归还的贷款。这种贷款适宜于借款人短期周转使用,对商业银行来说是其防范流动性风险的二线准备金内容之一。

定期贷款是指规定偿还期的贷款。根据偿还期的长短又分为短期贷款、中期贷款和长期贷款。在美国,短期贷款的期限在1年期以下(包括1年);中期贷款的期限一般为5~7年;长期贷款的期限一般高于10年。

透支是指活期存款客户账户上的资金用完时,银行同意在规定的额度内,客户可以继续签发支票,向银行暂时借用资金。当客户的存款账户上有资金时,可随时用来归还以前的借款。透支实际上是一种临时融通资金的贷款,但它又不同于一般的贷款,这表现在办理贷款的程序、手续、归还贷款以及贷款利息的计算等方面。

4. 按还款方式分类,有一次偿还的贷款和分期偿还的贷款

一次偿还的贷款是指在贷款到期时一次性偿还本金,但贷款利息可根据约定,或在整个贷款期间分期支付,或在贷款到期一次支付。

分期偿还的贷款是指按年、按季或按月还本付息。

5. 按风险程度不同分为正常、关注、次级、可疑、损失五类

正常类贷款是指借款人一直能正常还本付息,银行对借款人最终偿还贷款有充分把握。

关注类贷款是指贷款存在潜在风险,有可能影响贷款偿还。

次级类贷款是指贷款缺陷已很明显,正常营业收入不足以保证还款,需要通过出售、变卖资产或对外融资,乃至执行抵押担保来还款。

可疑类贷款是指贷款肯定要发生损失,只是因为借款人重组、兼并、合并、抵押物处理

和未决诉讼等待定因素，损失金额还不能确定。

损失类贷款是指贷款的大部分或全部已发生损失。

以上五类贷款中，后三类属于不良贷款。

（三）票据贴现

这是指顾客将未到期的票据提交银行，在扣除贴现利息后，从银行获取现款的一项银行业务。票据贴现实质上是银行的一种放款性的资产业务，但它又不同于普通贷款。其差异表现为以下几个方面：

1. 利息收付不同

普通贷款的利息一般须贷款到期才能收取，而贴现的利息则在贴现行为发生当时，由银行从票据面额中扣除。如果贷款利率水平与贴现利率水平相同，贷款金额与贴现金额相同，银行借款期限相同，则银行办理贴现比发放贷款可以获得更多的利息收入。

2. 责任人不同

普通贷款的责任人仅有借款人和保证人，而票据贴现的责任人有发票人、承兑人和背书人等。

3. 期限不同

银行贷款既有 1 年以下的短期贷款，也有 1 年以上的中长期贷款。而票据贴现属于银行的短期资金运用，用于向银行办理贴现的未到期票据以 3 个月期、6 个月期的最为普遍。

4. 流动性不同

银行贷款其债权相对固定，贷款未到期，银行不能收回贷款，也不能转让债权。贷款到期，因借款人暂不能归还，贷款常常还会展期。因而贷款的流动性很差。而票据贴现，票据到期银行必须收回资金，不允许展期；票据未到期，若银行急需资金，则可通过办理转贴现或再贴现获得所需资金，因而贴现的流动性很高。

5. 安全性不同

因期限有时过长、流动性差、贷款用途以及有时无抵押或担保，银行贷款损失的可能性较之银行的票据贴现风险性更大。故西方商业银行发展初期，其大量的资产业务限于票据贴现，认为票据贴现是自偿性很高的贷款。

（四）证券投资

这是商业银行以其资金在金融市场上购买各种有价证券的业务活动。它是银行仅次于贷款的一项重要的资产业务。

商业银行开展证券投资业务主要有两个目的：一是在货币市场上购买短期有价证券作为商业银行的二线准备金，以增强其经营的流动性。二是在资本市场上购买长期有价证券，以提高其经营的营利性。

三、商业银行的中间业务

中间业务是指不构成存款类金融机构表内资产、表内负债，形成存款类金融机构非利息收入的业务。中间业务可以分为两大类：一类是不形成或有资产、或有负债的无风险的业务；一类是形成或有资产、或有负债的有风险的中间业务。中国人民银行 2002 年 4 月 22 日出台的《商业银行中间业务暂行规定》，对我国商业银行中间业务做了具体的分类，其他存款类金融机构可以参照上述规定开展中间业务。

（一）支付结算类中间业务

支付结算类业务是指由存款类金融机构为客户办理因债权债务关系引起的与货币支付、资金划拨有关的收费业务。办理结算业务借助的主要结算工具包括银行汇票、商业汇票、银行本票和支票。结算业务包括汇款业务、托收业务、信用证业务。汇款业务，是由付款人委托银行将款项汇给外地某收款人的一种结算业务。托收业务，是指债权人或售货人为向外地债务人或购货人收取款项而向其开出汇票，并委托银行代为收取的一种结算方式。信用证业务，是由银行根据申请人的要求和指示，向受益人开立的载有一定金额，在一定期限内凭规定的单据在指定地点付款的书面保证文件。在一定的期限和规定的金额内，只要受益人交来的单据与信用证条款相符，开证银行一定付款。

（二）银行卡业务

银行卡是由经授权的金融机构（主要指商业银行）向社会发行的具有消费信用、转账结算、存取现金等全部或部分功能的信用支付工具。依据清偿方式，银行卡业务可分为贷记卡业务、准贷记卡业务和借记卡业务。借记卡可进一步分为转账卡、专用卡和储值卡等。依据结算币种不同，银行卡可分为人民币卡业务和外币卡业务。

（三）代理类中间业务

代理类中间业务指商业银行接受客户委托、代为办理客户指定的经济事务、提供金融服务并收取一定费用的业务。包括代理政策性银行业务、代理中国人民银行业务、代理商业银行业务、代收代付业务、代理证券业务、代理保险业务、代理其他银行银行卡收单业务等。代理政策性银行业务，指商业银行接受政策性银行委托，代为办理政策性银行因服务功能和网点设置等方面的限制而无法办理的业务，包括代理贷款项目管理等。代理中国人民银行业务，指根据政策、法规应由中央银行承担，但由于机构设置、专业优势等方面的原因，由中央银行指定或委托商业银行承担的业务，主要包括财政性存款代理业务、国库代理业务、发行库代理业务、金银代理业务。代理商业银行业务，指商业银行之间相互代理的业务，例如为委托行办理支票托收等业务。代收代付业务，是商业银行利用自身的结算便利，接受客户的委托代为办理指定款项的收付事宜的业务。代理证券业务，指银行接受委托办理的代理发行、兑付、买卖各类有价证券的业务，还包括接受委托代办债券还本付息、代发股票红利、代理证券资金清算等业务。代理保险业务是指商业银行接受保险公司委托代其办理保险业务的业务。

（四）担保类中间业务

担保类中间业务指商业银行为客户债务清偿能力提供担保，承担客户违约风险的业务。主要包括银行承兑汇票、备用信用证、各类保函业务等。银行承兑汇票，是由收款人或付款人（或承兑申请人）签发，并由承兑申请人向开户银行申请，经银行审查同意承兑的商业汇票。备用信用证，是开证行应借款人要求，以放款人作为信用证的受益人而开具的一种特殊信用证，以保证在借款人破产或不能及时履行义务的情况下，由开证行向受益人及时支付本利。各类保函业务，包括投标保函、承包保函、还款担保函、借款保函等。

(五) 承诺类中间业务

承诺类中间业务是指商业银行在未来某一日期按照事前约定的条件向客户提供约定信用的业务，主要指贷款承诺，包括可撤销承诺和不可撤销承诺两种。可撤销承诺附有客户在取得贷款前必须履行的特定条款，在银行承诺期内，客户如没有履行条款，则银行可撤销该项承诺。可撤销承诺包括透支额度等。不可撤销承诺是银行不经客户允许不得随意取消的贷款承诺，具有法律约束力，包括备用信用额度、回购协议、票据发行便利等。

(六) 交易类中间业务

交易类中间业务指商业银行为满足客户保值或自身风险管理等方面的需要，利用各种金融工具进行的资金交易活动，主要包括远期合约、金融期货、互换、期权等金融衍生业务。

(七) 基金托管业务

基金托管业务是指有托管资格的商业银行接受基金管理公司委托，安全保管所托管的基金的全部资产，为所托管的基金办理基金资金清算款项划拨、会计核算、基金估值、监督管理人投资运作。基金托管业务包括封闭式证券投资基金托管业务、开放式证券投资基金托管业务和其他基金的托管业务。

(八) 咨询顾问类业务

咨询顾问类业务指商业银行依靠自身在信息、人才、信誉等方面的优势，收集和整理有关信息，并通过对这些信息以及银行和客户资金运动的记录和分析，形成系统的资料和方案，提供给客户，以满足其业务经营管理或发展的需要的服务活动。

(九) 其他类中间业务

其他类中间业务包括保管箱业务以及其他不能归入以上八类的业务。

专栏 6-2

我国商业银行可以经营的部分或全部业务

《中华人民共和国商业银行法》第 3 条规定，商业银行可以经营下列部分或者全部业务：

(一) 吸收公众存款；

(二) 发放短期、中期和长期贷款；

(三) 办理国内外结算；

(四) 办理票据承兑与贴现；

(五) 发行金融债券；

(六) 代理发行、代理兑付、承销政府债券；

(七) 买卖政府债券、金融债券；

（八）从事同业拆借；
（九）买卖、代理买卖外汇；
（十）从事银行卡业务；
（十一）提供信用证服务及担保；
（十二）代理收付款项及代理保险业务；
（十三）提供保管箱服务；
（十四）经国务院银行业监督管理机构批准的其他业务。

第三节　商业银行经营管理

商业银行在开展经营活动中，往往会发生存款外流、资产损失，导致流动性不足，影响其正常经营活动的开展等情况。对此，商业银行平时必须加强经营管理。

一、商业银行经营的基本原则

商业银行经营的基本原则是安全性、流动性和营利性，即“三性”原则。商业银行的“三性”原则是由其经营对象的特殊性以及商业银行在社会经济活动中的地位所决定的。

（一）安全性原则

安全性原则是指商业银行在经营活动中必须保持足够的清偿能力，经受得起重大风险和损失，能随时应付客户提现。商业银行保证其安全性的要求是：必须合理安排资产规模和结构，注重资产质量，通过保持一定比例的现金和持有一定比例的优质有价证券来改善商业银行的资产结构，提高商业银行抗风险能力；提高自有资本在全部资本中的比重；遵纪守法，合法经营，一旦发生风险可以得到中央银行的援助而免受更大的风险打击。

（二）流动性原则

流动性原则是指商业银行随时保证可以以适当价格取得可用资金的能力，以便随时应付客户提存及银行支付的需要。流动性包括资产的流动性和负债的流动性两个大的方面。商业银行要保持足够的流动性，以适当的价格取得可用资金的方法有两种：一是实现资产的变现；二是通过负债的途径或者以增资的方式取得资金，或者以吸收存款或借款方式筹得资金。资产的流动性是指资产的变现能力。衡量资产流动性的标准有两个：一是资产变现的成本，某项资本变现的成本越低，则该资产的流动性越强；二是资产变现的速度，某项资产变现的速度越快，则该项资产的流动性越强。商业银行提高负债的流动性主要是通过主动性负债来实现的。

商业银行经营的流动性充足与否直接关系到其经营的安全性高低，而流动性不足则是经常困扰商业银行的最主要问题，流动性管理是商业银行经营管理的核心内容。

（三）营利性原则

营利性原则是商业银行的最终经营目标，这一经营目标要求商业银行的经营管理者在可能的情况下,尽可能地追求利润最大化。商业银行实现盈利的途径主要有:尽量减少现金资产,扩大盈利资产的比重;以尽可能低的成本获得更多的资金;减少贷款和投资损失;加强内部经济核算,节约管理费用开支;严格操作规程,完善监管机制,减少事故和差错,防止内部人员因违法和犯罪活动而造成银行的重大损失。

实现"三性"原则是商业银行实现自身微观经济效益和宏观经济效益相一致的要求所决定的。但在实现这些原则时又存在一定的矛盾。实现安全性原则要求商业银行扩大现金资产,减少高风险、高盈利资产,而实现营利性目标则要求商业银行尽可能减少现金资产。协调矛盾的正确做法是在对资金来源和资产规模及各种资产的风险、收益、流动性全面衡量的基础上,首先考虑安全性,在保证安全性的前提下,争取最大的利润。实现安全性和营利性的最好选择是提高银行经营的流动性。

二、商业银行经营管理的基本内容

(一) 资本充足性管理

1. 资本的构成

商业银行的资本是指其为了正常的经营活动而投入的货币资金和保留的利润。出于三方面的原因,商业银行必须保有一定规模的资本:第一,银行资本可以预防银行破产;第二,资本的规模影响了银行所有者(股东)的回报;第三,满足监管当局对银行资本的最低规模的要求。

关于资本的构成,《巴塞尔协议》有明确规定。该协议将资本划分为两类:核心资本和附属资本。

(1) 核心资本。核心资本又叫一级资本,是商业银行资本中最稳定、质量最高的部分,银行可以永久性占用,可以长期用来消化银行在经营管理过程中所产生的损失。核心资本由股本和公开储备构成。公开储备是指通过保留盈余或其他盈余的方式在资产负债表上明确反映的储备,如股票发行溢价、未分配利润和公积金等。

(2) 附属资本。附属资本又叫二级资本,是商业银行资本中质量次于核心资本的资本。附属资本由未公开储备、资产重估储备、普通准备金、混合资本工具和次级长期债券构成。

专栏 6-3

我国商业银行资本金标准

《中华人民共和国商业银行法》第 13 条第 1 款规定,设立全国性商业银行的注册资本最低限额为十亿元人民币。设立城市商业银行的注册资本最低限额为一亿元人民币,设立农村商业银行的注册资本最低限额为五千万元人民币。注册资本应当是实缴资本。

2. 资本的功能

(1) 经营性功能。商业银行的资本在其经营所需的固定资产和流动资金方面提供了最初的投入，为商业银行的注册、组织营业以及存款进入前的经营提供启动资金。

（2）保护性功能。当商业银行资产业务发生损失时，其资本可以在一定程度上吸收经营亏损，提高抗风险的能力，保护存款者的利益。

（3）管理性功能。货币当局通过建立适量资本标准，限制商业银行任意扩张其资产规模，促使商业银行稳健经营。

3. 资本充足性管理内容

自2008年金融危机以来，按照二十国集团领导人确定的改革方向，金融稳定理事会和巴塞尔委员会积极推进国际金融改革，完善银行监管制度。2010年11月，二十国集团首尔峰会批准了巴塞尔委员会起草的《巴塞尔协议Ⅲ》，确立了全球统一的银行业资本监管新标准，要求各成员国从2013年开始实施，2019年前全面达标。各国参照《巴塞尔协议Ⅲ》的要求，根据自己的实际制定出具体的资本管理办法。

我国银监会自2011年以来，认真借鉴国际金融监管改革的成果，结合我国银行业的实际情况，着手起草了《商业银行资本管理办法》（简称《资本办法》），分别对监管资本要求、资本充足率计算、资本定义、信用风险加权资产计量、市场风险加权资产计量、操作风险加权资产计量、商业银行内部资本充足评估程序、资本充足率监督检查和信息披露等进行了规范。2012年6月8日正式公布了《资本办法》，2013年1月1日起实施。

我国的《资本办法》主要内容有：

（1）建立统一配套的资本充足率监管体系。《资本办法》参考《巴塞尔协议Ⅲ》的规定，将资本监管要求分为四个层次：第一层次为最低资本要求，核心一级资本充足率、一级资本充足率和资本充足率分别为5%、6%和8%；第二层次为储备资本要求和逆周期资本要求，储备资本要求为2.5%，逆周期资本要求为0~2.5%；第三层次为系统重要性银行附加资本要求，为1%；第四层次为第二支柱资本要求。《资本办法》实施后，正常时期系统重要性银行和非系统重要性银行的资本充足率要求分别为11.5%和10.5%。多层次的资本监管要求既体现了国际标准的新要求，又与我国商业银行现行的资本充足率监管要求基本保持一致。

（2）严格明确资本定义。《资本办法》根据国际的统一规则，明确了各类资本工具的合格标准，提高了资本工具的损失吸收能力。

（3）扩大资本覆盖风险范围。《资本办法》确定的资本覆盖风险范围包括信用风险、市场风险和操作风险，并明确了资产证券化、场外衍生品等复杂交易性业务的资本监管规则，引导商业银行审慎开展金融创新。

（4）强调科学分类，差异监管。《资本办法》根据资本充足率水平将商业银行分为四类，对满足最低资本要求但未达到其他层次资本要求的商业银行进行细分，明确了对各类银行的相应监管措施，提升资本约束的有效性。同时，按照审慎性原则重新设计各类资产的风险权重。下调小微企业贷款和个人贷款的风险权重，引导商业银行扩大小微企业和个人贷款投放，更有效地服务实体经济。下调公共部门实体债权的风险权重，适度上调商业银行同业债权的风险权重。

（5）合理安排资本充足率达标过渡期。《资本办法》于2013年1月1日开始实施，商业银行应在2018年底前全面达到《资本办法》规定的监管要求，并鼓励有条件的银行提前达标。同时,《资本办法》设置了资本充足率过渡期内的分年度达标目标。

专栏 6-4

《巴塞尔协议》

《巴塞尔协议》是1988年7月在瑞士巴塞尔通过的《关于统一国际银行的资本计算和资本标准的协议》的简称。该协议第一次建立了一套完整的国际通用的、以加权方式衡量表内与表外风险的资本充足率标准,有效地扼制了与债务危机有关的国际风险。

2004年6月26日巴塞尔委员会通过的《新巴塞尔资本协议》,保持了与《巴塞尔协议》的连续性、一贯性,同时又有新的发展。《新巴塞尔资本协议》将风险扩大到信用风险、市场风险、操作风险和利率风险,巴塞尔委员会建立了一套国际通用的以加权方式衡量表内与表外风险的资本充足率标准,并提出"三大支柱":一是最低资本要求;二是监管当局对资本充足率的监督检查;三是银行业必须满足的信息披露要求。

《巴塞尔协议Ⅲ》规定,提高商业银行各个级别的资本充足率比率。一级资本充足率下限由4%提高至6%,由普通股构成的核心一级资本由2%提高至4.5%,同时计提2.5%的资本保护缓冲资金,这也就意味着实际有效的核心一级资本充足率达到了7%。《巴塞尔协议Ⅲ》的具体执行时间为2013年1月到2019年1月。

(二) 资产管理

1. 资产管理理论

20世纪60年代以前,由于资金来源渠道固定,工商企业资金需求单一,加之金融市场发达程度的限制,商业银行经营管理的重点放在资产方面,也就是通过对资产结构的恰当安排来满足安全性、流动性和营利性的需要。在资产管理理论的发展过程中,先后出现了商业性贷款理论、资产可转换理论和预期收入理论。

(1) 商业性贷款理论。该理论认为,商业银行的资金来源主要是流动性很强的活期存款,因此其资产业务应主要集中于短期自偿性贷款,以保持与资金来源高度流动性相适应的资产的高度流动性。

(2) 资产可转换理论。该理论认为,银行流动性的强弱取决于其资产的迅速变现能力,因此保持资产流动性的最好方法是持有可转换的资产。

(3) 预期收入理论。该理论认为,银行资产的流动性取决于借款人的预期收入,而不是贷款的期限长短。只要借款人的预期收入有保障,期限较长的贷款也能安全收回;如果借款人的预期收入不稳定,期限短的贷款也会丧失流动性。

2. 资产管理方法

与资产管理理论相适应,商业银行先后采用过三种主要的资产管理方法。

(1) 资金总库法。商业银行通过将各种渠道的资金集中起来,形成资金池,将资金池中的资金视为同质的单一来源,将其按照资产流动性大小进行梯次分配。商业银行的资金来源是多种多样的,有活期存款、定期存款、储蓄存款、资本金等,尽管这些资金来源自身有不同的特性，但资金总库法不看重资金来源流动性差异，将不同特性的资金来源集中起来，再按照第一准备、第二准备、贷款的顺序配置资金。

（2）资金分配法。商业银行在配置资金时，按照不同资金来源的流动性以及法定准备金要求，决定资产的分配方法和分配比例，建立资产项目与负债项目的对应关系，通过流动性和资金周转速度两个尺度将资产和负债有机地联系起来，使两者在规模和结构上保持一致。资金分配法相对于资金总库法有了很大的改进。

（3）线性规划法。线性规划法主要是通过建立线性规划模型来解决商业银行的资产分配。在运用这种方法时，一般采取三个步骤：建立目标函数、确定约束条件和求解线性模型。商业银行通常把利润作为该模型的目标，然后根据资产的收益率来选择不同的资产组合，以实现利润目标的最大值。

（三）负债管理

1. 负债管理理论

进入20世纪60年代后，由于西方主要国家都发生了严重通货膨胀，市场利率大幅度飙升，而商业银行筹集资金仍受有关当局严格的利率管制，商业银行存款的实际收益率呈现负值，导致“脱媒”现象。面对严峻的市场形势，负债管理理论应运而生。负债管理理论认为，银行应该积极主动地通过借入资金的方式来维持资产的流动性，支撑资产规模的扩张，获取更高的盈利水平。负债管理理论主张通过主动负债的方法来保证银行流动性需要，使银行的流动性与营利性之间的矛盾得到了协调，使银行在管理手段上有了质的变化，增强了银行的主动性和灵活性，提高了银行资产盈利水平。

2. 负债管理方法

（1）储备头寸负债管理方法。储备头寸负债管理方法是指商业银行通过借入资金补足一线准备，以满足存款提取和贷款需要。储备头寸负债管理方法意味着用借入资金满足短期流动性需要。与资产管理的各种方法相比较，储备头寸负债管理方法使商业银行可以持有较高比例的营利性资产。因此，商业银行的预期收入提高了，但同时增加了两种风险：一是借入资金的成本不能确定；二是有时可能借不到资金。

（2）全面负债管理方法。全面负债管理方法是指商业银行通过借入资金持续扩大资产负债规模。全面负债管理方法实施的前提是借入资金有较大供给弹性，其条件是市场有足够的资金和参与者，单个商业银行的活动并不会对整个市场利率水平造成影响。因此，实施全面负债管理的最大风险是得不到足够的资金来源，中央银行的货币政策一旦紧缩，实施全面负债管理的小银行就会面临较大的流动性风险。

本章小结

1. 商业银行是由货币经营业发展演变而来的。其建立途径有两条：一是旧的高利贷性质的银行业逐渐适应新的经济条件而转变为资本主义银行；二是按资本主义原则组织起来的股份制银行。1694年英格兰银行的成立，标志着现代银行制度建立。

2. 商业银行是经营货币信用业的特殊企业。其职能主要有信用中介、支付中介、信用创造和金融服务。其中信用中介是商业银行最基本的职能，信用创造是最能体现其现代银行特征的职能。

3. 商业银行的业务主要有负债业务、资产业务和中间业务。负债业务包括吸收存款和借入款等；资产业务包括现金资产、贷款、票据贴现以及证券投资等；中间业务是指未列入资产负债表，但能给商业银行带来非利息收入的业务，主要是提供金融服务。

4. 商业银行经营的基本原则是安全性、流动性和营利性，即"三性"原则。商业银行的"三性"原则是由其经营对象的特殊性以及商业银行在社会经济活动中的地位所决定的。商业银行应该在确保其经营的安全性和流动性基础上力求利润最大化。

5. 商业银行经营管理的核心内容是流动性管理。为了提高商业银行经营的流动性，从而确保其经营的安全性，商业银行在加强资产管理和负债管理的同时，更要注重资本管理。商业银行的资本分为核心资本和附属资本，按照《巴塞尔协议Ⅲ》的规定，商业银行核心资本充足率下限为6%，由普通股构成的核心一级资本为4.5%，同时计提2.5%的资本保护缓冲资金。

关键术语

商业银行	信用中介	支付中介	负债业务	资产业务	中间业务
活期存款	定期存款	储蓄存款	票据贴现	核心资本	附属资本

思考题

1. 商业银行有哪些职能？
2. 如何理解商业银行的性质？
3. 商业银行放款业务与票据贴现业务之间有何区别？
4. 商业银行负债业务、资产业务、中间业务各有哪些具体项目？
5. 商业银行经营管理的基本原则是什么？
6. 简述商业银行的资本构成及其功能。
7. 简述我国《商业银行资本管理办法》的主要内容。

案例分析

案例：海南发展银行倒闭

1998年6月21日，中国人民银行发表公告，关闭刚刚诞生2年零10个月的海南发展银行(简称海发行)。1993年海南的众多信托投资公司由于大量资金压在房地产上而出现了经营困难，在这个背景下，海南省决定成立海发行，将5家已存在问题的信托投资公司合并为海发行。1997年年底，遵循同样的思路，有关部门又将海南省内28家有问题的信用社并入海发行。由于背负巨额债务，"存款立行"便成为海发行的发展思路。高息作为揽存的主要手段，同时，海发行又没有完全按规范的商业银行运作机制运作，最严重的就是向股东发放大量无合法担保的贷款，股东贷款实际上成为抽逃资金的重要手段。

海发行从一开始就面临不良资产比例大、资本金不足、信誉差、支付困难等问题。在虚拟经济过度繁荣时期，数额巨大的游资为寻求暴利导致投机泛滥，而大量违规资金受高利润的诱惑从金融机构流向高风险项目时，一旦开发失败或政府加强监管，金融机构的支付危机在所难免。

案例思考：

1. 如果要设法避免海南发展银行倒闭，你认为可采取哪些措施？
2. 结合海南发展银行的倒闭，谈谈建立存款保险制度的必要性。

延伸阅读

1. 旧中国“钱庄”“票号”发展史（百度搜索）。
2. 中国银监会2012年6月8日发布的《商业银行资本管理办法》内容（百度搜索）。

第七章
中央银行

引言

美国思想家维尔·罗杰斯说："自从开天辟地以来，曾经有三件伟大发明：火、轮子、中央银行。"中央银行不同于普通金融机构，是一国金融体系的核心。中央银行的使命可以归纳为两个方面：一是促进宏观经济稳定，也就是追求经济稳定增长。二是维护金融稳定。中央银行要尽可能地保持金融系统的正常运作，尤其是要防止金融恐慌和金融危机。当经济平稳运行时，中央银行往往利用公开市场业务调节基准利率，而当应对金融恐慌或金融危机时则采用流动性供给的手段。出于金融稳定性的考虑，中央银行向金融机构提供短期贷款，维护金融机构的稳定，也就是发挥"最后贷款人"的功能。

中央银行是一国最高的货币金融管理机构，在各国金融体系中居于主导地位。中央银行只有秉承经济发行原则，按照商品流通的实际需要发行货币，才能保持货币与经济协调和同步增长。

通过本章学习，你将能够了解以下知识：

- 中央银行的产生与发展；
- 中央银行的性质与职能；
- 中央银行的业务活动与原则；
- 中央银行资产与负债的关系。

本章知识架构图

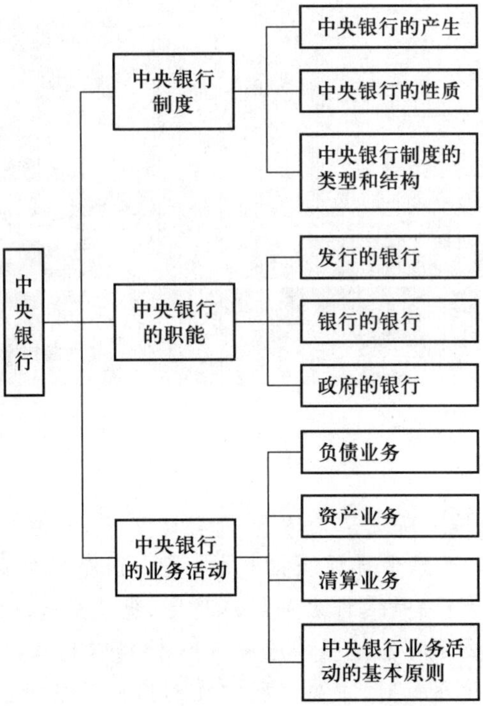

第一节　中央银行制度

中央银行是一国金融体系的领导和核心，对内负责制定执行货币政策，并对金融业进行管理，对外代表国家参加国际金融组织的活动。

一、中央银行的产生

中央银行是专门制定和实施货币政策，统一管理金融活动并代表政府协调对外金融关系的金融管理机构。商业银行作为经营货币的特殊组织，历史已经很久远，但中央银行自1656年瑞典银行成立，至今也不过300多年历史，瑞典银行被认为是最早的中央银行。但被称为中央银行鼻祖的则是英格兰银行，因为英格兰银行最早垄断国家的货币发行权。

（一）中央银行产生的原因

1. 满足政府融资的需要

政府的职能伴随着资本主义制度的确立过程而得到不断强化，这使得政府开支加大，再加上战争的频频爆发和自然灾害，使得政府入不敷出。为了弥补财政亏空，政府逐渐成了银行的常客。但由于政府对资金需求巨大，而当时银行规模较小，政府融资便成为一个重要问题。在各自独立发展的银行体系中，政府融资要与多家银行建立联系，且这种联系是极其松散的，这便为政府融资带来不便。为了保证和方便政府融资，发展或建立一个与政府有着密切联系、能直接或变相为政府融资的银行机构逐步成为政府要着力解决的问题。这也是中央银行产生的动因之一。

2. 统一银行券发行的需要

在银行业发展初期,几乎每家银行都有发行银行券的权力,许多商业银行除了办理存贷和汇兑业务外,还从事银行券的发行。如果每家银行都能保证自己发行的银行券随时兑换,货币的分散发行并不会带来严重后果。但随着经济的发展、市场的扩大和银行机构的增多,银行券分散发行的弊病越来越明显:一些小商业银行由于信用能力薄弱、经营不善或同业挤兑,无法保证自己所发行的银行券兑现;一些银行由于资力、信用和分支机构等问题,其信用活动的领域受到限制,所发行的银行券只能在有限的地区流通,从而给生产和流通带来不便。因此,客观上要求有一个资力雄厚并在全国范围内享有权威的银行来统一发行银行券。

3. 统一票据交换和清算的需要

随着商品经济的发展和银行业务的不断扩大,商业银行处理的票据数量急剧增加,各商业银行之间的债权债务关系日趋复杂,票据的交换业务变得繁重起来。不断增长的票据交换和清算业务导致结算时间延长,经济效率降低。这些因素客观上要求建立一个全国统一和公正的权威性清算机构作为银行体系清算的中心,而这个中心只能由中央银行来承担。

4. 充当最后贷款人的需要

在众多的商业银行中,经常有银行因营运资金不足、头寸调度不灵、周转困难而面临挤兑乃至倒闭的危险。当一家商业银行因无力支付而倒闭时,会危及其他商业银行乃至整个银行体系的安全。这些问题客观上要求有一个机构,它既能集中众多银行的存款准备金,又能不失时宜地为其他银行提供必要的周转资金,为银行充当最后的贷款人,中央银行正是适应这种客观要求的机构。

5. 金融监管的需要

随着商品货币经济关系的发展,银行和金融业在社会经济关系中的作用日益增强,金融运行的稳定成为经济稳定发展的重要条件。金融运行稳定需要公平、健全的运行机制。为避免金融活动的无序或混乱,为银行的运行提供一个公平有序的竞争环境,促进银行业的健康发展,需要具有专业技术的专门机构对金融业进行金融监管和协调。

(二) 中央银行产生的途径

1. 由一般商业银行演变而来

英格兰银行是这种方式的突出代表。英格兰银行成立于1694年,是现代中央银行的鼻祖,它在中央银行的发展史上是一个重要的里程碑。1694年根据英王特许成立,股本120万英镑,向社会募集。成立之初即取得不超过资本总额的钞票发行权,主要目的是为政府垫款,到1833年英格兰银行取得钞票无限法偿的资格。1844年,英国国会通过《银行特许条例》(《比尔条例》),规定英格兰银行分为发行部与银行部;发行部负责以1 400万英镑的证券及营业上不必要的金属贮藏的总和发行等额的银行券;其他已取得发行权的银行的发行定额也规定下来。此后,英格兰银行逐渐垄断了全国的货币发行权,至1928年成为英国唯一的发行银行。与此同时,英格兰银行凭其日益提高的地位承担商业银行间债权债务关系的划拨冲销、票据交换的最后清偿等业务，在经济繁荣之时接受商业银行的票据再贴现，而在经济危机的打击中则充当商业银行的“最后贷款人”，由此而取得了商业银行的信任，并最终确立了“银行的银行”的地位。

2. 政府直接建立中央银行

美国联邦储备体系是这种方式的典型代表。美国联邦储备系统为美国的中央银行，根据1913年《联邦储备条例》于1914年成立。第一次世界大战前，美国没有建立自己的中央银行，美国的国民银行有发行银行券的权力。当时有3 700多家国民银行，货币供应极其混乱，改革货币银行制度迫在眉睫。1913年国会通过了《联邦储备条例》。根据这一条例，全国分为12个联邦储备区，每区设立1个联邦储备银行。为了协调12个联邦储备银行的活动，在首都华盛顿建立了最高联邦储备局（后改名为联邦储备委员会），作为联邦储备银行的决策机构。至此，美国中央银行体系产生，行使中央银行的全部职能。

二、中央银行的性质

现代中央银行的性质较之早期中央银行有了很大变化，它已由过去集中发行银行券、解决国家财政困难的政府银行，逐步发展成为代表国家调节宏观经济、管理金融业的特殊的政府机构（或特殊的金融机构）。它的主要任务是：制定或执行金融政策，监督和管理整个金融机构的政策实施和运行情况，稳定货币，促进国民经济发展。

商业银行和其他信用机构进行贷款规模和结构的调节，间接地调节社会经济活动。中央银行具有与其他金融机构不同的性质：

（一）中央银行是国家最高金融决策机构，具有国家机关的性质

为促进国民经济发展，保证物价、币值稳定，中央银行的首要任务是执行国家的金融政策，对社会经济活动、金融机构的业务发展以及经营状况等进行金融监督和管理。第一，很多国家的银行法都明确规定中央银行是一国金融业的最高管理机构，是政府在金融领域内的代理人。第二，其资本所有权属于政府，大多数国家的中央银行实现了资本国有化。第三，其组织关系不论隶属政府还是议会，都是代表国家管理金融，政府拥有任免中央银行总裁和理事的权力。第四，中央银行还代表国家制定和执行金融方针、政策、制度、法令，并监督各金融机构贯彻执行，代表国家管理金融机构，代表国家参加国际金融组织和国际金融活动。中央银行作为政府的组成部分，具有国家机关的性质，但又不同于一般的国家机关，具有服务机构和管理机构双重性质，有执行管理金融、扶持金融业发展的双重任务。

（二）中央银行是调节宏观经济的工具

中央银行利用自己在整个金融体系中特殊的核心地位，根据社会发展的宏观需要，运用经济的、行政的、法律的金融手段和货币政策工具影响商业银行的信用行为，达到控制社会信用规模、调节信用结构，从而实现对社会经济调节的目的。第一，中央银行通过改变基础货币的供应量，保障社会总需求和总供给在一定程度上的平衡。第二，中央银行在金融市场上处于支配地位，它可以通过公开市场操作，即通过购进和抛出有价证券的方法，直接参与金融市场活动，调节社会的货币供应量，影响社会信用规模。第三，中央银行是最后贷款人。它通过变动存款准备金率和再贴现率对商业银行和其他信用机构进行贷

款规模和结构的调节，间接调节社会经济活动。

（三）中央银行是特殊的金融机构

较之普通金融机构，其特殊性体现在以下几个方面：

1. 地位的特殊性

中央银行在整个金融体系中处于核心地位，是统领全国货币金融的最高权力机构。它是国家控制下的一个职能机构，是国家干预经济生活的重要工具，是政府在金融领域的代理，代表国家管理金融机构，代表国家参加国际金融组织和国际金融活动。

2. 业务的特殊性

从业务经营的目的看，中央银行是以促进经济全面发展和稳定货币为宗旨的，不以营利为目标，是非营利性金融机构；从业务经营的特征看，中央银行享有政府赋予的若干特权，如发行货币、代理国库，保管存款准备金等。

3. 管理的特殊性

中央银行与一般的政府管理机构不同，中央银行不是仅凭行政权力去行使其职能，而是通过行政的、经济的和法律的手段去实现。此外，中央银行在行使管理职能时，处于超然地位，不偏向任何一家银行。

专栏 7-1

中央银行的相对独立性

中央银行的相对独立性是由中央银行的性质决定的。中央银行作为政府的银行、金融监管的银行，体现国家机关的性质，因此，它必须接受政府的一定程度的管制。但它同时又是特殊的金融机构，是发行的银行、银行的银行，在制定和实施货币政策、对金融机构进行服务和调控时又不能不考虑货币经济本身自有的运行规律，因而它不能完全听命于政府，须保持一定程度的独立性。其次，中央银行和政府的任务是有所侧重的，这样就使中央银行和政府在宏观经济目标的选择上并不一定在任何条件下、任何时期都保持一致。基于政府的职责以及政治因素的影响，政府行为的出发基点往往是促进经济增长，而这极有可能诱发通货膨胀和经济过热的现象发生。而央行的首要目标则是遵循货币经济运行的基本规律，保持本国货币币值的稳定。尽管现代中央银行衍生了一系列其他宏观经济管理职能，但稳定币值始终是其最基本的功能。

三、中央银行制度的类型和结构

为保证中央银行有效履行其职能、实现政策目标，中央银行必须通过一定的组织形式来实现。但由于各国的社会制度、经济体制、经济发展水平、金融业发展程度等不同，中央银行制度的类型、结构呈现出较大的差异。

（一）中央银行制度类型

虽然世界各国基本上都实行了中央银行制度，但并不存在一个统一的模式。归纳起来，大致可以分为以下四种类型：

1. 复合式中央银行制度

复合式中央银行制度是指在一个国家内不单独设立中央银行，而是把中央银行与商业银行的业务、功能集中于一体，又称"大一统"的中央银行体制。20 世纪 30 年代的苏联及我国在改革开放前都实行这种中央银行制度。

2. 单一中央银行制度

单一中央银行制度是指在一国内单独设立中央银行机构，作为制定并执行宏观金融政策的最高金融管理机构。根据中央与地方权力划分不同，可分为一元中央银行制与二元中央银行制。

一元中央银行制，即总分行制，指国家只设立一家中央银行作为政府金融管理机构，履行全部中央银行的职能，根据需要在全国各地设立分支机构接受总行的统一领导，形成由总行、分行、支行组成的高度集中的中央银行体制。目前，世界上大多数国家都采用这种组织形式，如我国目前的中央银行制度等。

二元中央银行制，即联邦制，指一国在国内设立中央和地方两级相对独立的中央银行机构，中央一级是最高权力和管理机构；地方一级有自己的权力机构，除执行统一的货币政策外，在业务经营上有较大的独立性。中央级机构与地方级机构不是总分行关系，而是按法律规定分别行使职能。这种制度一般与联邦制的国家体制相适应，如美国、德国等国目前采用这种制度。

3. 跨国中央银行制度

跨国中央银行制度是指两个以上主权独立的国家共同拥有一家中央银行，其特点是跨国界行使中央银行职能，如欧洲中央银行。欧洲中央银行是根据 1992 年《马斯特里赫特条约》的规定于 1998 年 7 月 1 日正式成立，其前身是设在法兰克福的欧洲货币局。独立性是它的一个显著特点，它不接受欧盟领导机构的指令，不受各国政府的监督，是唯一有资格在欧盟内部发行欧元的机构。1999 年 1 月 1 日欧元正式启动后，欧元国政府将失去制定货币政策的权力，而必须实行欧洲中央银行制定的货币政策。

4. 准中央银行制度

准中央银行制度是指一个国家或地区没有建立通常意义上的中央银行制度，或者由政府授权一家或几家商业银行行使部分中央银行的权力，如新加坡、中国香港属于这种体制。新加坡设有货币委员会和金融管理局两个机构来行使中央银行职能。货币委员会的常设机构是新加坡货币局，其职责是发行货币；金融管理局在法律上并不具有中央银行地位，其履行除货币发行以外的中央银行职能。中国香港的金融管理局负责行使制定货币政策、实施金融监管及支付体系管理等中央银行职能，货币发行由汇丰银行、渣打银行和中国银行三家商业银行承担。

（二）中央银行制度的结构

中央银行制度的结构主要包括中央银行的资本结构、权力结构及分支机构设置等内容。

1. 资本结构

中央银行的资本结构是指中央银行的资本金如何构成，即中央银行资本的所有制形式,主要有包括下面五种类型。

(1) 国家所有形式。是指中央银行全部资本属于国家所有,也就是国有化的中央银行,包括国家直接拨款建立或国家收购私人所有的中央银行的股份而形成(如英格兰银行、法兰西银行)。目前国有化的中央银行在世界上占绝大多数。

(2) 公私混合所有形式。是指中央银行资本由国家和私人各占一定比例混合所有。属于这种类型的国家有日本、奥地利、瑞士、比利时等。

(3) 私人所有形式。也叫集体所有形式,是指中央银行的资本由金融机构集体所有。目前,美国和意大利的中央银行属于这种类型。

(4) 多国所有形式。是指跨国中央银行的资本不为某一国家所独有,而是由跨国中央银行的成员所共有。如西非货币联盟、中非货币联盟和东加勒比海货币管理局等。

(5) 无资本形式。有的中央银行建立之初根本没有资本金,而由国家授权执行中央银行职能,如韩国的中央银行。

2. 权力结构

中央银行具有决策权、执行权和监督权三方面的权力。由于各国的历史传统、文化背景、经济发展水平不同,中央银行在社会经济生活中所处的地位不同,行使决策、执行和监督权力的方式是集权还是分权存在一定的差异。一是决策权、执行权和监督权集于一身。这类央行的最高权力机构是理事会(或董事会),如美国联邦储备理事会、英格兰银行理事会。二是最高权力机构分为决策机构和执行机构。属于这一类的有日本银行、德意志联邦银行等,日本银行的决策机构是政策委员会,而执行机构是日本银行理事会。三是最高权力机构分为决策机构、执行机构和监督机构。如法兰西银行、瑞士国家银行等。法兰西银行的决策机构是国家信贷委员会,执行机构是理事会,监督机构是银行管理委员会。

3. 分支机构设置

中央银行作为一种特殊的金融机构,在分支机构的设置上,不同于一般的金融机构。分支机构设置的原则有以下两种情形。

(1) 按经济的原则设置分支机构。这种方法从实际经济需要出发,区别不同地区商品经济和信用制度发展的状况、地区经济发展的特点来设置分支机构,体现了商品经济规律的要求,目前多数国家中央银行的分支机构都是依照这一原则设置。

(2) 按行政的原则设置分支机构。这种方法强调中央银行分支机构按行政区划设置,增加了政府干预中央银行的机会,这对发展当地的商品经济反而不利。

第二节　中央银行的职能

中央银行的职能是其性质的反映。从中央银行业务活动的特征分析,中央银行具有发行的银行、银行的银行和政府的银行三大基本职能。

一、发行的银行

发行的银行,是指中央银行是国家货币的发行机构。它集中货币发行权,统一全国的货币发行。

垄断货币发行权是中央银行最基本、最重要的标志，也是中央银行发挥其全部职能的基础。只有当货币发行权集中到一家银行手中，才标志中央银行制度的最终确立。统一货币发行是货币正常有序流通的保证，是中央银行根据一定时期的经济发展状况调节货币供应量、保持币值稳定的需要，是中央银行制定和执行货币政策的基础。

中央银行作为发行的银行，其基本职责包括：

(1) 中央银行应根据国民经济发展的客观需要，适时发行货币，保持货币供给与货币需求基本一致，为国民经济稳定发展创造良好的金融环境。

(2) 中央银行应从宏观经济角度控制信用规模，调节货币供给量。中央银行应适当掌握货币供给增量，处理币值稳定与经济增长的关系。

(3) 中央银行应根据货币流通需要，适时印制、销毁货币，调拨库款，调剂地区间货币分布、货币面额比例。

专栏 7-2

2016 年印度币制改革

2016 年 11 月 8 日，印度总理莫迪突然宣布，周三(2016 年 11 月 9 日)起取消现时流通的 500 卢比及 1 000 卢比纸币法定货币地位，并以新的 500 卢比及 2 000 卢比纸币取代，民众可于 2016 年 12 月底前到银行或邮局更换新钞。他指换新钞是防止贪污及伪钞问题，及清除为避税流入地下金融系统的资金。受印度货币改革影响最大的是三个群体：一是逃税的富人；二是藏有大量现金的贪污官员；三是非法伪造货币的集团。伪造货币的集团没有任何选择，其制造的假币将无法流通到市场以鱼目混珠，更不可能持其到银行兑换。但逃税的富人和贪污官员则可以一定的佣金与穷人达成交易，通过穷人建立兑换新货币的通道，从而成功将黑钱洗白。然而，这两个群体低估了政府改革的决心。11 月 24 日，印度政府突然宣布，从次日零点起，国内柜台不得兑换 11 月 8 日宣布禁止流通的 500 卢比和 1 000 卢比面值钞票。与此同时，部分使用 500 卢比面值钞票支付的豁免截止期由 12 月 3 日延长至 12 月 15 日，但 1 000 卢比面值的纸币自 25 日起将只允许存入银行账户。因此，这两个群体便不再可能通过穷人来帮其兑换新货币，所剩的选择唯有把钱交给穷人存入穷人的账户，等货币改革完成后，穷人取出货币再返还给富人。但这样做将会面临很大的风险，因为政府可以监测穷人的账户，并将对存款超过 25 万卢比的人进行资产调查，若存款数额与先前申报的收入来源不符，将补缴大笔税款并被罚款。因此，印度在货币政策改革过程中相机性地实行货币禁止兑换，对反贪和反逃税漏税政策目标的实现起到了促进和保障作用。

二、银行的银行

银行的银行，是指中央银行的地位处于商业银行和其他金融机构之上，即中央银行代表政府管理和监督商业银行以及其他金融机构的货币信用业务。

中央银行作为银行的银行,主要表现为以下三方面:

(一) 集中存款准备金。

为保障存款人的资金安全,中央银行根据法律规定,要求商业银行和其他存款类金融机构必须按存款的一定比例向中央银行交存存款准备金,以保证商业银行和其他存款机构的清偿力。随着中央银行作用的强化,存款准备金更重要的作用表现为:中央银行通过存款准备金率的调整,控制商业银行的货币创造能力和信用规模,从而控制全社会的货币供应量。

(二) 充当最后贷款人

最后贷款人是指商业银行无法进行即期支付而面临倒闭时,中央银行及时向商业银行提供贷款支持以增强商业银行的流动性。中央银行主要通过票据再贴现和票据再抵押两种途径为商业银行充当最后贷款人。

再贴现是指商业银行等金融机构将工商企业向其贴现的合格票据(如国库券、短期商业票据等)再向中央银行贴现以融通资金的方式。它是解决商业银行临时资金需求的重要途径,期限较短。票据再贴现是一种票据买卖行为,其债权随着票据再贴现而转移给中央银行。

再抵押是指以商业银行所提供的票据作抵押而发放的贷款。与再贴现相比,虽然都是中央银行提供短期资金融通的一种方式,但再抵押可以负担较少的利息;它的票据债权仍属商业银行。商业银行通常以政府债券作为抵押,向中央银行取得贷款。

(三) 主持全国的清算事宜

由于中央银行掌握货币发行权,集中保管准备金,所以各存款类金融机构都在中央银行开设存款往来账户,这为中央银行主持银行间的票据交换和差额清算提供了条件。中央银行将结算轧差直接增减各银行的准备金,手续简便,有利于加速资金周转,从而成为全国的票据清算中心。各地中央银行分行主持该地区的清算事宜,全国各地区之间则通过中央银行分行或由总行进行清算。

三、政府的银行

政府的银行是指中央银行代表国家贯彻执行金融政策,代为管理国家财政收支以及为国家提供各种金融服务。作为政府的银行,其职责主要体现在以下几个方面:

(一) 代理国库

国家财政收支一般不另设机构经办具体业务,而是由中央银行代理。中央银行为政府开立账户,经办政府的财政预算收支划拨与清算业务,执行国库出纳职能,并代理政府债券的发行和还本付息事宜。

(二) 为政府融通资金

中央银行为政府提供的资金往往是短期的,主要用于弥补财政收支暂时的不平衡,一般不承担向政府提供长期资金的责任。所以,中央银行向政府提供信用,通常采取国库券贴现或以政府债券作抵押的方式进行。为了防止国家长期的、经常的财政赤字对货币流通产生不利的影响，堵住政府利用权力向中央银行借款而扩大货币发行量的漏洞，大多数国家通常以立法程序采取一些严格的限制措施或规定。

（三）为政府代办各种金融事务

如代理政府保存和管理国家黄金外汇储备或办理买卖黄金外汇业务；代表政府参加国际金融组织、处理国际金融事务和参加有关的国际金融活动。

（四）充当政府金融政策的顾问和参谋

由于中央银行地位的特殊性，通过中央银行渠道获得的资料和研究报告真实可靠、具有权威性。因此，政府在进行决策时，中央银行是信息和决策建议的重要来源。

（五）制定和实施货币政策

货币政策是政府对经济进行宏观调控的基本工具之一。对于货币政策的制定和实施，世界各国一般都通过法律赋予中央银行承担此项职责。货币政策必须与国家经济社会发展的根本利益和长远利益保持一致，并通过货币政策的具体实施，达到稳定币值、充分就业、促进经济增长和国际收支平衡等目标。

（六）对金融业实施监督管理

政府对金融业的监督管理，一般都由中央银行或中央银行及其他金融监管机构进行。中央银行对金融业的监督管理包括：制定并执行有关金融法规、基本制度、业务活动准则等；监督管理金融机构业务活动；管理规范金融市场等。

专栏 7-3

中国人民银行的职责

根据国务院办公厅 2008 年 7 月 10 日颁布的《中国人民银行主要职责内设机构和人员编制规定》，中国人民银行履行下列职责：

1. 拟定金融业改革和发展战略规划，承担综合研究并协调解决金融运行的重大问题、促进金融业协调健康发展的责任，参与评估重大金融并购活动对国家金融安全的影响并提出政策建议，促进金融业有序开放。

2. 起草有关法律和行政法规草案，完善有关金融机构运行规则，发布与履行职责有关的命令和规章。

3. 依法制定和执行货币政策；制定和实施宏观信贷指导政策。

4. 完善金融宏观调控体系，负责防范、化解系统性金融风险，维护国家金融稳定与安全。

5. 负责制定和实施人民币汇率政策，不断完善汇率形成机制，维护国际收支平衡，实施外汇管理，负责对国际金融市场的跟踪监测和风险预警，监测和管理跨境资本流动，持有、管理和经营国家外汇储备和黄金储备。

6. 监督管理银行间同业拆借市场、银行间债券市场、银行间票据市场、银行间外汇市场和黄金市场及上述市场的有关衍生品交易。

7. 负责会同金融监管部门制定金融控股公司的监管规则和交叉性金融业务的标准、规范，负责金融控股公司和交叉性金融工具的监测。

8. 承担最后贷款人的责任，负责对因化解金融风险而使用中央银行资金机构的行为进行检查监督。

9. 制定和组织实施金融业综合统计制度，负责数据汇总和宏观经济分析与预测，统一编制全国金融统计数据、报表，并按国家有关规定予以公布。

10. 组织制定金融业信息化发展规划，负责金融标准化的组织管理协调工作，指导金融业信息安全工作。

11. 发行人民币，管理人民币流通。

12. 制定全国支付体系发展规划，统筹协调全国支付体系建设，会同有关部门制定支付结算规则，负责全国支付、清算系统的正常运行。

13. 经理国库。

14. 承担全国反洗钱工作的组织协调和监督管理责任，负责涉嫌洗钱及恐怖活动的资金监测。

15. 管理征信业，推动建立社会信用体系。

16. 从事与中国人民银行业务有关的国际金融活动。

17. 按照有关规定从事金融业务活动。

18. 承办国务院交办的其他事项。

第三节　中央银行的业务活动

中央银行职能的发挥是通过其业务活动来实现的。中央银行的业务操作，一方面是实施货币政策进行经济宏观调控的过程；另一方面，形成中央银行的资产负债结构，并且通过中央银行资产负债结构的变动影响商业银行信用量，进而影响货币供应量。

一、负债业务

中央银行的负债业务是其基本业务之一，主要包括货币发行业务、存款业务和其他负债业务等。

（一）货币发行业务

在不兑现的信用货币制度下，货币是一种债务凭证，它是货币发行人对货币持有者的一种负债。因此，货币发行业务是中央银行的主要负债业务。中央银行通过货币发行业务，一方面满足全社会商品生产和商品流通的需要，另一方面满足商业银行筹集资金的需要，以履行中央银行各项职能。

货币发行具有两重含义：一是指货币从中央银行的发行库通过各家商业银行的业务

库流向社会;二是指货币从中央银行流出的数量大于从流通中回笼的数量。中央银行货币发行主要是通过对商业银行及其他金融机构提供贷款、接受商业票据再贴现、在金融市场上购买有价证券、收购金银和外汇等方式实现的。

货币发行按其性质划分,一般分为经济发行和财政发行两种。经济发行,指中央银行根据国民经济发展的客观需要增加货币供应;财政发行,指因弥补国家财政赤字而引起的货币发行。

中央银行发行货币,一般遵循三项原则:一是垄断发行原则,即货币发行权集中于中央银行;二是信用保证原则,即通过建立一定的发行准备制度,来保证中央银行独立发行;三是弹性原则,即货币发行要具有一定的伸缩性和灵活性。

专栏 7-4

人民币发行程序图式

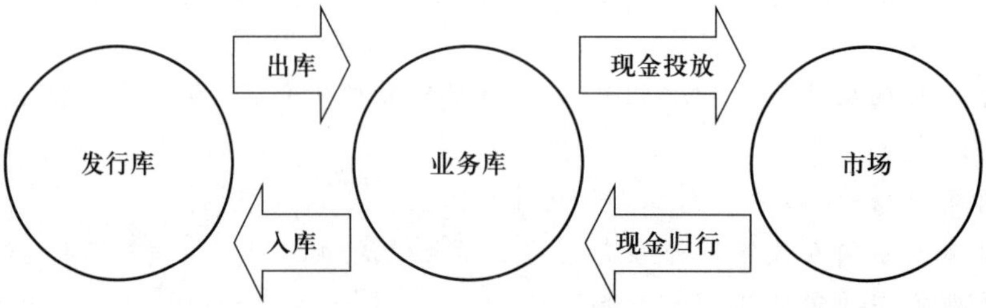

（二）存款业务

1. 准备金存款

中央银行的准备金存款业务,与存款准备金制度直接相关。存款准备金制度的建立,一方面,有利于中央银行调节信用规模和调控货币供应量;另一方面,有利于保障存款人的资金安全和银行等金融机构的经营安全。

中央银行集中的准备金存款包括两个部分:法定准备金存款和超额准备金存款。法定准备金存款,是商业银行根据法律规定按一定比例提取,并转存中央银行,是为防范金融风险而提取的。超额准备金存款,是在中央银行存款中超过法定准备金存款的部分,是为满足商业银行之间债权债务清算的需要。

2. 政府存款

政府存款是中央银行在代理国库业务过程中所形成的存款,其规模仅次于准备金存款,是中央银行重要的资金来源。政府存款在有些国家是指中央政府的存款,而有的国家将各级地方政府的存款、政府部门的存款也列入其中。

3. 非银行金融机构存款

由于非银行金融机构在中央银行的存款不具有法律强制性,也没有法定存款准备金比率的规定,其存款的主要目的是便于清算,存多存少可视各非银行金融机构往来业务规模的大小自主决定。

（三）其他负债业务

中央银行还可以通过发行中央银行债券、对外负债等方式获得资金来源。

中央银行发行债券的目的更多的是调节流通中的货币。当金融机构的超额准备金过多，而中央银行又不便采用其他货币政策工具进行调节时，可以通过向金融机构发行中央银行债券回笼资金，减少流通中的货币；当公开市场操作规模有限时，可以发行中央银行债券作为公开市场操作的辅助工具，中国人民银行发行中央银行票据就是一例。

此外，中央银行的负债还表现为向外国银行借款、对外国中央银行负债、向国际金融机构借款等形式。

二、资产业务

中央银行的资产是指中央银行在一定时点上所拥有的各种债权。中央银行的资产业务主要包括再贷款与再贴现、证券买卖业务、储备资产业务等内容。

（一）再贷款与再贴现

中央银行再贷款，主要是指中央银行为了解决商业银行和其他金融机构在经营信贷业务中因临时性资金不足而发放的贷款，是中央银行作为银行的银行职能的具体体现。它具有如下特征：① 贷款对象是那些经营信贷业务的一般性金融机构；② 这种贷款具有形成高能货币的特点；③ 这种贷款的利率水平、额度大小和条件限制是中央银行货币政策意愿的反映，是中央银行实施货币政策的一种手段或工具。

中央银行再贴现，又称为重贴现，是指商业银行和其他金融机构将其已贴现、尚未到期的商业票据，出售给中央银行以融通资金的行为。一般来说，再贴现是中央银行向商业银行融资的重要方式之一，它主要用于解决商业银行由于办理贴现业务所引起的暂时性资金困难。中央银行可以通过提高或降低再贴现率，影响市场上一般利率水平，影响商业银行以再贴现方式向中央银行融通资金的成本，从而起到收缩或扩大信用的作用。

（二）证券买卖业务

中央银行证券买卖业务是指中央银行通过公开市场买入或卖出政府债券的行为，其目的是维护金融市场的稳定，调节货币流通。在需要紧缩银根，减少货币供应量时，中央银行就在公开市场上卖出它所持有的有价证券，以回笼货币；反之，在需要扩张信用规模，增加货币供应量时，便在市场上买进所需要的有价证券，投放货币。

中央银行买卖有价证券时应注意以下几个问题：

（1）为了防止直接购买政府债券可能引起通货膨胀，以及避免中央银行成为弥补财政赤字的工具，一般限定央行证券买卖业务只能在二级市场上进行。

（2）只能购买流动性高的证券，主要限定为政府债券。

（3）不能买卖国外有价证券。

（三）储备资产业务

绝大多数国家都将黄金、外汇以及其他国际清算手段作为储备资产委托中央银行保管和经营,形成中央银行的储备资产业务。中央银行的储备资产主要包括黄金、外汇和特别提款权。

特别提款权是国际货币基金组织在1970年初创设的国际储备,既安全又能灵活兑现,与黄金、外汇相比具有很大的优越性。但是,由于目前各国还不能随意购入,特别提款权还不能成为目前主要的国际储备资产。

专栏 7-5

中央银行资产负债各主要项目之间的对应关系

通过对中央银行资产负债表的分析(见表7-1),中央银行资产方的主要项目与负债方的主要项目之间存在一定的对应关系。

表7-1　中央银行资产负债表　　单位:亿元人民币

项目 Item	2017年10月
国外资产　Foreign Assets	222 239.61
外汇　Foreign Exchange	215 127.83
货币黄金　Monetary Gold	2 541.50
其他国外资产　Other Foreign Assets	4 570.27
对政府债权　Claims on Government	15 274.9
其中:中央政府　Of which:Central Government	15 274.9
对其他存款性公司债权　Claims on Other Depository Corporations	97 454.39
对其他金融性公司债权　Claims on Other Financial Corporations	6 318.41
对非金融性部门债权　Claims on Non-financial Sector	89.45
其他资产　Other Assets	17 499.43
总资产　Total Assets	358 875.34
储备货币　Reserve Money	305 318.367
货币发行　Currency Issue	74 544.86
其他存款性公司存款　Deposits of Other Depository Corporations	229 778.44
非金融机构存款　Deposits of Non-financial Institutions	901.35
不计入储备货币的金融性公司存款　Deposits of Financial Corporations Excluded from Reserve Money	5 701.48
发行债券　Bond Issue	0

续表

项目 Item	2017 年 10 月
国外负债　Foreign Liabilities	1 095. 84
政府存款　Deposits of Government	40 791. 54
自有资金　Own Capital	219. 75
其他负债　Other Liabilities	5 748. 36
总负债　Total Liabilities	358 875. 34

资料来源：中国人民银行。

1. 对金融机构债权和对金融机构负债的关系

对金融机构的债权包括对存款性金融机构和其他金融机构的再贴现、各种贷款、证券回购等。对金融机构的负债包括存款性金融机构和其他金融机构的法定存款准备金和超额准备金等。当中央银行对金融机构的债权总额大于负债总额时，若其他对应项目不变，其差额部分通常用货币发行来弥补；若债权总额小于负债总额时，则会相应减少货币发行量。

2. 对政府债权和政府存款的关系

中央银行对政府的债权包括对政府的贷款和持有的政府债券，负债（大多数国家）包括中央政府的存款和地方政府的存款。在其他项目不变的情况下，若因财政赤字使得中央银行对政府债权大于政府存款时，会增加财政性货币发行的压力；反之，若政府存款大于中央银行对政府债权时，则会消除来自财政方面的通货膨胀压力。

3. 国外资产和其他存款及自有资本的关系

当前两种对应关系不变时，若中央银行国外资产的增加与其他存款及自有资本的增加相对应，不会影响国内基础货币的变化，但如果国外资产的增加大于其他存款和自有资本的增加，则会导致国内基础货币增加。

上述中央银行资产负债的三种对应关系是相对的。在现实的资产负债业务运作中，中央银行可以在各相关项目之间进行冲销操作，以减轻对货币供应量的影响。例如，当国际收支出现巨额顺差，国外资产大幅增加时，中央银行可以通过减少对金融机构或政府债权等方式，确保国内基础货币投放总量不会有太大变化。

三、清算业务

清算源于结算，是指为了保证结算的顺利进行，需要通过一定的清算机构和支付系统，进行支付指令的发送与接收、对账与确认、收付数额的统计轧差、全额或净额清偿等一系列程序。

（一）票据清算制度的形成

中央银行票据清算制度是在商业银行代客收付资金时具有相互收付特征的基础上产

生的。商业银行在其发展过程中,债权债务关系不断增多,各家银行都会收进客户提交的别家银行支票,于是出现了各银行之间资金收付结算问题。在不存在票据交换所集中清算时,各商业银行每天都要派人去向其他银行收取款项。同时,其他银行也会派人来本行收取款项,结清债权债务。这种清算方式耗时费力,又不安全,在客观上存在改进的必要。于是,各银行先将应收应付票据轧差之后,抵消部分债权债务关系,然后结清差额,票据交换制度就此产生。1773 年,第一个票据交换所在英国伦敦的伦巴第街成立,开创了票据集中清算的先河。随后,各地、各国都纷纷效仿,1853 年,美国纽约市成立了美国第一家票据交换所,不久波士顿等城市也成立了这样的机构,票据交换制度在全世界发展起来了。

票据交换和集中清算通常是在票据交换所进行的。票据交换所是同城内各银行相互之间集中清算其各自应收应付款项的场所。最初由银行相互之间共同协议设置,但是由于各银行之间的债权债务关系日趋复杂,这种由银行相互之间共同协议设置场所进行票据清算的方式也不能完全满足银行业务发展的需要。于是,在中央银行产生后,由中央银行承担起全国的清算事宜。1854 年,英格兰银行实行了票据清算制度,其他各国中央银行都效仿建立了这种制度。这样,中央银行被当之无愧地称为清算的银行,也成为最终的清算机构,处于清算体系的中枢地位。中央银行主持票据清算事宜,任何商业银行都不能替代,也无力替代。同时,任何银行都必须承担票据交换的义务,不得以任何理由拒绝参加,否则中央银行将采取措施予以制裁。

(二) 票据清算的基本原理

票据清算的基本原理,是所有银行的应收应付款项,在相互轧差之后而仅收支其差额。因为任何一家银行的应收总额,肯定与所有其他银行对该银行的应付总额相等;任何一家银行的应付总额,一定与所有其他银行对该银行的应收款总额相等;所有银行应收差额的总和,一定与所有银行应付差额总和相等。正因为如此,票据清算才能够顺利进行。下面以实例进行进一步说明。

如表 7-2 所示,假设某一城市有甲、乙、丙、丁、戊五家银行组成票据交换关系,其中甲银行应分别向乙、丙、丁、戊收取 10 个、20 个、30 个、40 个货币单位,共计 100 个货币单位。同时,它要向各家银行分别付款 10 个货币单位,共计 40 个货币单位。最后,甲银行的应收款项只有 60 个货币单位。乙银行应收款总额为 100 个货币单位,应付款总额为 70 个货币单位,轧差之后的应收差额为 30 个货币单位。丙银行应收应付在数额上恰好相等,轧差之后差额为 0,故而它最后既不收进也不付出。丁银行应收额小于应付额,轧差之后应付差额为 30 个货币单位。戊银行应收款总额为 100 个货币单位,应付款总额为 160 个货币单位,轧差之后的应付差额为 60 个货币单位。通过分析得知,五家银行共 500 个货币单位的应收应付款,通过票据交换,应收应付轧差之后,只需要 90 个货币单位的资金即可清算完毕。集中清算不仅节约了人力物力,而且减少了资金的占用,同时中央银行可以根据清算的结果,了解各商业银行的资金占用状况,更有利于中央银行对商业银行安全性与流动性的监督管理和对资金供求的调剂。

表 7-2 中央银行票据清算差额表

应收行	应付行					应收合计	应付差额
	甲	乙	丙	丁	戊		
甲		10	20	30	40	100	—
乙	10		20	30	40	100	—
丙	10	20		30	40	100	
丁	10	20	30		40	100	30
戊	10	20	30	40		100	60
应付合计	40	70	100	130	160	500	
应收差额	60	30	0	—	—		90

中央银行清算业务包括票据交换所业务和办理异地资金汇兑业务。前者是在一定的范围内(同城)进行的,后者则是通过清算网络在全国范围内进行的。票据交换所业务是中央银行通过其分支机构组织同城票据交换与资金清算。而各银行之间的异地汇兑形成的异地银行间的债权债务清算则是依靠全国性的清算中心提供服务,在全国范围内办理异地资金汇兑,这是中央银行资金清算业务的主要部分。通过在全国范围内办理异地资金清算,中央银行不仅为全国各地的众多银行提供清算服务,而且通过资金清算对全国的资金供求状况加以了解,从而对货币资金供求状况和市场货币流通量进行合理的控制与调节。各国银行在办理异地资金清算业务时程序不尽相同,但其票据清算的基本原则则是相同的,即通过电子清算网络进行,最终汇兑差额由中央银行清算。

四、中央银行业务活动的基本原则

(1) 以政府和金融机构为开展业务活动的对象;
(2) 不以营利为目的,不与商业银行竞争业务;
(3) 对存款一般不支付利息;
(4) 资产要保持最大的流动性;
(5) 资产负债业务要保持主动性;
(6) 处于超然的地位;
(7) 定期公布业务状况。

本章小结

1. 中央银行是银行业发展到一定阶段之后的产物。具体来说,它的产生适应了以下几个方面的需要:统一货币发行的需要、票据交换和清算的需要、充当最后贷款人的需要和金融监管的需要。

2. 中央银行产生于17世纪后半期,但中央银行制度的真正形成和发展始于19世纪中叶。中央银行主要是通过两种方式建立并发展起来的:第一种方式是从一般商业银行演变而来,由国家法令授予权力,逐步确定中央银行的地位;第二种方式是直接建立中央银行。

3. 中央银行的性质是由其在国民经济中的地位所决定的，并随着中央银行制度的发展而不断改变。中央银行的性质集中体现在它是一个“特殊的金融机构”，其特殊性主要体现在三个方面：地位的特殊性、业务的特殊性和管理的特殊性。中央银行的职能是其性质的反映。从中央银行业务活动的特征分析，中央银行具有发行的银行、银行的银行和政府的银行三大基本职能。

4. 目前世界各国基本上都实行了中央银行制度，但并不存在一个统一的模式。归纳起来，大致可以分为以下四种类型：复合式中央银行制度、单一式中央银行制度、跨国中央银行制度和准中央银行制度。中央银行制度的结构主要包括中央银行的资本结构、权力结构、内部组织结构设置及分支机构设置四个方面。

5. 中央银行的性质和职能要通过其业务得到具体的体现。中央银行负债业务主要包括货币发行业务、集中存款准备金业务、代理国库业务和其他负债业务；中央银行的资产业务包括再贷款与再贴现、证券买卖业务和储备资产业务；中央银行清算业务包括组织票据交换与清算、办理异地跨行清算、提供跨国支付清算服务与提供证券和金融衍生工具交易清算等业务。

关键术语

中央银行　　单一中央银行　　准中央银行　　跨国中央银行　　货币发行
再贴现　　票据清算　　发行的银行　　政府的银行　　银行的银行

思考题

1. 如何理解中央银行的相对独立性？
2. 如何理解中央银行资产业务与负债业务的关系？
3. 如何理解中央银行是一国金融体系的核心？
4. 为什么中央银行要垄断货币发行？
5. 中央银行为什么要国有化？
6. 发行基金、业务库现金与流通中现金三者之间有何区别？

案例分析

案例：

22 岁的中国内地男子罗俊城，通过空壳公司和开设在中国香港的银行账户，在 8 个月中洗钱 131 亿港元，今年 1 月 23 日被香港高等法院判处 10 年零 6 个月监禁。这宗香港开埠以来最大规模洗黑钱案，仅仅揭开了内地不法资金到香港洗钱狂潮的冰山一角。

案例思考：

1. 你认为我国外汇管制有必要吗？
2. 你认为我国如何防范资金通过不法渠道外流？

延伸阅读

1. 黄达.金融学.3版.北京:中国人民大学出版社,2012:208-257.

2. 李健.金融学.北京:高等教育出版社,2010:185-267.

3. 本·伯南克.金融的本质:伯南克四讲美联储.巴曙松,陈剑译.北京:中信出版社,2017.

4. 中国人民银行官方网站.http://www.pbc.gov.cn.

第八章
其他金融机构

引言

1837年4月27日，约翰·摩根（John Pierpoint Morgan，J.P.）出生在美国康涅狄格州哈特福德城一个富有的商人家庭。1857年，刚刚大学毕业的摩根旅行来到新奥尔良，靠咖啡生意大赚了一笔。为此，老摩根对儿子的能力大加赞赏，为儿子在华尔街开了一间摩根商行。在这里，摩根开始了他的发迹生涯。在随后的几十年间，摩根凭借过人的勇气和智慧投机黄金、矿山、承销国债等，并通过一系列金融资本与工业资本垄断结合的金融手段，创建了属于他的一个庞大的金融帝国。1912年，摩根财团控制着53家大公司，资产总额127亿美元，而他本人也成为一个地地道道的美国经济的霸主。罗斯福总统曾向他妥协，墨西哥、阿根廷政府曾向他借钱，甚至英国政府和法国政府都向他借钱，他被称为财大气粗的世界债主、华尔街金融大鳄。约翰·摩根在1913年去世时给儿子留下了巨大的家业，其中就有他创建的J.P.摩根公司。1935年，摩根公司被迫分拆成两个公司，一个叫J.P.摩根（摩根大通）公司，另一个叫摩根士丹利公司。J.P.摩根公司是商业银行，是银行类金融机构；摩根士丹利是投资银行，是非银行类金融机构。

通过本章的学习，你将能够了解和掌握以下知识：

- 投资类金融机构的特点、作用与业务活动；
- 政策性银行的特点与职能；
- 其他非银行金融机构的业务活动。

本章知识架构图

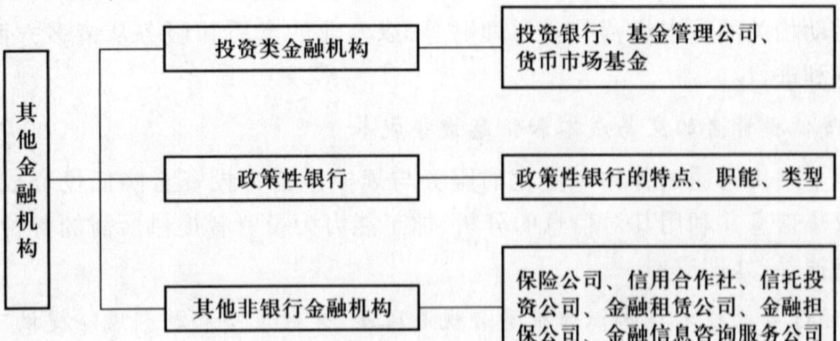

第一节 投资类金融机构

投资类金融机构是在直接金融领域为投资活动提供中介服务或直接参与投资活动的金融机构。投资类金融机构主要包括投资银行、投资基金、金融期货公司、证券经纪和交易公司、证券结算公司等。这些机构虽然名称各异,但服务或经营的内容都是以证券投资活动为核心的。

一、投资类金融机构的特点

(一) 主要以有价证券为业务活动的载体

投资类金融机构的业务活动以金融市场为中心,围绕着各种金融工具的发行和流通进行。这些金融工具主要包括票据、股票、债券以及各种金融衍生工具。

(二) 业务专业性高,风险较大

由于投资类金融机构主要为证券市场提供投资性服务,其所开展的业务或是促进证券发行与承销、促成证券交易的经纪与自营买卖,或是提供资本运营服务,或是进行基金管理、资产证券化和风险投资等,这些业务的开展都需要专门的金融知识、熟练的交易技能和金融创新能力,专业性要求很高。同时,这些业务以各种有价证券为载体,有价证券本身具有一定的风险,加之又都是围绕证券市场进行,一旦出现风险,投资类金融机构的安全就受到影响,不利于证券市场的稳定。

(三) 业务活动必须遵循公开、公平和公正的原则

投资类金融机构所提供的各种投资服务具有信息密度高的特点,定期对外公布与传递信息是投资类金融机构的重要工作。因此,遵循公开、公平和公正的原则,依据法律法规发布准确信息,帮助投资者正确进行投资决策,是投资类金融机构业务活动的基本原则。

二、投资类金融机构的作用

投资类金融机构发挥的主要作用是为投资服务,具体表现在以下三个方面:

（一）促进证券投资活动的顺利进行

投资类金融机构参与证券发行和与证券经营相关的业务，开展各种投资业务服务，进行与投资活动相关的资本运营与公司理财等，以专业的素质和服务从诸多方面促使证券投资活动顺利进行。

（二）降低投资者的交易成本和信息搜寻成本

投资类金融机构通过各种专业化的服务与规模经营为投资者降低投资成本。同时，通过广泛收集信息并利用其对信息的分析、加工能力为投资者提供所需的各种信息，大大降低了信息搜寻、处理成本。

（三）通过专业技术与知识为投资者规避风险、分散风险和转移风险提供可能

投资类金融机构依据对各种信息的专业化处理，通过提供灵活多样的金融工具、投资组合以及信息披露，为投资者获得有效的风险管理提供可能。

三、投资类金融机构的类型

（一）投资银行

1. 投资银行的不同定义

投资银行是最典型的投资性金融机构。这种机构在各国的称谓不尽相同，在美国称投资银行，在英国称商人银行，在日本称证券公司，在法国称实业银行，在新加坡称商人银行或证券银行，在泰国称金融证券公司。

美国著名金融专家罗伯特·库恩依照业务经营范围大小，对投资银行给出了四个层次的不同定义：

（1）广义的定义：从事任何华尔街金融业务的机构。业务范围不仅包括证券的国际承销和分支机构的零售营销，还包括房地产、保险等其他金融服务业务。

（2）较广义的定义：经营全部资本市场业务的金融机构才是投资银行。业务包括证券承销与经纪、企业融资、兼并收购、咨询服务、基金管理、风险投资等。与第一个定义相比，不包括不动产经纪、抵押贷款及保险等业务。

（3）较狭义的定义：指经营部分资本市场业务的金融机构，尤其着重于证券承销和企业并购业务。与第二个定义相比，不包括基金管理、风险投资等创新业务。

（4）狭义的定义：仅限于一级市场上承销证券和二级市场交易证券和经纪业务的金融机构称为投资银行。

在以上四种定义中，美国一些金融专家和经济学家基本同意第二种定义，即认为投资银行业务是除零售业务以外的所有资本市场活动。金融服务业中只为客户（零售客户或机构客户）买卖证券而没有融资功能的公司，只能称为证券公司或经纪公司，不能称为投资银行。

2. 投资银行的类型

当今世界的投资银行主要有四种类型：

（1）独立的专业性投资银行。这种形式的投资银行在全世界范围内广为存在，美国的高盛公司、美林公司，日本的野村证券、大和证券、山一证券，英国的华宝公司、宝源公司

等均属于此类型,并且,它们都有各自擅长的专业方向。

(2) 商业银行拥有的投资银行(商人银行)。这种形式的投资银行主要是商业银行对现存的投资银行通过兼并、收购、参股或建立自己的附属公司形式从事商人银行及投资银行业务。这种形式的投资银行在英、德等国非常典型。

(3) 全能性银行直接经营投资银行业务。这种类型的投资银行主要在欧洲大陆,它们在从事投资银行业务的同时从事一般的商业银行业务。

(4) 一些大型跨国公司兴办的财务公司。一些大型制造业公司,如通用电气、德国奔驰与大众汽车等大公司,拥有自己的财务公司。从性质上看,它们属于信贷机构,但这些公司的业务包含了投资银行业务。

3. 投资银行的业务

根据投资银行的定义,现代投资银行的主要业务可分为以下几类:

(1) 证券承销。证券承销是指在证券发行市场上,投资银行接受发行人的委托代为承销证券并以此获得承销手续费收入。这是其基本业务和本源业务。投资银行承销的范围很广,包括本国中央政府和地方政府、政府部门发行的债券,各种企业发行的债券和股票,外国政府与外国公司发行的证券,以及国际金融机构发行的证券等。

(2) 证券交易。投资银行的证券交易业务主要是在二级市场上充当证券经纪商和自营商的角色。前者是充当客户的委托代理人,接受客户指令,促成客户的买入或卖出交易,从而收取委托佣金;后者是自己拥有证券,参与证券投资获取投资收益。

(3) 项目融资。项目融资业务是指投资银行在项目融资过程中所提供的各种服务性业务。项目融资是一种以项目未来的现金流量和项目本身的资产价值为偿还债务的担保条件,以银行贷款为主要资金来源,以对项目发起人无追索权或只有有限追索权为特征的特殊融资方式。与传统的企业筹资方式的最大不同在于,项目融资中贷款的资金来自项目本身的收益和资产价值,而不是项目发起人的与项目无关的其他资产,项目发起人的责任仅限于其在项目中的投资额。因此,提供项目融资的债权人更多关心的是项目的收益和风险,而不是项目发起人的资信能力、信用评级、经营状况和财务状况等。项目融资的组织安排工作需要具有专门技能的机构来完成,一般由投资银行或商业银行的项目融资部承担这一任务。

(4) 兼并与收购。企业兼并与收购已经成为现代投资银行除证券与经纪业务外最重要的业务组成部分。投资银行可以以多种方式参与企业的并购活动,如寻找兼并与收购的对象、向猎手公司提供有关买卖价格或非价格条款的咨询、帮助猎手公司制订并购计划或帮助猎物公司针对恶意收购制订反收购计划、帮助安排资金融通和过桥贷款等。此外,并购中往往还包括"垃圾债券"的发行、公司改组和资产结构重组等活动。

(5) 资产证券化。资产证券化是指经过投资银行把某公司的一定资产作为担保而进行的证券发行,是一种与传统债券筹资方式不同的新型融资方式。进行资产转化的公司称为资产证券发起人。发起人将持有的各种流动性较差的金融资产,如住房抵押贷款、信用卡应收款等,分类整理为一批资产组合,出售给特定的交易组织,即金融资产的买方(主要是投资银行),再由特定的交易组织以买下的金融资产为担保发行资产支持证券,用于收回购买资金。这一系列过程称为资产证券化。如果担保资产违约拒付,资产证券的清偿也仅限于被证券化资产的数额，而金融资产的发起人或购买人无超过该资产限额的清偿义务。

（6）风险投资。风险投资业务是指投资银行为风险资本投资者在募集资金、风险公司上市、投资变现等诸多方面提供代理和财务技术服务，以获取佣金，或自己发起并运作管理风险资本基金，以获取风险回报的业务活动。

（7）基金管理。基金是一种重要的投资工具，它由基金发起人组织，吸收大量投资者的零散资金，聘请有专门知识和投资经验的专家进行投资并取得收益。投资银行利用其在证券市场的特殊地位，以及丰富的理财经验和专业知识，可以分别承担基金的发起人、管理人和托管人等职责。

（8）金融咨询。投资银行通过市场调查、法律咨询、材料汇编来确定投资方案、评估风险收益，传输即时信息，为投资者提供咨询服务，解决金融难题。同时，投资银行也是企业的战略顾问，策划其财务管理和经营管理。现在金融咨询的业务范围还在不断延伸，已派生出"代客理财"和"合作投资"等新形式，与资产管理业务形成交叉。金融咨询业务往往与投资银行等其他业务相伴而行，并渗透于其他各项业务当中，为投资银行各项业务的开展做出一定贡献。

（9）金融衍生工具业务。金融衍生工具是一种双边合约，合约价值取决于基础金融资产的价格及其变化。主要的金融衍生工具有期货、期权、互换等。金融衍生工具自产生以来就是商业银行和投资银行竞争的领域，商业银行和投资银行同时在衍生市场上运作，对金融产品进行创新并以这些产品的交易商身份开展业务。

（二）基金管理公司

1. 基金管理公司的内涵

基金管理公司是指凭借专门的知识与经验，运用所管理基金的资产，根据法律、法规及基金章程或基金契约的规定，按照科学的投资组合原理进行投资决策，谋求所管理的基金资产不断增值，并使基金持有人获取尽可能多收益的机构。基金管理公司在不同国家（地区）有不同的名称。例如，在英国称投资管理公司，在美国称基金管理公司，在日本多称投资信托公司，在我国台湾称证券投资信托事业，但其职责是基本一致的，即运用和管理基金资产。

2. 设立基金管理公司设立的条件

基金管理公司的设立必须满足一定的条件。在我国，设立基金管理公司，应当具备下列条件，并经国务院证券监督管理机构批准：

（1）有符合《中华人民共和国证券投资基金法》和《中华人民共和国公司法》规定的章程。

（2）注册资本不低于1亿元人民币，且必须为实缴货币资本。

（3）主要股东具有从事证券经营、证券投资咨询、信托资产管理或者其他金融资产管理的较好的经营业绩和良好的社会信誉，最近3年没有违法记录，注册资本不低于3亿元人民币。

（4）取得基金从业资格的人员达到法定人数。

（5）有符合要求的营业场所、安全防范设施和与基金管理业务有关的其他设施。

（6）有完善的内部稽核监控制度和风险控制制度。

（7）法律、行政法规规定的和经国务院批准的国务院证券监督管理机构规定的其他条件。

3. 基金管理公司的业务

基金管理公司的业务通常有：非证券业务的投资、投资管理、咨询。基金管理公司可申请从事上述经营范围以外的其他经营项目，但不得从事下列业务：

（1）发放贷款；

（2）公开交易证券类投资或金融衍生品交易；

（3）以公开方式募集资金；

（4）对除被投资企业以外的企业提供担保。

（三）货币市场基金

货币市场基金是一种相对较新的金融机构，它既有投资基金的特征，但在一定程度上又发挥着存款机构的功能，因为它提供了一种存款型的账户。像大多数投资基金一样，它也通过出售股份筹集资金，但是，其投资对象仅限于安全性高、流动性大的货币市场金融工具，如短期国债、银行存款证等。这些资产的利息收入支付给股份持有者。

货币市场基金的主要特征是：股份持有者可以依据他们所持股份的价值签发支票。然而，对于签发支票的权利通常有所限制，签发数额不得低于某一最低标准，如500美元；最初开设账户时，还要求存入相当数量的货币。实际上，货币市场基金的股权是一种支付利息、签发支票的权利受到限制的支票账户。

专栏 8-1

天使基金

天使基金就是专门投资于企业种子期、初创期的一种风险投资公司。因为它的作用主要是对萌生中的中小企业提供“种子资金”，是面目最慈祥的风险资金，帮助它们脱离苦海、摆脱死亡的危险，因而取得“天使”这样崇高的名称。天使基金在美国最为发达。从行业上而言，天使基金更青睐具有高成长性的科技型项目，其收益率普遍在50倍以上，超过万倍的回报也不少见。需要重点提示的是，某些天使基金花的是自己的存款，而并非来自机构和他人。从这个意义而言，他们是资本市场腰缠万贯的慈善家。

第二节 政策性银行

政策性银行是指那些由政府或政府机构发起，出资创立、参股或保证的，不以利润最大化为经营目的，在特定的业务领域内从事政策性融资活动，以贯彻和配合政府的社会经济政策或意图的金融机构。

一、政策性银行的特点与职能

（一）政策性银行的特点

政策性银行的特点主要表现在：

1. 有政府的财力支持和信用保证

政策性银行创建时的资本多来自政府拨款，在经营过程中由政府提供信用保证。

2. 不以追求利润最大化为目的

政策性银行的经营活动，是专门为贯彻和配合政府的社会经济政策或意图的，业务经营或服务的内容多为商业性金融机构所不愿承担的，是无利可图或只有微薄收益的，这从根本上决定了政策性银行的非营利性特征。

3. 具有特殊的融资机制

政策性银行的融资机制既不同于商业性金融机构，也不同于政府财政。它的资金来源除了国拨资本外，主要通过发行债券、借款和吸收长期性存款获得，是高成本负债，而它的资金运用则主要是长期低息贷款，通常都是商业性金融机构所不愿或无法经营的，这样的负债和资产结构安排是通过由国家进行利息补贴、承担部分不良债权或相关风险等来实现的。但是，政策性银行的融资又明显不同于财政，它的基本运作方式是信贷，通常情况下要保证资金的安全运营和金融机构的自我发展能力，因此，在符合国家宏观经济发展和产业政策要求前提下，要行使自主的信贷决策权，独立地进行贷款项目可行性评价和贷款审批，以保证贷款的安全和取得预期的社会经济效益以及相应的直接经济效益。

4. 具有特定的业务领域

政策性银行不与商业性金融机构进行市场竞争，它的服务领域或服务对象一般都不适于商业性金融机构，而是那些受国家经济和社会发展政策重点或优先保护，需要以巨额、长期和低息贷款支持的项目或企业。

（二）政策性银行的职能

政策性银行既具有金融机构的一般职能，也具有作为政策性银行的特殊职能。就其一般职能而言，它也通过负债业务筹集资金，再通过贷款或投资等资产业务融出资金，从而实现资金供求的沟通，充当金融信用中介。这一点上，它与商业银行的区别主要在于二者的资金筹集来源和贷出对象不同，但它们都是以信用为基础开展资金融通业务。

政策性银行的职能主要表现在它的特殊职能上，各国之所以普遍设立政策性银行也就在于其所具有的特殊职能。

1. 补充性职能

政策性银行的融资对象，一般限制在那些社会需要发展，但商业性金融机构又不愿意提供融资的领域，因此可以补充商业性融资的缺陷，完善金融体系的功能。需要注意的是，需要政策性银行提供资金支持的具体范围随着社会、经济、技术等发展在不断变化，但其辅助和补缺的定位是不变的。

2. 倡导性职能

倡导性职能,也就是提倡引导的职能。政策性银行一旦决定对某些产业提供资金,则反映了国家经济政策的导向和支持重心,表明政府对这些产业的扶持意向,从而增加其他金融机构对这些产业的投资信心,纷纷放宽审查,协同投资。一旦其他金融机构对某一产业的投资热情高涨起来,政策性银行就会逐渐减少其份额,转而扶持别的产业。

3. 经济结构调整职能

经济结构调整职能,是政策性银行补充性职能和倡导性职能的必然结果。正是因为前两项职能,国家通过政策性银行业务可以实现区域经济、产业、行业、产品结构、生产力布局等合理化,实现经济的协调发展,尤其对于产业结构的调整有明显的积极作用,体现出政策性融资的特有性质。

另外,政策性银行与其他商业银行一样,聚集了一大批精通业务的专业技术人员,在其业务活动的领域内提供金融服务。

二、政策性银行的类型

政策性银行依照不同的标准可做多种分类:

(1) 按照活动范围可以划分为全国性政策性银行和地方性政策性银行。全国性政策性银行业务范围覆盖全国,在世界各国政策性银行中占绝大多数;地方性政策性银行多为开发银行,主要适用于一国经济发展过程中对某一落后地区的区域开发等。

(2) 按照组织结构可以划分为单一型政策性银行和金字塔型政策性银行。单一型政策性银行是指只有一家机构、无分支机构的政策性银行;金字塔型政策性银行是指由一个总机构领导的、由具有不同层次的会员或分支机构组成的呈金字塔型的政策性银行。

(3) 按照业务领域可以划分为农业、中小企业、进出口、住房、经济开发、基础产业、主导产业以及环境、国民福利等政策性银行。

三、中国的政策性银行

我国在1994年成立三家政策性银行,即国家开发银行、中国农业发展银行和中国进出口银行。国家开发银行、中国农业发展银行和中国进出口银行分别从中国建设银行、中国农业银行和中国银行分设出来,从而标志着中国政策性金融业务与商业性业务的分离和我国政策性银行的形成。

(一) 国家开发银行

国家开发银行是经国务院批准,于1994年3月正式成立的,是我国成立的第一家也是最大的一家政策性银行。其主要任务是:按照国家法律、法规和方针政策,筹集和引导境内外资金,向国家基础设施、基础产业和支柱产业的大中型基本建设和技术改造等政策项目及其配套工程发放贷款,从资金来源上对固定资产投资总量进行控制和调节,优化投资结构,提高投资效益。其业务范围主要包括:管理和运用国家核拨的预算内经营性建设基金和贴息资金；向国内金融机构发行金融债券和向社会发行财政担保的建设债券；办理有关的外国政府和国际金融机构贷款的转贷，经国家批准在国外发行债券，根据国家利用外资计划筹措国际商业贷款等；向国家基础设施、基础产业和支柱产业的大中型基建和技改等政策性项目及配套工程发放政策性贷款；办理建设项目贷款条件评审、咨询和担保业务，为重点建设项目物色国内外合资伙伴，提供投资机会和投资信息。

（二）中国农业发展银行

中国农业发展银行于1994年4月正式成立，总行设在北京，国内设有众多分支机构。中国农业发展银行的资本金由国家财政全额拨付。其主要任务是：按照国家法律法规和方针政策，以国家信用为基础，筹集农业发展的政策性信贷资金，承担国家规定的政策性金融业务，代理财政性支农资金的拨付，为农业和农村经济发展服务。其主要业务范围是：办理粮、棉、油等主要农副产品的收购、调销、加工贷款；办理国务院规定的小型农、林、牧、水利基本建设和技术改造贷款；办理业务范围内开户企业单位的存款和结算；发行金融债券；办理境外筹资。

（三）中国进出口银行

中国进出口银行是经国务院批准于1994年7月1日正式挂牌营业的，从事进出口贸易政策融资活动的政策性银行。其主要任务是：执行国家产业政策和外贸政策，为扩大机电产品和成套设备等的资本性货物出口提供政策性金融支持。其经办的主要业务包括：办理与机电产品和成套设备有关的出口信贷业务（卖方信贷和买方信贷）；办理与机电产品和成套设备有关的政策性贷款、混合贷款、出口信贷的转贷、国际银行间及银团贷款业务；办理短期、中长期出口信用保险、进出口保险、出口信贷担保、国际保理等业务；经国家批准，在境外发行金融债券；办理本行承担的各类贷款、担保、对外经济技术合作等项目的评审，为境内外客户提供有关本行筹资、信贷、担保、保理等业务的咨询服务。

我国政策性银行自1994年成立以来，按照国家产业政策和区域经济发展政策，加大了对重点产业、基础设施、进出口企业和农产品流通等领域的政策性信贷支持，为我国经济发展做出了重大贡献。但是，政策性银行在发展中也积累了一定的矛盾和问题，如缺乏相关法律制度保障业务运营、国家信用和担保内容缺失、资本金及充足率不足、缺乏健全的风险管理体系等。2007年全国金融工作会议明确提出推进政策性银行改革，按照分类指导、“一行一策”的原则，首先推进国家开发银行改革，按照建立现代金融企业制度的要求，全面推行商业化运作，自主经营，自担风险，自负盈亏，主要从事中长期业务。中国进出口银行和中国农业发展银行也要进行内部改革，增强资本实力，为进行全面改革创造条件。继续发挥政策性金融围绕国家战略任务、支持经济社会发展的任务，逐步改革政策性金融业务运作机制，实行公开透明的招标制，财政给予必要的贴息等风险补偿。2008年12月16日，国家开发银行股份有限公司在北京正式揭牌，标志着我国政策性银行的改革正式展开。2017年4月19日，开行名称变更为“国家开发银行”，组织形式变更为有限责任公司。

专栏 8-2

金砖国家开发银行

2014 年 7 月 15 日，金砖国家(BRICS，包括巴西、俄罗斯、印度、中国和南非五国)领导人在巴西福塔莱萨举行第六次会晤，并签署了《福塔莱萨宣言》，决定成立金砖国家开发银行。根据协议，金砖国家开发银行初始核定资本为 1 000 亿美元，初始认缴资本为 500 亿美元，由 5 个创始成员国均摊。同时，建立规模达 1 000 亿美元的应急储备基金，其中中国出资 410 亿美元，巴西、俄罗斯、印度分别出资 180 亿美元，南非出资 50 亿美元。金砖国家开发银行总部设在中国上海，首任理事会主席由俄罗斯提名，首任董事会主席由巴西提名，行长实行轮值制，任期 5 年，印度成为首任轮值。

设立金砖国家开发银行，不仅有利于金砖国家的经济发展，也有利于世界经济的稳定。金砖国家国土面积约占全球的 29.6%，人口约占世界人口的 42.6%，经济总量约占全球的 21%，过去十年对全球经济增长的贡献率超过 50%。

金砖国家开发银行是第一个由发展中国家设立并主导的多边开发银行，能够为金砖五国自身的长远发展提供资金，还可帮助更多的发展中国家获得利息较低的长期贷款，逐渐建立起发展中国家帮助发展中国家的机制，在南南合作的模式上迈出实质性一步。

第三节　其他非银行金融机构

金融服务需求的多样化促生了金融机构的多元化和专业化发展，除商业银行、投资类金融机构、保障类金融机构、政策性金融机构外，还包括一些满足特定服务需求和特定行业发展的金融机构，虽然它们在金融机构体系中的比重不大，但却发挥着不可或缺的作用。

一、保险公司

保险公司是指按照合约规定办理保险业务，依靠投保人缴纳的保险费建立保险基金，在风险发生时，对投保人或被保险人给予经济补偿或支付的金融中介机构。依据不同的划分标准，保险公司可以划分为不同的类型：

(一) 根据保险的基本业务分类

根据保险的基本业务可以划分为人寿保险公司、财产保险公司、再保险公司。其中，人寿保险公司的保险产品是基于对受保人寿命或健康状况预期而提供的健康保险、伤残保险。此外，人寿保险公司还提供年金、养老基金、退休金等产品。财产保险公司主要针对一定范围的财产损失提供保障。再保险是保险公司将其承担的保险业务向其他保险人进行保险，有“保险的保险”之称。除少数公司在人寿保险和财产保险、再保险领域都很活跃外，多数保险公司都专于某一类保险业务，每类公司都有自己的一套产品。

(二) 根据经营目的分类

依据经营目的可以划分为商业性保险公司和政策性保险公司。商业性保险公司是经营保险业务的主要组织形式，多是股份制公司，如各种人寿保险公司、财产保险公司、海事保险公司、再保险公司等，任何有保险意愿并符合保险条款要求的法人、自然人都可投保。政策性保险公司则是指依据国家政策法令专门组建的保险机构。这种保险公司不以营利为经营目的，且风险内容关系到国民经济发展与社会安定，如出口信用保险公司、投资保险公司、存款保险公司等。政策性保险是保险市场中特殊的发展形式，往往是国家出于对某个领域的保护意图而发展的。

(三) 根据保险经营方式分类

依据保险经营方式可以划分为互助保险、行业自保、机构承保等。互助保险是由一些对某种危险有相同保障要求的人或单位，合股集资积聚保险基金，组织起互助保险合作社经营保险业务。行业自保是指某一行业为本系统企业提供保险保障，行业自保的组织形式一般是成立自营保险公司。自保公司主要承保本系统企业的风险业务，并通过积累一定的保险基金作为损失补偿的准备金。机构承保是以企业法人机构来承做保险业务，各类商业性保险公司均属此类。

二、信用合作社

信用合作社是由个人集资联合组成，以互助为主要宗旨的合作金融组织。

信用合作社的基本经营目标是以简便的手续和较低的利率，向社员提供信贷服务，帮助经济力量薄弱的个人解决资金困难。从性质上来讲，合作金融同股份制金融最基本的差别在于，前者主要或优先为合作者提供互助性金融服务，而后者则面向社会提供商业性金融服务。信用合作社一般规模不大，主要资金来源于合作社成员交纳的股金、公积金和吸收的存款。贷款主要用于解决其成员的资金需要，起初主要发放短期生产贷款和消费贷款，后来开始为解决生产设备更新、改造技术等提供中长期贷款，并逐步采取以不动产或有价证券为担保的抵押贷款方式。目前各国信用合作社的主要种类有：农村信用合作社、农牧林渔业生产信用合作社、土地信用合作社、城市信用合作社、小工商业者信用合作社、劳动者信用合作社、住宅信用合作社等。

三、信托投资公司

信托是一种为了一定的目的，将自己的资金或财产委托他人代为运用或管理的行为。信托通常表现为拥有资金或财产的单位或个人由于时间、精力、知识等诸多限制而无法实现手中资产的价值或使其增值，在追求经济利益的目的驱动下，就选择他们可以信赖的个人或专业公司代为营运、管理或处理这些资产。

"受人之托，代人理财"是信托的基本特征，其实质是一种财产转移与管理或安排。信托以信任为基础，信托成立的前提是委托人将自己的物权、债权、知识产权或其他无形财产权转移给受托人，受托人在管理信托财产时要履行谨慎义务。信托一经成立，信托财产即从委托人、受托人、受益人的自有财产中分离出来，而成为一种独立运作的财产，仅服务于信托目的，并具有独特的破产隔离功能和存续的连贯性。正是由于具有这些特征，信托在财产管理、资金融通、投资理财和社会公益等方面才能够发挥独特的作用。

信托投资公司是指以受托人身份专门从事信托业务的金融机构，其职能是接受客户委托，代客户管理、经营、处置财产。

在经济中，可以从事信托业务的机构包括各种信托投资公司、各种银行或非银行金融机构的信托部。信托投资公司的运作特点是受人之托，为人管业和代人理财，具有财产管理和运用、融通资金、提供信息与咨询以及社会投资等功能。

四、金融租赁公司

租赁是一种以收取租金为条件将财产或物品的使用权让渡给他人的经济行为。一般表现形式为：出租人和承租人通过契约或合同确立租赁关系，明确权利和义务，由出租人让渡财产或物品的使用权给承租人，承租人按规定向出租人支付租金。

现代租赁业务按性质可分为经营性租赁和融资性租赁。经营性租赁，也称服务性租赁，是出租人向承租人出租设备，并提供设备维护、保养服务，租赁合同可中途解约，出租人需向不同承租人反复出租才可以收回租赁设备投资的租赁形式。经营性租赁期满后，承租人可选择退租或续租物件，一般不留购，因而也不涉及租赁物件所有权的转让问题。融资性租赁，也称金融租赁，是指企业需要筹措资金添置设备时，由出租人出资购入或租入所需设备，然后以收取租金为条件将设备租给承租企业使用的租赁形式，金融租赁以融资为主要目的。

金融租赁公司是以出租人的身份从制造商处按承租人的要求购买租赁物，定期租给承租人使用，并收取租金的专业金融机构。金融租赁公司是以经营融资性租赁为主，它以商品交易为基础将融资与融物相结合，既有别于传统租赁，又不同于银行贷款。其所提供的融资租赁服务是所有权和经营权相分离的一种新的经济活动方式，具有投资、融资、促销和管理的功能。

五、金融担保公司

金融担保是一种以金融债权为对象的担保，包括直接融资担保和间接融资担保两部分，涉及的担保业务主要有借贷市场担保、履约担保和金融创新产品或衍生产品担保三类。借贷市场担保有企业借款、个人消费借款等项目的担保，履约担保有工程建设完工、项目融资、房地产借款、设备租赁、信用证和商业票据等项目的担保，金融创新产品或衍生产品担保有企业债券担保、信托产品担保等。

进入21世纪，金融担保的发展空间越来越大。一方面，现代经济中的金融份额越来越大；另一方面，与此相伴而生的新型担保品种也越来越多。而且现代的新型担保虽然仍以债权为基础，但更侧重交易的促成，提供偿债保障是手段而非最终目的。它所起的作用就是分摊和弱化风险，实质上是风险管理和风险交易，体现了担保的金融本质。担保业务与金融业务特别是金融创新业务的紧密结合，是担保业务的未来发展方向，是担保成熟化、技术化和价值化的标志。

金融担保公司是专业从事信用担保的金融中介组织,为受信者提供信用保证,是具有独特的信用增强作用和风险管理特征的金融机构。

在中小企业发展中金融担保需求很大,导致各国从不同路径成立金融担保公司以促进经济发展。金融担保公司在中小企业与银行之间起着桥梁与纽带作用,能解决中小企业融资难与银行放贷难的两难处境,对于增强中小企业的信用,防范和化解银行信贷风险,通畅融资渠道,引导资金流向具有重要作用。因此,建立金融担保机构,缓解中小企业融资难的问题,是各国扶持中小企业发展的通行做法。

六、金融信息咨询服务公司

金融信息咨询服务公司是指集合各种必要的财务收支和经营活动信息,专业化地从事对特定对象进行财务分析、信用调查等经济活动,出具必要的分析报告或文件,为客户提供有关债务人清偿能力信息的专业信息服务机构。

金融信息咨询服务公司虽未直接参与投融资活动,却为投融资的顺利进行提供必要的信息服务,既是投融资活动的促进者,也是保障金融活动健康发展的力量。

金融信息咨询服务公司的特点体现为其所提供的信息产品的专业化、机构的独立性和中立性。其中,向全社会投融资者提供专业化信息服务有赖于其专业化的经营资格和所具备的专业人才与技术条件。其专业化的经营资格能够使其拥有获得广泛经济金融信息的能力和向公众提供具有社会公信力的信息产品,而专业人才与技术条件则使其能够及时有效地收集、甄别和处理信息并提供特定的信息产品。金融信息咨询服务公司的独立性和中立性表现为金融信息咨询服务公司不直接经营资金,不参与投融资活动,较之存款类金融机构、投资类金融机构和保障类金融机构具有一定的信息优势,这种机构的独立性和专业性更易使其获得公众的认可和信任。

金融信息咨询服务公司主要有三种类型:一是与直接融资活动和保障类金融机构业务活动密切相关的机构,如投资咨询公司、投资与保险代理机构等;二是专门从事信用评级和债券评级的机构,如资信评估公司、征信公司等;三是专门从事企业财务信息服务和资格认证的机构,如会计师事务所、律师事务所等。金融信息咨询服务公司的建立与发展能够反映出一个国家的基本信用环境和金融市场投融资的发达程度。

除了以上金融机构外,还有金融资产管理公司、金融监管机构等。

专栏 8-3

国务院机构改革方案:银监会、保监会合并

2018 年 3 月 13 日公布的《国务院机构改革方案》显示,拟将中国银行业监督管理委员会(简称“银监会”)和中国保险监督管理委员会(简称“保监会”)的职责整合,组建中国银行保险监督管理委员会,作为国务院直属事业单位。

将银监会和保监会拟定银行业、保险业重要法律法规草案和审慎监管基本制度的职责划入中国人民银行,不再保留中国银监会和保监会。

随着"混业经营"与"分业监管"矛盾显现，对于金融监管框架调整的需求日益迫切。在2017年举行的全国金融工作会议上，国家主席习近平强调，"金融制度是经济社会发展中重要的基础性制度""遵循金融发展规律，紧紧围绕服务实体经济、防控金融风险、深化金融改革三项任务，创新和完善金融调控，健全现代金融企业制度，完善金融市场体系，推进构建现代金融监管框架，加快转变金融发展方式，健全金融法治，保障国家金融安全，促进经济和金融良性循环、健康发展"。同时，在2017年11月，经党中央、国务院批准，国务院金融稳定发展委员会成立，旨在加强金融监管协调、补齐监管短板。

本章小结

1. 经济的深入发展对金融服务的多元化、专业化要求越来越高，与之相应，各种类型的金融机构也不断涌现。它们或是在证券市场提供投融资服务，或是提供各种保险保障服务，或是提供资信评估、信息咨询服务等。

2. 投资类金融机构是指投资服务为主要业务的金融机构，主要包括投资银行、基金管理公司、货币市场基金等。

3. 政策性银行是指那些由政府或政府机构发起，出资创立、参股或保证的，不以利润最大化为经营目的，在特定的业务领域内从事政策性融资活动，以贯彻和配合政府的社会经济政策或意图的金融机构。政策性金融机构主要有补充性职能、倡导性职能、经济结构调整职能和服务性职能。

4. 其他金融机构还包括一些满足特定服务需求和特定行业发展的金融机构，虽然它们在金融机构体系中的比重不大，但却发挥着不可或缺的作用。主要有：保险公司、信用合作社、信托投资公司、金融租赁公司、金融担保公司、金融信息咨询服务公司。

关键术语

投资类金融机构　　投资银行　　投资基金　　货币市场基金　　对冲基金
政策性银行　　保险公司　　信用合作社　　信托　　信托投资公司　　租赁
金融租赁公司　　金融担保公司　　金融信息咨询服务公司

思考题

1. 简述投资类金融机构的种类与特点。
2. 投资银行的主要业务有哪些？
3. 简述政策性银行的特点与职能。
4. 什么是租赁？现代租赁有哪些类型？
5. 联系我国中小企业的发展，谈谈你对金融担保公司的理解。

案例一：大学生投资现代农业寻求融资

几年前，有几个年轻大学生立志建设现代化农业，目标是成立农作物基因库公司。自筹资金远不能满足设备和厂房的建设，于是他们就联系当地乡镇政府，乡镇政府很支持他们的创举，把他们的项目引荐给了中国农业银行。尽管乡镇政府表示将投入部分资金，但中国农业银行认为贷款风险大，还是婉言谢绝了他们。于是他们和乡镇政府为了发展这个农业的好项目一起到上级市政府寻求帮助，市政府科技部门对项目进行了认证，市政府介绍了政策性金融机构给予他们贷款支持。在贷款过程中，不仅需要办理抵押和保险，而且并非所有设备都能使用贷款资金，不少金融问题困扰着他们。在这个时候，有投资经纪人主动联系他们帮助办理相关手续，条件是在适当的时候对他们公司进行权益投资。

于是，这几个年轻人很乐意地签订了相关的协议，还增加了对金融的认识："在经济建设过程中，不是所有资金问题都由商业银行来解决，他们所面临的问题实质上是一系列的专门金融机构来实现效率最优的问题。"

案例思考：

1. 这几个年轻大学生需要借助哪些金融机构？
2. 这些金融机构有什么特点？

案例二：资产证券化与 2008 年世界金融危机

作为固定收益证券的一种，资产证券化产品也存在许多风险。2008 年世界金融危机就是资产证券化风险的例证之一。

2008 年金融危机起源于美国次级房贷危机。在美国，根据贷款人的信用质量，可将居民抵押贷款分为优质贷款（Prime）、超 A 贷款（Alt-A）、次级贷款（Sub-prime）三类。同样，住房贷款也可以分为这三类，次级房贷危机正是由于次级房贷的借款人违约进而造成的次级房贷市场的动荡。随着房屋贷款证券化的进行，房贷的发放机构（主要是商业银行）将这些房屋贷款打包出售。

美国"9·11"事件和互联网泡沫破灭之后，美联储为了刺激经济，大幅降息，同时激起了贷款买房的潮流，房地产市场一片繁荣景象，2000—2005 年全美平均房价上涨了 58%，年均涨幅超过 10%。值得关注的是在这些购房者中穷人居多，他们的信用记录并不好，而商业银行又过分放松贷款条件，这些都给房贷市场埋下了危机的种子。截至 2007 年上半年，美国次级贷款余额为 1.5 万亿美元，占住房贷款市场总份额的 15%。出售给投资银行，投资银行将这些房贷证券化做成房屋抵押证券（MBS）和担保债务凭证（CDO）出售给世界各地的机构投资者和个人投资者。

2007 年，受到基准利率上调和房地产市场下跌的双重影响，次级抵押贷款市场产生巨大的危机。在美国已实施证券化的次级抵押贷款中，大约 75%属于浮动利率抵押贷款，随着美联储为应对全球通货膨胀而不断提高基准利率，这些房贷贷款人还款的压力越来越大。更致命的是，美国房地产价格从 2006 年下半年开始持续回调。当次级贷款贷款人发现自己背负的房贷已高于房屋现值的时候，违约就成了不可避免的选择，而房贷贷款人违约的集中爆发就引发了次贷危机。

事实上，房屋贷款资产证券化后，房屋贷款的现金流并不经过先前提供房贷的商业银行而是直接流向充当 SPV 的投资银行和购买证券的投资者。也就是说通过资产证券化，商业银行的坏账风险被转移出去了。因此，次贷危机导致的现金流直接影响的是投资银行和全球范围的投资者，进而造成了全球金融恐慌。

案例思考：

你认为资产证券化在这次金融危机中起着什么作用？

延伸阅读

1. [美]查尔斯 R.盖斯特.华尔街投行百年史.寇彻，任晨晨译.北京：机械工业出版社，2013.

2. [美]乔舒亚·罗森鲍姆，[美]乔舒亚·珀尔.投资银行：估值、杠杆收购、兼并与收购.刘振山，曹建海译.北京：机械工业出版社，2014.

3. 中华人民共和国保险法.北京：法律出版社，2016.

4. 白钦先，王伟.政策性金融概论.北京：中国金融出版社，2013.

5. 王淑敏，齐佩金.金融信托与租赁.北京：中国金融出版社，2016.

第三篇 金融调控与金融监管

第九章

货币供求与均衡

引言

近年来，一个金融领域中的专业概念——广义货币（M2）成了社会大众的热门谈资。央行数据显示，截至2017年年底，我国M2余额为167.68万亿元，居世界第一，约占全球货币供应总量的1/4，是美国的1.5倍，英国的4.9倍，日本的1.7倍，比整个欧元区的货币供应量还多出20多万亿元。

与此同时，近年来，无论是“蒜你狠”“姜你军”等现象频繁发生，还是房价的一路上涨，都给人们带来了货币贬值的直观感受。于是，一些人开始将巨额M2与物价、房价对应起来，认为货币超发是物价上扬和房价高企的根源。

M2居世界第一是不是意味着中国的钱最多？是否存在央行主导的“货币超发”？M2存量大会不会诱发通胀、推高房价？让我们一起走近M2。

通过本章的学习，你将能够了解和掌握以下知识：

- 货币供给量的形成与控制机制；
- 货币供给的基本模型及影响因素；
- 货币需求的相关理论；
- 货币失衡的调节机制。

本章知识架构图

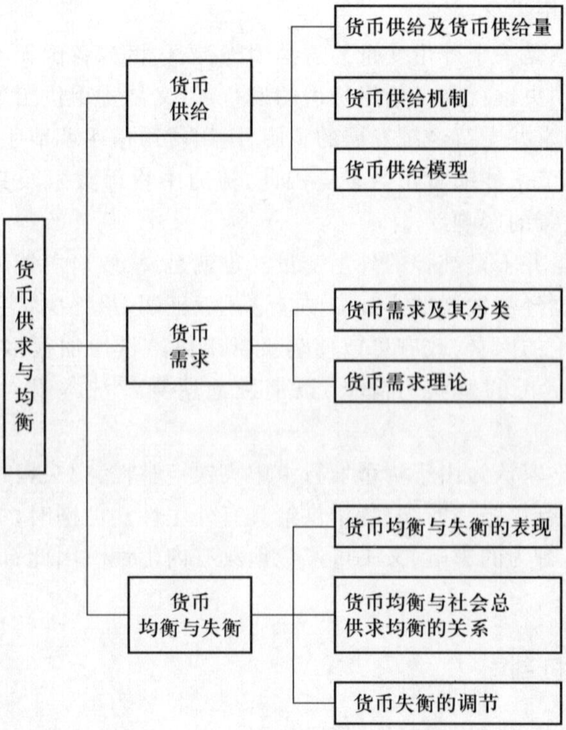

第一节　货币供给

一、货币供给及货币供给量

（一）货币供给及货币供给量的内涵

货币供给亦称货币供应，是指银行体系通过自己的业务活动向流通领域投放、创造货币的全过程。货币供给的结果形成货币供给量。

货币供给量是指一个国家在一定时点上的货币总存量，包括流通中的现金和各种存款。

货币供给量有名义货币供给量与实际货币供给量之分。名义货币供给量是指一定时点上不考虑物价影响因素的货币存量；实际货币供给量是指剔除了物价影响因素之后的一定时点上的货币存量。

货币供应量的度量一般是按货币的流动性程度分层次进行统计的，相关内容在第一章货币的计量中已有介绍。

（二）货币供给的性质

货币供给的性质主要是指货币供给的外生性与内生性。货币供给的外生性是指货币供给量是经济运行过程的一个外生变量，由中央银行独立地加以决定，其对经济运行和其他经济变量的影响是通过凯恩斯效应或实际余额效应实现的。货币供给的内生性是指货币供给的数量由经济主体的需要内生决定，中央银行不能有效地控制货币供给量，货币供给量从属或适应于货币需求。

首先，货币供给量是一个外生变量。这是因为，当代世界各国无不建立起独享货币发行权的中央银行制，中央银行既是信用货币的发行者，又是货币供给数量的调节者。中央银行能够保证货币稳定并支持经济发展的意图，运用货币信用调节手段，通过对社会信用活动扩张和收缩的调节来伸缩货币数量。因此，流通中货币数量及其结构在很大程度上受到中央银行货币政策的影响。

其次，货币供给量并不是纯粹的外生变量。也就是说，政府不能随意地增加或减少货币供给量，而必须根据经济发展的客观需要。这足以证明，最终决定货币供给量的是经济因素本身，而不是外生的因素，政府可以使名义货币供给量增加很多，但是经济本身也可以通过贬值，使单位货币的购买力降低，以消极地达到经济本身对货币供给量的数量要求。

目前，多数经济学家认为由于货币发行由中央银行掌控，中央银行可以通过货币政策工具对货币供给量进行扩张和收缩，货币供给具有外生性。但同时，货币供给量受到经济生活中其他经济主体行为的影响，又不可避免地具有内生性。因此，货币供给兼有外生性与内生性。

二、货币供给机制

在二级银行制度下，货币供给量的形成机制体现为：银行体系通过其业务活动向流通领域提供货币的全过程。即中央银行供应基础货币，商业银行创造派生存款，从而形成货币供给量。

（一）基础货币的投放

1. 基础货币的概念

基础货币又称为"强力货币"或"高能货币"，是指中央银行供应的能够引起货币供给量成倍变动的货币基数。基础货币由两个部分构成：一是流通中的现金；二是商业银行的存款准备金。

用公式表示为：

$$B=C+R$$

式中：B 为基础货币；

C 为流通中的现金；

R 为商业银行的存款准备金。

其中，流通中的现金是中央银行对社会公众的负债，商业银行的存款准备金是中央银行对商业银行的负债。

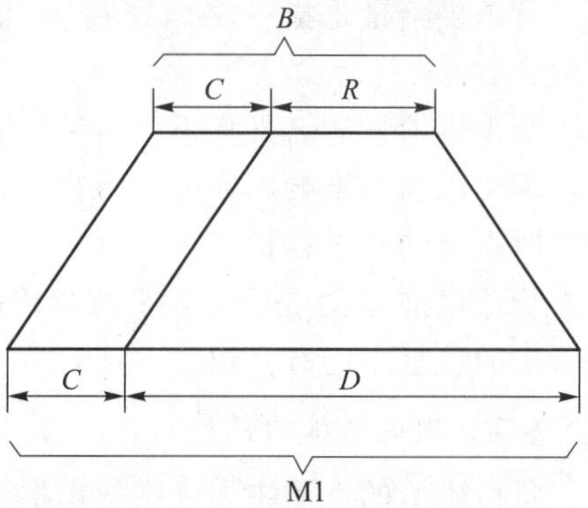

图 9-1　基础货币与货币供给量的关系

基础货币与货币供给量之间的关系是"源"与"流"的关系，如图 9-1 所示。图中 $C+R$ 是基础货币量，$C+D$ 是狭义货币供给量（M1）。货币供给量与基础货币之间之所以存在倍数的关系，主要是由于基础货币具有派生存款创造的功能。

2. 基础货币的特点

（1）基础货币是中央银行的负债。其中，流通中的现金是中央银行对社会公众的负债，存款准备金是中央银行对金融机构的负债。

（2）基础货币是所有货币中最活跃的部分，运动的结果能够产生数倍于自身的货币量。

（3）基础货币能够被中央银行控制，中央银行通过对它的控制来实现对货币供给量的控制。

3. 基础货币的投放渠道

（1）货币当局以再贷款或再贴现等形式向商业银行授信。这部分基础货币经由商业银行的信贷投放、转账存款如此这般周而复始的派生存款创造过程，最终转化为众多商户或个人的支票存款和现金货币。在央行的资产负债表中，这将表现为资产项下"对其他存款性公司债权"的增加以及负债项下"储备货币（金融性公司存款、货币发行）"的增加。

（2）货币当局经由公开市场业务买入有价证券。由于中央银行的公开市场业务以金融机构为交易对方，买卖的标的主要是国债，所以在货币当局的资产负债表中，这将表现为资产项下"对政府债权"的增加以及负债项下"储备货币（金融性公司存款）"或"不计入储备货币的金融性公司存款"的增加。

（3）货币当局买入黄金外汇资产。这部分基础货币也将经由商业银行的信贷投放派生出大量的支票存款和现金货币。在央行的资产负债表中，这将表现为资产项下对"国外资产（外汇与货币黄金）"的增加以及负债项下"储备货币（货币发行与金融性公司存款）"的增加。

（4）货币当局对财政部门借出款项或透支。财政部门通过投资或转移支付等形式将这一部分基础货币重新注入生产、流通或消费领域，最终转化成企业和家庭的货币收入。在货币当局的资产负债表中，向财政部门借出款项表现为资产项下"对政府债权"的增加以及负债项下"政府存款"的增加。然后经由财政资金的使用表现为负债项下"政府存款"的减少以及"储备货币（金融性公司存款）"的增加，而财政的透支则会直接表现为资产项下"对政府债权"的增加以及负债项下"储备货币（金融性公司存款）"的增加。由于这种投放基础货币的方式通常会造成通货膨胀，当前许多国家已经以立法的方式明令禁止中央银行直接贷款或透支给政府用于弥补财政赤字。

（二）派生存款的创造

1. 原始存款与派生存款的概念

原始存款是指能够增加商业银行体系准备金的存款，即商业银行通过吸收银行体系外的现金或向中央银行借款所形成的存款。原始存款是商业银行的负债，准备金是商业银行的资产。

派生存款是指由商业银行以原始存款为基础，通过发放贷款、办理贴现等业务而引所创造的存款。

2. 派生存款创造的前提条件

第一，部分准备金制度。商业银行的准备金分为法定存款准备金和超额存款准备金。法定存款准备金是指商业银行按照中央银行规定的法定存款准备金率缴存中央银行的存款；超额存款准备金是指商业银行持有的超过法定存款准备金的部分。如果不是部分准备金制度而是全额准备金制度，商业银行则没有超额存款准备金用于放款等资产业务。

第二，非现金结算制度。即企事业单位或个人之间货币支付都通过支票转账进行结算。这样，商业银行在对客户放款或贴现时，只需在客户支票账户上增记一笔存款。如果人们的所有交易都必须使用现金结算，商业银行则无法创造存款。

3. 派生存款创造的过程

首先假定支票存款的法定存款准备金率为 20%，并且为了分析简便，作如下假设：① 所有银行都将其超额存款准备金用于发放贷款，从而不持有任何超额存款准备金；② 银行客户将其一切收入均存入银行体系，同时没有现金从银行系统中漏出，即公众不从他们的存款账户上提取现金，或者提取现金用以支付之后，收款的一方又立即将它存入银行；③ 没有从支票存款向定期存款或储蓄存款（两者合称非交易存款）的转化。

假定某银行客户将其向中央银行出售政府债券所得的 1 000 000 元现金（或支票）以支票存款形式存入 A 银行，从而使 A 银行的准备金资产和支票存款负债都增加 1 000 000 元。

A 银行按规定从中提取现金准备 200 000 元，以应付客户提现的需要。其余 800 000 元可以用于贷款以取得收益。假定 A 银行发放的 800 000 元贷款被借款人用来购买产品，供货单位收到款项后以支票存款的形式存入 B 银行。

B 银行按规定从中提取现金准备 160 000 元，贷出 640 000 元，借款人又转存入 C 银行。C 银行按 20%提取准备金后，其余再贷放出去。

以此类推，银行与客户之间不断地贷款、存款，这一过程一直继续下去，直到整个银行体系都没有超额存款准备金存在。其结果如表 9-1 所示。

表 9-1　多倍存款的创造过程表　　单位：元

银　行	原始存款	法定存款准备金	超额存款准备金	放款
A	1 000 000	200 000	800 000	800 000
B	800 000	160 000	640 000	640 000
C	640 000	128 000	512 000	512 000
D	…	…	…	…
…	…	…	0	0
总　计	5 000 000	1 000 000	4 000 000	4 000 000

在上述例子中，A 银行吸收到 1 000 000 元原始存款，通过发放贷款使商业银行体系存款总量达到 5 000 000 元，存款增加 4 000 000 元。

若以 R 表示原始存款，D 表示存款总额，ΔD 表示派生存款，r_d 表示活期存款法定准备金率，则：$D=R/r_d$；$\Delta D=D-R$。

上例中，$D-R=4\ 000\ 000$ 元，就是银行体系创造出来的存款货币，派生存款乘数是 5

倍(1/20%)。若 r 降为 10%,则存款可扩张至 10 倍;若 r 升至 25%,则存款只可扩张 4 倍。说明法定存款准备金率越高,派生存款乘数越小;法定存款准备金率越低,派生存款乘数越大。

与派生存款的创造相对应,存款的收缩道理也一样,只不过变化的方向相反而已。

三、货币供给模型

(一) 货币供给量计量模型

如前所述,基础货币与货币供给量之间的关系是"源"与"流"的关系。下面我们从基础货币这一"源"入手,推导货币供给量的计量模型(各种符号代表的变量见右框)。

$$B=C+R \cdots\cdots (9-1)$$

$$C=kD \cdots\cdots (9-2)$$

$$R=r_d D+r_t T+eD \cdots\cdots (9-3)$$

$$T=tD \cdots\cdots (9-4)$$

将(9-2)、(9-3)和(9-4)代入(9-1)得:

$$B=kD+r_d D+r_t t D+eD$$

$$D=B\frac{1}{k+r_d+r_t t+e} \cdots\cdots (9-5)$$

$$M1=C+D \cdots\cdots (9-6)$$

将(9-2)和(9-5)代入(9-6)得:

$$M1=B\frac{1+k}{k+r_d+r_t t+e} \cdots\cdots (9-7)$$

$$M2=M1+T \cdots\cdots (9-8)$$

将(9-4)和(9-7)代入(9-8)得:

$$M2=B\frac{1+k+t}{k+r_d+r_t t+e}$$

若用 m_1 表示$\frac{1+k}{k+r_d+r_t t+e}$,$m_2$ 表示$\frac{1+k+t}{k+r_d+r_t t+e}$,则:

$$M1=B\cdot m_1,\ M2=B\cdot m_2$$

用 Ms 代表 M1 和 M2;m 代表 m_1 和 m_2,则:

$$Ms=B\cdot m$$

> Ms:货币供应量
> m:货币乘数
> B:基础货币 ($C+R$)
> R:存款准备金
> ER:超额准备金
> C:流通中的现金
> D:活期存款
> T:定期存款
> r_d、r_t:活期存款与定期存款法定准备金率
> e:超额准备金率(ER/D)
> c:现金漏损率(C/D)
> t:定期存款转化率(T/D)

(二) 货币供给的决定因素

1. 基础货币的决定因素

通过上述分析我们已经知道,基础货币是中央银行负债。而中央银行的负债规模主要由中央银行的资产业务规模所决定。因此,基础货币的增减变化取决于中央银行资产业务规模的变化。具体表现为以下四个方面:

(1) 中央银行对商业银行等金融机构债权的变动。这是影响基础货币的最主要渠道。一般来说,中央银行的这一债权增加,意味着中央银行对商业银行再贴现或再贷款资

产增加，同时说明通过商业银行注入流通的基础货币增加，这必然引起商业银行超额准备金增加，使货币供给量得以多倍扩张。相反，如果中央银行对金融机构的债权减少，就会使货币供应量大幅收缩。通常认为，在市场经济条件下，中央银行对这部分债权有较强的控制力。

（2）国外净资产数额。国外净资产由外汇、黄金占款和中央银行在国际金融机构的净资产构成。其中外汇、黄金占款是中央银行用基础货币来收购的。一般情况下，若中央银行不把稳定汇率作为政策目标的话，则对通过该项资产业务投放的基础货币有较大的主动权；否则，中央银行就会因为要维持汇率的稳定而被动进入外汇市场进行干预，以平抑汇率，这样外汇市场的供求状况对中央银行的外汇占款有很大影响，造成通过该渠道投放的基础货币具有相当的被动性。

（3）对政府债权净额。中央银行对政府债权净额增加通常由两条渠道形成：一是直接持有政府债券；二是贷款给财政以弥补财政赤字。无论哪条渠道都意味着中央银行通过财政部门把基础货币注入了流通领域。

（4）其他项目（净额）。这主要是指固定资产的增减变化以及中央银行在资金清算过程中应收应付款的增减变化。它们都会对基础货币产生影响。

2. 货币乘数的决定因素

货币乘数是指货币供给量相对于基础货币的倍数，说明的是每一个单位基础货币的增减所引起的货币供给量增减的幅度。如果说基础货币的变化主要反映了中央银行负债规模的变动，那么货币乘数的变化则主要反映了中央银行负债结构的变化。其影响因素主要包括以下几个：

（1）法定存款准备率（r_d）。货币乘数受法定存款准备率的限制，货币乘数同法定存款准备率呈现一种倒数关系。法定存款准备率主要受三类因素影响：① 中央银行货币政策的意向（$\overline{P}$）。当 $\overline{P}$ 放松，则 r_d 低；当 $\overline{P}$ 紧缩，则 r_d 高；当 $\overline{P}$ 平衡，则 r_d 不变。② 商业银行存款负债的结构（S）。当定期存款比例高，则 r_d 低；当活期存款比例高，则 r_d 高。③ 商业银行的经营规模和处所。中央银行根据不同商业银行在这些方面的差别，实行差别的 r_d 政策。

（2）现金漏损率（c）。现金漏损率是指流通中的现金与活期存款之比。在经济运行中，现金漏损率的高低主要受以下因素影响：① 非银行部门的可支配收入（Y），c 是 Y 的递增函数；② 非银行部门持有现金的机会成本（P_n），c 是 P_n 的递减函数；③ 金融市场的完善程度（F_m），c 是 F_m 的递减函数；④ 其他非经济因素（u）。在一般情况下，社会不稳定，c 上升；社会稳定，c 平稳。

（3）定期存款比率（t）。定期存款比率是指定期存款负债与活期存款之比。在经济运行中，t 的高低主要受以下因素影响：① 非银行部门的可支配收入（Y），t 是 Y 的递增函数；② 持有定期存款的机会成本（P_t），t 是 P_t 的递减函数；③定期存款的利率（i），t 是 i 的递增函数。

（4）超额准备比率（e）。超额准备比率是指商业银行持有的超额准备金与活期存款之比。在经济运行中，e 主要受以下因素影响：① 商业银行持有超额存款准备金的机会成本（P_e），P_e 是 e 的递减函数。② 商业银行借入准备金的代价（i_e），i_e 是 e 的递减函数。

③ 非银行部门对现金的偏好(C_e),C_e是 e 的递增函数。④ 非银行部门对定期存款的偏好(T_e),T_e是 e 的递减函数。⑤ 中央银行货币政策的意向($\overline{P}$),即央行采取紧缩政策,e 上升;相反,央行采取放松政策,e 下降。⑥ 商业银行的业务经营传统($\bar{t}$),若银行经营中更注重安全,则 e 较多;若银行经营中更敢于冒险,e 较少。

第二节 货币需求

一、货币需求及其分类

(一) 货币需求的界定

货币需求是指社会各部门(居民、企业及政府)在既定的收入或财富范围内愿意而且能够以货币形式持有财富的需求。人们产生对货币需求的根本原因在于货币所具有的职能,货币的职能范畴包括执行流通手段、支付手段、贮藏手段等职能。在现代市场经济社会中,人们需要以货币方式取得收入,用货币作为交换和支付的手段,用货币进行财富的贮存,由此对货币产生有一定客观数量的需求。货币需求通常表现为一国在既定时间上社会各部门所持有的货币量。

对于货币需求含义的理解,需要注意把握以下几点:

(1) 货币需求是一个存量的概念。它考察的是在某个时点和空间内社会各部门在其拥有的全部资产中愿意以货币形式持有的数量或份额,而不是在某一段时间内各部门所持有的货币数额的变化量。因此,货币需求是个存量概念,而非流量概念。然而,货币存量的多少与流量的大小和速度密切相关,因此,在货币需求量的研究中,需要把存量与流量结合起来考察,作静态与动态的全面分析。

(2) 货币需求是有条件限制的,是一种能力与愿望的统一。它是以收入或财富的存在为前提,在具备获得或持有货币的能力范围之内愿意持有的货币量。因此,构成货币需求需要同时具备两个条件:一是必须有能力获得或持有货币;二是必须愿意以货币形式保有其财产。两者缺一不可,有能力而不愿意持有货币不会形成对货币的需求,有愿望却无能力获得货币也只是一种不现实的幻想。

(3) 现实中的货币需求不仅包括对现金的需求,而且包括对存款货币的需求。因为货币需求是所有商品、劳务的流通以及有关一切货币支付所提出的需求。这种需求不仅现金可以满足,存款货币也同样可以满足。如果把货币需求仅仅局限于现金,显然是片面的。

(4) 人们对货币的需求既包括了执行流通手段和支付手段职能的货币需求,也包括了执行价值贮藏手段职能的货币需求。两者差别只在于持有货币的动机不同或货币发挥职能的作用不同,但都在货币需求的范畴之内。

(二) 货币需求的分类

1. 名义货币需求与实际货币需求

名义货币需求,即按货币单位计量的货币需求量。在短期分析中,即价格不变的条件下，名义货币需求量有实际意义。一旦价格发生变动，名义货币需求量代表的购买力也就发生了变动。如果想要保持经济个体既有的生产和消费规模，名义货币需求量就必须发生变动。

实际货币需求，是指在价格变动的条件下按购买力计量的货币需求量，即用商品衡量货币。通常，实际货币需求以$\frac{M_d}{P}$表示，即用名义货币需求除以价格指数。

名义货币需求与实际货币需求的根本区别，在于是否剔除了通货膨胀（或通货紧缩）所引起的物价变动的影响。

2. 微观货币需求和宏观货币需求

从货币需求的主体考察，货币需求可以分为微观货币需求和宏观货币需求。前者是指从微观经济主体即个人、家庭或企业的角度进行考察，研究一个微观单位在既定的社会经济条件下，持有多少货币机会成本最低、效用最大的问题。其内容既包括执行流通和支付手段时的货币需要量，也包含执行贮藏手段职能的需要量；后者是指从宏观社会的角度进行分析，把货币视为交易的媒介，探讨一个国家在一定时期经济正常稳定发展所必需的货币量。其内容一般仅指执行流通手段和支付手段的货币需要量。

微观货币需求与宏观货币需求是既有区别又有联系的同一问题的两个方面。从理论上讲，全部微观货币需求的总和即为宏观货币需求，因此，对货币需求的研究，必须根据需要从两个方面进行相互联系的综合研究。

二、货币需求理论

（一）马克思的货币需求理论

马克思的货币需求理论又称货币必要量理论。在马克思之前，许多经济学家就注意到了货币流通数量的问题，并做了多方面的理论分析，马克思总结前人的成果并在此基础上将这一理论进行了完善。

1. 金币流通条件下的货币需求

马克思的货币必要量理论是以金币流通为假设条件或背景的，流通中对金属货币的需求量的计算是以金币价值与商品价值的对比关系为前提的。他的论证过程是：商品价格取决于商品价值和黄金价值，商品价值决定于生产过程之中，而商品价格是在流通之外决定的，商品是带着价格进入流通的；商品价格有多大，就需要有多少金币来实现它；商品与金币交换后，商品退出流通，金币却留在流通之中，所以一枚金币流通几次就可使相应几倍价格的商品出售。商品价格总额是一个既定的值，货币需要量是根据这一既定值确定的。

由上述分析可得，流通中必需的货币量为实现流通中待销售商品价格总额所需的货币量。在商品流通中，货币是交换的媒介，因此，待销售商品价格总额决定了所需的货币数量。但考虑到单位货币可以多次媒介商品交易，由商品价格总额决定的货币量应当是货币流量而非存量。用公式表示就是：

$$\text{流通中所需货币量} = \frac{\text{商品的价格总额}}{\text{货币流通速度}}$$

即：

$$M = PQ/V$$

式中：M 为执行流通手段职能的货币量；

P 为商品价格水平；

Q 为流通中的商品数量；

PQ 为商品价格总额；

V 为同名货币的流通速度。

上述公式表明：货币需求量取决于进入流通的商品数量、价格水平和货币流通速度三个因素。其中，商品数量、商品价格与货币需求量正相关；货币流通速度与货币需求量负相关。

2. 纸币流通条件下的货币需求

马克思进而分析了纸币流通条件下货币量与价格之间的关系。他指出，纸币本身没有价值，只有流通才能作为金的代表。由于流通所能吸收的金量是客观决定的，所以无论向流通中投入多少纸币，所能代表的也只是客观所能吸收的金量。因此，纸币流通规律是：纸币的发行限于它象征地代表的金（或银）的实际流通的数量。用公式表示为：

$$\text{流通中的全部银行券所代表的货币金属价值} = \text{流通中需要的货币金属价值}$$

$$\text{单位银行券代表的货币金属价值} = \frac{\text{流通中需要的货币金属价值}}{\text{银行券流通总量}}$$

上述公式表明：银行券本身不具有价值，只能代表流通中需要的货币金属价值；银行券的发行量严格控制在足值金本位需要量范围之内，一旦银行券的发行量超过足值金属本位币的客观需要，单位银行券就贬值。

马克思的货币必要量公式，揭示了决定货币必要量的本质，指出了货币流通规律的实质就是货币与商品流通必须相适应，从而货币流通必须符合经济发展的需要。

（二）传统的货币数量论

传统的货币数量论分为早期货币数量说和近代货币数量说。由现金交易说和现金余额说构成的近代货币数量说对货币需求说的影响更为深远。

1. 现金交易说——费雪方程式

1911 年，美国耶鲁大学教授欧文·费雪（1867—1947）在其出版的《货币的购买力》一书提出了著名的“交易方程式”，该方程式又被后人称为费雪方程式。

费雪认为，假设 M 为一定时期内流通货币的平均数量，V 为货币流通速度，也就是每单位货币在一年内与商品交易的平均次数，P 为各类商品价格的加权平均数，T 为各类商品的实际交易数量，则有：

$$MV = PT \text{ 或 } P = MV/T$$

前一公式等号的左端是货币量与流通速度的乘积，即货币总值；右端是交易量与平均价格的乘积，即交易总值。显然，在古典经济学派的理论框架中，双方必然相等。

后一公式说明，P 的值取决于 M、V、T 这三个变量的相互作用。不过，费雪分析在这三个经济变量中，M 是一个由模型之外的因素所决定的外生变量；V 是由经济中影响个人交易方式的制度所决定的，由于制度性因素在短期内不变，因而可视为常数；交易量 T 对产出水平常常保持固定的比例，并且由于费雪认为工资和价格是完全有弹性的，所以，在正常年份整个经济的总产出总是维持在充分就业的水平上，故在短期内也可以认为是大体稳定的。因此，只有 P 和 M 的关系最重要。这样，P 的值就取决于 M 数量的变化。

由于 $MV=PT$，则 $M=PT/V=1/V \cdot PT$。

在货币市场均衡时，人们手持的货币数量 M 就等于货币需求量 M_d，故可以用 M_d 来取代式中的 M。如果用 k 来代替 $1/V$，则 $M_d=kPT$。这说明，仅从货币的交易媒介功能考察，全社会在一定时期一定价格水平下的总交易量决定了人们的名义货币需求量 M_d。

2. 现金余额说——剑桥方程式

现金余额说最早由剑桥学派的经济学家马歇尔提出，后经由庇古、罗伯逊等人发展起来。它虽然得出了和现金交易说完全相同的结论，但是分析的出发点是完全不同的。它首先将货币视为一种资产，然后探讨哪些因素决定了人们对这种资产的需求，并最终得出了货币数量和价格水平同比例变化的货币数量论观点。

剑桥学派认为，经济个体在通常情况下所持有的货币量或现金余额与名义国民收入保持一种固定或稳定的关系，因此，若以 Y 代表实际国民收入，P 代表平均物价水平，M_d 代表货币需求量，k 代表持币率，即以货币形式持有的收入对收入总额的比率，则剑桥方程式可表述为：

$$M_d=kPY$$

上述分析表明，剑桥学派的经济学家已经考虑到了影响货币需求的多种因素。但在得出结论的时候，他们却忽略了其他因素，而只是简单地断定人们的货币需求同财富的名义值成正比，财富又同国民收入成比例，所以货币需求就同名义国民收入成正比例。

由于包括传统货币数量论在内的古典经济学都认为经济可以自动趋于均衡，因此货币供给 M_s 与货币需求 M_d 也会自动趋于均衡，即 $M_s=M_d=M$，代入上式可得：$M=kPY$。

通过以上分析我们可以发现，剑桥学派是从货币需求函数出发推导出货币数量论，而不像现金交易说那样从货币数量论出发推导出货币需求函数。这其中逻辑顺序的不同却使现金余额说蕴含着较多的合理成分，因为它的出发点是正确的。剑桥学派开创的这一研究视角为后来的经济学家研究货币需求奠定了基础，凯恩斯的流动性偏好理论正是在现金余额说的基础上发展起来的。

（三）凯恩斯学派的货币需求理论

凯恩斯继承了剑桥学派的分析方法，从资产选择的角度来考察货币需求。所不同的是，凯恩斯对人们持有货币的动机进行了详尽的分析进而得出了实际货币需求不仅受实际收入的影响，而且受利率影响的结论。

凯恩斯将人们持有货币的动机称为流动性偏好，所以凯恩斯的货币需求理论也被称为流动性偏好理论。他从人们持有货币的动机出发，把决定人们货币需求行为的动机归结为交易动机、预防动机和投机动机。其中交易动机与预防动机形成的货币需求具有很多共同之处，凯恩斯把这两个动机形成的货币需求统称为交易性货币需求；投机动机形成的货币需求称为投机性货币需求。

1. 交易性货币需求

交易性货币需求，是指人们为了应付日常交易需要或应付可能突然发生的意外支出而形成的货币需求，源于货币的交易媒介职能。影响交易性货币需求的主要因素是人们的收入水平，两者呈正相关关系。所以，凯恩斯将交易性货币需求称为收入的递增函数。

2. 投机性货币需求

投机性货币需求，是指人们为了捕捉有利的投资时机并赚取利润而形成的货币需求。人们此时持有货币是将其作为一种资产来对待的。为了分析决定投机性货币需求的因素，凯恩斯假定人们可以以两种形式来持有其财富：货币和生息资产，后者可以用长期政府债券来代表。因此，影响财富在这两者之间进行分配的因素也就是影响投机性货币需求的因素。

那么，究竟哪些因素会影响人们在货币和生息资产之间的选择呢？凯恩斯认为，这主要取决于这两种资产分别给人带来多少预期报酬。其中，流动性最强的货币，其预期报酬率为零；债券等生息资产却可能有两种报酬：利息和资本利得。如果债券的利息收入不能弥补债券价格下跌所带来的损失，则持有货币优于持有债券等生息资产。而影响债券价格变动的主要因素是市场利率，两者呈负相关关系。所以，凯恩斯将投机性货币需求称为利率的递减函数。

在极端情况下，当利率低到所有人都预期它将上升，从而有价证券的价格将下降时，人们都希望持有货币而不愿持有有价证券，这时投机性货币需求趋于无穷大，即"流动性陷阱"。

通过以上分析可知，凯恩斯的货币需求函数（见图 9-2）可表示如下：

$$M = M1 + M2 = L_1(Y) + L_2(r) = L(Y, r)$$

式中：M 表示货币总需求；

M1 表示交易性货币需求；

M2 表示投机性货币需求；

Y 表示收入；

r 表示市场利率；

L_1表示 M1 与 Y 的函数关系；

L_2表示 M2 与 r 的函数关系。

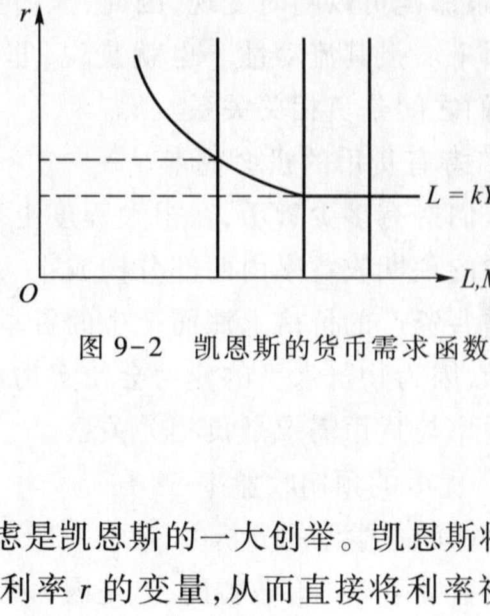

图 9-2　凯恩斯的货币需求函数

把利率作为影响货币需求的重要因素加以考虑是凯恩斯的一大创举。凯恩斯将传统货币数量论中的 V 或 k 从假定为常量变成取决于利率 r 的变量，从而直接将利率视为货币需求函数中与 Y 有等同意义的自变量，这是凯恩斯货币理论的重要特点。

另外，凯恩斯认为货币需求是不稳定的。由于市场利率往往有较大的波动，受其影响，人们对货币这种资产的需求也会有较大的波动。而且，由于人们对于安全利率的看法会发生变化，所以货币需求函数本身也是不稳定的。

（四）货币主义的货币需求理论

货币主义代表人物米尔顿·弗里德曼在传统货币数量论的基础上，提出了现代货币数量论。1956 年，弗里德曼发表了《货币数量说——新表述》一文，奠定了现代货币数量论的基础。弗里德曼继承了凯恩斯等人把货币看成一种资产的观点，从而把货币需求当作财富所有者的资产选择行为来加以考察。与凯恩斯不同的是，弗里德曼并不把资产选择的范围仅限于货币和债券之间，而是把债券、股票，以及各种实物都列为可替代货币的资产，从而使资产选择的范围大大扩大，并从中得出了与凯恩斯主义者截然不同的结论。

根据弗里德曼的分析，货币需求函数中的各个变量可分为以下四类。

1. 恒常收入和财富结构

财富总量是制约人们货币需求的规模变量，也就是说，即使人们将其全部财富都以货币形式持有，其货币需求总量也只能等于其拥有的总财富，而不可能超过财富总额，现代货币数量学说把财富分为人力财富和非人力财富，人力财富也称人力资本，是指人们所具有的为自己获得收入的能力，包括体力、智力以及学习掌握的技巧等，其大小与接受教育的程度密切相关。而非人力财富则是指各种能带来收入的实物财富，如房屋、生产资料、耐用消费品以及各种金融资产等。对绝大多数人来说，人力财富占其财富总量的绝大部分。

由于财富的货币化测量难度很大，而财富又与收入之间有着密切的关系，所以，人们通常以收入代表财富。但因现期收入易受年度波动的影响，因此，在这里所说的收入是一种恒久性收入，也叫恒常收入，是指一个经济主体所拥有的各种财富在相当长时期内所获得收入的平均量，可用能观察到的过去若干年收入的加权平均数代表。根据弗里德曼的分析，对于一个经济主体而言，恒久性的实质收入与货币需求是正相关关系，收入增加，货币需求也会相应增加；收入减少，货币需求也随之减少。

由于人力财富向非人力财富的转化受到种种条件的制约，人力财富的流动性不像债券、股票那样可以随时变现，因此，人力财富在其总财富中占较大比例者只能通过持有较多货币来增强其流动性。也就是说，非人力财富在总财富中占的比例越大，货币需求越小，它们之间是负相关关系。

2. 持有货币的机会成本

人们持有多少货币，在很大程度上取决于货币和其他资产收益率大小的比较。债券和股票的预期收益率由两部分构成：一是当期的收益，如债券的利息，股票的股息等；二是由于这些资产的价格上涨而产生的资本利得。实物资产的预期收益率用物价水平的变动率表示，因为物价水平的变动会使实物资产的名义收益率发生变动。显然，其他资产的预期收益率与货币需求是负相关关系。

3. 货币的预期收益率

在前面各学派的分析中，我们一般可以认为货币的预期收益率为零，而在弗里德曼的分析框架里货币却是有收益的，这是因为弗里德曼考察的货币已经不再局限于M1（通货），而是扩大到了M2的范畴。货币的预期收益率包括两部分：一是银行支付的存款利息；二是银行为支票存款提供的各种服务。显然，货币的预期收益率与货币需求呈正相关关系。

4. 其他因素

弗里德曼认为，影响货币需求的因素除以上三大类外，还有很多因素会对货币需求产生一定的影响，如技术、制度以及人们的主观偏好等。这些综合变量在短期内相对稳定，可能从不同的方向对货币需求产生影响。

弗里德曼根据以上影响人们持有货币数量的因素分析提出了货币需求函数：

$$\frac{M_d}{P}=f\left(Y,w;r_m,r_b,r_e,\frac{1}{P}\,\frac{\mathrm{d}P}{\mathrm{d}t};u\right)$$

式中：M_d为个人财富持有者保有的货币量，即名义货币需求量；

P 为一般物价水平；

M_d/P 为个人财富持有者保有的货币所能支配的实物量，即实际货币需要量；

Y 为按不变价格计算的实际持久性收入，用来代表财富；

w 为物质财富（非人力财富）占总财富的比率；

r_m为货币的预期收益率；

r_b为固定收益证券（债券）的预期收益率；

r_e为非固定收益证券（股票）的收益率；

$1/P \cdot dP/dt$ 为实物资产的预期收益率；

u 为影响货币需求的其他因素。

上述个人财富持有者的货币需求函数中，只需排除 w 即成为企业的货币需求函数。如果略去 Y、w 在分配上的影响，用 M_d代表社会货币需求总量，Y代表按不变价格计算的国民收入，则上式就能应用于全社会。

根据弗里德曼的货币需求函数可以得出以下结论：

第一，货币需求对利率并不敏感，影响货币需求的主要因素实际上是恒久性收入，这意味着货币需求是稳定的。当利率上升时，银行可以从贷款中获得更多的利润，从而用更高的利率吸收存款，导致以银行存款形式持有货币的收益率随着债券和贷款利率的上升而上升。即使在存款利率受到限制的情况下，银行会通过提供更完善的服务来竞争存款，相当于货币的预期收益率也提高了。银行的存款竞争一直持续到没有超额利润为止，这一过程使货币与其他资产之间的收益率差额相当稳定。由于影响货币需求的是货币与其他资产之间相对预期收益率的高低，所以，当货币的预期收益率与其他资产的预期收益率同方向变化时，货币需求将相对保持不变。弗里德曼的这种观点意味着利率变动对货币需求影响极小，因而利率的变动在长期中对产量和就业的影响也就小，这也是弗里德曼反对将变动利率作为政府调控经济的理论渊源。

第二，由于货币需求函数本身是相当稳定的，因而货币流通速度是稳定可测的。弗里德曼通过对美国货币史的长期研究，论证出货币流通速度在长期内是十分稳定的。至于在短期内，用恒久性收入的概念来考虑也是稳定的。因为将弗里德曼的货币需求函数变换形式，可以得出货币流通速度是恒久性收入与货币存量之比，所以货币流通速度无论在长期还是在短期内都是一个稳定函数。只要货币流通速度是稳定可测的，当货币供给发生变化时，由交易方程式就可以估计出名义国民收入的变动。因此，货币供给决定名义收入的货币数量论的观点仍然成立。

第三节　货币均衡与失衡

一、货币均衡与失衡的表现

（一）货币均衡与失衡的含义

均衡与失衡是现代经济学研究中使用非常普遍的一对概念，均衡一般是人们追求的目标，但失衡却是存在的常态。货币均衡是指货币供给与货币需求之间的一种对比关系，是经济运行供给与需求的大体一致。一般而言，货币供给量 M_s 等于货币需求量 M_d，即 $M_s=M_d$，我们称之为货币均衡；如果货币供求不相等，$M_s \neq M_d$，则称之为货币失衡。它可以是 $M_s>M_d$，也可以是 $M_s<M_d$。

在现代市场经济条件下，一切经济活动都必须借助货币的运动，社会需求都表现为拥有货币支付能力的需求，即需求都必须通过货币来实现。因此，我们说货币的均衡与失衡，也就是在说社会商品供求的状态是均衡的还是失衡的。具体而言，货币均衡与失衡有如下几个方面的含义：

（1）货币均衡是指货币供求的一种理想状态，即货币供给与货币需求在数量上完全相等是一种偶然现象，而货币供求的非均衡，即货币失衡反而是一种经常存在的状态。

（2）货币均衡是一个动态的过程，它并不要求在某一具体时间上供求的完全适应，允许短期内货币供求间的不一致，因为在经济运行中，货币供给具有易变性和确定性，而货币需求具有相对稳定性和模糊性，它们之间的这两对矛盾相互作用的结果往往会使货币供给量偏离货币需求量，但在长期内货币供给与需求应是大体一致的。

（3）货币均衡与社会商品、服务的总供求是紧密联系在一起的，货币供求在一定程度上反映了国民经济的均衡状态。因为货币不仅是商品交换的媒介，而且其本身的均衡是国民经济发展的内在要求，货币供求与商品供求相互作用、相互制约，在现代经济条件下，我们无法想象离开货币供求的商品供求。

（4）货币均衡的实现过程离不开利率的作用。在市场经济条件下，利率不仅是货币均衡与否的指示器，而且能成为由货币失衡趋向均衡的自动调节杠杆。因为，利率对于公众和企业的货币需求来说，呈负相关关系，而货币供给作为一个内生变量，与利率变动呈正相关关系。

（二）货币失衡的表现

在市场经济条件下，货币失衡，无论是货币供给大于需求，还是货币需求大于供给，都可通过社会的市场利率表现出来，货币的供求在一定程度上决定利率，而利率的变动也可在一定程度上反映货币的供求状况，但均衡利率多高才是最能保证社会总供求平衡，促进经济发展的，只能借助经验的判断。除利率之外，货币失衡还会通过社会总供求的不平衡表现出来，其典型形式就是价格水平的波动，但影响价格变化的因素不仅是货币的供求，因此，价格水平的变动仅仅是货币供求失衡的一种表现，不能只凭价格水平的波动（较小的波动）做出货币供求失衡的判断。

由社会供求的恒等式 $MV=PY$ 可知，在市场经济条件下，如果货币流通速度是稳定的，一定时期的社会生产、供应水平变动不大，或至少是可预测的，那么，货币供给的变化只能通过价格水平的变化表现出来，可以说，货币数量与价格水平互为决定，如果货币供给量增加一倍，那么，社会的价格水平也将提高一倍；反之，如果货币供给减少一半，那么，社会的价格水平也将下降一半。在这里我们所分析的，是社会充分就业下的一种状态。但经济现实是复杂的，充分就业只是社会经济的一种理想状态。在现实经济社会中，市场机制并不能保证经济的均衡发展，社会并不是充分就业状态，社会还存在许多潜在资源，货币流通速度不是常数，货币供给变化对价格的影响、对经济的影响也不仅是前面分析的状况，它符合联系资源分析货币供给效应的论断。在社会尚未达到充分就业状态时，货币供给的增加，可以增加产出，价格不变；当社会接近充分就业状态时，扩大货币供给，不仅产出增加，价格也会提高；当出现充分就业的局面以后，货币供给的增加，不会引起产出的任何增加，将全部通过价格水平的上升表现出来，而价格水平的持续上升就是通货膨胀。

二、货币均衡与社会总供求均衡的关系

(一) 社会总供求平衡的含义

社会总供求包括供给和需求两个方面，社会总需求通常是指一国在一定时期内社会各方面实际占用或使用的全部产品之和。由于在市场经济条件下，一切需求都表现为有货币支付能力的购买需求，所以，社会总需求也就是一定时期社会的全部购买支出。总需求有现实需求与潜在需求之分，现实需求是指有现实购买力的需求，而潜在需求是尚未实现的需求或将要实现的需求。

社会总供给，通常是指在一定时期内，一国生产部门按一定价格提供给市场的全部产品和劳务的价值之和，以及在市场上出售的其他金融资产总量。由于这些商品都是在市场上实现其价值的，因此，社会总供给也就是一定时期内社会的全部收入或总收入。

社会总供求平衡一般是指社会总供给与社会总需求相互适应的一种状态。可从以下几方面来把握：① 社会总供求平衡是货币形态的均衡，而不是实物形态的均衡。实物均衡是自然经济的产物，而货币均衡才是现代商品经济总体均衡发展的重要特征。在社会总需求与总供给的平衡关系中，货币资金的运动起着重要作用。② 社会总供求平衡是市场的总体均衡。社会总需求与总供给是否平衡是由货币市场和商品市场的均衡状况决定的，因此，社会总需求与总供给的平衡，也就是货币市场和商品市场的统一均衡。③ 社会总供求平衡是动态的均衡，是现实的社会总需求与短期内可能形成的总供给的平衡，而不是现实的总需求与现实的总供给的平衡。它允许短期内社会总供给与总需求一定程度的偏离，但从较长时期来看，二者应是大体一致的。

(二) 货币供求和社会总供求的关系

在现代经济条件下，货币供求与社会总供求是通过以下两条渠道紧密联系在一起的：一是商品的供给决定了一定时期的货币需求。因为任何商品都需要货币来度量并实现其价值，有多大规模的商品供给，就必然要求有相应的流通货币。二是货币的供给在一定程度上决定了社会的总需求。因为任何需求都表现为有货币支付能力的需求，没有货币的需求是无法实现的。因此，在货币流通速度相对稳定的条件下，一定时期的货币供给量也就相应地决定了当期的社会总需求。

货币供给对社会总供给的影响是通过总需求来实现的。在货币供给如何影响社会总供给的研究中，现在已被广泛认可的是联系潜在资源或可利用资源的状况进行分析的方法：① 只要经济体系中存在现实可用作扩大再生产的资源，且其数量又比较充分，那么，在一定时期内增加货币供给就能够提高实际产出水平而不会推动价格总水平的上涨；② 待潜在资源的利用持续一个时期而且货币供给仍在继续增加后，经济中可能出现实际产出水平同价格水平都在提高的现象；③ 当潜在资源已被充分利用但货币供给仍在继续

扩张，经济体系中就会产生价格总水平上涨但实际产出水平不变的情况。这三个阶段可用图 9-3 表示。

通过以上的分析，可以这样认为，社会总供给决定了一定时期的货币需求，但同等的总供给可能有偏大或偏小的货币需求；货币需求决定了货币供给，货币供给必须以货币需求为基础，中央银行控制货币供给量的目的，就是要使货币供给与货币需求相适应；货币供给在货币流通速度稳定的条件下，又在一定程度上决定了社会总需求；社会总需求与总供给的平衡是我们追求的目标，以货币形式表现的商品价格既是强制总供求平衡的杠杆，又是社会总供求是否平衡的指示器。

如果我们用 M_S、M_d、AS、AD 分别代表货币供给、货币需求、社会总供给和社会总需求，用 P 和 r 表示社会商品的价格水平与市场利率，那么，它们之间的关系可用图 9-4 表示。

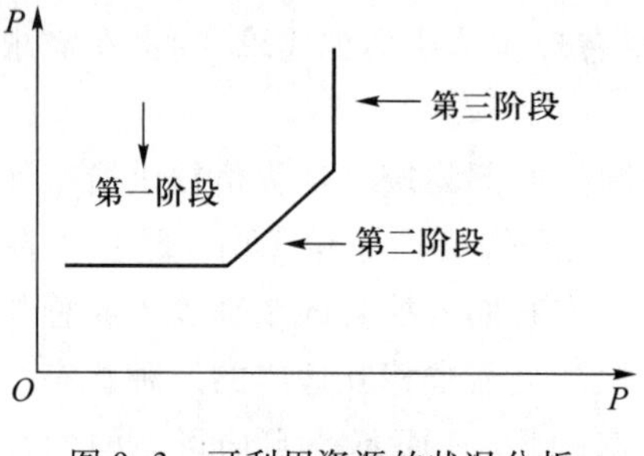

图 9-3　可利用资源的状况分析

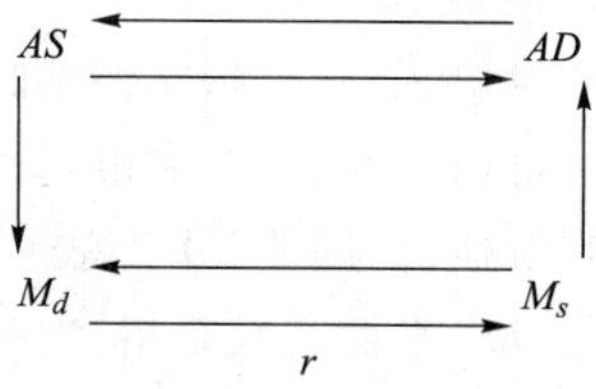

图 9-4　社会总供求与货币总供求

在这个关系图中，货币供求的均衡是整个宏观经济平衡的关键。也就是说，如果货币供求不平衡，整个宏观经济的均衡就不可能实现。而要货币供求保持均衡，就需要中央银行控制货币供给，使货币供给与客观的货币需求经常保持一种相互适应的关系，以保证经济的发展有一个良好的货币金融环境。

三、货币失衡的调节

货币供求的均衡是社会总供求平衡的关键，而社会总供求的平衡又是社会经济稳定发展的基础和前提，因此，在出现货币失衡时，必须进行矫正，使其尽快恢复到均衡状态。从货币失衡到货币均衡的调整对策主要有以下四种：

（一）供应性调整

供应性调整是指中央银行在货币供给大于货币需求时，从紧缩货币供给入手，使之适应货币的需求；在货币供给小于货币需求时，中央银行从扩张货币供给入手，使之与货币需求相适应的一种方式。

（二）需求性调整

需求性调整是指在货币供给量大于货币需求量时，从扩大货币需求入手，使之适应既定的货币供给量，当货币供给量小于货币需求量时，则从压缩货币需求入手，使之与货币供给量保持一致的一种方式。

（三）混合性调整

混合性调整实际上是供给性调整与需求性调整的有机结合。在货币供给大于货币需求时,不是单纯地压缩货币供给,也不是单纯地扩大货币需求,而是同时从供给和需求两方面入手,既进行供应性调整,也进行需求性调整,从而尽快地使失衡的货币供求转为均衡;反之,中央银行及其他社会主体则进行相反的操作。

（四）逆向性调整

逆向性调整是指面对货币供给量大于货币需求量的失衡局面,中央银行的政策选择,并不是直接压缩货币供给,而是增加货币供给,通过对某些商品短缺行业的结构性投放,使货币供求在新的起点达到均衡。虽然逆向性调整不如供应性调整见效那么快,而且在短期内还会扩大货币供给,使失衡的局面加剧,但只要在调整过程中,把握好时机,掌握好力度,就可能取得事半功倍的效果。

本章小结

1. 货币供给是指货币供给主体向社会公众供给货币的经济行为,它既是一个外生变量也是一个内生变量。

2. 在货币供给机制中,中央银行的作用是用其资产业务提供基础货币,基础货币是具有使货币供给总量倍数扩张或收缩能力的货币,是流通于银行体系之外的现金和商业银行存款准备金的总和。商业银行的作用是创造存款货币。在部分准备金制度与转账结算制度下,商业银行通过信贷业务可以创造出数倍于原始存款的活期存款总额。

3. 中央银行提供的基础货币和商业银行的货币创造是源与流的关系。基础货币亦称高能货币、强力货币或货币基数。它由两个部分所构成:一是商业银行的存款准备金(包括商业银行的库存现金以及商业银行在中央银行的准备金存款);二是流通于银行体系之外而为社会大众所持有的通货。货币乘数是基础货币每增加或减少一个单位所引起的货币供给量扩张或收缩的倍数。

4. 货币供应由两大因素决定:一是基础货币;一是货币乘数。一般地说,基础货币的变动可由中央银行决定,但中央银行并不能完全控制货币乘数,社会公众、商业银行等其他经济主体的行为也对货币乘数产生影响。影响基础货币的因素有中央银行对商业银行债权、国外净资产、对政府债权等。影响货币乘数的因素有法定存款准备金率、超额存款准备金率、现金比率、定期存款比率等。

5. 货币需求既是一种货币需求愿望,也是一种货币需求能力。了解货币需求的含义要区别以下两对概念:微观货币需求与宏观货币需求、名义货币需求与实际货币需求。

6. 马克思揭示的货币流通规律,是商品流通决定流通中货币数量的规律,这是货币运动的一般规律;费雪的现金交易说和剑桥学派的现金余额说是传统货币数量论的两种代表性学说;凯恩斯的流动性偏好理论分析了人们持有货币的三大动机,即交易动机、预防动机和投机动机;弗里德曼的现代货币数量论以恒久性收入作为总财富的代表,以债券的预期收益率、股票的预期收益率及实物资产的预期收益率作为机会成本变量,同时以人力财富与非人力财富之比以及其他综合变量作为影响货币需求的其他因素。

关键术语

基础货币　原始存款　派生存款　派生存款乘数　货币乘数　法定存款准备率

现金比率　定期存款比率　超额存款比率　现金交易说　现金余额说
流动性偏好理论　投机动机　流动性陷阱　恒久性收入　货币均衡
社会总需求　社会总供给

思考题

1. 按照国际货币基金组织的口径,货币层次是怎样划分的?我国公布的货币层次口径是什么?

2. 什么是基础货币?中央银行投放基础货币的渠道有哪些?

3. 试分析影响货币乘数的因素。

4. 阐述货币供给模型,以及其中哪些因素是中央银行可控的,哪些是中央银行控制不了的。

5. 什么是货币需求?为什么既要从微观角度又要从宏观角度分析货币需求?

6. 比较费雪方程式与剑桥方程式。

7. 凯恩斯认为的持有货币的三个动机是什么?这三个动机的特点是什么?

8. 试述货币主义的货币需求理论。

9. 分析货币均衡与社会总供求平衡之间的关系。

10. 试述从货币失衡到货币均衡的调整对策。

案例分析

案例分析一:我国货币供给内生性问题

1994 年我国进行外汇体制改革,取消企业的外汇留成,实行结售汇制,实现经常项下自由兑换。这一改革极大地促进了外贸出口和资本流入,我国外汇储备大幅度增加。外汇增加导致了中国人民银行资产结构的变化,国内信贷与对政府债权净额在总资产中的比重急剧下降,而国外净资产则大规模增加。由外汇储备激增导致的货币供给大幅度增长使中国人民银行在控制货币供给方面面临着前所未有的困难,我国的货币供给体现出很强的内生性。

案例思考:

1. 国际收支顺差为什么导致货币供给的内生性?

2. 一国外汇储备越多越好吗?为什么?我国目前的外汇储备规模适当否?

案例分析二:我国货币超发问题

近年来,我国 M2 增长呈现出逐渐加速的态势。2000 年年底,M2 余额约 13 万亿元,到 2008 年年底,M2 余额为 47.52 万亿元,而在国际金融危机爆发后,自 2009 年起,M2 余额每年跨越一个“10 万亿”台阶,4 年间增长了近一倍。于是,有观点认为,M2 存量过高是由于政府在应对金融危机过程中超发货币造成的,央行印了很多钱,用 M2 的快速增加刺激经济的快速增长。

案例思考:

1. 存不存在央行自行主导的所谓“货币超发”?

2. 我国 M2 存量高企的重要推动因素包括哪些?

延伸阅读

1. 李斌,伍戈.信用创造、货币供求与经济结构.北京:中国金融出版社,2014.

2. 盛松成,翟春.中央银行与货币供给.2 版.北京:中国金融出版社,2016.

3. 迈克尔·麦克莱,阿马尔·拉迪亚,赖兰·托马斯.现代经济中的货币创造.中国金融,2018(5).

4. L.兰德尔·雷.现代货币理论.张慧玉,王佳楠,马爽译.北京:中信出版集团,2017.

5. 周科.信用创造相关过程的分析框架.央行观察微信公众号,2018 年 2 月 5 日.

第十章

通货膨胀

引言

人类的历史，充满了通胀的祸害。而这祸害的进程，自从有了可以脱离商品本位发行的纸币之后，就变得愈加离奇。这真是应了欧文·费雪教授1911年说的那句话："不可兑现的纸币几乎总是成为使用它的那个国家的一个祸根。"

通货膨胀，从纸币远未出现的古代就已经有了。《宋书》记载："景和元年(465年)，沈庆之启通私铸，由是钱货乱败，一千钱长不盈三寸，大小称此，谓之鹅眼钱。劣于此者，谓之綖环钱。入水不沉，随手破碎，市井不复料数，十万钱不盈一掬，斗米一万，商贾不行。"

又如《魏书》记载："在市铜价，八十一文得铜一斤，私造薄钱，一斤铜可造钱二百。""既示之以深利，又随之以重刑，罹罪者虽多，奸铸者弥众。今钱徒有五铢之文，而无二铢之实，薄甚榆荚，上贯便破，置之水上，殆欲不沉。"

不过，更加严重的通货膨胀，还是在纸币出现之后的事情。因为在金属铸币时代，货币无论怎样贬值，总得有一些铜、铁作底，到了纸钞时代，则全凭发钞当局的胆量了。《元史》记载当时的纸币："行之未久，物价腾跃，价逾十倍，又值海内大乱，军储供给，赏赐犒劳，每日印造，不可数计。舟车装运，轴轳相接，交料之散满人间者，无处无之，昏软者不复行用，京师料钞十锭，易斗粟不可得。既而所在郡县，皆以物货相贸易，公私所积之钞，遂俱不行，人视之若弊楮，而国用由是遂乏矣。"

而"通货膨胀"这一词语据说是起源于美国南北战争时期。南北战争时期，联邦政府总共发行了4.5亿美元"绿背"，占战争费用融资的13%，使价格水平上涨到战前的180%。大量的发行，使得绿背币值迅速下跌，物价上涨，好像空气吹入布袋似的膨胀起来，于是被称为通货膨胀(Inflation)。

通过本章的学习，你将能够了解和掌握以下知识：

- 通货膨胀的含义及衡量指标；
- 通货膨胀的类型；

- 通货膨胀的成因；
- 通货膨胀的效应；
- 通货膨胀的治理对策。

本章知识架构图

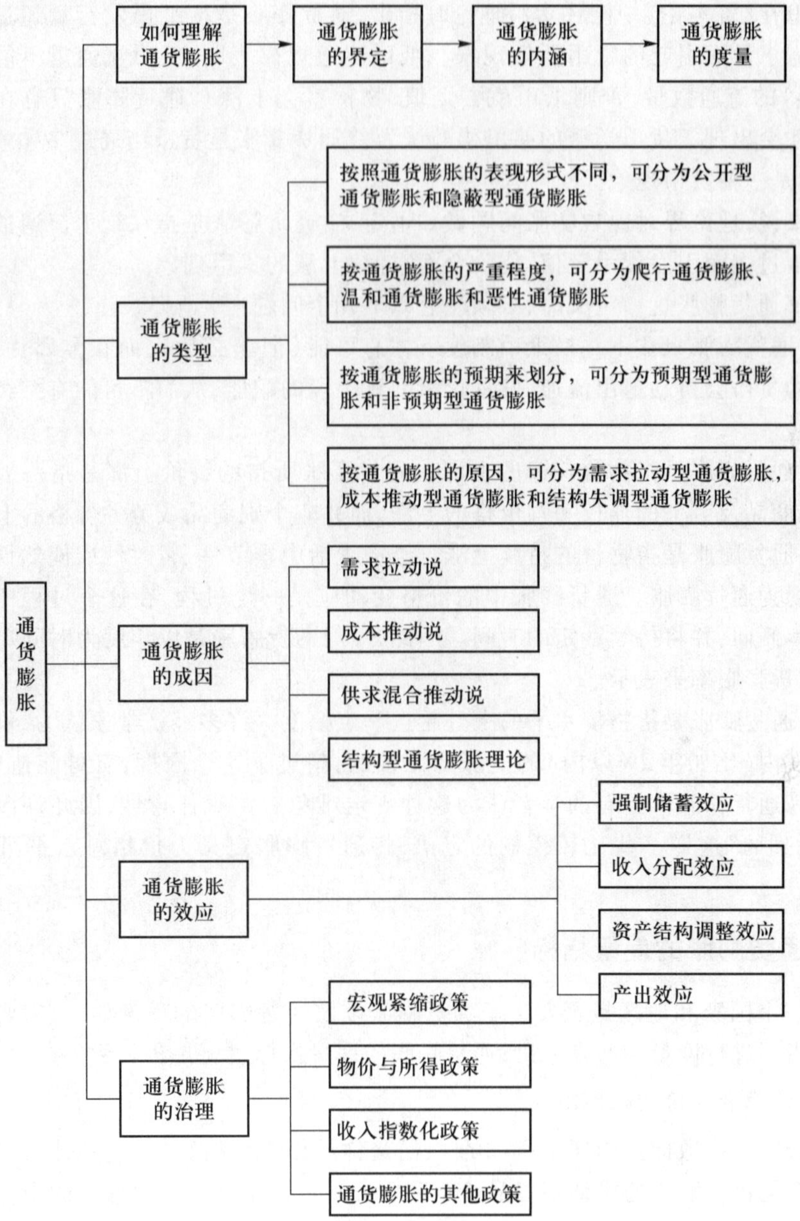

第一节　通货膨胀的概念与度量指标

一、通货膨胀的概念

马克思在《资本论》中阐述货币理论时指出，通货膨胀是指纸币发行量超过商品流通中的实际需求量而引起的货币贬值现象。纸币流通规律表明，纸币流通量不能超过它代表的金（银）的流通数量，否则纸币就要贬值，物价就会上涨。通货膨胀只有在纸币流通的条件下才会出现。货币学派的弗里德曼认为，“通货膨胀是货币当局过多印刷货币的后果，其本质是一种货币现象。”

一般来说，理论界对通货膨胀问题做如下定义：通货膨胀是指在纸币流通的条件下由于货币供给过多而引发货币贬值，物价全面、持续上涨的货币现象。

在理解通货膨胀这一定义时，必须注意以下几个问题：

第一，通货膨胀只在不兑换纸币制度下才有可能（但非必然），而在金属货币制度下，由于多余的货币会自动退出流通，发挥价值贮藏手段的职能，从而不可能有持续的物价水平的上涨。

第二，通货膨胀是指物价普遍的上涨。通货膨胀所指的物价上涨是指一般物价总水平，即全部商品及劳务的加权平均价格的上涨，而并非个别商品或劳务价格的上涨。

第三，通货膨胀是指物价的持续上涨。经济生活中季节性、暂时性或偶然性的价格上涨也不能视为通货膨胀。通货膨胀中的价格变动应是一个过程，在这个过程中物价具有上涨的基本倾向，并将持续一定的时间。因此，一般通货膨胀是以年度为时间单位来考察的，用年通货膨胀率来表示。

第四，通货膨胀是指物价水平的上升超过一定幅度。许多经济学家认为，价格总水平在一定限度内（比如年2%以内）的上涨是无害的，超过了这个限度，有可能造成危害时，才应称其为通货膨胀。但有的学者认为这种规定难免有主观任意性，因此许多人主张用“可以察觉到的”这样一些比较模糊的定语，将通货膨胀定义为价格总水平可观察到的上涨。

二、通货膨胀的度量指标

判断一个国家和地区是否发生了通货膨胀以及通货膨胀的程度如何，需要借助一系列的经济指标进行度量。通常来讲，通货膨胀的度量指标主要是各类物价指数。主要有：

（一）消费者物价指数（CPI）

消费者物价指数即我们通常所称的CPI，又称零售物价指数，它是一种用来测量各个时期内城乡居民所购买的生活消费品价格和服务项目价格平均变化程度的指标。目前我国编制这一指数时选取的商品和服务项目共包括食品、烟酒及饮品、衣着、家庭设备用品及服务、医疗保健及个人用品、交通和通信、娱乐教育文化用品及服务、居住八大类，指数计算采用加权算术平均法，每五年根据住户调查调整一次权数。居民消费价格指数作为反映通货膨胀程度的重要指标，被许多国家和地区广泛采用。但由于消费品只是社会最终产品的一部分,不能说明全面的情况,所以用该指数来测定通货膨胀具有一定的局限性,需结合其他指标一起使用。

(二) 生产者物价指数(PPI)

生产者物价指数是根据企业所购买的商品的价格变化状况编制的,反映了包括原材料、中间产品及最终产品在内的各种商品的批发价格的变动指数,可以衡量各种商品在不同生产阶段的价格变化情形。以生产者物价指数度量通货膨胀,其优点在于能较灵敏地反映企业生产成本的变化,并能在一定程度上预示消费者物价指数的变动趋势,但缺点是将各种劳务价格包括在内。

(三) 国民生产总值平减指数(GDP Deflator)

国民生产总值平减指数又称"国民生产总值折算价格指数",是衡量一国经济在不同时期内所生产和提供的最终产品和劳务价格总水平变化程度的经济指标。它等于以当年价格计算的本期国内生产总值,和以基期不变价格计算的本期国内生产总值的比率。该指标能够比较准确地反映最终产品和劳务的一般价格水平变动情况,但往往容易受到价格结构的影响,造成信号失真。

关于三大物价指数的简单比较,如表 10-1 所示。

表 10-1 三大物价指数比较

物价指数	统计口径	优点	不足
CPI	消费者消费的主要商品和劳务的价格	资料容易收集,公布次数较频繁,能迅速和直接反映公众生活费用的变化	包括的范围狭窄,不能反映各种资本品和中间品的价格变动趋势
PPI	原材料、中间产品及最终产品的批发价格	能较灵敏地反映企业市场成本的变化	没有将各种劳务价格包括在内
GDPD	国内市场的所有最终产品和劳务的价格	能全面地反映一般物价水平的趋势	不能及时反映物价的变动趋势

专栏 10-1

津巴布韦的恶性通货膨胀

当非洲的津巴布韦在 1980 年成为一个独立的国家时,津巴布韦元实际上比美元的价值还要高,汇率为 1 比 1.25。由于没有节制地印出纸币和部族冲突造成的强征土地,津巴布韦元在 21 世纪初开始经历了恶性通货膨胀。到 2004 年,通货膨胀率达到了前所未有的 624%,到了 2006 年更是又飙升到了 1 730%。在 2006 年 8 月,政府改选第二代津巴布韦元,新的津巴布韦元以 1 比 1 000 的兑换率取代了旧货币。2007 年通货膨胀率达到了 11 000%。2008 年 5 月起,政府陆续发行了 1 亿面值、2.5 亿面值、5 亿面值、25亿面值、50亿面值和100亿面值的津巴布韦元。在2008年8月，政府从货币上勾掉了10个零发行第三代津巴布韦元，100亿津巴布韦元相当于1新津巴布韦元，但这仍未控制住恶性通货膨胀，通货膨胀仍在加剧。2009年1月16日，津巴布韦发行了一套世界上最大面额的新钞，这套面额在万亿津巴布韦元以上的新钞包括10万亿津巴布韦元、20万亿津巴布韦元、50万亿津巴布韦元和100万亿津巴布韦元四种。2009年2月，津巴布韦中央银行决定从第三代津巴布韦元面值上去掉12个零发行第四代津巴布韦元，1万亿钞票等于1新津巴布韦元。截至2009年年初，津巴布韦通货膨胀率高达231 000 000%。津巴布韦政府于2009年3月宣布取消外汇管制，容许国民在津巴布韦元以外使用外国货币买卖交易，意味着政府承认抗通胀努力失败，并不得不允许国民用美元、英镑、欧元和南非兰特等多种外币交易结算，希望用此办法来遏制通胀疯狂飙升。

第二节　通货膨胀的类型及成因

一、通货膨胀的类型

随着经济的发展，通货膨胀也日趋复杂和多样化。理论界在对通货膨胀进行具体分析时，通常从不同角度把通货膨胀划分为多种不同的类型：

（一）按通货膨胀的表现形式分

按通货膨胀的表现形式，可分为公开型通货膨胀和隐蔽型通货膨胀。

公开型通货膨胀，又称为开放型通货膨胀，是指完全通过一般物价水平上涨形式反映出来的通货膨胀。在这种类型的通货膨胀过程中，物价总水平明显地、直接地上涨，通货膨胀率就等于物价上涨率。

隐蔽型通货膨胀，又称为抑制型通货膨胀，是指物价水平的上涨并没有完全通过公开的物价指数上涨表现出来的通货膨胀。在这种类型的通货膨胀过程中，由于价格被政府管制而不能或不能完全充分地上涨，在现行价格水平及相应的购买力条件下，就会出现商品普遍短缺、有价无市、凭票证供应、黑市猖獗等现象。苏联、东欧和中国都曾出现过隐蔽型通货膨胀。

（二）按通货膨胀的严重程度分

按通货膨胀的严重程度，可分为爬行通货膨胀、温和通货膨胀和恶性通货膨胀。

对这三种通货膨胀类型的划分，主要依据通货膨胀率的大小，但是对于具体的数值大小而言则并没有形成统一的标准。

一般而言，西方发达国家将物价上涨年率为2%的状态称为爬行通货膨胀。有些西方经济学家认为，这种逐步提高的物价水平对经济的发展和国民收入的提高都有着积极的意义，并称之为最佳的通货膨胀。

对于温和通货膨胀的界定，经济学家也存在分歧。主要有两种标准：一个是以低于7%的通货膨胀率为标准；另一个是以低于10%的通货膨胀率为标准。这种通货膨胀所引起的物价上涨并不是很剧烈,从而短期内对经济没有很大的不利影响,但是应该引起政府的注意。

恶性通货膨胀又称为极度通货膨胀。它具有两个明显的特点:一是物价连续暴涨,使人们对本国货币完全失去信心。货币完全丧失价值贮藏功能,并在一定程度上丧失交易功能。二是持续时间不会太久,通常会导致货币改革或经济崩溃,破坏力极大。此种通货膨胀最典型的例子是 20 世纪 20 年代的德国马克。

（三）按通货膨胀的预期分

按通货膨胀的预期,可分为预期型通货膨胀和非预期型通货膨胀。

预期型通货膨胀,是指通货膨胀过程被经济主体预期到了,以及由于这种预期而采取各种补偿性行动引发的物价上升运动。例如,当一国物价水平年复一年地按照 5%的速度上升时,该国的人便会预计到,物价水平将以同一比例继续上升。既然如此,该国居民在日常生活中进行经济核算时会把物价这一比例的上升考虑在内。

非预期型通货膨胀,是指未被经济主体预见的,不知不觉中出现的通货膨胀。由于人们对此一无所知,很难预测今后的通货膨胀情况。例如,由于自然灾害所引起农产品价格的突然上涨,导致以这些产品为原材料的商品价格的上涨,或者在长期价格不变的情况下突然出现的价格上涨。

（四）按通货膨胀的原因分

按通货膨胀的原因,可分为需求拉动型通货膨胀、成本推动型通货膨胀和结构失调型通货膨胀

需求拉动型通货膨胀,是指由于社会总需求过度增加,超过社会总供给而拉动物价总水平上涨。

成本推动型通货膨胀,是指由于生产成本提高而引起的物价总水平上涨。

结构失调型通货膨胀,是指由于国民经济部门结构或比例结构失调而引起的通货膨胀。

二、通货膨胀的成因

引发通货膨胀的原因是多方面的。

（一）需求拉动说

需求拉动说是从需求角度解释通货膨胀的成因。该理论认为,之所以发生通货膨胀,是因为各国政府采用了扩张性的财政政策和货币政策,刺激了社会总需求。当社会总需求大于社会总供给时,就形成了膨胀性缺口,牵动物价上涨,导致通货膨胀。图 10-1 常被用来解释需求拉动型通货膨胀。

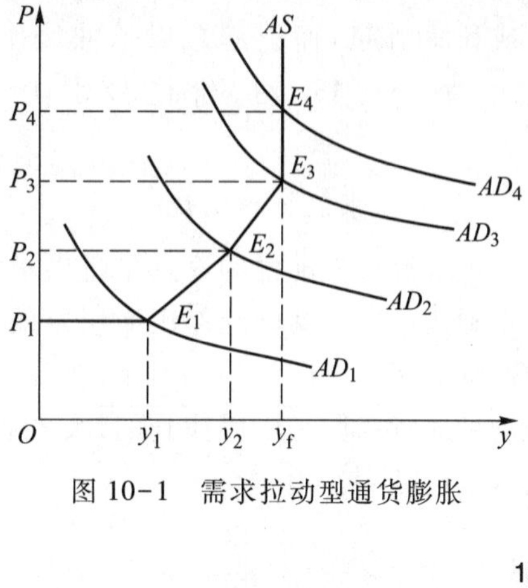

图 10-1　需求拉动型通货膨胀

在图 10-1 中,总供给曲线 AS 起初呈水平状,这表示总产量较低时,社会闲置资源充足,此时实

施扩张性经济政策增加总需求不会引起价格水平的上涨，只会引起产出的增加。当总产量达到 y_1 以后，继续实施扩张性经济政策增加社会总需求，由于还有一定的潜在资源可以利用，产出水平还会有一定程度的增加（从 y_1 增长到 y_2 和 y_f），但与此同时，一些稀缺的资源成为瓶颈制约，引起物价水平一定幅度的上涨（从 P_1 上涨到 P_2 和 P_3）。当总产量达到最大，即为充分就业的产量 y_f 时，整个社会的经济资源全部得到利用，此时再通过扩张性经济政策增加社会总需求，将不会带来产出效应，而只会带来物价水平的全面上涨（从 P_3 上涨到 P_4）。由此形成的通货膨胀就是我们通常所说的需求拉动型通货膨胀。

（二）成本推动说

成本推动说是从供给方面解释通货膨胀的成因。这种理论认为，在没有超额需求的情况下，供给方面成本的提高也会引起一般价格水平持续和显著的上涨。

成本的提高首先体现为工资成本的提高。在不完全竞争劳动力市场上，由于强大的工会组织的存在，工资不再是竞争性的工资，而是工会和雇主集体议价的工资，且工资的增长率超过劳动生产率增长率。工资提高，导致生产成本提高，从而导致价格水平上升（通胀率=工资增长率-劳动生产率增长率）。价格水平的上升提高了工人的生活成本，工人通过工会再一次要求提高工资水平，进一步推高价格，形成工资提高和价格上涨相互推动的螺旋式的上升运动，即所谓工资-价格螺旋，引发工资推动型通货膨胀。

成本推动说还从垄断企业获取垄断利润角度解释通货膨胀的成因。这种理论认为，就像不完全竞争的劳动市场是工资推动型通货膨胀形成的前提条件一样，不完全竞争的商品市场是利润推动型通货膨胀形成的前提条件。在完全竞争的商品市场上，价格完全决定于商品的供求，任何企业都不能通过控制产量来改变市场价格。而在不完全竞争的商品市场上，垄断企业和寡头企业为了追求更大的利润，可以操纵价格，把产品价格定得很高，致使价格上涨的速度超过成本增长的速度。

在总需求曲线不变的情况下，包括工资推动和利润推动在内的成本推动型通货膨胀可用图 10-2 表示。在表示总需求的曲线 AD 不变的情况下，由于成本上升（工资或利润引起）而引起总供给曲线由 AS_1 上升为 AS_2、AS_3 时，价格分别上升到 P_2、P_3。

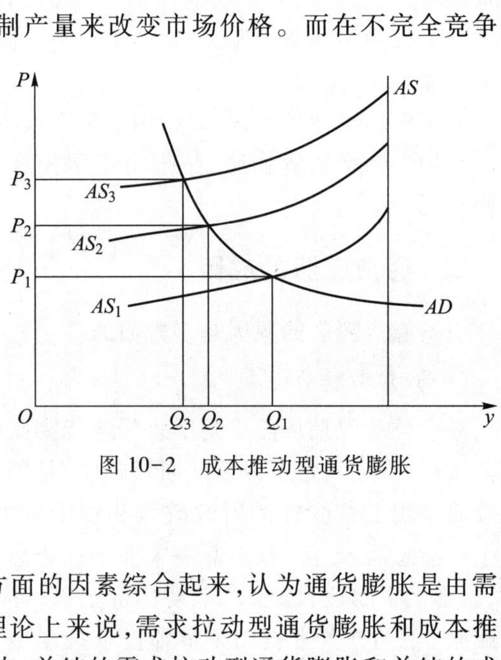

图 10-2　成本推动型通货膨胀

（三）供求混合推动说

供求混合推动说的论点是将供求两个方面的因素综合起来，认为通货膨胀是由需求拉动和成本推动共同起作用而引发的。从理论上来说，需求拉动型通货膨胀和成本推动型通货膨胀是有区别的。但是，在现实生活中，单纯的需求拉动型通货膨胀和单纯的成本推动型通货膨胀是难以找到的，大多数是通货膨胀的发生包含了需求和供给（成本）两方面因素的共同作用。

(四) 结构型通货膨胀理论

结构型通货膨胀是指在没有需求拉动和成本推动的情况下,由于某些经济结构方面的原因而引发的一般价格水平的持续上涨。经济结构方面的因素主要有:

1. 经济部门结构

不同经济部门的劳动生产率的增长速度是不同的,如开放部门劳动生产率的增长率较高,而非开放部门劳动生产率的增长率较低,但在国内统一的劳动力市场上,生产率增长较慢的部门的工人往往会要求与生产率增长较快部门的工资上涨率看齐,这就使其工资增长速度快于本部门的劳动生产率的增长率,从而引起物价水平的上升。

2. 供需结构

在一些国家的一定时期内,由于经济转型,需求结构升级,或者缺乏有效的资源配置机制等,可能存在供需不对称的矛盾。比如说,随着人们收入水平的提高,人们对商品和服务的需求发生了改变,出现了升级换代,但供给结构的改变有一个滞后性,由此造成供需结构失衡。那些需求增加的行业,价格和工资将上升。但是需求减少的行业,由于价格和工资刚性的存在,却未必会发生价格和工资的下降。其结果是导致了物价的总体上升。再比如说,在一定时期,有些行业生产能力过剩,形成产品积压;另一些行业则发展滞后,产品短缺。如果短缺产品成为经济发展的瓶颈制约,则其价格的上涨就会引起其他部门的连锁反应,推动一般物价水平的相应上升。

第三节 通货膨胀的效应及治理

一、通货膨胀的效应

(一) 强制储蓄效应

强制储蓄是指政府运用通货膨胀手段来实现政府储蓄增加,这是以在公众名义收入不变条件下,实际消费和储蓄额均随物价上涨而相应减少为代价的。政府增加储蓄的方式一般有两种:一种是运用增税的方法来增加生产性投资;另一种则是采用财政及信用上的扩张政策。

当政府采用宏观经济上的扩张政策时,如财政向中央银行借款或透支,就会直接或间接地造成增发货币,使流动中的货币增加,公众的名义收入不变,但实际额则被减少,其减少部分大体相当于政府运用扩张政策强制储蓄的部分。如果经济已达到充分就业水平,这种扩张的货币政策必然会引起物价上涨,引发通货膨胀。但是,如果经济此时并没有达到充分就业水平,还存在大量闲置的生产要素,则扩张性宏观政策反而能刺激有效需求,强制储蓄不但不会引发持续的物价上涨,反而能促进资源的充分利用。

(二) 收入分配效应

在通货膨胀期间,人们的名义收入与实际收入会存在差异。只有剔除物价因素,才能得知人们实际收入的变化。由于社会各阶层的收入来源各不相同,因此,在物价总水平上涨时,有些人的收入水平会下降,有些人的收入水平反而会提高。这种由物价上涨造成的收入再分配,就是通货膨胀的收入分配效应。

1. 对浮动收入者有利,对固定收入者不利

对浮动收入者来说,其收入上涨如果在企业价格水平和生活费用上涨之前,则可从通货膨胀中获得好处。例如,产品价格上涨比工资和原材料价格上涨快,企业主就能从通货膨胀中得到好处,增加利润。而对于固定收入者来说,随着货币购买力下降,实际收入减少,生活水平必然降低。影响最明显的是那些领取救济金、退休金的人,靠福利和其他转移支付维持生活的人,以及工薪阶层、公共部门雇员等。

2. 对债务人有利,对债权人不利

债务人获得货币进行即时使用,提高购买力;待其偿还时,同量货币的实际购买力已经下降。因此,通货膨胀牺牲债权人的利益而使债务人获利。

3. 对政府有利,对公众不利

通货膨胀的直接表现是货币供应过多,而货币供应是由政府通过中央银行控制的过多的货币供应引起货币贬值、物价上涨,这实质上是政府对所有货币持有人的一种隐性征税,即通货膨胀税。同时,政府通过发行公债和采取累进税制来降低实际债务、增加收入。

(三) 资产结构调整效应

资产结构调整效应也称为财富分配效应。一个经济单位的财富或资产主要由两部分构成:实物资产和金融资产。考虑到负债的情况,则一个经济体的财产净值等于其实物资产的价值加上金融资产的价值减去负债。通货膨胀对财富结构不同的经济单位会产生不同的影响,使其或受益或受损,这就是通货膨胀的财富分配效应。

在通货膨胀中,实物资产的货币价值通常会和通货膨胀率保持相同的变动方向。至于变动的幅度,有的实物资产货币价值增长的幅度会高于通货膨胀率,有的则低于通货膨胀率。同一种实物资产,在不同的条件下,其货币价值的变动幅度相较通货膨胀率也会时高时低。对于金融资产中的股票,其货币价值取决于其市场价格,而其市场价格随时都在变动。一般来说,在通货膨胀时期,股票行市会呈上升趋势。但影响股票价格的因素很多。所以具体某只股票在某个通货膨胀时期,其货币价值将作怎样的变动是很难确定的。至于像现金、存款、债券、贷款这样的金融资产或负债,如果其利息固定,则最终将以一笔固定数量的名义货币来了结。该名义货币数量不会随着物价的变动而变动。因此,在通货膨胀时期,物价上涨,债权人受损,债务人受益。采用浮动利率可以在一定程度上避免通货膨胀对债权债务的影响。

(四) 产出效应

通货膨胀作为一种复杂的经济现象,其产出效应反映的是通货膨胀与经济增长之间的关系。对通货膨胀的产出效应,西方经济学界在20世纪曾有过激烈的争论,有三种不同的观点。

1. 促进论

即认为通货膨胀具有正的产出效应。这种理论的基本论据是建立在经济长期存在有效需求不足的假设基础上的。认为由于有效需求的不足,实际经济增长率低于潜在经济增长率。因此,政府可以采用通货膨胀政策,实行财政赤字,扩大货币发行,增加政府投

资,以扩大社会总需求,带动总供给增加,从而促进经济增长。特别是对于许多发展中国家来说,通货膨胀促进经济增长的效应尤为明显。原因主要在于:

(1) 在通货膨胀中,政府作为最大的债务人可以减轻一定的债务负担。此外,通过大量增发货币,政府也可以获得追加的财政收入。如果政府将通过通货膨胀获得的收入全部用于实际投资,并采取相应措施保证民间投资不因政府投资的增加而减少,那么,这种通货膨胀性政策就会因增加了总投资而增加产出,促进经济增长。

(2) 从收入与财富的再分配效应角度来看,通货膨胀是一种有利于债务人的收入再分配,而债务人的边际支出倾向比较高,因此,通货膨胀会通过增加债务人的支出而促进经济增长。

(3) 在通货膨胀情况下,产品价格的上涨速度一般快于名义工资的提高速度,因此,企业的利润就会增加。而这又会刺激企业扩大投资,从而促进经济增长。

2. 促退论

即认为通货膨胀会损害经济的增长,对经济增长具有负产出效应。理由如下:

(1) 通货膨胀会促使生产领域中的部分资本流向非生产领域,从而导致生产萎缩,经济衰退。在通货膨胀情况下,生产性投资的风险和经营成本增加,使投资不如投机,生产囤积的现象普遍出现。结果,一部分工业资本从生产领域转向流通领域,服务于投机活动,生产资本减少,经济衰退。

(2) 在持续的通货膨胀过程中,正常的生产秩序被打乱,市场的价格机制遭到严重破坏,价格信号的准确性降低,从而使资源配置效率降低,影响经济增长。

(3) 在通货膨胀环境下,货币购买力下降,持有货币的机会成本大大上升,同时,由于通货膨胀对债务人有利,对债权人不利,所以,社会公众都会减少储蓄,尽力把现金转化为实物资产或增加目前的消费,致使社会储蓄下降,从而使投资下降和经济增长率下降。

(4) 如果通货膨胀超过一定的时间,企业和居民便会产生预期,造成物价与生产成本的螺旋式上升,形成恶性通货膨胀,并可能导致经济的崩溃。

3. 中性论

即认为通货膨胀对产出和经济增长既无正效应也无负效应。持这种观点的经济学家认为,如果预期是理性的和完全的,价格是灵活的和有弹性的,则社会公众可以及时、准确地调整其行动和决策,使得所有的真实变量都不发生任何实际的变化,从而对经济活动不发生作用。

但是,公众对通货膨胀的预期与通货膨胀实际发展的情况往往并不相符,并且价格不可能是具有完全弹性的。因此,通货膨胀中性论的观点很难成立。

专栏 10-2

我国通货膨胀与经济增长的关系

通货膨胀周期和经济增长周期之间是什么关系?通过图 10-3 可以得出以下结论。第一个特点是:经济增长率上升时,通货膨胀滞后一定时期上升,通货膨胀率峰值滞后于经济增长率峰值；经济增长率回落时，通货膨胀率滞后一定时期回落，通货膨胀率和经济增长率同时回落到谷值。三个周期无一例外。说明经济上升的时候，往往会带动通货膨胀率上升，但是有个滞后期；经济回落的时候，往往会带动通货膨胀率回落，也有个滞后期，但是经济回落到谷底的时候通货膨胀率却是同时回落到谷底。这说明经济回落对价格的向下拉动作用比经济上升对价格的向上拉动作用还要明显。

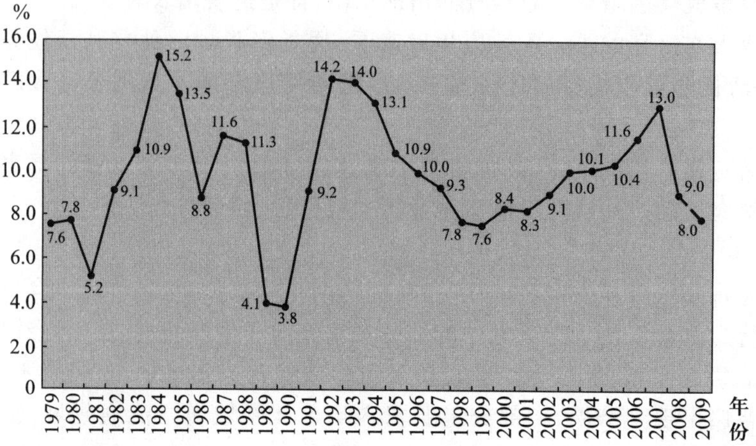

图 10-3

第一轮周期，经济增长率在 1982—1984 年处于上升期，通货膨胀率在 1984—1988 年处于上升期；第二轮周期，经济增长率在 1991—1992 年处于上升期，通货膨胀率在 1991—1994 年处于上升期；第三轮周期，经济增长率在 2000—2007 年处于上升期，通货膨胀率在 2000—2008 年处于上升期。通货膨胀率上升滞后于经济增长率上升。

第一轮周期经济增长率在 1984 年达到峰值，通货膨胀率在 1988 年达到峰值，通货膨胀率峰值滞后于经济增长率峰值 4 年；第二轮周期经济增长率在 1992 年达到峰值，通货膨胀率在 1994 年达到峰值，通货膨胀率峰值滞后于经济增长率峰值 2 年；最近一轮周期经济增长率在 2007 年达到峰值，通货膨胀率在 2008 年达到峰值，滞后 1 年，滞后周期在缩小。

我们还看到，经济增长率回落的时候，通货膨胀率滞后一定时期回落。第一轮周期，经济增长率在 1985—1990 年处于回落期，通货膨胀率在 1989—1990 年处于回落期，两者在 1990 年同时回落到谷底；第二轮周期经济增长率在 1993—1999 年处于回落期，通货膨胀率在 1995—1999 年处于回落期，两者都在 1999 年回落到谷底；第三轮周期经济增长率在 2008—2009 年处于回落期，通货膨胀率在 2009 年处于回落期，两者都在 2009 年回落到谷底。

第二个特点是：经济快速上升，通货膨胀率快速上涨，且通胀率峰值较高；经济平稳回升，通货膨胀率也上涨比较缓慢，且通胀率峰值较低。第一轮周期经济增长率从波谷到达波峰只用了 3 年时间，第二轮周期经济增长率从波谷到达波峰只用了 2 年时间。这两轮周期有一个共同的特点，就是经济在很短的时间内迅速上升，通货膨胀率也迅速上涨，并达到很高的水平。第一轮周期通货膨胀率从波谷到达波峰用了5年时间，峰值达到18.8%；第二轮周期通货膨胀率从波谷到达波峰用了4年时间，峰值达到24.1%。第三轮周期，经济增长率从波谷到达波峰用了8年时间，经历的时间比较长，通货膨胀率上涨的也比较缓慢，且峰值较低。这轮周期通货膨胀率从波谷到达波峰用了9年时间，峰值只有5.9%，远远低于前两轮周期的峰值。

第三个特点是：年均经济增长率高于年均通货膨胀率，经济增长率的波动幅度小于通货膨胀率的波动幅度。第一轮周期，年均经济增长率是9.3%，年均通货膨胀率是7.6%，年均经济增长率高于年均通货膨胀率1.7个百分点；第二轮周期，年均经济增长率是10%，年均通货膨胀率是7.5%，年均经济增长率高于年均通货膨胀率2.5个百分点；第三轮周期，年均经济增长率9.6%，年均通货膨胀率1.6%，年均经济增长率高于年均通货膨胀率8个百分点。关于经济增长率的波动幅度与通货膨胀率波动幅度，我们看最大值和最小值之间的差额。第一轮周期经济增长率的差额是11.4个百分点，通货膨胀率的差额是16.8个百分点；第二轮周期经济增长率的差额是10.4个百分点，通货膨胀率的差额是25.5个百分点；第三轮周期经济增长率的差额是5.4个百分点，通货膨胀率的差额是7.3个百分点。可见，三轮周期经济增长率的平稳性要强于通货膨胀率。

第四个特点是：就经济增长和通货膨胀的关系来讲，第三轮周期表现得最好，这是十分难得的高增长、低通胀，经济运行平稳的时期，如果不是国际金融危机的冲击，这轮周期，我国经济运行会更加平稳。

前两个基本特点揭示了改革开放以来，我国通货膨胀与经济增长之间的内在联系：经济增长率上升时往往带动通货膨胀率上涨，经济增长率回落时，往往带动通货膨胀率回落；经济增长率快速上升，往往带动通货膨胀率快速上涨，并且把通货膨胀率的峰值拉得很高，经济增长率平稳回升，通货膨胀率上涨也比较缓慢，并且能够有效抑制通货膨胀率峰值。

后两个特点告诉我们，改革开放以来，我国较好控制了经济增长与通货膨胀之间的关系，在三轮周期中，都实现了年均经济增长率高于年均通货膨胀率。特别是第三周期，年均经济增长率高于年均通货膨胀率8个百分点，经济增长率和通货膨胀率波动幅度都比较小。

重要启示：为了避免通货膨胀快速上涨和周期峰值过高，要努力保持经济的平稳回升；避免经济增长率在短期内急速上升。经济的快速上涨可能带来通货膨胀率上涨的成本。

（五）恶性通货膨胀将导致社会与经济危机

通货膨胀的经济效应是客观存在的，只要存在通货膨胀，前面所述的几个经济效应就会发挥作用。但当通货膨胀率达到一定水平，形成恶性通货膨胀时，这些作用的发挥就会对生产和流通造成极大的破坏，导致社会与经济危机，甚至导致整个国民经济的彻底崩溃。

1. 对生产的影响

（1）恶性通货膨胀使得用于生产的资金锐减。原因之一是在恶性通货膨胀的条件下，人们总是倾向于将资金投向非生产性部门，以期躲避生产性投资的风险；其二，由于恶性通货膨胀的存在，政府不再可能用扩张的财政货币政策来强制储蓄，而企业和个人在通货膨胀中又倾向于购买保值商品，因此储蓄额下降，影响生产的发展。

（2）恶性通货膨胀将导致不合理的产业结构，使得国民经济畸形发展。由于在通货膨胀中，各地区的各类商品的价格上涨幅度并非一致，由于利益的驱使，就会使得生产结构上出现追求高利润的格局，导致资金和资源的盲目流动，从而使整个生产处于混乱之中，造成国民经济发展上的不协调。

2. 对流通的影响

（1）恶性通货膨胀造成了商品流通的混乱。由于物价上涨过程中，地区间上涨幅度不均衡，大量的商品涌到价格上升较高的地区，造成流通秩序紊乱，商业投机横行。

（2）恶性通货膨胀造成了病态的商品需求。在恶性通货膨胀中，人们为了保值，纷纷抢购商品，有些商品可能根本不是自己急需的，甚至是根本不需要的，也大量购进，从而造成商业虚假繁荣，使商品供应紧张，货币流通速度加快，给生产造成了虚假扭曲的需求信号。

3. 对货币金融的影响

（1）恶性通货膨胀，影响了货币职能作用的正常发挥，最终可能导致整个货币制度的崩溃。从价值尺度职能看，由于通货膨胀率很高，人们根本无法用日益贬值的货币作为计价单位；从流通手段和支付手段上看，人们在流通中往往避免接受货币，有时甚至退回到以物易物的原始状态；至于价值贮藏，人们更倾向于实物和金银、珍宝等，纸币流通范围日益缩小，最终可能导致这种币制的彻底崩溃。

（2）恶性通货膨胀，影响了银行业务的正常进行。恶性通货膨胀情况下，利率的上涨往往赶不上物价的上涨，人们为了避免货币贬值损失，不愿存款。存款的减少，使银行信贷规模下降。挤兑存款风潮的发生，会给银行带来极大冲击，甚至可能造成银行破产，引发银行信用危机。

（3）恶性通货膨胀，破坏了正常的信用关系，阻碍了信用的发展。因为通货膨胀对债权人不利，所以在通货膨胀过程中信用关系不正常。特别是较长期的信用关系难以确立，商业信用规模大大减缩，银行信用也因信贷资金来源减少而相应缩减。

4. 对财政的影响

我们知道，在通货膨胀中，政府作为最大的债务人，会因资产调整效应，相应地减轻一定的债务负担，再者，增发货币可直接获得追加的财政收入。有些西方经济学者把通货膨胀比作政府的一种赋税，即“通货膨胀税”。但是，由于政府的这种减债和增收是建立在对经济社会的灾难性破坏的基础上的，从长期来看，财政会因生产和流通的破坏而减少财政收入。因而从根本上说，恶性通货膨胀对财政有消极的影响。

综上所述，恶性通货膨胀最终必将导致整个社会与经济的危机，引起政治上的动荡和社会不稳定。所以，各国政府在未遇到特殊的政治麻烦的情况下，总是将通货膨胀视作大敌。

二、通货膨胀的治理

通货膨胀对国民经济的发展总的来说是不利的，特别是恶性通货膨胀，对经济社会具有巨大的破坏作用，易引起公众的不满和政局的动荡。因此，各国政府为减轻或消除通货膨胀的压力做出了不懈的努力，拟定和执行着各式各样的通货膨胀对策。

（一）宏观紧缩政策

这是比较传统的抑制和治理通货膨胀的手段。它的基本精神，从根本上讲，就是收缩通货减少需求。

1. 紧缩性货币政策

即货币通过压缩限制商业银行信贷规模，减少货币供给量，实现宏观紧缩的目的。我国习惯上称之为抽紧银根。具体办法是运用中央银行的三大政策工具来实现。

（1）通过公开市场业务的操作，出售证券，回笼货币资金，以相应减少经济体系中的货币存量；

（2）通过提高贴现及再贴现率来影响市场利率，以期提高借款成本，控制商业银行的信贷规模，减少对信贷的需求；

（3）通过提高法定准备率，来缩小货币扩张乘数。

2. 紧缩性财政政策

即政府通过增收减支的办法来抑制总需求的增长，实现宏观紧缩。具体的办法为：

（1）增税。增税一方面可以增加政府的收入，减少财政赤字，达到减少货币发行量的目的。另一方面，增税使得企业利润相对减少，企业投资需求旺盛的局面得到了缓解。

（2）削减政府开支。政府开支的减少，在财政收入不变的情况下，就可以削减财政赤字，从而减少货币发行。另外，政府开支的减少，也直接地减少了总需求，因为政府开支是总需求的重要组成部分。

（二）物价与所得政策

这也是比较惯用的对付通货膨胀的举措之一。它的含义即政府当局拟定一套关于物价和工资的行为准则，由价格的决定者（即劳资双方）共同遵守。

1. 价格政策

该政策的具体措施有：

（1）政府与企业订立反涨价合同。政府与企业界达成协议、订立合同，直接地限定价格（包括商品和劳务），或规定其波动的幅度和范围。

（2）立法限制垄断高价。许多国家都制定有反托拉斯法。垄断高价是通货膨胀的诱发和推动因素之一，对垄断行业、部门或企业的产品价格实行限制，有助于物价的全面稳定。

（3）非常时期，政府往往采用管制和冻结物价的强制性措施。当经济运行出现非常情况或通货膨胀达到一定程度，政府当局有时会采取比较激进的冻结物价措施来阻止迅速上涨的价格水平。

2. 收入政策

该政策的具体举措有:

(1) 确定工资—物价指导线。指导线即政府当局在一定年份内允许货币总收入增长的目标数值线,并据此相应地采取控制每个部门工资增长率的措施。在指导线内,由工会和企业自愿设定工资的实际增长率,但不得超过指导线。

(2) 管制或冻结工资。政府动用行政或法律手段,强制性地将职工工资收入总额或增长率固定在一定的水平上,严禁擅自调整工资水平。

(3) 运用税收手段。即按工资增长率征收特别税,对工资增长较快的企业课以重税,借此来抑制收入增长速度,降低单位生产成本,缓和通货膨胀的压力。

(三) 收入指数化政策

收入指数化,是指工资、利息、各种证券收益以及其他收入一律实行指数化,同物价变动联系起来,使各种收入按物价指数滑动或随物价指数的变动而进行调整,以避免通货膨胀所带来的损失,并减弱由通货膨胀所带来的分配不均的问题。

实施收入指数化政策,大体可分为两类:一种是有限的指数化方案,即在实施指数化时,范围上仅限于某几种或一种收入、债券或其他因素。另一种是全面的指数化方案,即在实施范围上,建立更全面、更复杂的综合性升降条款系统。在这个方案中,与生活费用指数紧连在一起的,不仅有所得税和政府债券的收益率,而且有工资、薪金、退休金、抵押利率、公司和市政债券收益率、储蓄账户、房租以及汇率。

(四) 反通货膨胀的其他对策

除了上述三种比较常见的反通货膨胀政策以外,各国在长期的反通货膨胀斗争中,总结了许多宝贵经验,提出了许多有针对性的反通货膨胀的其他对策。这些对策有供应政策、改革市场结构、国际收支政策与国际紧缩政策及货币改革政策等。

1. 供应政策

它主要针对过去一直注重对需求方面制定的一系列反通货膨胀对策,而忽视了供应方面因素,即忽视了运用刺激生产力的方法,通过增加有效供给,降低边际税率以刺激投资,刺激产出,来对付通货膨胀。

2. 改革市场结构

它主要针对市场结构的不合理,可能造成的诱发物价上扬的影响。这里的市场结构,主要指的是劳动力市场和商品市场的结构。在劳动力市场方面,除应取缔或减少对就业和转业的限制外,政府当局也应设法改善有关就业的信息,对失业者提供转业训练,否则,易引起劳动力的部门不平衡,增加劳动力成本,从而引发成本推动型通货膨胀;在商品市场上,应打破垄断,减低关税,鼓励消费者成立保障消费者权益的团体,以便增加对物价任意上涨的抗力。不过,这些措施奏效的时间周期较长,且易引起既得权益集团的反对。

3. 国际收支政策与国际紧缩政策

如今的通货膨胀与以往的相比具有世界性和长期性,这对世界经济发展的负面影响很大,主要表现在国际收支不平衡方面。当某一个国家发生通货膨胀后,通过外贸等国际经济往来向其他国家传播,所以采用外贸与国际收支政策是有必要的。这样不仅能够制止本国内通货膨胀，也能够遏制国际通货膨胀传播。但是，这种国际性的通货膨胀必须依赖国际性的紧缩政策来调整，仅靠一国的力量是不够的。

4. 货币改革政策

当通货膨胀已经成为恶性通货膨胀时，就应该通过货币改革加以制止。在此情况下，原来的货币已经失去了信用基础，通过货币改革废弃旧币，发行新币，制定保证新币币值稳定措施，是制止恶性通货膨胀的有效措施。

总之，通货膨胀的出现是不可预期的，也具有长期性。政府应针对通货膨胀期的不同阶段采取有效的货币政策、财政政策和收入政策来减少通货膨胀对经济社会发展的负面影响。

本章小结

1. 通货膨胀是指一般物价水平的持续明显上升。它可以通过物价指数来衡量，并可以根据不同标准进行分类。在关于通货膨胀的成因上，经济学家提出了需求拉动说、成本推动说、结构型通货膨胀理论等。

2. 通货膨胀的效应可以从几个方面来看：一是通货膨胀的收入分配效应；二是通货膨胀的资产结构调整效应；三是通货膨胀的强制储蓄效应；四是通货膨胀的产出效应。

3. 通货膨胀的经济效应是客观存在的，只要存在通货膨胀，前面所述的几个经济效应就会发挥作用。但当通货膨胀率达到一定水平，形成恶性通货膨胀时，这些作用的发挥就会对生产和流通造成极大的破坏，导致社会与经济危机，甚至导致整个国民经济的彻底崩溃。

4. 针对不同的通货膨胀，形成不同的治理通货膨胀的对策，主要包括宏观紧缩政策、物价与所得政策、指数化政策。除了上述三种比较常见的反通货膨胀政策以外，各国在长期的反通货膨胀斗争中，总结了许多宝贵经验，提出了许多有针对性的反通货膨胀的其他对策。这些对策有供应政策、改革市场结构、国际收支政策与国际紧缩政策及货币改革政策等。

关键术语

通货膨胀　消费物价指数　生产者物价指数　国民生产总值平减指数
需求拉动型通货膨胀　成本推动型通货膨胀　结构型通货膨胀
供求混合型通货膨胀　恶性通货膨胀　隐蔽型通货膨胀
通货膨胀的收入分配效应　通货膨胀的资产结构调整效应

思考题

1. 如何理解通货膨胀？
2. 如何度量通货膨胀？
3. 通货膨胀有哪些类型？
4. 阐述通货膨胀产生的一般原因。
5. 通货膨胀对收入分配有哪些影响？

6. 通货膨胀的资产结构调整效应是什么?
7. 恶性通货膨胀有哪些危害?
8. 治理通货膨胀的对策主要有哪些?

案例分析

案例:国民党时期旧中国的恶性通货膨胀

1935年,国民党政府实行“法币改革”,规定中央、中国、交通三行(后加中国农民银行)所发行的钞票为“法币”,同时禁止银圆在市面上流通,并强制将白银收归国有。在抗日战争和解放战争期间,国民党政府实施通货膨胀政策,法币急剧贬值。1937年抗战前夕,法币发行总额不过14余亿元,到日本投降前夕,法币发行额已达5 000亿元。到1947年4月,发行额又增至16万亿元以上。1948年,法币发行额竟达到660万亿元以上,等于抗战前的47万倍,物价上涨3 492万倍,法币彻底崩溃。

鉴于法币恶性膨胀,国民经济面临崩溃之势,国民党政府于1948年8月19日再次进行币制改革。规定金圆为本位,开始发行“金圆券”(每金元含纯金0.222 17克),以1比300万的比率,收兑急剧贬值的法币。然而金圆券却以更快的速度膨胀,前后不到十个月,发行总额达1 303 046亿元,比原规定的发行额20亿元增加6.5万余倍。

货币增发如此之快,那它的购买力变化如何呢?这些是在民间流传多年的案例:

国民党政府发行的法币,1937年100元可买到两头牛,1938年变为一头牛,1939年可买一头猪,1941年能买到一袋面粉,1943年能买一只鸡,1945年能买一个煤球,到了1948年,只能买到几粒大米。

长沙“小春秋”晚报载:新中国成立前夕,工人上午领到一个月的薪水可以买到五斗米,到下午只能买两斗米了。浏阳东乡的一位农民在长沙太平街一盐号买20斤皮棉,装袋时他发现棉花里有一捆钞票,就一声不响把钞票装进了麻袋,自以为发了点小财。满心欢喜。回到家里用秤一称,那捆钞票的面值还抵不上棉花重量的价值,令人哭笑不得。

当时流传着这样一首歌谣:“大街过三道,物价跳三跳;工资像团雪,放会儿就化掉。”

天津《大公报》对通胀下的百姓生活也有很多记载。我们看看其中几个:

1948年10月13日《大公报》在《东盼西盼盼来失望,广州百姓无精打采》一文中写道:“物价一天数变,这时不买,转一下身又是另一个价。”“商人们都有这般心理:货一出门,恐怕就再买不进,为着保险,就干脆更提高些。”所有的日用品市场,几乎全部“随人喊价!同是一种东西,同是一个时候,而价钱却可以相差甚远。因为卖的根本就不大想卖,宁存货不存钱,所以买不买由你”。

1948年10月20日《大公报》在《青岛怎得了》中报道:“青市区遭遇到空前未有的难关,全市商店成了自动罢市状态,起先是食粮恐慌,全市买不到食粮,后来百货、绸缎、布匹亦步亦趋,市民及黄牛党转移注意力于百货、绸布,因此争向百货店、绸缎、布匹店抢购,不做生意的市民也跟了上去,这等商店没法应付,只好关门大吉。经政府强迫每天开门四小时,在每天开门营业四小时的时候,实际上不过仅开三小时,若改为二小时,不用说只能开一小时了。而现在呢,其他商店如鞋帽、化妆品、茶庄等店铺也索性把门关起来不营业了。还能照常开门的,只有中西药铺,而西药铺内比较贵重一点的药品也说没有了。据说,连棺材铺也把门关起来,怕人去抢购。”

1948年10月30日《大公报》写道:“上海一家西药房门前的挤购行列中,甲客突然回头问乙客:‘你预备买什么?’乙想了一下,反问:‘你要买什么?’甲告诉他:‘有什么买什么。’”

案例思考:

1. 你认为国民党统治下的旧中国发生恶性通货膨胀的根本原因是什么?
2. 你如果生活在当时,可能采取什么办法来减少通货膨胀给你带来的损失?

延伸阅读

1. 饶余庆.现代货币银行学.北京:中国社会科学出版社,1983.
2. 黄达.金融学.3版.北京:中国人民大学出版社,2012:274-286.
3. 戴国强.货币金融学.2版.上海:上海财经大学出版社,2010:359-389.
4. 王春满.金融学概论.北京:中国市场出版社,2005:327-357.

第十一章 货币政策

引言

米尔顿·弗里德曼指出:货币稳定能够自发地促进经济效率和经济增长。中央银行应当避免采用过激的行动来管理实际经济,因为这样可能加剧名义和实际的波动性。

一般来说,中央银行在设立货币政策的时候会将目标放在一个特定的短期利率水准上,央行通过向银行间市场注入或者是抽离资金来使该利率处于目标位置,而定量宽松货币政策指的是货币政策制定者将政策关注点从控制银行系统的资金价格转向资金数量,以保证货币政策维持在宽松的环境之下。随着美国经济的复苏,2008 年金融危机之后实施的"量化宽松"政策逐步退出。一般而言,退出的路径应该是:先减小购债规模,再逐步停止购债,最后是抛出债券、调高利率。2014 年 2 月 3 日,珍妮特·耶伦在华盛顿宣誓就任美国联邦储备委员会主席,正式成为世界上最具影响力的中央银行的掌舵人,耶伦也因而成为美联储百年历史上第一位女性主席。耶伦上任后面临的最大问题是决定以怎样的节奏逐渐退出"量化宽松"政策。如果操之过急,可能把经济复苏的势头压下去;如果退得太慢,则可能带来通胀危机。由于美联储政策的影响力远超其国境范围,耶伦还要考虑的是,如何尽可能使美国退出"量化宽松"政策不会给世界经济尤其是新兴市场经济的稳定和复苏造成过大冲击。从 2015 年 12 月 17 日开始美国进入加息周期,至 2017 年 12 月 14 日,美联储已加息 5 次,每次加息 25 个基点。

通过本章学习,你可以获得以下知识:

- 货币政策目标;
- 货币政策工具;
- 货币政策传导机制;
- 货币政策有效性。

本章知识架构图

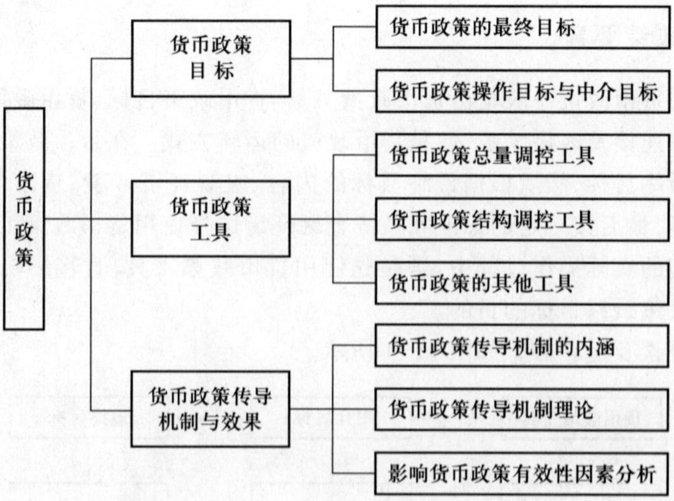

第一节　货币政策概述

货币政策是中央银行为实现特定的经济目标而采用的各种调节货币供应量和利率，进而影响宏观经济的方针与措施的总和。货币政策通过货币供应量的扩张与收缩直接影响社会总需求，是一国需求管理的基本政策之一。

一、货币政策的特征

（一）货币政策是一项宏观经济政策

以需求管理为核心的货币政策将影响经济增长、物价指数、国际收支等经济变量，是一种总量调节与结构调节相结合，并以总量调节为主的经济政策。

（二）货币政策是调节社会总需求的政策

社会总需求是指有货币支付能力的需求。货币政策是通过货币供应量的变化来调节社会总需求的，总供给的变化是作为总需求变化的结果而发生的。货币政策通过对社会总需求的调节，进而影响社会总供给，最终促使社会总需求与社会总供给的平衡。

（三）货币政策是一种间接的控制政策

货币政策对经济的调节，一般不适宜采用直接的行政手段，而是主要通过经济手段，利用市场机制的作用，通过调节货币供应量及其他金融变量影响经济活动主体的行为，达到间接调节经济变量，影响经济活动的目的。当然，货币政策也不排除在特定的经济及金融环境下采用某些直接控制措施。

（四）货币政策目标具有长期性

无论是稳定物价、充分就业、经济增长还是平衡国际收支，都具有长期性，但作为特定条件下的各种具体措施，却具有短期性。它是一种通过短期调节实现长期目标的政策，其短期操作必须服务于长期目标。

二、货币政策要素

一项完善的货币政策一般是由货币政策工具、货币政策目标、货币政策传导机制构成的。这些环节的连接及因果关系，便是货币政策的运转方式。在货币政策的制定上，是先确定货币政策最终目标，然后根据最终目标的内容、宏观经济环境、货币信用制度等选取一定的中介目标，最后按一定的标准和经济金融环境选择使用货币政策工具。但是，在货币政策贯彻实施的实际操作过程中，则是先使用货币政策工具，直接影响中间变量，最后达到实现货币政策最终目标的目的。

货币政策要素及运转方式如图 11-1 所示。

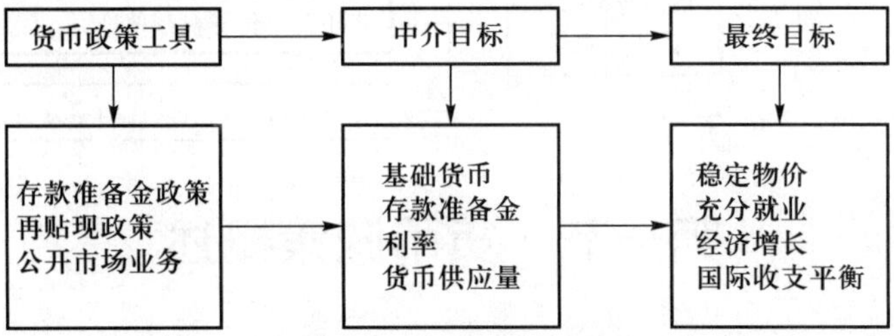

图 11-1　货币政策的构成要素及运行机制

三、货币政策类型

货币政策一般分为三种类型：扩张性货币政策、紧缩性货币政策和均衡型货币政策。

（一）扩张性货币政策

扩张性货币政策是中央银行通过提高货币供应增长速度来刺激总需求，在这种政策下，取得信贷更为容易，利息率会降低。因此，当总需求与经济的生产能力相比很低时，使用扩张性货币政策最合适。货币政策调节的对象是货币供应量，即全社会总的购买力，具体表现形式为流通中的现金和个人、企事业单位在银行的存款。扩张性货币政策是指通过降低法定存款准备金率和降低利率来扩大信贷支出的规模和增加货币供应量，刺激投资和消费。

（二）紧缩性货币政策

紧缩性货币政策是通过削减货币供应的增长率来降低总需求水平，在这种政策下，取得信贷较为困难，利息率也随之提高。因此，在通货膨胀较严重时，采用紧缩性货币政策较合适。

（三）均衡型货币政策

均衡型货币政策是指货币供应的增长与社会经济增长相适应，实现物价稳定且能适应国内生产总值增长的一种货币政策。在社会总需求与总供给基本平衡的前提下，货币供应的增长与社会经济增长相适应，既能够实现物价稳定，又能满足经济增长的需要，这种状况下的货币供应量就是适度供应量。

四、货币政策的内容

无论何种类型的货币政策,都需要通过一定的内容发挥其作用。货币政策主要包括以下内容:

(一) 信贷政策

信贷政策是中央银行为管制一般金融机构信用规模及信用结构而采取的方针和各种措施。信贷政策包括两方面内容:在量的方面,中央银行要调节社会信用总量,以适应社会经济发展的资金需要;在结构方面,中央银行要调节社会信用量的构成及信用的方向,促进资金与资源的合理配置。中央银行通过存款准备金政策、再贴现政策、公开市场业务等一般性货币政策手段调节信用总量,通过消费者信用控制、证券市场信用控制、不动产信用控制等手段调节信用量的构成及信用的方向。

(二) 利率政策

利率政策是指中央银行控制和调节市场利率的方针和各种措施。中央银行控制和调节市场利率主要包括两方面的内容:一方面,中央银行要调节市场利率的一般水平,使市场利率的高低能反映社会资金供求状况;另一方面,中央银行要控制和调节整个社会的利率结构,以便使社会资金在合理的资金价格体系指导下进行合理分配,提高资金使用效率。中央银行主要利用再贴现政策工具调节市场利率的一般水平,也利用特别利率管制措施等调节利率水平与利率结构。

(三) 外汇政策

外汇政策是指中央银行控制和调节外汇市场及汇率,实施外汇管制以及平衡国际收支的方针和各种措施。外汇政策主要包括以下内容:一是控制和调节外汇市场,以稳定汇率;二是实施外汇管制,以稳定外汇收支,控制资本流出与流入;三是保持合理的外汇储备,以维持国际清偿能力;四是控制外汇市场交易,以维护外汇市场的稳定。

第二节 货币政策目标

一、货币政策的最终目标

货币政策目标是一国中央银行组织和调节货币流通的出发点和归宿,科学有效地确立和执行货币政策目标,是各国中央银行的首要课题。西方很多国家以"稳定物价、经济增长、充分就业、国际收支平衡"作为货币政策的最终目标。但就各国具体情况来看,货币政策最终目标的内容和表述都有所不同。

(一) 货币政策最终目标的内容

1. 稳定物价

稳定物价是指一般物价水平在短期内没有显著地或剧烈地波动。这里的物价是指一般物价水平,而不是指某种商品的价格。人们之所以希望物价保持稳定,是因为物价水平的持续上升造成经济中的不确定性。在物价水平不断变化的情况下，消费者、企业和政府的决策难以决定。如果物价极端不稳定，出现恶性膨胀，就会冲击国家经济。正因为如此，很多国家将稳定物价作为货币政策首要目标或重要目标。欧洲中央银行把物价稳定作为它的基本目标，并宣称欧洲联盟总的经济政策只有在不与物价稳定目标相冲突时，才会得到欧洲中央银行的支持。

衡量物价稳定与否的指标通常为物价指数。物价指数有三种，反映不同领域物价上涨程度：一是批发物价指数，它是反映不同时期批发市场众多商品价格平均变动程度的经济指标；二是消费物价指数，它是衡量不同时期居民消费的商品和劳务价格平均变动程度的经济指标；三是国内生产总值（GDP）平均物价指数，它是以国内生产总值的最终产品和劳务为对象，反映最终产品和劳务的价格变化情况。

专栏 11-1

货币政策目标从数量调控型向价格型转变

“十二五”期间，我国货币政策目标体系将更加突出价格稳定目标，关注更广泛意义的整体价格水平稳定。同时，将推进货币政策从以数量型调控为主向以价格型调控为主转型。中央银行《金融业发展和改革“十二五”规划》指出，要处理好促进经济增长、保持物价稳定和防范金融风险的关系。除了货币政策目标将重点关注通胀之外，还提出了要关注更广泛意义的整体价格水平稳定。随着资产价格对经济的影响，尤其是对货币政策的影响日渐明显，货币政策制定者稳定价格水平的努力应该针对更广泛意义上的对象，除了商品与服务，还应该包括如股票、债券，以及房地产等价格的波动。

此外，该规划提出合理调控货币信贷总量，保持合理的社会融资规模。在继续关注货币供应量、新增贷款等传统中间目标的同时，发挥社会融资规模在货币政策制定中的参考作用。

从过去的关注货币供应量、新增贷款对于货币政策制定的影响，转到关注社会融资规模，意味着将直接融资及民间融资活动纳入央行对整体货币供求的考察之中，这将使得货币政策的制定更加具有针对性和有效性。

2. 充分就业

充分就业通常是指凡有能力并自愿参加工作者都能在较合理的条件下随时找到适当的工作。因此，充分就业实际上是指失业率在合理适度的范围内，而不是没有失业。充分就业问题之所以重要，一是因为高失业率给人们造成许多困难：家计艰难、个人自尊心丧失、社会犯罪增加；二是因为高失业率会造成经济资源的大量闲置，从而使经济的总产出大幅降低。

衡量充分就业的标准通常为失业率。广义的充分就业是针对资源被利用的程度而言的，但要测定资源利用程度是非常困难的，所以，各国一般都以劳动力的就业程度作为衡量资源利用程度的标准，而劳动力的就业程度又是以失业率来衡量的。一般来说，失业率是社会的失业人数与愿意就业的劳动力之比。失业率指标的确定要考虑两个问题:一是社会上哪些人算有劳动能力并愿意就业的劳动力;二是没有工作的时间多长才称为失业。由于这两个指标都难以估计,各国的计算方法又各不相同,因此,失业率指标很难确定,各国对充分就业程度的评价也不一致。

3. 经济增长

经济增长通常是指社会经济生活中商品和劳务总产量的增加。经济增长集中表现在经济实力的增长上,而经济实力的增长就是商品和劳务总量的增加,即国内生产总值的增加。如考虑到人口的增加和价格的变动,经济增长应表现为人均实际国内生产总值的增加。作为需求管理工具的货币政策主要是通过调节总需求来实现总供给变化的。货币政策的主要目标是稳定本国货币的购买力,为经济增长创造一个良好的货币环境,避免经济增长过程中的通货膨胀与通货紧缩所造成的短期经济波动。实践证明,以稳定物价为主要目标的货币政策也将对经济增长起到促进作用。

衡量经济增长的指标通常有三个:一是国内生产总值。很多国家把它作为衡量经济增长的主要指标。这个指标容易计量,也比较容易判断国内经济的增长程度。二是人均实际国内生产总值。这个指标反映了人口增长与经济增长的关系,也反映了人均生活水平提高的程度。三是一国的生产能力。这个指标侧重于反映一国提供商品和劳务的潜力,即潜在的国内生产总值的概念。这个衡量指标存在一些不足之处:一是在统计上难以确定;二是生产潜力可能闲置很长时间,也可能立刻变成现实的生产能力。

4. 国际收支平衡

国际收支平衡是指一国对其他国家的全部货币收入和货币支出相抵,略有顺差或略有逆差。国际收支平衡又可分为静态平衡和动态平衡两种。静态平衡,是指1年的国际收支相抵,略有顺差或略有逆差的状况。动态平衡,是指一定时期(3年或5年)的国际收支相抵,略有顺差或略有逆差的状况。

一国国际收支状况与国内货币供应量有着密切的关系。如一国的国际收支失衡,无论是顺差还是逆差,都有必要进行调节。

衡量国际收支平衡的标准一般都是根据国际经济交易的性质来判断。国际经济交易按其性质不同,划分为自主性交易和调节性交易两类。自主性交易又称事前交易,是指工人、单位或官方出于自主的经济动机而进行的交易,如商品和劳务的输出入、政府和私人的转移收支、购买外国证券或在国外直接投资等。调节性交易又称事后交易,是指由自主性交易所引起的为了弥补自主性交易的差额而进行的经济交易,如分期付款、使用商业信用、动用黄金外汇储备、向国外融通资金等。自主性交易的差额必然要由调节性交易来调节,从而实现国际收支平衡,但这种平衡只是表面的、暂时的、形式上的,只有当自主性交易平衡时,一国的国际收支才是真正的平衡。

(二) 货币政策目标之间的矛盾与协调

货币政策执行的理想结果是各项政策目标同时实现。从长远来看,这些目标之间是统一的、相辅相成的。但从短期看,诸目标之间的矛盾与冲突则是主要的。为实现某一目标所采取的政策措施可能与实现另一目标的措施发生矛盾,干扰其他目标的运行,有时就不得不放弃其他目标。

1. 稳定物价与充分就业之间的矛盾与协调

稳定物价与充分就业之间常常发生冲突。若要降低失业率，很可能导致需求拉动型通货膨胀。因为，要将失业率控制在一定水平，增加就业人数，就必然要增加货币供应量以刺激社会总需求的增加，以创造更多的就业机会，然而，总需求的扩大会引起物价上涨。同时，就业人数增加后，工资总额就会增加，若工资增长率超过了劳动生产率增长幅度，也会引起物价上涨；如果要降低物价上涨率，就要减少货币供应量以抑制社会总需求的增加，总需求的减少必然使失业率提高。澳大利亚籍的英国经济学家菲利普斯，在研究了1861—1975 年英国的失业率和工资物价变动的关系后得出结论：在失业率和物价上涨率之间存在此消彼长的关系。他把这种现象概括为一条曲线，人们称之为"菲利普斯曲线"。

2. 稳定物价与经济增长之间的矛盾与协调

按理说，稳定物价与经济增长目标是统一的：一方面，经济增长可以扩大社会总供给，只有持续、稳定、协调的经济增长，才可能有社会总供求的均衡，进而保持物价稳定。另一方面，持续、稳定和协调的经济增长以合理的经济结构为条件，而要有合理的经济结构，必须有合理的价格结构和准确的价格信号引导。只有稳定的物价水平，才能使价格结构合理，才能向经济提供准确的价格信号。也就是说，只有稳定物价，才能为经济增长创造良好的社会经济环境。但短期内这两个目标往往存在矛盾。如在经济衰退时期，政府为解决有效需求不足、经济滑坡、失业增加等问题，往往采取增加货币供应量、降低利率等措施，刺激有效需求增加，而有效需求的增加会导致物价水平上升。相反，在经济快速增长时期，为抑制通货膨胀，保持物价稳定，政府往往实行紧缩银根的措施，减少货币供应量，抑制有效需求，这往往又会阻碍经济增长并使就业机会减少。因此，中央银行货币政策只能选择两个目标的最优组合点。

3. 物价稳定与国际收支平衡之间的矛盾与协调

在世界经济一体化的大趋势下，一国保持物价稳定，但若其他国家发生通货膨胀，这将使以外币表示的本国商品价格上升，从而使本国的出口下降，进口增加，导致国际收支出现逆差，因此，一国的物价稳定可能导致国际收支失衡。从平衡国际收支对物价稳定的影响看，如果国际收支出现了不平衡，若出现大量顺差，也就是商品和劳务的输出大于输入，在国内总供给相对减少的同时，中央银行由于外汇储备增加而增加了基础货币的供应，货币供应量增加，引起物价水平上升；若出现了国际收支逆差，国家为解决逆差问题所采取的一些措施，如本币对外贬值、组织商品出口等，又会造成国内物价不稳定。

4. 经济增长与平衡国际收支之间的矛盾与协调

经济增长通常会增加对进口商品的需求，同时，由于国民收入增加带来支付能力的增加，又可能提出对一部分本来用于出口的商品的需求。两方面作用的结果使出口的增长慢于进口的增长，可能导致贸易逆差。就资本项目来说，要促进经济增长，就要增加投资，在国内资金来源不足的情况下，必须借助外资的流入。外资流入使国际收支的资本项目出现顺差，一定程度上可以暂时弥补贸易逆差造成的国际收支失衡，但并不一定能使经济增长与国际收支平衡共存。

5. 充分就业与经济增长之间的矛盾与协调

在四重目标的各种组合中,充分就业与经济增长两重目标的一致性是较强的。因为,当国家要降低失业率时,必然增加货币供应量以刺激有效需求的扩大,有效需求的扩大会促使总产出增加;反之,当经济过热时,国家为了抑制经济增长,为相对减少货币供应量,以抑制总需求的增加,总需求的相对缩小会导致就业机会减少,失业增加。

二、货币政策操作目标与中介目标

货币政策操作目标与中介目标统称为货币政策中间变量,是指受中央银行货币政策工具作用,反映货币政策最终目标能否实现的传导性金融观察变量。由于货币政策最终目标是中央银行难以直接实现的结果,因此,中央银行在操作中必须选择某些与最终目标密切相关,并在短期内可以度量,且能受中央银行操作的金融指标,通过对这些指标的控制和调节,较理想地实现最终目标。

(一) 操作目标与中介目标选择的标准

中央银行选择货币政策中间变量应满足三个基本标准,即可测性、可控性和相关性。

1. 可测性

可测性是指货币政策中间变量的可计量性,它有两层含义:第一,中央银行能够迅速得到有关货币政策中间变量的数据资料;第二,能够通过这些数据对中间变量的变化情况进行准确测量、分析和预测。选择的目标是否有效,关键要看这个变量在货币政策实施过程中偏离目标时是否能比政策目标更快地发出信号,而让这些变量很快发出信号的前提,就是中央银行能够对它进行迅速、准确的测量。

2. 可控性

可控性是指中央银行能够运用各种货币政策工具,对中间变量进行有效的控制和调节,并能够准确地控制中间变量的变化情况及变动趋势。如果中央银行选择的中间变量不能进行控制和调节,那么,即使中央银行知道中间变量偏离了货币政策目标,也无法对其进行调控,使其符合货币政策最终目标的要求。

3. 相关性

相关性是指货币政策中间变量与货币政策最终目标之间必须有密切的、稳定的联系,中央银行通过调控中间变量,可促使最终目标的实现。相关性反映了中间变量对最终目标的影响力。中间变量与最终目标的相关性程度越高,中央银行通过控制中间变量来实现货币政策最终目标的效力就越大。

(二) 操作目标

货币政策的操作目标是指受中央银行货币政策工具直接作用,间接反映最终目标能否实现的传导性金融观测变量,主要有基础货币、存款准备金和短期利率。

1. 基础货币

基础货币,又称为高能货币或弹力货币,是流通中的现金和商业银行存款准备金之和,它构成了货币供应量数倍伸缩的基础。中央银行通过向商业银行及其他金融机构放款、向政府提供信贷、购买有价证券、购买储备资产等方式向社会注入基础货币。在货币乘数不变的情况下,中央银行如果不增加基础货币的投放,社会货币供应量不会有什么变化;相反,在基础货币有微小变化的情况下,即会通过商业银行存款的扩张或收缩引起货币供应量的多倍变化。因此,中央银行以基础货币作为中介指标,具有重要意义。

就可测性而言,基础货币表现为中央银行的负债,主要由两部分构成:一是流通中的现金;二是存款类金融机构的准备金。中央银行每年向流通中注入了多少现金、存款类金融机构在中央银行有多少准备金存款,这些信息资料中央银行可以随时掌握。因此,基础货币能够满足可测性的要求。

就可控性而言,基础货币是由中央银行的资产业务投放的,中央银行向存款类金融机构提供多少信用、购买多少有价证券,完全取决于中央银行的意愿。基础货币作为中介指标,能够满足可控性的要求。

就相关性而言,基础货币是存款类金融机构创造存款货币的基础,因此,中央银行通过对基础货币的操纵,就能调节存款类金融机构创造存款货币的量乃至货币供应量总量,影响市场利率,进而影响货币政策最终目标的实现。

2. 存款准备金

银行体系的存款准备金是中央银行负债的一部分。存款准备金作为中央银行货币政策的传导变量,具有很高的可测性。就资料收集而言,存款准备金直接反映在中央银行的资产负债表上。就可控性而言,中央银行是资产规模决定负债规模,中央银行可以通过资产规模的调整,控制存款准备金的大小。就相关性而言,存款准备金的规模决定了存款类金融机构的信贷规模,进而决定了货币供应量的大小。

3. 短期利率

短期利率通常指的是货币市场的利率。最典型的是同业拆借市场利率,它能够及时反映市场资金供求状况,是影响货币需求与货币供给、银行信贷总量的一个重要指标。

(三)中介目标

货币政策中介目标是指受中央银行货币政策工具间接作用,直接反映最终目标能否实现的传导性金融观测变量,主要包括货币供应量和长期利率。

1. 货币供应量

货币供应量是一定时点上的货币总存量,大多数国家都根据货币流动性差别,把货币供应量划分为不同层次,给予不同的定义,无论哪一层次的货币供应量,都能满足可测性、可控性、相关性的要求。

就货币供应量的可测性而言,不同层次的货币供应量都分别反映在中央银行和商业银行及其他金融机构的资产负债表上,可以进行测算和分析,满足可测性的要求。

就货币供应量的可控性而言,现金是直接由中央银行创造并注入流通的,其可控性最强。对于M1或M2,中央银行也有较强的控制能力,中央银行通过其资产业务向社会注入基础货币,中央银行可以随时改变基础货币的量。同时,中央银行还可以通过调整存款准备率,改变M1或M2的货币乘数。中央银行通过对基础货币和货币乘数的控制和调节,达到调控货币供应量的目的。

就货币供应量与货币政策最终目标的相关性而言,一般说来,货币供应量代表了一定时期社会总需求,代表了整个社会的购买力。因此,一定时期的货币供应量不足时,社会总需求小于社会总供给,资源闲置,从而阻碍经济的发展;当货币供应量过多时,社会总需求大于社会总供给,社会需求过旺,必然导致物价普遍持续上涨,出现通货膨胀,同样会阻碍经济的发展。中央银行能够将各层次的货币供应量控制在适度的水平,也就控制住了一定时期的社会总需求,从而能够实现总需求与总供给的平衡,进而实现货币政策目标。相对于基础货币而言,中央银行对货币供应量的控制能力弱一些,而货币供应量与货币政策最终目标之间的相关性最强,所以,许多国家都选择货币供应量作为货币政策的主要中介目标。

货币供应量作为中介目标的不足在于:货币供应量包括的范围和口径复杂,难以清晰界定。同时,随着当代金融创造的活跃,货币供应量的计量更为复杂,中央银行对货币供应量的控制更为困难。

2. 长期利率

长期利率作为货币政策中介目标的原因主要有:第一,可测性强。中央银行在任何时候都能观察到市场利率的水平和结构。第二,可控性强。中央银行能直接控制对金融机构融资的利率,而通过公开市场政策或再贴现政策,也能调节市场利率的走向。第三,相关性强。中央银行能够通过对利率的调控来影响投资和消费,进而调控社会总供求。

但利率作为中介目标存在不足之处:一是中央银行能够控制的是名义利率,而对经济产生实质影响的是实际利率;二是利率对经济活动的影响更多地依赖于市场主体对经济收益的敏感性,即货币需求的利率弹性;三是易将政策效果与非政策效果混淆。

专栏 11-2

我国的货币政策中介目标

现阶段,中国人民银行货币政策的中介目标主要是货币供应量。1996 年,中国人民银行采用货币供应量 M1 和 M2 作为货币政策的调控目标,标志着我国开始引入货币政策中介目标。1998 年,我国正式取消对商业银行贷款规模的直接控制,宣布以货币供应量为唯一的货币政策中介目标,由此确立了货币供应量作为中介目标的地位。目前,M2 是中国人民银行进行调控的重点。但是,随着金融自由化以及金融创新对货币供应量指标产生越来越大的冲击,我国应如何选择更合适的中介目标已成为一个日益重要的现实问题。

第三节 货币政策工具

中央银行实现货币政策目标,需要运用一定的货币政策工具。这种工具能被中央银行直接操作,并直接作用于货币供应量。货币政策工具包括总量调控工具、结构调控工具和其他工具。

一、货币政策总量调控工具

总量调控工具是中央银行通过常规手段调控货币供应量总量、利率及汇率总水平的手段,又称为一般性货币政策工具。它包括存款准备金政策、再贴现政策和公开市场政策,也就是通常所说的中央银行“三大法宝”。

(一) 存款准备金政策

存款准备金政策,是指中央银行在法律所赋予的权利范围内,通过规定或调整存款类金融机构缴存中央银行的存款准备率,控制其信用创造能力,进而控制货币供应量的一种政策措施。

1. 存款准备金政策的作用过程

存款准备金政策发挥作用的过程是:当中央银行提高法定存款准备率时,存款类金融机构应上缴中央银行的法定存款准备金就增加,超额存款准备金就减少,对企业的放款或对有价证券的投资就减少,货币供应量相应缩减。若存款类金融机构的超额存款准备金全部用出,提高存款准备率的影响更大,因为这将迫使存款类金融机构迅速收回贷款,或出售有价证券,使其上缴的存款准备金符合中央银行的规定。这样就降低了存款类金融机构创造信用的能力,使货币供应量缩减。由于银根抽紧,利率水平提高。反之,当中央银行降低存款准备率时,存款类金融机构创造信用的能力则会增强,货币供应量增加。同时,由于资金供给充裕,市场利率下降。

2. 存款准备金政策的优点

(1) 作用速度快而有力。作为法定存款准备率,它具有法律的强制力,中央银行一经做出调整,存款类金融机构便会面临法定存款准备金改变的状况,导致其经营行为的迅速改变。

(2) 对货币供应量影响大。中央银行法定存款准备率稍稍调整,便会改变货币乘数,使货币供应量多倍的变化。即使商业银行持有相当数量的超额存款准备金,法定存款准备率的提高,意味着存款类金融机构持有的超额存款准备金的一部分会转化为法定存款准备金,削弱存款类金融机构的信用扩张能力。

(3) 宣示性强。存款准备率的调整,充分体现了中央银行货币政策的方向,起到了很好的告示效果。

3. 存款准备金政策的局限

(1) 存款准备率调整对金融机构经营震动较大。存款准备率变化需要银行重新调整资产组合, 但是金融机构在短时间内难以完成,如果市场发育不完善,超额存款准备金在金融机构间分配不平衡时,这种震动会更大。

(2) 存款准备金政策缺乏弹性。由于存款准备率的小幅变动,都会引起货币供应量的巨大变动,且调整前必须及时向社会公开,因此,存款准备率不宜经常反方向调整。

(3) 存款准备金政策对各类银行或各地区银行的影响不一致。存款准备金工具对于同类存款类金融机构一视同仁,但由于地区之间经济发展不平衡,因此,该工具不能根据各地区经济发展实际因地制宜地进行调控。

（二）再贴现政策

再贴现政策，是指中央银行通过制定或调整再贴现利率来影响市场利率，促使商业银行信用扩张或收缩，从而调控货币供应量的一种政策措施。

1. 再贴现政策的作用过程

中央银行通过调整再贴现率来影响存款类金融机构的准备金及社会资金供求。当中央银行提高再贴现率时，存款类金融机构向中央银行进行再贴现的资金成本上升，就会减少向中央银行的再贴现，使存款类金融机构准备金数额的增加受到限制。如果存款类金融机构的准备金不足，就只能收缩对客户的借款和投资规模，从而也就收缩了货币供应量。随着货币供应量的收缩，资金供求状况会发生改变，市场利率也相应上升。当中央银行降低再贴现率时，则鼓励存款类金融机构向中央银行再贴现，准备金相应增加，对客户的贷款和投资规模也相应增加，从而导致货币供应量增加。随着货币供应量的增加，资金供给增加，市场利率会降低。

2. 再贴现政策的优点

（1）通过再贴现率的调整，存款类金融机构再贴现成本提高或降低，存款类金融机构超额存款准备金减少或增加，存款类金融机构信用规模缩小或扩大，从而导致货币供应量缩减或扩张。

（2）通过再贴现率的调整，产生一种示范效应，使金融机构和社会公众了解中央银行利率政策的变化，从而产生利率提高或降低的心理预期。

（3）通过规定何种票据具有再贴现资格，影响存款类金融机构的资金投向。商业银行只有对具有再贴现资格的票据办理贴现，在资金短缺时才能得到中央银行的再贴现支持。

3. 再贴现政策的局限性

（1）中央银行处于被动地位。存款类金融机构是否愿意到中央银行申请再贴现，或持有多少数额的票据到中央银行申请再贴现，取决于存款类金融机构。如果存款类金融机构可以通过其他途径筹措资金而不依赖再贴现，中央银行就难以利用这一工具控制货币供应量。其次，再贴现率高低有一定限度，而在经济繁荣或经济萧条时期，再贴现率无论高低，都无法限制或鼓励商业银行向中央银行再贴现或借款，这也使中央银行难以有效地控制货币供应量。

（2）再贴现政策只能影响利率总水平，不能改变利率结构。

（3）再贴现政策缺乏弹性。再贴现率若经常调整，通常会引起市场利率经常波动，使存款类金融机构和企业无所适从；若再贴现率不经常调整，又不利于中央银行灵活地调节货币供应量和利率。

（三）公开市场政策

公开市场政策，是指中央银行通过在金融市场上公开买进或卖出有价证券，吞吐基础货币，影响市场利率，改变商业银行的准备金数量，从而调节货币供应量的一项政策措施。

1. 公开市场政策的作用过程

当金融市场上资金缺乏时,中央银行通过在金融市场上买进有价证券,向社会投入一笔基础货币。这些基础货币如果流入社会公众手中,则会直接增加货币供应量,如果流入存款类金融机构,则会引起信用扩张和货币供应量的多倍增加。相反,当金融市场上货币资金过多时,中央银行就可以在金融市场上卖出有价证券,无论这些证券是存款类金融机构购买,还是企业或个人购买,总会有相应数额的基础货币流回中央银行,引起信用规模和货币供应量的收缩。

中央银行在金融市场上买进卖出有价证券还会对市场利率产生直接影响。中央银行购进政府债券时,引起市场上对有价证券需求的增加,证券价格上涨,购买证券的收益率下降,这种收益率的下降将导致货币市场短期利率下降。中央银行卖出有价证券时,引起市场上对有价证券需求的下降,证券价格下跌,购买证券的收益率上升。这种收益率的上升将影响货币市场短期利率的上升。

2. 公开市场政策的优点

(1) 中央银行利用公开市场政策对货币供应量与利率的调节,可以主动出击,而不像再贴现政策发挥作用那样,中央银行处于被动地位。

(2) 中央银行通过公开市场业务,可以对货币供应量进行微调,而不像存款准备金政策那样,对经济产生巨大的震荡。

(3) 中央银行利用公开市场政策,可以经常地、连续地进行操作,一旦金融市场情况发生变化,中央银行可以迅速改变操作方向,灵活地调节货币供应量。

(4) 中央银行利用公开市场政策,不仅可以影响利率水平,而且可以改变利率结构。

3. 公开市场政策的局限性

(1) 公开市场业务操作离不开发达完善的金融市场,尤其是政府债券市场。

(2) 公开市场业务操作的力量细微,其效果会受到一些因素的抵消。例如,资本外流、国际收支逆差、社会公众大量提款等因素会抵消或部分抵消中央银行买入有价证券的效果;资本内流、国际收支顺差、社会资金大量回笼等又会抵消中央银行卖出有价证券的效果。

(3) 中央银行在公开市场上买卖债券时,存款类金融机构的行动并不一定符合中央银行的意愿。尽管中央银行可以通过公开市场业务改变存款类金融机构准备金,但由于存款类金融机构可以通过其他方式弥补准备金的不足,或在准备金增加时并不马上扩张信用,使公开市场业务不能很好地发挥作用。

(4) 容易受经济周期影响。当经济萧条时,尽管中央银行可以买进债券,扩张信用,促使利率下降,但因投资无利可图,生产者不愿借款,信用需求不会随利率下降而增长;在经济过度繁荣时期,尽管中央银行卖出债券,收缩信用,以提高利率,但由于投资者有利可图,信用需求不会因利率的上升而缩减。

二、货币政策结构调控工具

货币政策总量调控工具不能影响金融机构的资金用途以及不同信用方式的资金利率。因此,中央银行除利用总量调控工具调节货币供应量总量外,还应采用一些手段调节货币供给结构,引导资金流向。货币政策结构调控工具主要包括消费者信用控制、证券市场信用控制、不动产信用控制。

(一) 消费者信用控制

消费者信用控制是指中央银行对不动产以外的各种耐用消费品的销售融资予以控制。

1. 消费者信用控制的主要内容

消费者信用控制主要包括以下几个方面的内容:规定用分期付款等消费信用方式购买各种耐用消费品时,第一次付款的最低金额;规定用分期付款等消费信用方式购买消费品借款的最长期限,即什么时候必须全部付清所购买的耐用消费品价款;规定用分期付款等消费信用方式购买耐用消费品的种类,即规定哪些消费品的购买能享受消费者信用,哪些消费品的购买不能享受消费者信用;用分期付款等方式购买耐用消费品时,对不同的耐用消费品规定不同的放款期限。

2. 消费者信用控制的作用

货币当局要想影响耐用消费品的有效需求,必须对金融机构的分期付款等消费信用进行控制。中央银行提高分期付款信用的最低付现额,缩短分期付款信用的最长期限,会减少耐用消费品的有效需求;反之,降低分期付款信用的最低付现额,延长分期付款信用的最长期限,会增加耐用消费品的有效需求。

(二) 证券市场信用控制

这是指中央银行通过规定和调节信用交易中的最低保证金率,刺激或抑制证券交易活动的货币政策手段。

1. 证券市场信用控制的内容

证券市场信用控制包括以下几个方面的内容:规定以信用方式进行证券交易时,投资者自有资金的比率,包括购买证券的投资者付现的比率和卖出证券者自己拥有证券的比率,也就是通常所说的保证金比率;通过保证金比率的规定或调整,控制流入证券市场的资金数量。对证券市场的最高放款额度=(1-保证金比率)×证券交易总额。

2. 证券市场信用控制的作用

证券市场信用控制,使中央银行能间接控制流入证券市场的资金数量,调整其他资金市场的资金供给,这实际上相当于调整了货币信贷供给的结构,促使信贷资金运用合理化。证券市场信用控制也有利于维持证券市场的稳定。当证券价格大幅上扬时,为防止证券市场过度投机,中央银行可以提高保证金比率,以控制向证券市场的放款。为控制投机性的证券价格尤其是股票价格的暴涨,中央银行可以将保证金比率提高到 100%,也就是购买证券必须全额付现。当证券价格大幅下跌时,中央银行可以降低保证金比率,扩大投资者的购买能力,从而防止证券价格的大起大落。

(三) 不动产信用控制

不动产信用控制是中央银行就商业银行对客户新购房地产贷款的限制措施。中央银行就商业银行对不动产的贷款额度和分期付款的期限做一些限制性规定。在西方国家,房地产及其他不动产的交易带有投机性,并不是实际需求的反映,所以中央银行要对不动产信用加以控制。

1. 不动产信用控制的内容

不动产信用控制包括以下内容:规定购买者第一次付款的最低金额,如有些国家规定,不得少于所购房地产价款的 1/3;规定商业银行不动产贷款的最长期限;对一笔不动产贷款的最高额度加以限制。

2. 不动产信用控制的作用

当经济过热,不动产信用膨胀时,中央银行可通过规定和加强各种限制措施减少不动产信贷,进而抑制不动产的盲目生产或投机,减轻通货膨胀压力,防止经济泡沫的形成。经济衰退时期,中央银行也可通过放松管制,扩大不动产信贷,刺激社会对不动产的需求,进而以不动产的扩大生产和交易活跃带动其他经济部门的生产发展,从而促使经济复苏。

除此之外,货币政策结构调控工具还包括优惠利率、进口保证金制度等。

三、货币政策的其他工具

(一) 直接信用控制

直接信用控制是指中央银行依据有关法令,对商业银行及其他金融机构的业务活动进行各种直接干预的总称。其中,比较重要的手段有信用分配、直接干预、流动性比率、利率最高限额、特种存款等。

信用分配是指中央银行根据金融市场状况和宏观经济需要对金融机构进行贷款分配,规定在各部门或地区资金分配的数量或比例。这种信用分配方式在资金需求旺盛而供给短缺,单纯依靠市场机制作用不可能达到理想的效果时使用较合适。很多发展中国家的中央银行根据国家经济建设的轻重缓急程度,采用信用分配的方式,直接将资金分配给重要的经济部门。

直接干预是指中央银行直接对商业银行的信贷业务实施行政干预。直接干预的方式有直接限制放款额度、直接干涉商业银行对活期存款的吸收、规定商业银行的业务范围等。

流动性比率是指中央银行为了限制商业银行的信用扩张,规定其流动性资产对流动性负债的比率。一般来说,商业银行资产的流动性越强,安全性越高。中央银行为了保证银行资金的安全,同时为了限制商业银行的信用扩张能力,规定商业银行的流动性比率。

利率最高限额是指中央银行规定商业银行对定期及储蓄存款所能支付的最高利率,其目的是防止商业银行为争夺存款而抬高利率,从而保证金融机构的正常经营。

特种存款是指中央银行在商业银行体系出现过多的超额存款准备金的情况下,要求商业银行按一定比例将超额存款准备金缴存中央银行冻结起来,以紧缩信用,减少货币供应量。

(二) 间接信用控制

间接信用控制是指中央银行利用行政手段间接影响商业银行信用创造能力的措施。其主要方式有道义劝告、窗口指导等。

道义劝告是指中央银行利用自己在金融体系中的特殊地位和威望,通过对商业银行及其他金融机构的劝告，影响其信贷投量及投向。道义劝告不具有强制性，而是将中央银行货币政策的意向对商业银行及其他金融机构说明，要求它们注意放款的数量及结构。

窗口指导是日本中央银行对金融机构的指令，要求其将贷款增加额限制在适当的范围之内。窗口指导也暗示贷款的使用方向，以保证经济优先发展部门的资金需要。如果金融机构不接受指导，尽管它们不承担法律责任，但要承受日本银行的各种经济制裁。

第四节　货币政策传导机制与效果

宏观经济学一般研究两类问题：一类是总供给问题，即既定的名义收入变动如何在价格水平变动和真实产量变动之间分割。另一类是传导机制问题，即货币与真实经济之间相互联系的问题，探讨各种外生变量及政府干预所造成的影响如何导致名义收入的变动。

一、货币政策传导机制的内涵

货币政策传导机制是指中央银行确定货币政策方向之后，从选用一定的货币政策工具进行现实操作开始，到实现最终目标之间，所经过的各种中间环节相互之间的有机联系及因果关系的总和。货币政策传导机制研究的是货币政策的变动经由某种渠道或某些变量的传导引发真实经济变化的全过程（见图 11-2）。

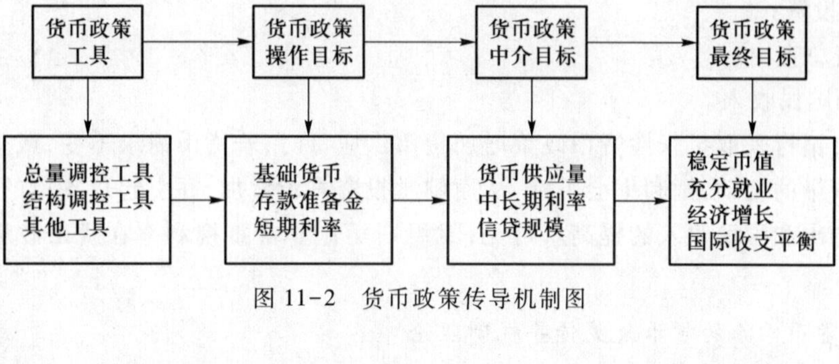

图 11-2　货币政策传导机制图

货币政策传导过程一般涉及三个基本环节：一是从中央银行至金融机构和金融市场，即中央银行通过运用各种政策工具控制商业银行的信用创造能力并影响市场利率，达到控制货币供应量的目的。二是从金融机构和金融市场至微观经济主体，即通过商业银行信贷规模的扩大与缩小、市场利率的降低与提高，影响企业与个人的储蓄、消费与投资等经济活动。三是从微观经济主体行为的变化至各种经济变量的变动，即企业和个人的投资与消费行为的变化，引起物价水平、失业率、GDP 等经济变量的变化，最终影响币值稳定、充分就业、经济增长以及国际收支平衡等货币政策最终目标的实现。

以上三个环节中，金融市场在整个货币政策传导过程中发挥着极其重要的作用。首先，中央银行主要通过金融市场实施货币政策工具；商业银行等金融机构通过金融市场了解中央银行货币政策的调控意向。其次，企业、居民等非金融部门经济行为主体通过市场利率的变化，接受金融机构对资金供应的调节，进而调整投资与消费行为。最后，社会各经济变量的变化也是通过金融市场来反馈信息，影响中央银行、商业银行等金融机构的行为。

二、货币政策传导机制理论

货币政策传导机制理论研究的是货币政策工具会通过哪些渠道和途径引起社会经济生活发生变化，最终实现预期的货币政策目标。在西方，最有影响的是凯恩斯学派和货币学派的传导机制理论。20 世纪 80 年代以后，各国金融结构和经济环境均发生了重大变化，货币政策传导的信贷渠道、汇率渠道和资产价格机制等也变得越来越重要。这些传导机制总体上可以分为两大类：一是货币渠道（包括凯恩斯学派和货币学派的传导机制、资产价格机制、汇率渠道等）；二是信贷渠道。

（一）凯恩斯学派的货币政策传导机制理论

凯恩斯是最早研究货币政策传导机制的经济学家。他认为，在货币政策传导机制中发挥主要作用的环节是利率：货币供应量的调整首先引起利率的升降，利率的变化通过对资本边际收益率的影响，使投资发生增减，而投资的变动进而会导致总支出乃至总收入发生变化。凯恩斯学派的货币政策传导机制可用符号表述如下：

$$M_s \to r \to I \to E \to Y$$

式中：M_s 代表货币供应量；

r 代表利率；

I 代表投资；

E 代表总支出；

Y 代表国民收入。

当中央银行采取扩张性货币政策增加货币供应量时，若货币需求不变，或变动幅度小于货币供应量的变动，则利率会下降，从而刺激投资需求增加，并引起总支出的相应增加，最终推动产出和国民收入的提高。可见，凯恩斯学派非常重视利率在货币政策传导过程中的作用。

（二）货币学派的货币政策传导机制理论

与凯恩斯学派不同，以弗里德曼为代表的货币学派认为，利率在货币政策传导机制中不起重要作用，他们强调的是货币供应量在整个传导过程中对总支出和总收入的直接作用。货币学派的货币政策传导机制可用符号表述如下：

$$M_s \to E \to I \to Y$$

根据货币学派的理论，货币需求具有内在的稳定性，当作为外生变量的货币供给改变，比如增加时，由于货币需求并不改变，公众手持货币量就会超过他们所愿意持有的货币量，从而必然增加支出。支出转化为投资，公众把超过意愿持有的货币或用于购买金融资产，或用于购买非金融资产，直至人力资本的投资，从而打破了原有的资产组合，引起资产结构调整，并同时影响各种资产的相对收益率和价格。若投资于金融资产偏多，就会使得金融资产价格上涨，收益率相对下降，从而刺激非金融资产投资（如产业投资）的增加，这样一来既促进了产出的增加,也导致了产品价格的上升。

总之,根据货币学派的分析,货币供应量作用于支出,导致资产结构的调整,并最终引起价格水平和总产出的变动。

三、影响货币政策有效性因素分析

货币政策的有效性是指货币政策作用于经济活动产生的实际结果与货币政策预期目标的偏离程度。如果偏离程度小,实际结果接近于预期目标,则货币政策是有效的。而若实际结果大大偏离预期目标,则货币政策是无效的。

影响货币政策有效性的因素主要有以下几个方面:

(一)货币政策时滞

货币政策时滞是指中央银行从制定货币政策到货币政策取得预期效果的时差。中央银行制定和实施货币政策之后,如果收效太迟或难以确定何时奏效,则政策本身是否成立就成了问题。因为时滞越长,经济金融形势发生变化的可能性越大,新情况新问题的出现将使货币政策效果大打折扣,甚至归于无效。

货币政策时滞由内在时滞和外在时滞两部分组成,如图 11-3 所示。

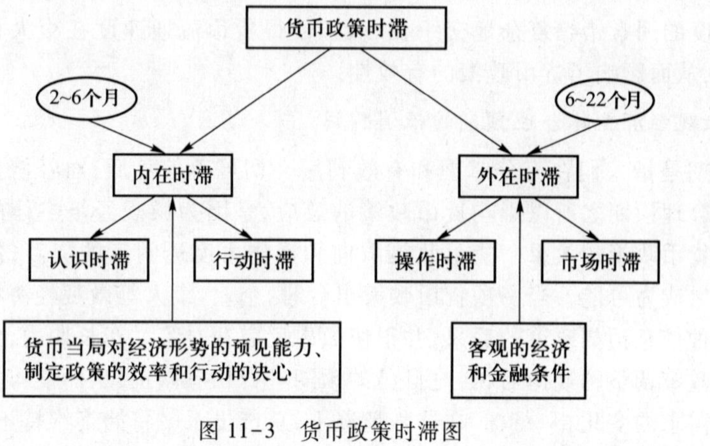

图 11-3 货币政策时滞图

1. 内在时滞

内在时滞是指从经济形势发生变化,需要中央银行采取行动,到中央银行实际采取行动之间所存在的时差。内在时滞一般在 2~6 个月。

内在时滞又可分为认识时滞和行动时滞两个阶段。认识时滞是指从经济形势发生变化需要中央银行调整货币政策,到中央银行认识到这种需要的时间距离;行动时滞则是指从中央银行认识到需要采取行动,到它出台并实施新政策的时间间隔。前者的长短主要取决于中央银行对信息收集的程度以及对经济形势发展的敏感程度和预测能力,后者的长短则主要取决于中央银行制定政策的效率和行动的决心。

2. 外在时滞

外在时滞是指从货币政策付诸实施到诸如产出、物价等主要经济变量达到预期目标所经历的时间。

外在时滞又可分为操作时滞和市场时滞两个阶段。操作时滞是指从中央银行实施货币政策，到商业银行、企业和个人等经济主体面对新的情况相应调整其资产、投资、消费决策的时间距离。市场时滞则是指从商业银行、企业和个人等经济主体调整其决策，到整个社会的产出、就业、物价等经济变量发生变化、达到预期目标的时间过程。可见，外在时滞受客观经济条件及各微观经济主体行为因素的影响较大，而较少受中央银行的控制。由于微观经济主体的行为因素是不稳定和不易预测的，所以外在时滞的长短就难以掌握，一般需要 6~22 个月。正因为如此，外在时滞成了影响货币政策有效性的主要因素。

（二）货币流通速度

影响货币政策效应的另一个重要因素是货币流通速度。因为货币供应量是一定时点上的货币总存量，而对经济产生影响的则是货币流量。货币流量=货币存量×货币流通速度。货币流通速度越快，流通中所需要的货币数量就越少，反之则越多。而且在经济的周期性波动中，货币流通速度与实际收入同方向变动，如果中央银行在制定货币政策时忽视了货币流通速度的变动，或者未能预测到其变动的幅度，则会降低货币政策的效果，甚至可能使正确的政策走向反面。

在现实经济生活中，产业结构、收入水平、金融创新、支付习惯、心理预期等各种影响货币流通速度的因素错综复杂地交织在一起，使得货币流通速度在很大程度上难以准确考察和计量，从而影响了货币政策的有效性。

（三）微观经济主体合理预期的抵消作用

合理预期是指人们在充分掌握和有效利用一切可得信息后，对经济形势做出的较准确的预期。合理预期之所以影响货币政策的效应，是因为微观经济主体的合理预期会削弱甚至抵消货币政策的效果。货币政策取向和操作力度透明度的提高，使经济主体准确预测政策效果成为可能。当一项货币政策出台时，企业、个人等微观经济主体会迅速根据所获得的各种信息预测政策的后果，并很快做出反应和对策。在长期内，经济主体意识到系统性货币政策调整的规律后，会对自己的预期进行相应修正，从而使得关于总需求的预期与实际总需求的变化相一致。在这种情况下，总产出水平将始终维持不变，货币政策只能改变价格，而不能改变实际产出，也就是说，面对各经济主体广泛采取的抵消对策，中央银行推出的货币政策可能归于无效。并且，经济主体运用合理预期，把经济活动中可能遭受的所有损失都预算在内，其采取的预防性措施还可能使经济波动不断激化：当中央银行的扩张性货币政策导致通货膨胀产生时，经济主体的合理预期会起到加速通货膨胀的作用；当中央银行采取紧缩性货币政策时，经济主体对于紧缩政策后果的预期，也会进一步推动产量的下降和失业的增加。

（四）金融创新的发展

金融创新的发展使货币政策传导机制逐步发生深刻的变化，部分地改变了货币政策传导机制，使传统的传导机制受阻。主要表现为：

首先，金融市场的创新（如欧洲货币市场的建立）使中央银行执行货币政策的难度加大。例如，一国拟实行紧缩性货币政策，但国内金融机构却可以通过欧洲货币市场筹措资金，达到信用规模，这就抵消了紧缩性货币政策效应；当一国实行扩张性货币政策时，国内金融机构则可能将资金转移到欧洲货币市场，回避中央银行的货币控制。

其次，金融创新使得商业银行的存款结构发生了很大变化。大量的非银行金融机构分流了商业银行的资金来源，使商业银行的存款，尤其是活期存款大幅度下降，这就使中央银行通过增减法定存款准备金数量来控制信贷规模的货币政策作用力降低，使运用存款准备金率传导机制部分失效，货币政策的力度减弱。

最后，金融创新使货币创造的主体形成多元化，使中央银行控制货币能力减弱。中央银行传统的控制货币的方法主要是通过控制商业银行的派生存款来控制货币的供应量，但金融创新使非银行的金融机构越来越多，其经营业务的范围越来越广，大量的活期存款涌入这些机构，创造出了大量的派生存款，使中央银行的货币控制能力降低。

除了上述因素外，一国经济形势由于不可抗拒的因素发生非预期变化，或政治环境发生改变，都会对货币政策的效应产生影响。

本章小结

1. 货币政策是中央银行为实现特定的经济目标而采用的各种调节货币供应量和利率，进而影响宏观经济的方针和措施的总和。其构成要素有货币政策最终目标、中介目标、政策工具、传导机制、作用效果。

2. 货币政策是宏观调控政策、总量调控政策、需求管理政策、间接调控政策。

3. 货币政策目标是中央银行通过货币政策的操作而达到的最终经济目标，包括稳定物价、充分就业、经济增长、国际收支平衡。从长远看，货币政策目标之间是协调的。但从短期来看，各目标之间往往充满了矛盾，不可能兼顾。

4. 货币政策工具包括一般性货币政策工具、选择性货币政策工具、直接信用工具、间接信用工具等。一般性货币政策工具通常被称为“三大法宝”。三大工具各有其特点，但也各有其局限性，必须配合使用。

5. 货币政策传导机制是货币管理当局确定货币政策之后，从选用一定的货币政策工具进行操作到实现最终目标之间所经过的环节及相互间因果关系的总和。

6. 我国货币政策目标体系将更加突出价格稳定目标，关注更广泛意义的整体价格水平稳定。同时，将推进货币政策从以数量型调控为主向以价格型调控为主转型。要处理好促进经济增长、保持物价稳定和防范金融风险的关系。除了货币政策目标将重点关注通胀之外，还提出了要关注更广泛意义的整体价格水平稳定。

关键术语

货币政策　公开市场业务　菲利普斯曲线　货币政策时滞　货币政策目标
存款准备金政策　再贴现政策　货币政策中介指标　货币政策传导机制

思考题

1. 试述货币政策有哪些传导途径。

2. 我国货币政策传导渠道是否通畅？

3. 近年来,公开市场操作在我国货币政策调控中越来越被重用,如何评价?
4. 简述货币政策的“三大法宝”的操作过程及优缺点。
5. 货币政策诸目标之间存在哪些矛盾?如何协调?
6. 货币政策目标从数量调控型向价格调控型转变,如何实现?

案例分析

案例:2013 年中国“钱荒”

2013 年 6 月发生的中国“钱荒”,使各大银行呼吁“央妈”释放流动性未果。而 2013 年 6 月 25 日,《人民日报》经济版发表的证监会和央行都不是“奶妈”的评论再次给市场浇了一盆冷水,告诫市场“证监会和央行都不是‘奶妈’”。《人民日报》表示,“救市”和“托市”都是扬汤止沸之举,不是帮了股市,而是害了股市。如此“救市”和“托市”,只会加剧资本市场的积贫积弱,而丝毫无益于一个完善的、多层次的资本市场建设。

案例思考:

1. 你认为中央银行在这种背景之下应该怎么做?该不该当“央妈”?
2. “钱荒”后来是如何解决的?央行不做“央妈”的意图何在?

延伸阅读

1. 黄达.金融学.3 版.北京:中国人民大学出版社,2012:208-257.
2. 李健.金融学.北京:高等教育出版社,2014:185-267.
3. 彭兴韵.金融学原理.上海:上海人民出版社,2007:384-415.
4. 中国人民银行官方网站.http://www.pbc.gov.cn.

第十二章
金融风险与监管

引言

20 世纪 30 年代的大萧条对 1930 年至 1980 年整整半个世纪的美国思想和政策产生了重大影响，对这种影响的重要性无论怎样强调都不过分。

然而，大萧条的阴影尚未褪尽，那黑色的幽灵却再次横扫了华尔街。从天堂到地狱，距离不过咫尺之遥。2007 年的闷热之夏，在飞机撞上华尔街的世贸中心双子塔的 6 年后，危机撞上了华尔街金融业的“双子塔”。曾经风光无限的花旗集团和美林证券，尚未从单季盈利创下历史新高的荣耀中清醒过来，旋即陷入巨额亏损的噩梦。至此，次贷连环雷一一触响——摩根士丹利巨亏、信心危机摧毁贝尔斯登、两房陷入危机、雷曼兄弟破产倒闭、高盛深陷困境，一场席卷全球的“百年一遇”的金融危机由此拉开了序幕。在一派歌舞升平的景象下，危机却不可避免地爆发了。金融风险总是这样悄然积聚，又猛烈爆发，它已经成为我们这个时代的主要宏观经济特征，不仅危机变得更为频繁，而且危机的成本日益高昂。维护金融稳定、保证金融体系的平稳健康运行的重要性一如既往地凸显了出来。

由此可见，危机来自风险的积累，也来自金融机构的任意妄为。美国作为大萧条中受灾最严重的国家之一，为摆脱经济危机迅速实施“新政”，对金融领域进行广泛而深入的管制，监管的中心环节也从危机前的控制货币发行转向对金融机构的微观行为进行严格而广泛的限制。

通过本章的学习，你将能够了解和掌握以下知识：

- 金融风险种类及成因；
- 金融监管原则、目标、手段；
- 金融监管体制。

本章知识架构图

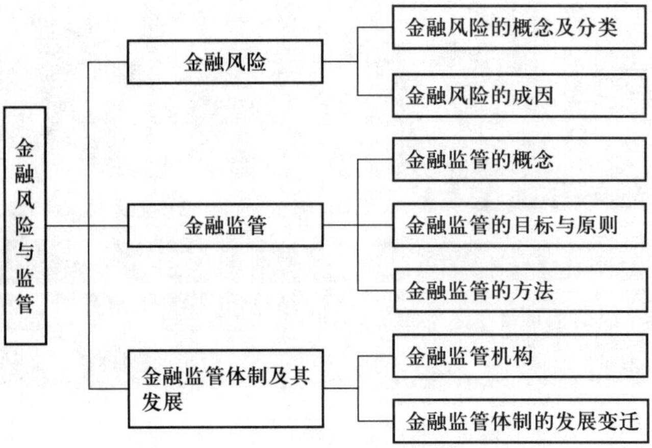

第一节　金融风险

一个合理的金融体系不仅可以将经济社会有限的资金配置到效率最高的部门和企业,而且能够将风险合理地配置到有承担能力且愿意承担风险的部门和企业,增强金融体系乃至整个经济体系运行的稳定性,降低系统性风险,所以金融体系具有在金融主体之间配置金融风险的基本经济功能。但是,金融体系也蕴含金融风险,金融风险是金融体系的基本属性之一。

一、金融风险的概念及分类

牛津英语字典里把风险定义为不良后果的可能性。金融风险是指经济主体从事经济活动时,由于结果与预期偏离而造成资产或收入损失的可能性。按照是否涉及决策者的主观心理感受,风险可分为主观风险(Subjective Risk)和客观风险(Objective Risk)。根据风险承担是否为投资者带来收益,风险可以分为纯粹风险(Pure Risk)和投机风险(Speculative Risk)。前者只可能给风险承担者带来损失,不会带来收益,如火灾、地震、疾病、车祸和犯罪等带来的风险。后者使承担者既有损失的可能,也有获利的可能,如汇率风险、利率风险等。一般来说,只有纯粹风险才能保险,而投机风险是不能保险的。

除了上述两种分类方法外,还有两种特别的分类方法:根据风险发生的范围可以将金融风险分为系统性风险和非系统性风险;　根据诱发风险的具体原因可以将金融风险分为市场风险、信用风险、流动性风险、结算风险、操作风险等。下面具体分析最后一种分类方法。

(一) 市场风险

市场风险是金融体系中最常见的风险之一,它通常是指市场变量变动而带来的风险,或被定义为金融工具及其组合的价值对市场变量变化的敏感度。根据这些市场变量,市场风险又可以分为利率风险、汇率风险、股权价格风险、商品价格风险等。

（二）信用风险

信用风险是商业银行面临的最主要的风险之一，具体表现为借款人不能按期还本付息的风险。在证券业务中，信用风险主要表现为交易对手风险，由于种种原因交易对手不能实际完成已达成的交易。因此，信用风险通常被定义为交易对手不能正常履行合约而造成损失的风险，因而又称违约风险（Default Risk）。

（三）流动性风险

流动性通常可以在产品、市场和机构三个层次上讨论。产品层次指的是金融产品的流动性，是该产品在正常的市场价格上变现的能力。现金的流动性最高，短期资产的流动性较高，而长期资产的流动性较差。市场层次指的是市场的流动性，是通过该市场来出售和购买相关金融产品的便利程度，通常由市场的交易量来表示。机构层次指的是机构的流动性，是通过将资产变现或对外融资来清偿到期债务的能力。对于金融机构而言，流动性风险往往是指其持有的资产流动性差和对外融资能力枯竭而造成的损失或破产的可能性。如果金融机构没有足够的现金支付到期的债务，就会被迫出售资产。如果其资产的流动性差，该资产就很难以正常的价格出售，金融机构就会因此遭受损失。

（四）结算风险

结算风险是指不能按期收到交易对手支付的现金或其他金融工具而造成损失的可能性。结算风险可能由于交易对手的信用状况下降（如破产）引致，此时结算风险实际上也是信用风险的一种表现形态，也可能是由于银行间清算系统失灵引起。由于外汇市场涉及两国货币和市场，同时在交易时间和制度上都存在差异，结算风险在外汇交易中表现最为突出。1974 年，由于德国 Herstatt 银行在外汇市场上的过度投机，无法清偿债务，德国政府授权关闭了这家银行。这一行动选择在当天欧洲市场关闭时执行，而此时纽约市场仍然开放，银行倒闭的消息冲击了纽约市场，所有与 Herstatt 银行有关的交易被迫停止，即其交易对手无法通过纽约市场获得相应的现金，给交易对手带来巨大损失，所以结算风险一般又被称作 Herstatt 风险。

（五）操作风险

操作风险是指金融机构因信息系统或内控机制失灵而造成意外损失的风险。这种风险一般由人为错误、系统失灵、操作程序发生错误或控制失效而引起。尽管操作风险涵盖了金融机构许多的内部风险，但是长期以来，信用风险、市场风险以及流动性风险的管理占据了金融机构风险管理的主导地位，而操作风险并没有得到足够的重视。直到最近几年，不少银行由于没有有效地管理操作风险而蒙受了巨大的损失，操作风险才受到越来越多的重视。在操作风险失控的案例中，最突出的有：日本大和银行纽约营业机构，其美国政府债券交易员在长达十年的时间内，挪用客户证券掩盖其交易的巨额损失，最终使大和银行损失巨大；Morgan Grenfell 资产管理公司的基金经理违反投资指令将资金投资于未上市的投机性股票，使公司蒙受巨额损失；1995 年，交易员尼克-里森更是钻了巴林银行内部控制失效的漏洞，使这家英国著名的老牌银行毁于一旦。

二、金融风险的成因

随着金融自由化、国际化进程的不断深入,不同种类的金融风险相互交织,金融危机不断爆发,显现出与以往不同的特征,传统的经济理论从外部宏观经济角度来解释金融危机发生的原因越来越缺乏说服力。这迫使人们转而深入探索金融体系内在脆弱性的原因。

(一)社会信用制度原因

马克思很早就在《资本论》中指出了金融危机产生的原因,从而揭示了社会信用制度是如何导致金融脆弱性产生的。马克思认为信用在过度投机中发挥了杠杆作用,信用不仅加剧了部门之间、企业之间的不平衡性,造成对商品的虚假需求,信用还刺激了金融投机,推动了虚拟资本的过度膨胀,为信用崩溃和金融危机的爆发创造了条件。

凡勃伦在其《商业周期理论》和《所有者缺位》中提出金融体系内在不稳定性的假设命题。凡勃伦指出:证券交易的周期性崩溃在于市场对企业的估价依赖降低,最终导致社会资本所有者的缺位,结果其本身内在地存在周期性动荡力量,这些力量主要集中在金融体系中。

(二)周期性解释

费雪的债务-通货紧缩理论指出脆弱性与宏观经济的周期性密切相关,尤其强调了债务清偿的特殊重要性。伴随经济周期的扩张,固定投资增加,同时资产市场上开始再现追求资本收益的大量投机活动,而这一过程主要是通过银行贷款的债务方式来融资的。而且物价的上涨使未能偿付的债务实际价值下降,结果就会刺激借款进一步扩大,从而使经济处于一种随时都会面临偿付能力不足的过度负债状态。一旦缺乏充足的流动资产来偿还债务,就可能引发金融的混乱。不能偿还债务的借债人将被迫出售资产获取流动性。如果这种因财务紧张导致的出售现象四处蔓延,并且缺乏货币当局作为最后贷款人而进行的必要干预,则将触发一场金融危机和萧条。因为通货紧缩使得未偿债务的实际值增加,债权人看到抵押品的名义价值下降,就要求提前偿还贷款,存款货币和货币流通速度下降,而债务负担加重迫使债务人继续清算出售资产。每个人都希望通过出售而使自己状况变好,结果却使整个市场因通货紧缩而不断恶化。

明斯基认为,正是经济繁荣时期埋下了金融动荡的种子。私人信用创造机构,特别是商业银行和其他贷款人的内在特性使得他们经历周期性的危机和破产浪潮,金融中介的困境被传递到经济的各个组成部分,产生宏观经济的动荡和危机。明斯基将借款企业分为三类:第一类是抵补性企业,它们只根据自己未来的现金流量作抵补性的融资,它们是最安全的借款人;第二类是投机性的借款人,它们根据预测的未来资金丰缺程度和时间来确定借款;第三类是高风险的借款企业,它们借款用于投资回收期很长的项目,在较长时期内它们都无法用投资的收益还本付息,而需要滚动融资支付本息。随着经济的进一步繁荣,在借款人中后两类的比重越来越大,而较安全的第一类借款人所占比重越来越小。生产部门、个人和家庭的债务相对于其收入的比例都越来越高,股票和不动产的价格持续上涨。然而在这种长波上升段之后必然迎来滑坡,任何打断信贷资金流入生产部门的事件都将引起违约和破产的潮流，而这又进一步反馈影响金融体系。结果金融机构的破产就像传染病一样迅速地传播，金融资产价格的泡沫也迅速地破灭，金融危机就爆发了。

（三）货币因素

货币主义学派的代表人物弗里德曼和斯瓦兹认为，货币政策失误是引发金融风险的主要原因。他们指出，如果没有货币的过度供给，金融体系的动荡不太可能发生或至少不会太严重。金融动荡的基础在于货币政策，正是货币政策的失误引发了金融风险的产生和积累，结果使得小小的金融困难演变为剧烈的体系灾难。

（四）信息经济学与金融脆弱性的微观机理

信息经济学的发展使人们对金融市场的微观行为基础有了较深刻的理解，对金融中介机构的内在脆弱性的根源，也有了更深刻的认识。

1. 信息不对称与金融机构脆弱性

在信贷市场上，存在信息不对称的情况。相对于贷款人，借款人对其借款所投资的项目的风险拥有更多的信息，而最终的债权人——储蓄者对信贷用途则缺乏了解，从而产生了信贷市场上的逆向选择和道德风险。当最终贷款人（储蓄者）将他们的资金集中到以商业银行为代表的金融中介机构手中时，他们事实上委托了金融机构作为代理人，对不同借款人实施差别对待，即根据相对风险大小来对贷款进行定价，这样可以降低借款人的逆向选择风险，同时限制了道德风险。然而，以商业银行为代表的金融中介机构积极作用的发挥受到两个前提条件的限制：一个是储蓄者对银行的信心，只有储蓄者不同时提款，才能保证金融机构将其对零散储户的流动性负债转化为对借款人的非流动性债权；另一个是金融机构对借款的筛选和监督是高效率的，并且是无成本或至少是低成本的。当前提条件之一不成立时，便产生了金融机构的内在脆弱性，挤兑行为是这种脆弱性的重要表现。

商业银行抵御挤兑的脆弱性源于其把对零散储户的流动性负债转化为对借款人的非流动性债权。在储户的提款随机发生而且银行将资产都持有至其到期日时，商业银行的经营地位是稳定的，因为大数法则保证了储户不会同时提款，只要有稳定的核心存款，商业银行便可以在保持一定的流动性资产（库存现金、短期债券等）以应付日常提款的基础上，将其余的资金投资于非流动性、具有较高收益的资产上，当银行经营出现异常情况，尤其是当银行出现支付困难时，这时储户可选择的最佳策略是提前取款。提前取款的集体行为就构成挤兑。因此在现实生活中挤兑具有爆发性发生的巨大可能，而金融机构对此是无能为力的，这意味着在市场信心崩溃面前，金融中介机构是非常脆弱的。

2. 委托-代理理论与金融资产质量

在信息经济学中，常将在交易中拥有信息优势的一方（知情者）称为代理人，将不具备信息优势的一方（不知情者）称为委托人。在商业银行的风险管理中，借贷关系中的借款者即为代理人，贷款者为委托人。委托-代理理论能够有效地解释导致金融资产质量恶化的制度性原因：

首先,金融机构从现代金融实践中得出结论:金融机构的灾难并不可怕,因为灾难越严重,政府采取援救行动的可能性就越大。也正因为如此,在信贷膨胀时期"从众行为"对金融机构而言是不确定性下的理性选择,它们认为,如果单个银行出现困难,政府可能听之任之,如果所有的金融机构都陷入困境,政府就不能不进行拯救,此外竞争压力也迫使它们继续其错误决策,否则就可能失去市场占有率。

其次,金融资产质量的突然恶化与管理者在经营业绩上获得奖励和受到处罚的不对称性有关。管理者的某种风险性决策一旦成功,他将获得极大的奖励,即使失败,其最坏结果也不过是暂时失业而已,所以金融机构管理者的理性行为总是倾向于作一些风险较高的信贷决策。但金融机构不同于生产企业,其资产选择有着很大的负的外部效应(其决策对外部人产生很大的成本),这是因为银行的自有资金只占其资产的很小一部分,而其净值越小,所有人从错误决策中招致的损失就越小,他们就越倾向于采用高风险的经营策略或者在不利情况下"为起死回生下赌注"。

再次,虽然金融机构在对借款人的监督上较零散的储户有很大优势,但完全的事后监督却是不可能的。如果贷款方与借款方的信贷交易没有成本,而且所有的意外事件都可以被充分鉴别出来并写入合同之中,那么事前的信息不充分就没有太大的影响,然而实际情况是当事人不可能将所有的意外事件都写进合同,设计这样的合同以及审查对方是否满足了合同条款需要大量的时间和资源,金融机构对借款人的监督相当有限。

最后,与发达国家奉行的"积极的不干预"政策不同,发展中国家或经济转轨国家的政策更倾向于进行直接金融调控,政府代替市场要求金融机构进行特定的金融资产微观配置,最终导致政府从金融系统中"寻租"和金融资产质量低下。金融中介机构本身也存在缺陷,储户的信心以及金融机构资产选择中的内在问题使得金融风险不断产生和积累,最终可能引发金融危机。

3. 信息不完全与金融资产价格波动

几乎所有的金融危机都与金融资产价格的过度波动相关,造成金融资产价格具有较强波动性的一般性原因也与信息不完全性有关。金融资产的定价受到不完全信息的制约,即金融市场据以对某种金融资产价值进行贴现的是该资产的未来收入流量以及影响这一流量变化的各种因素,而这两者都难以为零散的资产持有人所知,这样便造成了金融资产价格常常处于动荡之中,由于金融机构之间存在密切而复杂的债权债务关系,因此金融资产风险具有很强的传染性。一旦某个金融机构的金融资产价格发生贬损以至于不能保证正常的流动性头寸,则单个或局部的金融困难很快便演变成了全局性的金融动荡,结果可能引发体系性的危机。

专栏 12-1

储贷协会危机

20世纪80年代,美国储蓄机构共发生三次值得关注的危机,它们一直被作为美国金融监管失败的典型案例。

第一次危机发生在20世纪80年代初。为了遏制双位数的通货膨胀，美联储实行严格的货币紧缩政策，导致名义利率达到历史最高水平。在持续两位数的市场利率水平下，储蓄机构的大量存款外流。为了保住已经解除利率管制的大额存款，储蓄机构被迫支付较高的利率，这使大部分机构严重亏损。由于监管机构放松对储蓄机构的财务要求标准，同时得益于经济开始复苏带来的利率下降，从1983年开始，相当一部分机构恢复了盈利。这使得政策制定者和立法者相信，随着经济增长，利率将逐步下降，储蓄机构应该能够恢复到80年代之前那种稳健的状况。但是，利率下降并没有解决数百家储蓄机构有形资本不足清偿债务的问题，1985年该行业又遭受第二次危机的冲击。经营困难的储蓄机构的所有人和经理人都有强烈的冒险经营的动机，因为有联邦储蓄与贷款保险公司为其承担经营损失，而一旦判断正确，他们将获得所有的冒险收入。这种道德风险没有引起足够重视，国会和监管当局仍然相信：随着利率下降和经济增长，该行业的状况将不断地得到改善。由于监管当局的不作为，第三次储贷协会危机于1988年总统大选之后发生，当时有大约1/3的储蓄机构没有赢利，联邦住宅贷款银行委员会花费约386亿美元，以向储蓄机构购入者提供对未来损失全面担保的方式处置了205家储蓄机构。直到国会最终通过《1989年金融机构改革、复兴和加强法》才彻底解决了储贷协会的问题。

储贷协会的危机固然有其自身以短贷长的不合理负债结构的缺陷以及滞胀时期恶劣外部环境的冲击等原因，但监管当局也是难辞其咎，不仅放松管制的时机选择不佳，而且对危机反应迟缓。甚至还采取了降低资本金要求、放松会计标准等自欺欺人的措施，导致道德风险和逆向选择问题极为严重。

第二节　金融监管

一、金融监管的概念

金融监管作为一个复合概念内含金融监督和金融管理双重属性，分为狭义的和广义的概念。狭义的金融监管主要是指中央银行或其他金融监管当局依据国家法律法规的授权对整个金融业（包括金融机构以及其在市场上所有的业务活动）实施的监督管理。广义的金融监管还包括了金融机构的内部控制与稽核、同业自律性组织的监管、社会中介组织的监管等。金融监管是控制金融风险、提升金融系统运作效率、维护社会公众对金融体系信心、为社会经济发展创造良好的金融环境的一种政府行为。金融监管具有权威性、独立性和公共性的特征。金融监管的必要性表现为：

（一）帮助我们远离一些可以规避的风险，并防止金融危机的爆发

金融危机是指金融体系出现严重困难乃至崩溃，表现为所有的或绝大部分金融指标的急剧恶化，各种金融资产价格暴跌，金融机构陷入严重困难并大量破产，从而对实质的经济运行产生极其不利的影响。第二次世界大战以后，为了稳定国际市场，各国政府协商

组成了统一的国际货币制度即布雷顿森林体系，结束了国际货币金融领域里的混乱局面，促进了国际贸易和国际投资的发展。然而，由于这一制度本身存在的缺陷，布雷顿森林体系于1973年终结，主要发达国家采取了浮动汇率制，金融自由化得到了快速的发展。金融自由化促进了资本的日益膨胀，越来越复杂的金融市场中，各种各样的投资工具进行着不断的交易，危机发生的频率上升：1974年的银行危机，1979—1981年拉丁美洲金融危机，1982年发展中国家的债务危机，1987年的股票市场崩溃，1992年的欧洲汇率机制危机，1994—1995年墨西哥危机，1997—1998年的亚洲金融危机，1998年的俄罗斯危机以及1999年的巴西危机，2001年的阿根廷金融危机，2008年由次贷危机引发的美国金融危机等。

（二）金融监管通过防范危机的爆发，减少由此产生的成本

据估计，用于金融危机紧急救助的成本平均达到GDP的10%，某些危机的成本更高，如1994年的墨西哥危机的成本达到GDP的20%，而1996年的牙买加危机的成本达到GDP的37%。银行和货币双重危机的成本在OECD国家达到GDP的23.8%，在新兴市场国家则达到13.9%。除了直接成本，危机还有高昂的间接成本，如1980年拉丁美洲金融危机中阿根廷的总财政成本高达GDP的55.1%；1997年亚洲金融危机中泰国的财政成本达到GDP的43.8%，印度尼西亚为56.8%，韩国则为31.2%。

（三）金融监管可以维护金融秩序，保护公平竞争，维护金融体系自身的健康平稳运行

良好的金融秩序是保证金融安全的重要前提，公平竞争是保持金融秩序和金融效率的重要条件。为了金融业的健康发展，金融机构应该按照有关法律的规定规范地经营，防止出现无序的和不公平的竞争，这也需要金融监管当局通过监管来实现这一目标，保证金融体系的资源配置和风险配置功能得以实现。

二、金融监管的目标与原则

（一）金融监管目标

各国实施金融监管，还需要确定金融监管目标，金融监管目标决定着金融监管的原则、范围、手段、方法等，所以，各国一般都是在银行法中对此加以规定。金融监管作为一项有组织、有目的的活动，必须确立其可以操作的目标。金融监管目标是金融监管的目的，既是评价金融监管优劣的标准，也是实现金融有效监管的前提和监管当局采取监管行动的依据。金融监管目标可分为一般目标和具体目标。一般目标应该是促成建立和维护一个稳定、健全和高效的金融体系，保护金融机构和金融市场健康地发展，从而保护金融活动各方特别是存款人的利益，推动经济和金融发展。但由于各国历史、经济、文化背景和发展的情况不同，在不同的经济、金融发展阶段还具有一定的特色。

1. 经济、金融发展的不同阶段，金融监管的主要目标不同

20世纪30年代前，金融监管目标是控制货币的发行，防止银行金融机构倒闭。20世纪30年代前，是经济自由主义占主导地位的时期，并且金融监管处于初创阶段。这时，世界上大多数国家并无专门的监管机构，也没有强有力的措施。从监管的内容上看，只注重市场准入这一环节，所以，金融监管目标亦不甚明确，银行法中更多的是强调

银行券的限量发行，这在世界上第一个建立金融监管制度的美国体现得尤为突出。1863 年，美国国会通过了《国民通货法》，规定发行以政府债券为保证的国家货币。之后又通过了《国民银行法》，除规定银行开业的最低资本额外，对流通中的银行券与存款规定了最低储备的要求，还设立了货币监理署，专门签发营业执照，执行有关的银行法律。与此类似，瑞典于 1864 年也通过了立法，目的是使私人银行的银行券发行保持在一定的幅度内。

20 世纪 30 年代至 90 年代初，金融监管目标主要是维持金融业的安全稳定和公平竞争。1929—1933 年的经济大危机是和金融恐慌交织在一起的，许多国家的金融体系被冲垮，大量的银行破产倒闭。人们开始意识到，银行体系是否健全对整个经济的繁荣和稳定十分关键。大危机过后，凯恩斯主义开始盛行，国家干预被一些国家视为良药，于是各国把金融业的稳定作为发展经济、稳定社会的必要条件，对金融业实施了全面而严格的管制，其目的是维护公众对银行的信心，并强调金融业通过公平竞争维持其安全和稳定。在这一时期，各国普遍设立或明确了监管机构，建立了维护金融体系安全的三大屏障，即预防性监管、存款保险制度（事后补救措施）及最后贷款人制度（临时性的应急措施），所以，这一时期是金融监管体系逐步完善的阶段。

20 世纪 90 年代初至今，金融监管目标更加明确。由于 20 世纪 70 年代的金融创新，西方金融业出现了自由化和国际化的浪潮，金融业的国际合作与交流日益密切。金融创新一方面促进了金融体系整体效益的提高，另一方面使风险大大增加，于是各国开始在金融监管方面加强国际合作，并进一步完善了金融监管。金融监管目标更加明确，由多元目标向单一目标过渡，在实现金融体系安全运行的基础上，强调保护存款人的利益。

2. 不同国家的金融监管目标有所差异

美国的金融监管当局以立法的形式明确提出的监管目标是“建立美国境内更有效的银行监管制度”。具体目标是：维持公众对一个安全、完善和稳定的银行系统的信心；为建立一个有效的和有竞争力的银行系统服务；保护消费者；允许银行体系适应经济的变化而变化。《加拿大银行法》规定，金融监管目标“是规范信用与货币，谋求国计民生的最大利益，及在货币政策的可能范围内，控制并保护本国货币对外价值，并缓和对其影响的生产、贸易、物价及就业等方面的波动，促进加拿大经济金融发展”。为此，要求金融机构监管“依金融机构监理局的法规检查金融机构”，以保证金融机构稳定发展。《英国银行法》规定，“授权英格兰银行行使职权，对接受存款的机构予以管制；对这些机构的存款人进一步予以保护，禁止使用欺骗性的经济手段接受存款”。《德国银行法》规定，“联邦金融管理局监管所有的信贷机构，以保证银行资产的安全、银行业务的正常运营和国民经济运转的良好结果”。虽然各国对金融监管目标的表述不尽相同，但总结起来有以下几点共性：确保金融稳定安全、防范金融风险；保护消费者权益；增进金融体系的效率；规定金融机构行为，促进公平竞争。

3. 我国金融监管的目标

根据 2003 年 12 月 27 日中华人民共和国第 12 号主席令《全国人民代表大会常务委员会关于修改〈中华人民共和国中国人民银行法〉的决定》修正，《中华人民共和国中国人民银行法》第 31 条规定：“中国人民银行依法监测金融市场的运行情况，对金融市场实施宏观调控，促进其协调发展。"《中华人民共和国银行业监督管理法》第3条规定："银行业监督管理的目标是促进银行业的合法、稳健运行，维护公众对银行业的信心。银行业监督管理应当保护银行业公平竞争，提高银行业竞争能力。"

由此可见，中国现阶段金融监管的一般目标是：公平、有序竞争，有效防范系统性风险，保护存款人权益，推进金融的市场化进程，与国际惯例接轨。

（二）金融监管原则

1. 适度监管原则

金融监管是必要的，但是监管的目的是构建并维护金融市场良好的市场秩序。因此，政府的金融监管不能过分干预金融机构的自主经营活动，不能妨碍金融的自由发展；金融监管也不能过于松懈，流于形式，这样的监管起不到防范与控制金融风险，保证金融市场稳定的目的。

2. "目标"监管原则

金融监管的最终目的是构建并维护良好的金融市场秩序，维护金融业乃至整个社会经济的稳定，促进金融业繁荣发展。但是，在不同的时期，金融市场处于不同的发展阶段，出现的问题也是不同的。对此，金融监管部门必须因地制宜，因势利导，有针对性地制定阶段性监管目标。

3. 法制监管原则

金融监管要规范化就必须走法制化道路，还要提高其司法性和透明度。在建立完备的金融法律法规的同时，要注意有关法规的前瞻性和稳定性，减少政策传导中的扭曲和弱化，从而形成金融政策充分发挥其有效性的环境基础。

4. 高科技监管原则

随着科技进步，国际金融领域也越来越多地采用高科技产品作为金融交易的载体，并开发出许多有高科技含量的金融衍生品。对此，金融监管领域不仅要加强对这些新现象、新问题的监管，而且要积极引进高科技在金融监管领域的运用，拓展监管手段，提高监管效率，同时有效地促进监管结果信息化和实用性。

三、金融监管的方法

（一）直接监管

直接监管可分为现场监管和非现场监管。

1. 现场监管

即由监管人员通过亲临现场对被监管金融机构的会计凭证、账簿、报表、现金、物资财产和文字资料进行检查、分析、鉴别，直接对有关人和事进行查访，掌握第一手真实资料。这种方式的优点是能够对具体的监管对象进行比较深入细致的了解，及时发现某些隐蔽性问题，特别是对一些欺诈行为尤为有效。不足之处是，现场监管要花费大量的人力、物力、财力，而且受到时间和空间的限制。

2. 非现场监管

它是指不需要亲自到被监管的金融机构去，而是通过传送报表、资料，建立信息网络等方法进行监管。非现场监管不仅及时、全面、成本低,而且不受时间和空间的制约。通过分析、评价,可以对面临较大风险的单位发出预警信号,帮助其及时纠正违规行为;也可以对有效地确定现场检查的范围提供帮助,增加现场监管的针对性。非现场监管的内容,在我国主要是被监管单位的资产负债比例结构、资产流动性、资本充足性、资产质量、风险情况、财务状况、损益、负责人变动等。

(二) 间接监管

它是指通过委托其他部门如金融机构内部的审计机构或外部审计机构及信用评估机构等,从加强内部控制的角度出发实施间接的监管。

1. 金融机构的内部审计

内部审计是由金融机构自行组织实施的,主要涉及金融机构内部的各项管理、工作实施情况。包括核查自身会计控制、营运控制、行政管理控制等是否完整与准确,并参与检查和修改业务政策和业务程序。主要目的是保证资产的安全性和遵守法规,提供高效准确的业务记录,评价管理控制的程序和有效性,并为制定政策提供参考。内部审计具有很强的连续性,是保证金融机构实施良好内部控制的基础,也是保证金融机构稳健经营,建立金融业风险安全防线的关键。因此,内部审计是金融监管体系的一个重要组成部分。

2. 利用外部审计来加强金融监管

外部审计通常是由社会上注册的会计师事务所来承担的。会计师事务所是专门提供社会公证和技术服务而收取费用的法人组织,在中央银行或国家监管当局委托时,参与金融监管。外部审计在金融监管中的作用有:一是可以提高金融监管的客观性和公正性,有效地避免舞弊、作假现象,防止内部审计的主观性和中央银行稽核的疏漏;二是减轻中央银行或金融监管当局的工作量,使之可能集中力量进行针对性的监管。

3. 对金融机构评级

对金融机构评级也是金融监管的一个重要组成部分。评级制度是通过综合考察金融机构的资本充足性、资产质量、管理能力、盈利能力及流动性能力等因素,按评级结果将金融机构划分为几个等级,金融监管当局就可根据评级结果采取相应的措施和政策,如在检查时根据其级别来确定检查的方式和深入的程度等。除了金融监管部门对金融机构的评级外,还可利用社会上的资信评估机构。这种评估机构作为中介性组织,通过对金融企业进行资信评估,将优等金融机构通过新闻媒体向社会公布,以利等级高的金融机构有更多的发展机会。对有问题的金融机构进行评级,以便金融监管当局能有重点地监督级别低的金融机构,提高监管的频次和效率。

4. 同业公会自律

对金融业的管理,还应有同业公会自律。这是金融业自我管理、自我规范、自我约束的一种民间管理方式。它可以通过行业内部的管理,有效地避免各主体之间的不正当竞争,规范其行为,促进彼此的协作,与官方监管机构一起来维护金融体系的稳定与安全。由于金融业的特殊性,金融业的行业自律组织与别的行业相比,要求更严格,更有特点。它由从事金融研究的学者、金融从业人员以及政府金融管理者等组成,以“行业自律、协调和自我管理”的方式行使职权,以业务性指导和交流为主,表现出广泛性、行业性和自律性的特点。通过监管,可以促进行业管理的规范化,保证交易的公正性和竞争的充分性,维护正常的金融秩序。

第三节　金融监管体制及其发展

一、金融监管机构

根据监管体制不同,不同国家的金融监管机构也各不相同。但总的来说,金融监管机构包括中央银行及各种专业金融监管机构。虽然有些国家的中央银行已不承担金融监管职责而专司货币政策,但是一国的中央银行不论是否实施金融监管,都承担着维护金融稳定的职能。中央银行和其他金融监管当局在维护金融稳定方面各有优势和侧重。央行通过实施货币政策、管理支付系统、调查研究、对有问题银行提供流动性支持等方式来防范系统性风险,从而维护整个金融体系的稳定;其他金融监管当局则通过对金融机构实施直接的外部监管,防范和化解具体金融机构的风险。

分业监管的代表国为美国。其监管机构主要包括:① 银行监管机构。包括美联储、货币监理局、联邦存款保险公司、州监管机构等。② 证券业监管机构。主要是证券交易委员会。③ 保险监管机构。主要是州保险监管机构。④ 金融持股公司监管机构。由美联储负责总体监管,其他金融机构负责功能型监管。

混业监管的代表国为英国。其监管机构包括:① 金融服务局。负责综合性监管,包括对各类金融机构的审批和监管,维护清算体系的稳定,制定监管政策。② 英格兰银行。专司货币政策,维护货币体系和金融基础设施的稳定。③ 财政部。负责管理整个金融体系的法规。

2003 年中国银监会的成立标志着中国形成了"一行三会"分业监管格局。2004 年 6 月28 日"一行三会"公布了《三大金融监管机构金融监管分工合作备忘录》,2008 年 8 月又公布了《央行主要职责内设机构和人员编制规定》,进一步强化监管机构之间的沟通协调,提高监管效率。

2018 年 3 月 14 日,《国务院机构改革方案》拟将银监会和保监会的职责整合,组建中国银行保险监督管理委员会,作为国务院直属事业单位。本次金融监管机构的调整,目的是解决现行体制存在的监管职责不清晰、交叉监管和监管空白等问题,强化综合监管,优化监管资源配置,更好统筹系统重要性金融机构监管,逐步建立符合现代金融特点、统筹协调监管、有力有效的现代金融监管框架,守住不发生系统性金融风险的底线。

二、金融监管体制的发展变迁

一个国家采用什么监管模式,要和这个国家的经济、政治、文化、历史、地理及金融环境等条件等相适应,既不是一个确定的,也不是完全偶然的。20 世纪 30 年代的大萧条,促成了美国为代表的发达国家在金融业间构筑防火墙,采用严格的分业监管。随着时间的推移,金融创新层出不穷,到 80 年代上半期达到了高峰。此时,金融业突破了行业的经营限制,银行脱媒现象日盛,银行业和证券业之间业务相互渗透,产品差别缩小,业务界限逐渐模糊,金融市场上直接融资的比例也在不断增大。金融创新使得分业监管体制捉襟见肘，监管部门甚至默许了各种变相的跨界业务（地域和领域）。因此，在混业经营的条件下，基于监管当局提高监管能力，许多国家出现了向统一监管模式转变的趋势。总的来说，金融监管体制存在几种分类方法：按监管机构的设立原则来划分，可以将金融监管体制划分为机构型监管和功能型监管；按权力配置模式划分，可以将金融监管体制划分为单元多头金融监管、双元多头金融监管、集中单一金融监管和跨国金融监管；根据不同金融业务是否由统一的金融监管机构进行监管，可以将金融监管体制划分为分业监管和统一的混业监管。下面几个典型国家的金融监管体系代表了几种不同的金融监管体制。

（一）美国现行的金融监管体制

美国现行的金融监管体制是一种典型的分权型多头监管模式，被称为伞式监管加功能监管的体制，实际上是功能监管与机构监管的混合体，监管机构形成横向和纵向交叉的网状监管格局。美国采用“双线多头”金融监管模式，“双线”是指联邦政府和州政府两条线，即联邦政府机构管理在联邦注册的“国民银行”，州政府管理在州注册的商业银行，“多头”是指有多个履行金融监督管理职能的机构。从横向看，不同金融业务有不同监管主体；从纵向看，不同级政府又是不同的监管主体。联邦和各州都有权对银行发执照注册并进行监管。在联邦一级，主要的监管机构有财政部通货监理署、联邦储备系统和联邦存款保险公司。在州一级，各州也有自己的金融监管机构。除此之外，联邦金融机构监察委员会对联邦一级的监管机构进行一定程度的协调。由此可见，美国的金融监管是一种多重管理机关和交叉管辖权的“多头”制度，既不同于完全意义上的分业监管也不同于完全意义上的混业监管。这种监管体制的优势在于：① 使一家金融机构同时受两家或两家以上监管机构管理，从而确保每家机构都被置于监管之下；② 便于各监管机构之间形成相互制约和相互竞争的关系，提高监管的质量和效率；③ 既能保证联邦中央银行推行其货币政策目标和它在金融体系中的主体地位，又能保证商业银行的安全和稳定。

（二）德国的金融监管体制

随着全能金融的发展，德国银行、证券与保险业务的界限日渐模糊，分业监管已不再适应新的监管需求。在这样的情况下，如何协调各部门的监管、提高监管效率、减少监管成本成为亟待解决的关键问题。在这样的背景下，德国建立了统一监管机构——联邦金融监管局（BaFin）。德国联邦金融监管局于 2002 年 5 月 1 日成立。它结束了银行、保险公司和投资银行（证券公司）监管三权分立的局面。将银监、保监和证监的权力统一转移到了 BaFin 手中。从此，联邦信贷监管局、联邦保险监管局和联邦证券交易监管局退出历史舞台，由 BaFin 统一行使金融监管的权力。BaFin 的首要任务是稳定整个金融市场，使各个金融部门正常运作。具体来说，这一任务可细分为两个方面：第一是确保银行、保险公司和投资银行等金融机构拥有足够的清偿能力；第二是保护存款者和投资者的权利。

德国统一监管改革是在欧盟成立之后进行的，德意志联邦银行不再具备中央银行的职能，货币政策由欧洲中央银行统一制定，德意志联邦银行只能对货币政策提出建议，实行改革也是调整其职能和机构的举措。除此之外，德国的金融业在 20 世纪 90 年代后出现了集团内部重组，大型金融集团的出现使得银行、证券和保险业务的界限更加模糊，增加了监管的难度和银行经营的风险。

（三）英国的金融监管体制

英国金融监管体制改革比较具有代表性，是分业监管模式向统一监管模式演进的典范。1997 年之前，英国实行的是分业监管模式，由九个机构负责对金融体系的监管。1997 实施金融监管体制改革，成立了金融监管服务局，监管对象包括银行、证券、基金和保险公司，自此英国开始对金融业实行统一监管。并在 2000 年 6 月通过了《2000 年金融服务和市场法》，从法律的角度确认了金融监管体制的改革，形成了法制化的统一监管体制。英国金融监管改革和其金融创新、混业经营的背景是分不开的。英国金融业在 20 世纪 80 年代之前属于分业经营，伴随着层出不穷的金融创新。1986 年伦敦证券交易所推出《金融服务法》，从立法上推动了金融自由化，改变了英国的金融市场结构，促进了混业经营的发展，使英国成为混业经营程度最高的国家之一。此时，英国的金融监管体制仍是由九个机构负责，分业监管的缺陷日渐暴露。英国国际商业信贷公司和巴林银行的相继倒闭，说明了金融监管体制已经不再适应金融业的发展，改革金融监管体制，建立综合的监管机构成为必然的结果。

专栏 12-2

次贷危机与美国的监管改革

2007 年的闷热之夏，在飞机撞上华尔街的世贸中心双子塔的 6 年后，危机撞上了华尔街金融业的“双子塔”。曾经风光无限的花旗集团和美林证券，尚未从单季盈利创下历史新高的荣耀中清醒过来，旋即陷入巨额亏损的噩梦。至此，次贷连环雷一一触响——摩根士丹利巨亏、信心危机摧毁贝尔斯登、两房陷入危机、雷曼兄弟破产倒闭、高盛深陷困境，一场席卷全球的“百年一遇”的金融危机由此拉开了序幕，随后，欧债危机接踵而至。2009 年 10 月 20 日，希腊当时刚上台的帕潘德里欧政府宣布其前任掩盖了希腊政府财政赤字和政府债务的真相，预计当年政府财政赤字与 GDP 之比将达到 12.7%，公共债务与 GDP 之比将达 113%，远远超过了《马约》趋同标准。随后，全球三大评级公司相继下调希腊主权信用评级，欧洲主权债务危机率先在希腊爆发。危机迅速向爱尔兰、葡萄牙、意大利和西班牙等国蔓延，以至成为欧元区“欧猪五国”（Piigs）的主权债务危机，德国等欧元区的龙头国也不可避免地受到危机的影响。

这场肇始于美国的全球金融危机对全球经济的影响巨大，究其原因，监管当局不作为仍是重要的因素。首先，对放贷机构非审慎性房贷抵押贷款的发放监管不力。其次，对投资银行的监管乏力。对信用评级等中介机构的监管缺失又导致次级债信用风险加大等。这些监管缺陷，促使美国监管当局对监管体系进行全面改革。2009 年 6 月 17 日，美国总统奥巴马公布美国历史上 70 年来最大规模金融监管改革方案。2010 年 7 月 21 日，奥巴马签署金融监管改革法案，这标志着历时一年多的美国金融监管改革立法完成。这一法案全称为《2010 年华尔街改革和消费者保护法》，有望在美国金融史上成为与《格拉斯-斯蒂格尔法案》（正式名称为《1933 年银行法案》）比肩的又一座金融监管里程碑。这项改革有两大支柱。首先，新的监管框架必须有效防范系统性金融风险。

> 防止所谓“大而不倒”的超级金融机构经营失败而引发新的系统性危机，也是本轮监管改革的首要之义。其次，过度举债造成的信用风险是次贷危机爆发的根源，保护消费者免受金融欺诈年、保证充分的信息披露，将会有效地防止类似危机的重演，这也是本法案被称为《2010年华尔街改革和消费者保护法》的原因所在。

本章小结

1. 金融风险是指经济主体从事经济活动时，由于结果与预期偏离而造成资产或收入损失的可能性。一般意义上的风险可以划分为主观风险和客观风险，纯粹风险和投机风险。按照风险是否可以分散还可以划分为系统性风险和非系统性风险，按成因可以划分为信用风险、市场风险、流动性风险、操作风险、结算风险等。

2. 金融风险成因多种多样，总的来说包括基础原因和金融体系内部原因。许多金融危机的爆发都与金融体系脆弱性相关。有的理论从制度角度阐释金融体系风险成因，如马克思的理论、凡勃伦的理论；有的理论从周期性角度解释金融脆弱性，代表性的理论有明斯基的金融体系脆弱性理论、费雪的债务-通缩理论；货币主义学派则排除了引发金融风险的其他因素，认为货币政策失误是引发金融风险的主要原因；将信息经济学融入金融风险研究，指出了金融风险形成的微观机理，指出信息不对称是金融机构脆弱性的根源，委托-代理理论则有效地解释了导致金融资产质量恶化的制度性原因。

3. 一个国家或地区的金融体系是金融监管的对象，中央银行或其他金融监管当局是金融监管的主体；各国实施金融监管，需要确定金融监管的目标，金融监督目标决定着金融监管的原则、范围、手段、方法等；金融监管的方法包括直接监管和间接监管。

4. 一个国家采用什么监管模式，要和这个国家的经济、政治、文化、历史、地理及金融环境等条件相适应，既不是确定的，也不是完全偶然的。各国在不同时期采用了不同的监管模式，出现了分业监管向统一监管模式演变的趋势，2008年全球金融危机的爆发促使各国政府进一步对金融监管模式进行改革和创新，试图建立更加高效的监管体系，并能在国际范围内形成新的监管体系。

关键术语

金融风险　　金融监管　　金融监管体制

思考题

1. 试辨析金融风险的概念。
2. 简述明斯基的金融体系脆弱性理论。
3. 简述费雪的债务-通缩理论。
4. 试述金融监管的方法主要包括哪几种，并评析这几种方法的优缺点。

案例分析

案例:美国对“幌骗”的监管

境外市场高频交易开展得如火如荼,“幌骗”成为操纵市场、侵害投资者权益的主要手段,且已被明文禁止。美国《多德-弗兰克法案》第747条新增“幌骗”作为新型扰乱市场行为,并明确列举行为方式,在主观要件上降低了故意的标准。从被引渡受审的“闪电崩盘”交易员Sarao到被判处三年有期徒刑的Coscia,再到美国司法部进行刑事侦查的Oystacher,这些一个接一个被暴露在聚光灯下,都涉嫌进行幌骗交易。

“幌骗”一词的英文原文为Spoofing,在美国期货市场业界实践中用来描述一类特定的交易策略,后被作为术语正式纳入美国监管法规。幌骗常见的做法是:以低于市场卖价的价格挂出卖单,这样其他卖家就会被迫挂出同样或更低的价格以获得成交,当发现更低的卖价后,幌骗行为人迅速撤单,反手做多,这样通过诱骗交易对手得以以更低的价格获取头寸。同理,用高于市场买价的价格挂出买单诱骗买家,以更高的价格结清头寸。面对这种新型的恶性市场行为,美国监管和司法机构紧密关注并通过修法立规进行积极回应。经过曲折的探索和实践,美国逐渐确定了监管和处罚幌骗行为的法律依据,采取了监管处罚和司法诉讼并用的多重手段,并在认识和监管实践层面理清了幌骗行为与合法程序化交易的区别。

美国的立法实践对我国期货法律法规的制定和修改有借鉴意义,我们在《期货法》的制定或现有期货法规的修订中同样可以考虑将幌骗行为区别于市场操纵进行单独立法规制,给予其更精准的法律依据。

案例思考:

1. 随着2010年年初股指期货市场的推出和股指期货市场的发展,程序化交易在我国越来越广泛地被机构投资者使用。搜索相关资料并分析程序化交易与幌骗的区别与联系。

2. 梳理近年来美国的幌骗案例并分析其对我国证券市场监管的启示。

延伸阅读

1. 国际清算银行网站.http://www. bis. org.

2. 约翰·伊特韦尔,艾斯·泰勒.全球金融风险监管.成家军,郑薇,译.北京:经济科学出版社,2001.

3. 迈克尔·佩蒂斯.中国经济存在软肋吗:国家资本结构陷阱与金融危机.沈超,袁驰,译.北京:清华大学出版社,2003.

4. Mathias Drehmann, Claudio Borio and Kostas Tsatsaronis. Achoring countercyclical capital buffers: the role of credit aggragates.BIS Working Papers No.355, Nov. 2011.

第四篇　金融开放与金融发展

第十三章 国际金融

引言

20 世纪 90 年代推行的经济自由化政策，使出口贸易额与进口贸易额急剧增长。但进口贸易额的增长率却高于出口贸易额的增长率，整个拉丁美洲地区的贸易收支逆差额从 1994 年的 250 亿美元增大到 1998 年的超过 900 亿美元，导致了国际收支的急剧恶化，这种贸易收支的失衡需要引进海外资金来加以填补。1991 年拉丁美洲的净资金流入额为 300 亿美元，其后便急剧增大，1997 年达到峰值 1 100 亿美元以上。然而，用巨额的资金流入来弥补贸易收支的失衡和维持高经济增长是不可能持久的。进入 1999 年，许多拉丁美洲国家的经济出现衰退，爆发了一系列的货币危机。各国虽然采取了高利率政策、财政紧缩政策，以力图恢复它们在国际金融市场的信誉，但海外资金净流入额仍急剧减少，从而使得国内经济受到很大影响。拉丁美洲各国在 80 年代通过银行贷款，使其经济大幅度地依赖于海外资金，同样，它们在经济自由化迅速进展的 90 年代，尽管海外资金流入的形态已经多样化，但其依赖海外资金的经济体制却并没有发生变化。相反，它们的经济对国际金融市场、国际金融危机的敏感却有了进一步的增强，它们的经济对海外资金的依赖程度进一步加大，经济体制更加脆弱。

通过本章的学习，你将能够了解和掌握以下知识：

- 国际收支平衡表的构成、国际收支的调节理论、内外均衡与政策搭配；
- 国际货币体系的内容、作用、历史变迁与改革趋势；
- 国际金融机构及其运作机制；
- 国际金融市场的形成、发展与类型。

本章知识架构图

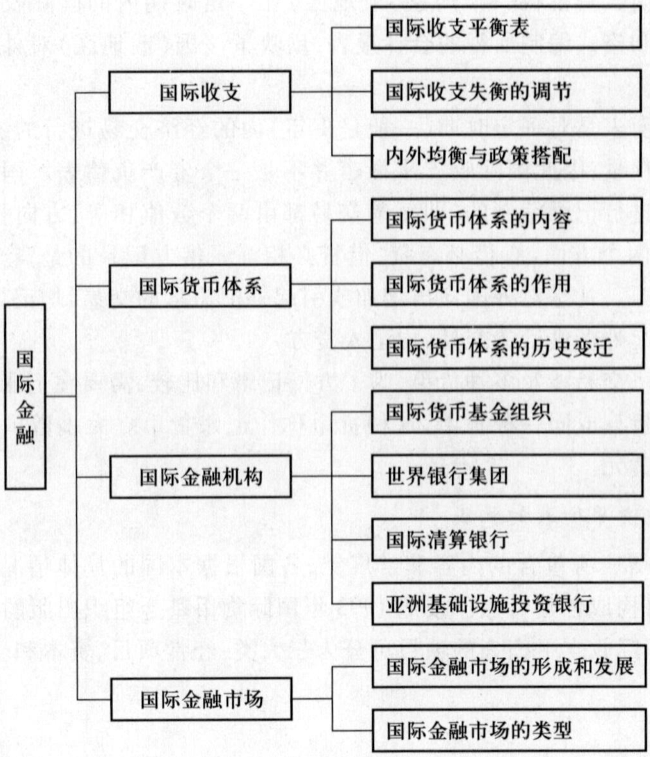

第一节 国际收支

国际收支是国际金融活动的起点和归宿，而国际收支平衡表则是一国对外经济联系的货币记录，它能帮助我们从一国的角度来理解国际货币资金的周转与运动。因此，国际收支和国际收支平衡表是我们学习和研究国际金融关系的出发点。

一、国际收支平衡表

（一）国际收支的概念

国际收支是指一定时期内一国经济主体与他国经济主体之间发生的全部经济交易的系统性货币记录（《国际收支手册》第五版）。国际收支是一国对外政治、经济关系的缩影，是发生在居民与非居民之间的商品、劳务和资产所有权从一方转移到另一方的交易行为记录。这些交易既包括涉及外汇收支的交易，也包括未涉及外汇收支的交易，主要有货物、服务、收益、单项转移以及金融债权和债务的交易，未涉及外汇收支的交易须折算成货币加以记录。

在国际收支中，当对外交易产生的外汇收入大于支出时，便称为国际收支顺差；反之，当支出大于收入时，则称为国际收支逆差。一般在逆差之前加“-”号，或以红字书写，因而国际收支逆差也被称为国际收支赤字,国际收支顺差则被称为国际收支黑字或盈余。

（二）国际收支平衡表的概念

国际收支平衡表是指将一个国家(或地区)在一定时期内的国际收支记录按照特定的账户分类原则和格式编制所得的会计报表,反映了该国(或地区)对外货物与货币交易的详细情况。

国际收支平衡表是对一定时期(一般是1年)内的经济交易进行的统计和总结,所表示的是流量而非存量,因此国际收支平衡表并不是一个资产负债表。国际收支平衡表是采用复式记账法进行记录编制的,即每笔交易都由两个数值相等、方向相反的账目表示,涉及借方和贷方两个方面,有借必有贷,借贷必相等。借方记录的是资金的使用,贷方记录的是资金的来源。凡是对外国支出增加或引起外汇需求的交易,均记入借方;凡是从外国收入增加或引起外汇供给的交易,均记入贷方。

由于国际经济交易涉及多种货币,为了方便记录和比较,需要在记账时将各种不同的结算货币按汇率折算成同一种货币,这种货币称作记账货币。大多数国家国际收支平衡表的记账货币是美元。

（三）国际收支平衡表的构成

国际收支平衡表所包含的内容非常广泛,各国根据本国的具体情况自行编制国际收支平衡表,其项目构成各具特点。按照1993年国际货币基金组织出版的《国际收支手册》第五版的规定,国际收支平衡表的项目可分为三大类:经常项目、资本和金融项目、错误和遗漏项目。

1. 经常项目

经常项目反映的是实际资源的国际流动,因为该项目所涉及的交易属于一国经常性的经济活动,故被称作经常项目,主要包括货物、服务、收入和经常转移这4个子项目。

货物项目包括一般商品、用于加工的货物、货物修理、各种运输工具在港口买卖的货物及非货币黄金。货物进口记入借方项目,货物出口记入贷方项目。货物的进口和出口应在货物所有权从一国居民转移给另一国居民时记录下来,即所有权的变更决定货物交易的记录时间。一般来说,货物进口按到岸价格计算,货物出口按离岸价格计算。

服务项目包括运输、旅游、通信服务、保险服务、金融服务、建筑服务、计算机信息服务、专利权征用和特许、咨询服务、文化和娱乐服务、广告宣传以及其他服务等。服务的进口记入借方项目,服务的出口记入贷方项目。

收入项目主要包括职工报酬和投资收益两大类。职工报酬是指本国支付给非居民工人(如使馆工作人员、季节性短期工人等)的报酬以及本国居民从外国获得的短期性报酬。投资收益是指对外金融资产和负债产生的收入和支出,具体表现为直接投资、证券投资和其他投资的收入和支出以及储备资产的收入,最常见的投资收益是股本收益(红利)和债务收益(利息)。值得注意的是,资本损益是不作为投资收益记载的,所有由交易引起的现已实现的资本损益都应记录在资本和金融项目下面。

经常转移项目包括所有非资本转移的转移项目。它不同于资本转移,后者记录在资本和金融项目下。也就是说,经常转移项目排除了如下三项所有权转移(资本转移):一是固定资产所有权的转移;二是同固定资产买卖相联系的或以其为条件的资金转移;三是债权人不索取任何回报而取消的债务。经常转移项目既包括官方的援助、捐赠和战争赔款等,也包括私人的侨汇、赠与以及国际组织的认缴款等。

2. 资本和金融项目

资本和金融项目反映的是资产所有权的国际流动,由资本项目和金融项目两部分组成。

(1) 资本项目。资本项目包括资本转移和非生产、非金融资产的交易。资本转移包括涉及固定资产所有权转移、同固定资产买卖相联系或以其为条件的资金转移以及债权人不索取任何回报而取消的债务。非生产、非金融资产的交易主要是指各种无形资产如专利、版权、商标、经销权、商誉等以及租赁合同或其他可转让合同的交易。

(2) 金融项目。金融项目包括直接投资、证券投资、其他投资和储备资产四类。本国在外国的投资增加记入借方项目,外国在本国的投资增加记入贷方项目。

直接投资反映了一国居民单位对另一国居民单位的永久权益。永久权益意味着直接投资者和被投资企业之间存在长期的关系,并且投资者对企业经营管理施加着较大的影响。直接投资可以采取在国外直接建立分支企业的形式,也可以通过购买国外企业一定比例以上的股票来实现,国际货币基金组织规定这一比例最低为10%。

证券投资是指为取得一笔预期的固定货币收入而进行的投资,主要对象是股票、中长期债券、货币市场工具及其他衍生金融工具等,但对企业的经营管理没有发言权。投资的利息收入或支出按净额记录在经常项目下,本金还款记录在金融项目下。

其他投资包括所有直接投资、证券投资和储备资产未包括的金融交易,主要有贸易信贷、贷款(包括利用国际货币基金组织的信贷、国际货币基金组织的贷款和同金融租赁联系在一起的贷款)、货币和存款等。

储备资产是指一国的货币当局可随时动用并控制在手的资产,主要包括货币性黄金、在国际货币基金组织的储备头寸、国际货币基金组织分配的特别提款权、外汇资产以及其他债权。货币当局持有储备资产的目的主要在于为国际收支失衡提供直接融资,或者通过动用储备资产来干预外汇市场,影响汇率,以及维持对本国经济的信心。如果一国一定时期内经常账户与资本和金融账户表现为顺差,则该国储备资产增加;相反,则导致该国储备资产减少。

3. 错误和遗漏项目

国际收支平衡表是运用复式记账法编制的,因此,在理论上所有账户的借方总额与贷方总额应当是相等的。然而,在实际操作中,由于不同账户的统计资料来源渠道比较复杂、统计口径各不一致、资料失实或收集不全等各种原因,官方统计所得到的国际收支平衡表的借方与贷方之间总有差额,即所有项目加总以后,得出的余额不是表现为净借方余额,就是表现为净贷方余额,这时就需要人为设立一个抵消账户,数目与上述余额相等而方向相反,从而使借贷双方最终达到平衡。错误和遗漏项目就是这样一种抵消账户,若官方统计的结果是贷方大于借方,两者之间的差额就记在错误和遗漏项目的借方;反之,若官方统计的结果是借方大于贷方,那么两者之间的差额就记在错误和遗漏项目的贷方。

我国2016年国际收支平衡表内容见表13-1。

表 13-1　2016 年中国国际收支平衡表　　单位:亿美元

项目	行次	2016 年
1. 经常账户	1	1 964
贷方	2	24 546
借方	3	-22 583
1. A 货物和服务	4	2 499
贷方	5	21 979
借方	6	-19 480
1. A. a 货物	7	4 941
贷方	8	19 895
借方	9	-14 954
1. A. b 服务	10	-2 442
贷方	11	2 084
借方	12	-4 526
1. A. b. 1 加工服务	13	184
贷方	14	185
借方	15	-2
1. A. b. 2 维护和维修服务	16	32
贷方	17	52
借方	18	-20
1. A. b. 3 运输	19	-468
贷方	20	338
借方	21	-806
1. A. b. 4 旅行	22	-2 167
贷方	23	444
借方	24	-2 611
1. A. b. 5 建设	25	42
贷方	26	127
借方	27	-85

续表

项目	行次	2016 年
1. A. b. 6 保险和养老金服务	28	−88
贷方	29	41
借方	30	−129
1. A. b. 7 金融服务	31	11
贷方	32	32
借方	33	−20
1. A. b. 8 知识产权使用费	34	−228
贷方	35	12
借方	36	−240
1. A. b. 9 电信、计算机和信息服务	37	127
贷方	38	254
借方	39	−127
1. A. b. 10 其他商业服务	40	147
贷方	41	580
借方	42	−432
1. A. b. 11 个人、文化和娱乐服务	43	−14
贷方	44	7
借方	45	−21
1. A. b. 12 别处未提及的政府服务	46	−20
贷方	47	12
借方	48	−32
1. B 初次收入	49	−440
贷方	50	2 258
借方	51	−2 698
1. B. 1 雇员报酬	52	207
贷方	53	269
借方	54	−62

续表

项目	行次	2016 年
1. B. 2 投资收益	55	-650
贷方	56	1 984
借方	57	-2 634
1. B. 3 其他初次收入	58	3
贷方	59	6
借方	60	-2
1. C 二次收入	61	-95
贷方	62	309
借方	63	-404
2. 资本和金融账户	64	263
2. 1 资本账户	65	-3
贷方	66	3
借方	67	-7
2. 2 金融账户	68	267
资产	69	-2 174
负债	70	2 441
2. 2. 1 非储备性质的金融账户	71	-4 170
资产	72	-6 611
负债	73	2 441
2. 2. 1. 1 直接投资	74	-466
2. 2. 1. 1. 1 直接投资资产	75	-2 172
2. 2. 1. 1. 1. 1 股权	76	-1 484
2. 2. 1. 1. 1. 2 关联企业债务	77	-688
2. 2. 1. 1. 2 直接投资负债	78	1 706
2. 2. 1. 1. 2. 1 股权	79	1 642
2. 2. 1. 1. 2. 2 关联企业债务	80	64
2. 2. 1. 2 证券投资	81	-622

续表

项目	行次	2016年
2.2.1.2.1 资产	82	-1 034
2.2.1.2.1.1 股权	83	-385
2.2.1.2.1.2 债券	84	-649
2.2.1.2.2 负债	85	412
2.2.1.2.2.1 股权	86	189
2.2.1.2.2.2 债券	87	223
2.2.1.3 金融衍生工具	88	-47
2.2.1.3.1 资产	89	-69
2.2.1.3.2 负债	90	22
2.2.1.4 其他投资	91	-3 035
2.2.1.4.1 资产	92	-3 336
2.2.1.4.1.1 其他股权	93	0
2.2.1.4.1.2 货币和存款	94	-435
2.2.1.4.1.3 贷款	95	-1 147
2.2.1.4.1.4 保险和养老金	96	-3
2.2.1.4.1.5 贸易信贷	97	-1 008
2.2.1.4.1.6 其他	98	-743
2.2.1.4.2 负债	99	301
2.2.1.4.2.1 其他股权	100	0
2.2.1.4.2.2 货币和存款	101	102
2.2.1.4.2.3 贷款	102	-196
2.2.1.4.2.4 保险和养老金	103	-6
2.2.1.4.2.5 贸易信贷	104	162
2.2.1.4.2.6 其他	105	239
2.2.1.4.2.7 特别提款权	106	0
2.2.2 储备资产	107	4 437
2.2.2.1 货币黄金	108	0

续表

项目	行次	2016 年
2.2.2.2 特别提款权	109	3
2.2.2.3 在国际货币基金组织的储备头寸	110	-53
2.2.2.4 外汇储备	111	4 487
2.2.2.5 其他储备资产	112	0
3. 净误差与遗漏	113	-2 227

注：1. 本表根据《国际收支和国际投资头寸手册》（第六版）编制。

2.“贷方”按正值列示，“借方”按负值列示，差额等于“贷方”加上“借方”。本表除标注“贷方”和“借方”的项目外，其他项目均指差额。

3. 本表计数采用四舍五入原则。

资料来源：国家外汇管理局。

二、国际收支失衡的调节

（一）国际收支不平衡的判断标准

经过错误和遗漏项目的抵消后，国际收支平衡表在账面上总是平衡的，即所有贷方项目的总额一定等于所有借方项目的总额。但是，国际收支平衡表的平衡与国际收支平衡是两个不同的概念，前者只是一种账面上的平衡，而后者是指一国经济活动中涉及国际收支的实际交易发生的结果。判断一国的国际收支是否平衡，需要把国际经济交易按其动机划分为自主性交易和调节性交易两类。

自主性交易又称事前交易，是指个人和企业等经济主体单纯出于自主性目的（如货物进出口、旅游、汇款赡养亲友、追逐利润、资产保值等）而从事的交易活动。调节性交易又称事后交易或补偿性交易，是指中央银行或货币当局在国际收支的自主性交易各项目发生缺口时，为了弥补这个缺口而进行的交易，比如为弥补自主性交易的逆差而向外国政府或国际金融机构借款、动用官方储备资产等。其目的是使原本不平衡的自主性交易经过调节性交易处理后，能够恢复平衡。调节性交易的作用强度受两个方面的约束：一是自主性交易的缺口大小；二是调节手段数量的多少。

将国际经济交易分为自主性交易和调节性交易后，衡量国际收支是否平衡便有了判断的标准。由于调节性交易只是在自主性交易项目出现不平衡后，由货币当局被动地进行的一种事后人为弥补，因此，国际收支平衡就是指不必依靠调节性交易，而仅以自主性交易就能够维持平衡的状态；反之，如果自主性交易的差额不能相抵，只有依靠调节性交易来弥补才能维持平衡就是国际收支失衡，即一国国际收支的平衡与否取决于自主性交易是否达到平衡。当自主性交易的差额为零时，称为国际收支平衡，当这一差额不为零时，称为国际收支不平衡。在实践中，由于自主性交易很难完全达到收支平衡，所以国际收支不平衡是一种经常现象。

通常情况下，各国都将国际收支平衡作为经济运行良好的标志，而把国际收支不平衡作为政策调整的重点对象。目前，运用最广泛的显示国际收支不平衡状况的结构口径是“综合差额”指标。综合差额是指经常项目与资本和金融项目中的资本转移、直接投资、证券投资、其他投资项目所构成的余额，也就是将国际收支项目中的储备资产项目剔除后的余额。综合差额能较好地反映一国自主性交易的状况，是全面衡量和分析国际收支状况的指标。一般而言，我们所说的国际收支逆差或顺差，就是指综合差额的逆差或顺差。

（二）影响国际收支平衡的因素

国际收支不平衡的现象是经常的、绝对的，而平衡是偶然的、相对的。国际收支失衡可能是由多种原因引起的，归纳起来有如下几点：

1. 经济结构

当国际市场上的供求关系和分工结构发生变化时，如果一国国内经济、产业结构的变动不能较好地适应这种变化和做出应有的调整，比如产业结构单一、变动滞后或困难等，就会发生国际收支不平衡。这种失衡具有长期性。

2. 经济发展阶段

当一国经济处于发展阶段时，通常需要进口大量的技术设备等资源，而在这一阶段其出口能力往往却比较有限，所以，国际收支会出现不平衡。这种失衡状态具有过渡的性质。如果该国能制定合理的经济发展战略，依据本国的资源情况发挥其相对优势则可缩短国际收支失衡的时间。

3. 经济周期

经济周期的波动会使一国的经济条件发生变化而造成国际收支不平衡。在经济繁荣时期，国际贸易和国际投资比较活跃，出口增加，从而造成国际收支顺差；在经济衰退时期，贸易和投资活动萎缩，出口减少，从而使国际收支出现逆差。随着经济周期的循环演变，这种失衡现象会交替出现。

4. 国民收入

当一国国民收入快速增长时，会导致进口需求的增加，从而引起国际收支逆差；反之，当国民收入降低时，进口需求减少，会逐步减少逆差，使国际收支趋于平衡。国民收入发生变动的原因很多，可以是周期性的、货币性的，也可以是因经济增长率变化而产生的。

5. 货币价值

若一国商品的货币成本和一般物价水平与其他国家相比发生了变动，就会引起国际收支的不平衡。比如，当一国由于通货膨胀的原因物价普遍高涨时，其商品成本和价格相对高于其他国家，则该国的商品输出会受到抑制，而商品输入就受到鼓励，致使国际收支出现逆差。相反，由于通货紧缩的原因导致商品成本和物价水平相对低于他国时，则有利于出口，抑制进口，国际收支会出现顺差。

（三）国际收支不平衡的调节措施

持续的巨额国际收支顺差或逆差都会损害本国经济的稳定和发展，因此，需要采取一定的措施对国际收支进行调节，减轻不平衡的程度，使其朝着有利于本国经济稳定发展的方向发展。一般而言，一国政府可选择的国际收支调节措施主要有以下几种：

1. 外汇储备调节

对于一次性或短期性的国际收支赤字，动用官方外汇储备是最方便而有效的方法。它可以使本币汇率免受暂时性失衡造成的冲击，有利于对外贸易和投资顺利进行，有助于国内经济目标的实现。但是，对于那些巨额的、长期的国际收支赤字，仅用外汇储备来调节是不行的，因为这样会导致黄金、外汇储备的枯竭。

2. 汇率调节

汇率调节是指货币当局公开宣布本币法定升值或贬值，通过汇率变动来调节国际收支不平衡的一项措施，通常运用于由货币价值引起的国际收支失衡。国际收支出现严重逆差的国家，常常实行货币贬值，以增加出口、抑制进口，减少逆差；国际收支出现巨额顺差的国家，可通过货币升值的办法来平衡国际收支。

3. 财政政策与货币政策

利用财政政策来调节国际收支，主要是通过增减财政支出和升降税率来实现的。当国际收支出现逆差时，政府可实行紧缩性财政政策，削减公共支出或提高税率、增加税收，从而抑制总需求的增加，同时抑制对外进口需求的增加，改善贸易收支和国际收支。当国际收支出现大量顺差时，政府可采取扩张性财政政策，增加公共支出或降低税率、减少税收，扩大总需求和对外需求，从而减少顺差。在货币政策方面，政府主要通过调节再贴现率或法定存款准备金率或在公开市场上买卖证券等手段影响国际收支。比如，提高再贴现率或法定存款准备金率一方面会紧缩国内信贷规模，减少国民收入，由此减少进口需求，另一方面会引起本国市场利率的上升，促使资本流入增加，流出减少，这两方面都能达到改善国际收支逆差的目的。

4. 直接管制

直接管制是指一国政府直接干预外汇买卖或进出口贸易，以达到"奖出限入"的目的。直接管制政策是国际收支逆差国经常采用的政策工具之一。直接干预外汇的自由买卖称为外汇管制，是对一国外汇买卖和国际结算采取限制性措施。比如，有国家要求，对于出口所得的外汇一律要在一定时间内按外汇行市结算给国家银行或指定的经营外汇的银行，以便及时将外汇集中在国家手中；对于进口所需外汇则需申请进口许可证。此外，有的国家对资本的输出入也进行管制，还有关税与出口信贷、出口补贴等"奖出"政策，以及进口配额等"限入"措施。直接管制对消除逆差、平衡一国的国际收支效果较为迅速和显著，不需要先通过汇率的变化和对经济活动影响后方能生效。同时，如果是由局部性问题引起的国际收支不平衡，那么直接管制就比较有针对性，不会导致整个国家国际贸易水平的下降。但是，直接管制也有不少弊端，它容易引起"贸易战"，并且有可能使国内的生产率降低，故许多国家采用这一措施时均采取慎重态度。

三、内外均衡与政策搭配

（一）内部均衡与外部均衡

一国经济政策目标可分为内部均衡与外部均衡两部分。内部均衡是指一国内部经济增长、物价稳定和充分就业的状态；外部均衡是指国际收支平衡，也可定义为与一国宏观经济相适应的合理的国际收支结构。

在开放条件下,政府经济政策的目的不再只是维持内部均衡,还要尽可能维持国际收支平衡。内部均衡目标与外部均衡目标是相互影响的,它们之间存在非常复杂的关系。内部均衡目标的实现可能同时带来外部均衡问题的改善,也可能导致外部均衡问题的恶化。前者称为内部均衡与外部均衡的一致,后者称为内部均衡与外部均衡的冲突。

专栏 13-1

米德冲突

1951 年,英国经济学家米德在其名著《国际收支》中最早提出的固定汇率制下内部均衡与外部均衡的冲突问题,被称为米德冲突。他指出,在开放经济条件下,一国可能面临着如表 13-2 所示的内外经济状况的组合,在汇率固定不变时,会出现内部均衡和外部均衡难以兼顾的情形。

表 13-2 固定汇率制下的内外失衡

组合	内部状况	外部状况
组合 1	通货膨胀	国际收支逆差
组合 2	通货膨胀	国际收支顺差
组合 3	经济衰退/失业增加	国际收支逆差
组合 4	经济衰退/失业增加	国际收支顺差

表 13-2 显示,在第 1 组和第 4 组的情形下,内部均衡和外部均衡可达到一致,但是在第 2 组和第 3 组的情形下,内部均衡与外部均衡发生了冲突。例如,在第 4 组的情形下,为实现经济的内部均衡,必然要求政府采取扩张性政策以增加社会总需求,总需求的增加会导致进口相应增加,这就会使原有的国际收支顺差状况得以改变而趋于平衡,这样,政府采取的措施在实现内部均衡的同时,对外部均衡的实现发挥了积极影响,这是内部均衡与外部均衡一致的情况,第 1 组亦是如此。但是在第 2 组的情形下,政府要实现内部均衡,就要采取紧缩性政策来降低社会的总需求,总需求的减少会带来进口需求的减少,从而使国际收支顺差进一步扩大,即政府在通过调节社会总需求实现内部均衡时,会引起外部失衡状况更为严重,这就是内部均衡与外部均衡之间的冲突,第 3 组情形亦是如此。

米德的分析主要是针对固定汇率制度的情况。同样,在浮动汇率制度下,政府也面临着类似的内外均衡冲突现象,并且在汇率变动程度非常剧烈的情形下,内部均衡与外部均衡之间的相互影响或干扰更加复杂,因此内外均衡的冲突问题甚至可能更加深刻。

(二)内外均衡的调节政策

为实现内部均衡和外部均衡,政府需要对市场进行干预和调节,调节的手段多种多样,基本上可以分为需求政策、供给政策以及融资政策。

1. 需求政策

需求政策是指从需求方面进行调节的政策措施,即改变社会总需求或总支出的政策。它包括支出增减型政策和支出转换型政策两类。前者改变总需求或总支出的水平,后者不改变水平而改变方向。

支出增减型政策是指改变社会需求或支出总水平的政策,主要包括财政政策和货币政策。支出增减型政策通过收入效应、利率效应和相对价格效应等传导机制,在改变总需求水平的基础上达到调节内部均衡与外部均衡的目的。财政政策调节一般是从收支两方面进行的,即通过对各类税收的调节和通过对公共支出系统的调节来实现政策目标,主要工具有财政收入政策、财政支出政策和公债政策。货币政策是货币当局利用金融调控手段干预金融市场,通过调节货币供应量与利率来伸缩需求规模、影响宏观经济的政策,主要工具包括调整利率及法定存款准备金率、公开市场操作等。支出增减性政策是战后各国普遍采用的方法,它可以直接影响社会总需求和总支出,由此调节内部均衡,同时,社会总需求与总支出的变动又通过边际进口倾向影响进口、通过利率影响资金流动,由此调节外部均衡。例如,紧缩性的财政政策和货币政策可减少社会的总需求和总支出,此时,由于总需求和总支出的减少,本国经济主体对外国商品、劳务和金融资产的需求也会相应减少,而且本国利率的升高会导致资本的流入增加,从而使得国际收支逆差得到改善。

支出转换型政策是指不改变社会需求或支出的总水平,而改变需求或支出方向的政策,主要包括直接管制、汇率政策以及关税政策等。支出转换型政策通过改变需求或支出的方向来实现对内外均衡的调节。所谓改变方向,是运用一些手段和措施将对外国商品和劳务的需求或支出转移到对本国商品和劳务的需求或支出上来。直接管制是通过外汇管制、进口许可证管制等形式改变进口商品的相对可获得性来达到支出转换的目的,在国际收支发生严重逆差时,直接管制是较常采用的措施之一。汇率和关税政策是通过改变进口商品与国内替代商品的相对价格来实现支出转换的。比如,本国货币的贬值、对进口商品课以较高的关税,都会使进口商品的价格相对上升,从而使居民将一部分支出转移到购买国内替代品上来,改善国际收支失衡状况。

2. 供给政策

供给政策是指从供给方面进行调节的政策措施,主要包括产业政策和制度创新政策。产业政策是根据本国的资源、资金、技术力量等情况和经济发展的要求,改善国内的经济结构与产业结构,通过对产业结构的调整来实现对供给结构的调整,从而协调需求结构与供给结构的矛盾,达到提高社会生产力和出口能力、实现内外均衡的目的。制度创新主要表现为企业的制度改革,包括企业创立时的投资制度改革、企业产权制度改革,以及与此相适应的企业管理体制改革,目的是通过对制度的改革实现社会资源的合理配置。供给政策强调充分发挥企业和个人的积极性和创造性,虽然该政策取得成效需要一定的时间,但它可以从根本上提高一国的经济实力和科技水平,从而为实现内部均衡和外部平衡创造条件。

3. 融资政策

融资政策是指使用官方储备和国际信贷等资金融通的方式来弥补国际收支逆差、实现外部均衡的一种经济政策。一般而言,面对外部不均衡的状况,一国有两种选择,要么直接运用融资政策，要么采取其他的调整措施。融资政策主要用于弥补临时性的、短期的国际收支不平衡，如果国际收支失衡是由中长期因素导致的，那么就不能仅仅依靠融资政策而要运用其他的措施来进行调整，比如，可采取需求政策或者供给政策与融资政策相结合的方式来加以调节，使这些政策之间达到互补的效果。

第二节 国际货币体系

国际货币体系是指为了协调各个独立国家的经济活动，促进国际贸易和国际支付的顺利进行，各国政府对货币在国际范围内正常发挥作用所确定的原则、采取的措施和建立的组织机构。国际货币体系也称为国际货币制度，它是国际货币关系的集中反映，构成国际金融活动总的框架，在整个国际金融的研究中占有十分重要的地位。国际货币体系的历史变迁与发展趋势对各国乃至世界经济都有着极为显著的影响。

一、国际货币体系的内容

国际货币体系主要包括以下几个方面的内容：

（一）汇率及汇率制度

这部分内容主要涉及本国货币与其他货币之间汇率确定的依据、汇率波动的界限、汇率的调整方式、维持汇率稳定所采取的措施以及各国货币的可兑换性等问题。

（二）国际收支及其调节机制

国际收支是各国对外经济活动的系统记录，而健全的国际收支调节机制则是整个国际货币体系运行的基础。因此，国际货币体系一个最重要的内容就是确定国际收支调节机制，以便有效地帮助和促进国际收支出现不平衡的国家进行调节，并使各国在国际范围内能公平地承担国际收支调节的责任。

（三）国际储备资产的确定

各国使用何种资产作为国际储备，不仅取决于各国本身的经济状况，还取决于国际的协调或国际的普遍可接受性。因此，整个国际社会需要多少储备资产，新的储备资产如何供应与创造等，都需要有国际性的规则与制度做出合理安排。

（四）国际货币活动的协调与管理

每个国家都有着不同的社会经济条件和政策目标，通过国际货币机构和组织制定各国所共同认可和遵守的规则、惯例和制度，可实现对各国国际货币活动及相关经济政策的协调与管理。

二、国际货币体系的作用

由国际货币体系的内容可以看到，国际货币体系的作用主要体现在：一是建立合理的汇率机制，防止循环的恶性贬值；二是确定国际收支的调节机制，为国际收支不平衡的调节提供有力手段和解决途径，以促进各国经济的平衡发展；三是确定国际清算和支付手段的来源与形式，为世界经济发展提供充足的国际货币；四是建立有关国际货币金融事务的协商机制或监督机构，以协调各国的经济政策。

三、国际货币体系的历史变迁

国际货币体系是随着国际经济交往的不断发展而产生形成的，至今已有 100 多年的发展历史。其间历经了三种典型的货币体系：以固定汇率制度为特征的国际金本位体系和布雷顿森林体系，以及以浮动汇率制度为特征的牙买加体系。

（一）国际金本位体系

国际金本位体系始于 19 世纪末叶，是世界上最早出现的国际货币体系，它是在各国普遍实行金本位制的基础上形成的。19 世纪后半期，大多数国家都实行了金币本位制，金本位制逐渐发展成为世界性的货币制度，黄金普遍被用作国际结算的手段，具有国际货币的职能。在这种背景下，国际金本位体系就形成了。当时，国际金本位体系的特征主要有：黄金在国际上大量流通，发挥世界货币的作用；各国实行以黄金为中心的严格的固定汇率制度；国际收支具有自动调节机制。国际金本位体系在稳定汇率和物价方面发挥了良好的作用，促进了国际资本流动和国际贸易的发展。但是，黄金资源的有限性无法满足经济发展对货币日益增长的需求，因此，1914 年第一次世界大战爆发后，各国纷纷放弃金币本位制，导致国际金本位体系一度中断运行。

第一次世界大战结束后，部分国家实行金汇兑本位制，间接地使货币与黄金发生联系，国际金本位体系在此基础上恢复运转。然而，金汇兑本位制是被削弱了的金本位制，它在稳定汇率、自动调节国际收支等方面的功能受到较大限制，一些国家在由国际收支逆差而导致大量黄金外流和持续的兑换黄金的压力下，最终不得不放弃金汇兑本位制。如英国在 1933 年 3 月宣布银行暂停银行券兑换黄金，法国、比利时、荷兰、瑞士、意大利、波兰等国也于 1936 年放弃金汇兑本位制。至此，以金本位制为基础的国际金本位体系彻底崩溃。

（二）布雷顿森林体系

20 世纪 30 年代金本位制崩溃以后，国际货币关系陷入混乱之中，各国的货币汇率极端不稳，国际收支危机严重，外汇管制普遍加强，这些问题严重影响了国际贸易的发展，创建新的国际货币体系已迫在眉睫。1944 年，在美国新罕布什尔州的布雷顿森林召开了一次“联合国货币金融会议”，简称“布雷顿森林会议”，共有 44 个国家参加，会上通过了《布雷顿森林协定》，并设立了国际货币基金组织和国际复兴开发银行，这次会议所确定的国际货币体系就称为布雷顿森林体系。

《布雷顿森林协定》规定：各国货币与美元挂钩，美元与黄金挂钩。美国规定 35 美元折合 1 盎司黄金的官价，各国随时可用美元向美国政府按官价兑换黄金，各国货币与美元的汇率则按各国货币的含金量确定，且汇率一般只能在平价上下各 1% 的幅度内波动，各国政府有义务在外汇市场上进行干预活动，以保持外汇市场的稳定。可见，布雷顿森林体系实际上是一种以美元为中心的国际货币体系，它在一定程度上克服了当时国际货币关系的混乱状态，促进了国际贸易的迅速发展和生产的国际化。但是，布雷顿森林体系存在的不可克服的内在矛盾决定了它的必然崩溃，这一矛盾就是特里芬难题。美国学者特里芬指出，在布雷顿森林体系下，美元同时承担了相互矛盾的双重职能——为世界经济和贸易发展提供充足的清偿力和保持美元的信用(维持美元按官价兑换黄金)。一方面,为了满足世界各国对美元储备的需要,使其他国家获得充足的美元供应,就只能靠美国国际收支的长期逆差。但另一方面,如果美国国际收支长期逆差,则又会动摇人们对美元的信心,引起"美元危机",导致美元贬值而不能按官价兑换黄金。而如果美国长期保持国际收支平衡或顺差,则其他国家所需的美元就无从得到,这样就会发生国际清偿力不足的困难。正是由于存在这样一个不可克服的内在矛盾,布雷顿森林体系最终必将崩溃。

专栏 13-2

布雷顿森林体系的崩溃

20 世纪 50 年代开始,美国国际收支逆差日趋严重,黄金储备大量外流,美元危机频繁爆发。为此,尼克松政府不得不于 1971 年 8 月 15 日宣布实施"新经济政策",冻结国内工资物价,停止外国中央银行用美元按官价向美国兑换黄金,这便意味着美元与黄金脱钩,同时对进口产品开征 10%的临时进口附加税,以避免美国的国际收支进一步恶化。1971 年 12 月,黄金和美元的比价从 35 美元兑 1 盎司黄金调整到 38.02 美元兑 1 盎司黄金,美元贬值 8%,其他国家货币对美元升值。1972 年,英镑等货币的汇率开始根据市场供求的变化进行调整。1973 年 3 月,主要货币均开始实行浮动汇率。至此,各国货币钉住美元、与美元保持固定汇率的制度也瓦解了。美元停止兑换黄金和固定汇率制的垮台,标志着布雷顿森林体系的基础已全部丧失,第二次世界大战后建立起来的以美元为中心的布雷顿森林体系彻底崩溃。

(三) 牙买加体系

布雷顿森林体系崩溃以后,美元的国际地位不断下降,出现储备货币多元化状况,许多国家实行浮动汇率制,汇率波动剧烈。1976 年 1 月,国际货币基金组织国际货币体系临时委员会在牙买加首都金斯敦召开会议,并达成了《牙买加协定》,国际货币关系从此迈入牙买加体系时代。

《牙买加协定》的主要内容包括:一是国际货币基金组织成员国可自行选择汇率制度,浮动汇率合法化;二是废除黄金官价,实行黄金非货币化,取消成员国之间以黄金清偿债权债务的义务;三是增加石油输出国组织(OPEC)成员国缴纳的基金份额,由原来的 292 亿特别提款权(SDRs)单位增加到 390 亿特别提款权单位;四是提高特别提款权的国际储备地位,扩大特别提款权的使用范围,规定国际货币基金组织与会员国之间的交易以特别提款权代替黄金,且国际货币基金组织一般账户中的资产一律以特别提款权表示;五是加强对发展中国家的资金融通,改善最贫困的发展中国家的贷款条件。

牙买加体系实现了浮动汇率制和国际储备多元化,在一定程度上缓解了布雷顿森林体系调节机制失灵的困境,推动了世界经济的稳定发展。但是,牙买加体系并不是一个完美的体系。随着形势的进一步发展,该体系的种种缺陷也进一步暴露出来:其一,在牙买加体系的浮动汇率制下,汇率波动频繁猛烈,汇率体系极不稳定,助长了外汇投机活动,加剧了国际金融市场的动荡;其二,国际收支调节机制不健全,国际收支失衡的局面一直没有改善;其三,大国侵害小国利益,发展中国家的许多要求没有得到满足,南北冲突更加尖锐。

牙买加体系创建运行至今,全球范围的长期国际收支不平衡并未得以根除,而这一体系总的来说还缺乏国际政策协调,各国实现内外均衡的难度仍然很大。牙买加体系终究不是一种稳定的货币体系,随着国际金融与贸易的发展,这个体系的弊端也越来越明显。因此,进一步改革现有的国际货币体系,建立一个合理而稳定的国际货币新秩序已迫在眉睫。

专栏 13-3

区域货币一体化

区域货币一体化的理论渊源是蒙代尔提出的“最适度货币区理论”。该理论认为,一些经济发展水平比较接近,经济政策比较协调,且彼此间劳动力、资本等生产要素流动比较自由的国家可组成独立的货币区。区域货币一体化就是指该区域内的国家在货币金融领域相互合作,最终形成一个货币统一、汇率统一、货币管理机构与货币政策统一的货币体系。到目前为止,世界上已出现多种区域性货币组织,如欧洲联盟、中美洲货币同盟、西非货币联盟、中非货币联盟、加勒比货币区等。

第三节　国际金融机构

国际金融机构是指为了加强国际经济合作、发展世界经济而专门从事国际金融管理及国际金融活动的超国家性质的组织机构。第二次世界大战后,一系列国际金融机构相继成立,它们在稳定国际金融与国际货币关系、扩大国际贸易、促进世界经济发展、开发落后地区等方面发挥着重要的作用。

一、国际货币基金组织

国际货币基金组织成立于 1946 年 3 月,1947 年 3 月开始办理活动,同年 11 月 15 日成为联合国的一个专门机构,总部设在美国的华盛顿。国际货币基金组织创建之初,只有 39 个成员,我国是创始成员国之一。此后,参加国际货币基金组织的国家越来越多。截至 2010 年底,已增至 187 个国家(地区)。国际货币基金组织的基本职能是向成员提供短期信用,以调整国际收支的不平衡,维持汇率稳定,减缓各国由于国际收支危机所引起的货币贬值竞争与外汇管制的加强,为成员在国际货币问题上进行商议和协作提供便利,促进国际合作和国际贸易的发展,提高成员的就业水平与国民收入。

国际货币基金组织的资金来源主要由成员缴纳的基金份额、信托基金,以及向成员借款这三部分组成。国际货币基金组织的主要业务活动包括:一是向成员政府提供各类贷款,贷款用途限于解决成员国际收支不平衡;二是为成员提供咨询与培训服务;三是对成员的汇率政策实行监管,以及对成员的经济、金融政策与形势进行协商。

二、世界银行集团

世界银行集团是世界银行及其四个附属机构,即国际开发协会、国际金融公司、国际投资争端解决中心和多边投资担保机构的总称。其中,国际投资争端解决中心和多边投资担保机构是附属于世界银行的非金融机构,前者负责国际投资争端的调解与仲裁,后者主要是为外国投资者承保在发展中国家投资的政治风险。因此,下面将主要介绍世界银行、国际开发协会和国际金融公司这三个重要的国际性金融机构。

(一) 世界银行

世界银行是国际复兴开发银行的简称,于1945年12月成立,是布雷顿森林会议后与国际货币基金组织同时产生的两个全球性金融机构之一,总部设在华盛顿,1947年成为联合国的一个专门机构。世界银行成立之初有39个成员,目前其成员已经达到186个。世界银行的宗旨和基本职能是:对用于生产目的投资提供便利,以协助成员的复兴与开发;以保证或参加私人贷款和私人投资的方法,促进私人对外投资;向成员提供广泛的技术援助,并用鼓励国际投资以开发成员生产资源的方法,促进国际贸易的长期平衡发展;提供贷款保证并与其他方面的国际贷款密切配合。

世界银行的资金来源主要由成员缴纳的股金、在国际金融市场借款、出让银行债权和经营利润收入这四个方面组成。世界银行的主要业务活动包括:向成员提供中长期贷款,以促进其战后的复兴建设;协助不发达国家发展生产,开发资源;向成员提供技术援助,为私人向发展中国家投资、贷款提供担保;调解国际投资争端。与国际货币基金组织提供的贷款相比,世界银行的贷款有其自身的特点:一是贷款期限较长,平均年限在6~9年,最长达30年;二是贷款利率适中,一般参照市场利率,但低于市场利率,手续费等杂费也较低;三是贷款用途广泛,既有一般项目贷款,也有结构调整贷款等;四是贷款数额不受份额限制。

(二) 国际开发协会

国际开发协会是由世界银行于1960年9月发起成立的国际金融组织,总部设在华盛顿,现有169个成员。其名义上是独立的,但从人事及管理系统(一套人马,两块牌子)来看,实际上是世界银行的一个附属机构,又叫"第二世界银行"。西方国家也通常将世界银行当成国际复兴开发银行(提供硬贷款机构)和国际开发协会(提供软贷款机构)的总称。国际开发协会的宗旨是:以比世界银行更优惠的条件专门向成员中较贫穷的发展中国家提供条件较宽、期限较长、负担较轻,并可用部分当地货币偿还的贷款,以促进其经济发展、生产和生活水平的提高,同时作为世界银行贷款的补充,促进世界银行目标的实现。国际开发协会的组织机构与世界银行相同。

国际开发协会的资金来源主要由成员认缴的股本、成员提供的补充资金、世界银行从净收入中拨给国际开发协会的一部分款项,以及协会本身经营业务的净收入这四部分组成。国际开发协会的主要业务活动是向较贫穷的发展中国家提供比世界银行更优惠的长期贷款,贷款应用于电力水利、交通运输之类的公共工程部门及农业、文化教育建设等方面。世界银行提供的资金是一种"硬贷款",而国际开发协会提供的资金则是一种“软贷款”。这种“软贷款”的优惠性主要体现在：贷款期限长达50年，宽限期为10年，第二个10年每年还1%，其余30年每年还本3%，成员在偿还贷款时可以全部或部分使用本国货币，在名义上贷款免收利息，但要收取0.75%的手续费，实际上是低利贷款。

（三）国际金融公司

国际金融公司是世界银行于1956年7月成立的国际金融组织，总部设于华盛顿，现有182个成员。虽然国际金融公司在财务上和法律上是独立的，但是同国际开发协会一样，它与世界银行也是一套人马、两块牌子，因此实际上也是世界银行的一个附属机构。国际金融公司的宗旨是：作为世界银行业务的补充，促进不发达国家的私人企业部门的发展，向成员特别是发展中国家的重点私人企业提供无须政府担保的贷款或投资，帮助发展地区资本市场，鼓励国际私人资本流向发展中国家，以促进其经济发展。国际金融公司的组织机构和管理办法与世界银行相同。

国际金融公司的资金来源主要由成员认缴的股本、从世界银行和其他渠道借入的资金，以及公司自身的业务经营净收入这三部分组成。国际金融公司的业务活动主要包括两方面：一是对成员私人企业提供无须政府担保的贷款，贷款对象通常是亚、非、拉不发达国家的生产性中小型私营企业，部门重点涉及制造业、加工业和开采业等，贷款数额不大，期限为7~15年，并且贷款必须以原借款货币偿还，利率一般高于世界银行。二是对私人企业进行投资，直接入股，投资对象主要是发展中国家的集体所有制和公私合营企业。国际金融公司的创立和发展，在一定程度上扩展了世界银行的业务。

三、国际清算银行

国际清算银行是由英国、法国、德国、意大利、比利时、日本的中央银行和代表美国银行界利益的摩根银行、纽约花旗银行、芝加哥花旗银行共同组成的银团，是西方国家中央银行合办的国际金融机构，于1930年5月组建，总部设在瑞士巴塞尔，成立之时只有7个成员国（地区），目前已发展到45个成员国（地区）。国际清算银行的宗旨最初是处理第一次世界大战后德国对协约国赔款的支付和解决德国国际清算问题。第二次世界大战后，它先后成为欧洲经济合作组织、欧洲支付同盟、欧洲煤钢联营、黄金总库的收付代理人，办理欧洲货币体系的账户清算工作，充当万国邮联、国际红十字会等国际组织的金融代理机构。如今，它的宗旨则是促进各国中央银行间的合作，为国际金融业务提供便利，并接受委托或作为代理人办理国际清算业务。

国际清算银行的资金来源主要由成员缴纳的股金、向各成员中央银行借款，以及接受各成员中央银行的黄金存款和商业银行存款这三部分构成。国际清算银行以各成员中央银行和国际组织为服务对象。其主要业务活动包括：接受各中央银行的存款，并向中央银行发放贷款；代中央银行买卖黄金、外汇和发行债券；为各国政府间贷款充当执行人或受托人；同有关国家（地区）中央银行签订特别协议，代办国际清算业务。目前，世界各国的国际储备约有1/10存放在国际清算银行。作为中央银行的俱乐部，国际清算银行是各成员中央银行之间进行合作的理想场所，现在世界上大多数国家的中央银行都与其建立了业务关系，国际清算银行已经成为除国际货币基金组织和世界银行集团之外的最重要的国际金融机构之一。

四、亚洲基础设施投资银行

亚洲基础设施投资银行(Asian Infrastructure Investment Bank,AIIB,简称亚投行)是一个政府间性质的亚洲区域多边开发机构。重点支持基础设施建设,成立宗旨是促进亚洲区域的建设互联互通化和经济一体化的进程,并且加强中国及其他亚洲国家和地区的合作,是首个由中国倡议设立的多边金融机构,总部设在北京,法定资本 1 000 亿美元。2015 年 12 月 25 日,亚洲基础设施投资银行正式成立。截至 2017 年 5 月 13 日,亚投行有 77 个正式成员。亚投行的治理结构分理事会、董事会、管理层三层。理事会是最高决策机构,每个成员在亚投行有正副理事各一名。董事会有 12 名董事,其中域内 9 名,域外 3 名。管理层由行长和 5 位副行长组成。

亚投行的职能主要包括:① 推动区域内发展领域的公共和私营资本投资,尤其是基础设施和其他生产性领域的发展;② 利用其可支配资金为本区域发展事业提供融资支持,包括能最有效支持本区域整体经济和谐发展的项目和规划,并特别关注本区域欠发达成员的需求;③ 鼓励私营资本参与投资有利于区域经济发展,尤其是基础设施和其他生产性领域发展的项目、企业和活动,并在无法以合理条件获取私营资本融资时,对私营投资进行补充;④ 为强化上述职能开展的其他活动和提供的其他服务。

亚投行的业务分为普通业务和特别业务。普通业务是指由亚投行普通资本(包括法定股本、授权募集的资金、贷款或担保收回的资金等)提供融资的业务;特别业务是指为服务于自身宗旨,以亚投行所接受的特别基金开展的业务。两种业务可以同时为同一个项目或规划的不同部分提供资金支持,但在财务报表中应分别列出。

亚投行的成立,是国际经济治理体系改革进程中具有里程碑意义的重大事件,标志着亚投行作为一个多边开发银行的法人地位正式确立。一方面能继续推动国际货币基金组织(IMF)和世界银行(WB)的进一步改革,另一方面可以补充当前亚洲开发银行(ADB)在亚太地区的投融资与国际援助职能。亚投行的成立,是继提出建立金砖国家开发银行、上合组织开发银行之后,中国试图主导国际金融体系的又一举措。

第四节　国际金融市场

国际金融市场是与国际金融业务相伴而生的,它是国际货币金融交易得以顺利实现必不可少的基础。商品、劳务与资本的国际性转移,黄金的输出入,外汇的买卖等活动都离不开国际金融市场。

一、国际金融市场的形成和发展

(一) 国际金融市场形成和发展的原因

国际金融市场是指居民与非居民,或非居民与非居民之间进行资金借贷等活动的场所,亦可定义为资金在国际上流动或金融产品在国际上买卖的场所。

从根本上说,国际金融市场是随着国际贸易的发展、世界市场的形成和国际借贷关系的扩大而逐渐产生的。资本主义进入垄断阶段后，生产的国际化趋势加强，商品输出扩大，资本输出也随之迅速增长起来。国际贸易的发展要求银行提供相应的国际贸易资金融通和有关的中介服务；资金输出和生产的国际化则要求银行和其他金融机构提供全面的金融服务，以银行为媒介的金融活动使得各国国内金融市场相互联系、相互渗透，从而使得国际金融市场空前发展起来。

其次，国家纸币作用的国际化、通信技术的现代化也是国际金融市场发展的重要推动力量。货币经营是国际金融业务的主要内容，纸币提供了充足的世界货币的来源，纸币流通加速了各国经济的货币化，从而为世界经济的货币化和国际金融市场的发展准备了前提。纸币便利了资金的国际移动，使国际结算、国际借贷的成本下降，促进了整个国际金融市场的发展。通信技术的进步使得电讯成本剧减而覆盖范围迅速扩大，从而消除了国内金融市场与国外金融市场地理空间上的间隔限制，创造出一个真正全球性的金融市场。

最后，各国政府的有关政策措施在国际金融市场的发展中也起到了重要的作用。鼓励性的措施能推动国内金融市场的国际化，而限制性的措施则具有外部效用性，金融市场参与者的规避活动可能创造出一类新型的市场。

（二）国际金融市场形成的基本条件

从国际金融市场的产生和发展来看，其形成需要有一些基本条件：一是政局稳定；二是实行自由外汇制度，没有外汇管制，外汇调拨兑换比较自由；三是具有发达的商品经济和完善的金融制度与金融机构；四是优越的地理位置，现代化的交通、通信手段以及其他相配套的服务设施；五是具有一支既懂国际金融理论又有国际金融实际经验的专业队伍。

二、国际金融市场的类型

根据性质不同，国际金融市场可分为在岸金融市场和离岸金融市场；根据交易内容和功能不同，国际金融市场可分为国际货币市场、国际资本市场、国际外汇市场和国际黄金市场。

（一）在岸金融市场和离岸金融市场

1. 在岸金融市场

在岸市场也称传统国际金融市场，是指从事市场所在国货币的国际信贷和国际证券业务，并受市场所在国政府管辖的金融市场。对市场所在国而言，在岸交易发生在本国居民与非居民之间，交易货币可以是本币，也可以是外币。

2. 离岸金融市场

离岸金融市场也称境外金融市场，是专门为非居民之间的资金融通提供各种便利的市场。离岸交易发生在非居民之间，交易的货币一般为外币，业务活动基本上不受所在国法律、法规和税收的管辖，在交易品种、交易规程、利率决定等方面都有其相对独立的特征，是完全自由化的国际金融市场。所有离岸金融市场结合而成的整体，就是我们通常所说的欧洲货币市场。

不过，在现实中，这两类市场并非界限如此分明，在岸业务和离岸业务往往交叉并存。

专栏 13-4

欧洲货币市场

欧洲货币市场发端于20世纪50年代的欧洲美元市场。1957年，由于东西方冷战，苏联政府因为害怕美国冻结其在美国的美元储备而将它们调往欧洲，存入英国伦敦的银行，由此导致了欧洲美元的产生。最初的欧洲美元市场是以伦敦为中心的欧洲各国金融中心，如巴黎、苏黎世、法兰克福，后来又扩展到欧洲以外的金融中心，如亚洲的新加坡、中国香港、东京，中美洲的巴哈马群岛、开曼群岛等。在货币的种类上，也不限于美元了，任何可自由兑换的货币都能以欧洲或境外的形式存在，如欧洲日元、欧洲马克、欧洲英镑等。这样，欧洲美元市场逐渐扩展为欧洲货币市场。这里的"欧洲"也不再单纯指地理意义上的欧洲了，更确切地说，它指的是"境外"的含义，不仅包括欧洲，还包括亚洲、美洲、大洋洲等各个经营境外货币存贷业务的国际金融中心。

欧洲货币市场具有如下特点：它由经营欧洲货币业务的一个世界性的、广泛的国际银行网所构成，不受任何国家或地区的法规管制，借贷的货币是境外货币，借贷关系是外国放款人与外国借款人的关系，交易数额较大，且多为短期，是一个批发市场。与国内金融市场相比，欧洲货币市场的存款利率相对较高，贷款利率相对较低，存贷款利率的差额很小，这是因为它不受法定存款准备金和存款利率最高额限制。因此，欧洲货币市场对存款人和借款人都更具吸引力。

欧洲货币市场在很大程度上打破了各国间货币金融关系的相互隔绝状态，促进了国际金融的一体化和国际贸易的发展，但同时给世界经济带来了风险增大、投机增加、汇率波动加剧、货币政策效力削弱等不稳定因素。

（二）国际货币市场、国际资本市场、国际外汇市场和国际黄金市场

1. 国际货币市场

国际货币市场是指资金的借贷期限在1年以下的交易市场，主要由短期信贷市场、短期证券市场和贴现市场构成。短期信贷市场主要是指银行间的市场，该市场提供1年以内的短期贷款，目的在于解决临时性的资金需要和头寸调剂，利率通常以伦敦银行同业拆放利率为基准，交易通常以批发形式进行。短期证券市场是国际上进行短期证券交易的场所，交易对象有短期国库券、可转让定期存单、商业汇票等。贴现市场是对未到期的票据按贴现方式进行融资的场所，贴现的票据主要有国库券、银行债券、公司债券、商业汇票等。

2. 国际资本市场

国际资本市场是指期限在1年以上的中长期信贷或证券发行和交易的市场。它是长期资本融通的场所，主要业务有银行贷款和债券交易两大类，参与者有银行、公司、证券商及政府机构。主要功能是使资本在国际上进行优化配置，并为已发行的证券提供充分流动性的二级市场，以保证发行市场的活力。

3. 国际外汇市场

国际外汇市场是指进行外汇买卖的交易场所，它在实现购买力的国际转移、防止外汇风险及提供国际性的资金融通和国际结算等方面发挥着重要的作用。美元是国际外汇市场最主要的交易货币，除此之外还有欧元、日元和英镑等。伦敦、纽约、苏黎世、法兰克福、东京、中国香港、新加坡等是世界重要的外汇市场所在地。国际外汇市场作为国际经济联系的纽带，集中反映了国际经济、世界金融及各国货币汇率的变化趋势，并为促进国际贸易、国际信贷、国际投资及各种国际资金活动的实现提供了便利条件。

4. 国际黄金市场

国际黄金市场是专门进行黄金买卖的交易场所，参与者主要包括出售黄金的企业或个人，需要黄金作为原料的工商企业，各国的外汇银行、中央银行，为保值或投资的黄金购买者、投机者及一些国际金融机构。虽然黄金已不再是世界货币，但仍然充当世界储备的作用，黄金价格也依然是世界经济的晴雨表。

本章小结

1. 国际收支是指一个国家或地区在一定时期内各种对外经济交易所产生的外汇的收入与支出。国际收支平衡表是一个国家在一定时期内所有对外外汇收支的系统记录，并应用会计原则按照会计核算的借贷平衡方式编制，经过调整最终达到账面上收付平衡的统计报表。

2. 国际收支平衡表的项目包括经常项目、资本和金融项目以及错误和遗漏三个方面。经常项目反映的是实际资源的国际流动，主要包括货物与服务、收入和经常转移。资本和金融项目反映的是资产所有权的国际流动，包括资本项目和金融项目两大类。

3. 国际收支若出现失衡，可通过对外汇储备的调节、汇率的调节、财政政策与货币政策的运用以及直接管制等手段来实现平衡。国际收支的调节理论主要包括国际收支的弹性调节分析法、国际收支的吸收分析法以及国际收支的货币分析法。

4. 为实现内部均衡和外部均衡，国家需要对市场进行干预和调节，调节的手段多种多样，可分为需求政策、供给政策以及融资政策。单纯地运用某一种政策来进行调节是很难达到理想效果的，在很多情况下还会造成内外均衡之间的冲突。因此，将各种政策手段进行适当的搭配，使其相互补充。搭配的原则主要包括数量匹配原则和最优指派原则。

5. 国际货币体系是为了协调各个独立国家的经济活动，促进国际贸易和国际支付活动的顺利进行，各国政府对货币在国际范围内正常发挥作用所做的一系列安排，包括为此所确定的原则、采取的措施和建立的组织机构。国际货币体系历经了三种主要的体系：国际金本位体系、布雷顿森林体系和牙买加体系。

6. 国际金融机构泛指从事国际金融业务，协调国际金融关系，维系国际货币、信用体系正常运作的超国家机构。就目前为止，主要有国际货币基金组织、国际复兴开发银行、国际开发协会、国际金融公司和国际清算银行等组织。

关键术语

国际收支　　国际收支平衡表　　自主性交易　　调节性交易　　弹性分析法

吸收分析法　货币分析法　内部均衡　外部均衡　政策搭配
国际货币体系　布雷顿森林体系　牙买加体系　国际金融机构
国际金融市场　离岸金融市场

思考题

1. 如何对国际收支失衡进行调节?
2. 影响国际收支平衡的因素有哪些?
3. 试比较三种国际收支调节理论。
4. 简述内部均衡与外部均衡的冲突与调节政策。
5. 试述国际货币体系的变迁与改革方向。

案例分析

案例:国际收支与1997—1998年东南亚金融危机

自1997年7月起,爆发了一场始于泰国后迅速扩散到整个东南亚并波及世界的东南亚金融危机,使许多东南亚国家和地区的汇市、股市轮番暴跌,金融系统乃至整个社会经济受到严重创伤,1997年7月至1998年1月仅半年时间,东南亚绝大多数国家和地区的货币贬值幅度高达30%~50%,最高的印度尼西亚盾贬值达70%以上。同期,这些国家和地区的股市跌幅达30%~60%。据估算,在这次金融危机中,仅汇市、股市下跌给东南亚国家和地区造成的经济损失就达1 000亿美元以上。受汇市、股市暴跌影响,这些国家和地区出现了严重的经济衰退。

下表摘录了发生金融危机的几个主要国家和地区在危机前的1996年年底的主要国际收支数据。

1996年12月31日	泰国	韩国	菲律宾	印度尼西亚
进出口贸易余额占GDP的百分比	-6.7%	-4.4%	-9.4%	-1.1%
经常项目余额占GDP的百分比	-8.1%	-4.8%	-4.8%	-3.4%
外汇储备(相当于进口月份数)	5.5	2.3	2.9	3.6
短期外债占外汇储备的百分比	169%	213%	77%	181%

案例思考:

1. 在1996年底,这些国家和地区处于怎样的国际收支状况?
2. 简述国际收支与金融危机的关系。

延伸阅读

1. 2013年我国国际收支平衡表(网上搜索)。

2. [美]亨利·克卢斯.华尔街50年.胡青译.上海:上海财经大学出版社,2008.

3. [美]托马斯·弗里德曼.世界是平的:一部二十一世纪简史.何帆,等译.长沙:湖南科学技术出版社,2006.

4. [美]戴维·德罗萨.金融危机真相:20世纪90年代.朱剑锋,等译.北京:中信出版社,2008.

第十四章
金融发展与金融创新

引言

金融理论的职责就在于找出决定一国金融结构、金融工具存量和金融交易量的主要经济因素,并阐明这些因素怎样通过相互作用而促进金融发展。金融发展理论阐述的核心是经济与金融之间的相互联系、相互促进的关系。

自20世纪70年代以来,拉丁美洲国家进行了以金融自由化为核心的金融体制改革。拉丁美洲国家引人注目的金融自由化有过两次:第一次始于20世纪70年代中期,80年代初债务危机爆发后逐渐趋于停顿;第二次始于80年代末,90年代上半期达到高潮。这些国家除放松利率管制、降低银行储备金比率等措施外,还采取了对国有银行实施私有化、积极引进外国银行的参与及加强中央银行的独立性等措施。

拉丁美洲国家实施的金融自由化在一定程度上缓解了金融抑制。此外,它还使拉丁美洲国家吸引了大量外资,增强了金融机构为投资项目融资的能力。但是,金融自由化在推动金融深化的过程中也加重了银行部门的脆弱性。当大量外资的流入导致信贷的供给增加时,银行的风险随之加大。如果这些国家借的是外国货币,那么问题会变得更加严重。国际货币基金组织的研究也表明,金融自由化与银行危机的频繁爆发有着十分密切的关系。20世纪80年代以来,拉丁美洲国家的确发生了多次银行危机,其根源当然是多方面的,但就拉丁美洲国家遇到的大多数银行危机而言,政府在实施金融自由化后对银行部门放松监管无疑是最重要的根源之一。

拉丁美洲国家金融自由化给我们带来的启示是:金融自由化是一把双刃剑,我们应趋利避害;在缺乏监管或监管不力的情况下,实施金融自由化,会产生很多严重的不良后果。

通过本章学习,你将能够了解和掌握以下知识:

- 金融发展和金融创新的内涵;
- 金融发展程度的衡量指标;
- 金融深化理论的内容和政策主张;
- 金融创新的动因、内容和影响。

本章知识架构图

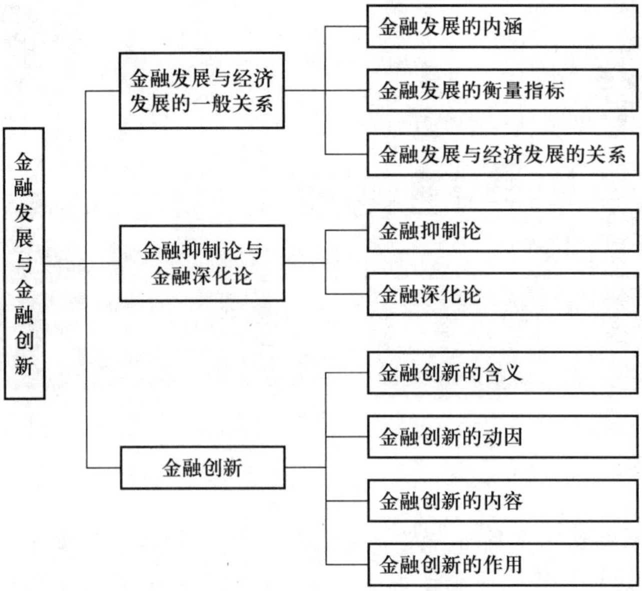

第一节　金融发展与经济发展的一般关系

一、金融发展的内涵

美国经济学家戈德史密斯是西方著名的金融理论家。《金融结构与金融发展》一书确立了其在学术界的地位，也奠定了金融发展理论的基础，他本人也因此成为金融发展理论的鼻祖。戈德史密斯认为，一个社会的金融体系是由众多的金融工具、金融机构组成的。不同类型的金融工具与金融机构的组合，构成不同的金融结构。有的社会金融体系中金融工具种类多、数量大、流动性高；金融机构的规模大、数量多、服务范围广，具有较强的竞争力。而有的社会金融工具种类少、数量不多、流动性差；金融机构的种类少、规模不大、服务有限、服务效率低。一般而言，金融结构是构成金融总体（或总量）的各个组成部分的规模、运作、组成与配合的状态。一个国家或地区的金融结构是金融发展过程中由内在机制决定的、自然的、客观的结果或金融发展状况的现实体现。金融发展就是金融结构由低到高的变化过程。金融发展程度越高，金融工具和金融机构的数量、种类越多，金融效率也就越高。

二、金融发展的衡量指标

衡量金融发展的指标可以分成两类：

（一）金融内部结构指标

金融内部结构指标中，戈德史密斯进行了比较详细的总结，目前的研究也大部分是以此为基础来进行的。

(1) 金融工具总额在各个组成部分中的分布,包括在短期证券、长期债券以及股票之间的分布;

(2) 金融机构和非金融机构发行的金融工具比率,该指标可以反映金融发展过程机构化的程度;

(3) 金融机构持有的非金融机构发行的金融工具在其未清偿总额中所占的份额,该比率可以更详细地展示金融发展的机构化情况;

(4) 各类金融中介机构的相对规模,尤其是中央银行、商业银行、储蓄机构以及保险组织的相对规模;

(5) 各类金融机构资产之和分别占全部金融机构总资产的比率,这个比率也称为“分层比率”,用来衡量金融机构间的相关程度;

(6) 主要的非金融部门的内源融资(主要来自公司本身的资本积累)和外源融资(主要是通过金融市场和金融机构融入资金)的比率;

(7) 外源融资中,国内主要部门(特别是金融机构)和外国贷款人在各类债券和股票中的相对规模。

(二) 金融发展与实体经济之间关系的指标

1. 金融相关比率

金融相关比率是全部金融资产价值与全部实物资产价值的比率。这里的金融资产既包括非金融部门发行的金融工具,如股票、债券、各种信贷凭证等,也包括金融机构发行的金融工具,如中央银行、商业银行、保险组织等发行的各种存款、储蓄、保险单等;实物资产由于在现实中难以统计,事实上人们关心的是国民收入水平,所以在统计中一般用国内生产总值来表示。

2. 货币化比率

货币化比率是指一定经济范围内,通过货币进行产品与服务交易的价值占全部产品与服务的比重。在一个经济体中,一定时间内生产出的产品和服务可以分为两个部分,即通过货币进行交易的和不通过货币进行交易的,前者一般称为货币经济,而后者则称为自然经济。随着商品经济的发展,使用货币进行商品和服务交易的范围将会扩大,这种现象表明整个社会的货币化程度不断提高,而这也意味着经济发展的专业化程度加深,经济发展向高级阶段行进。

三、金融发展与经济发展的关系

(一) 有效的金融体系对经济发展的作用

传统经济增长理论普遍强调的是经济中的真实变量,如资本、土地、人力资源等。在这些理论中,金融要素被视为既定的(或者说是完善的),其对经济发展的贡献被看成一个常量。到 20 世纪五六十年代以后,才逐渐有一些学者对金融在经济发展中的作用给予较多注意。这些学者提出,如果增长需要资本的积累,并且有赖于对资本的有效利用,则一个行之有效的金融体系将在以下几个方面对经济发展起着重要的作用:

(1) 金融体系提供支付服务,提供充当一般等价物的交换媒介和支付手段——货币。货币及其衍生体作为交换媒介和支付手段被广泛地接受,解决了买与卖在时间和空间上、量和质上不一致的矛盾,从而降低了商品生产者互相交换商品的交易成本,节约了商品流通费用,加速了社会再生产,促进了经济发展。

(2) 金融体系作为储蓄与投资的中介,在资金盈余部门与资金不足部门之间起中介作用。在缺乏有效的金融体系时,筹资的成本是很高的,资金供给者的风险也是巨大的,投资者通过自我积累虽能在一定程度上弥补这方面的不足,但其能够积累的资金量将受到很大限制。因而,从专业化与社会分工的角度看,金融中介部门从真实生产部门分离出来,在投资和储蓄之间起媒介作用,从而可以降低整个社会的交易成本,产生规模经济效应,同时解决了直接借贷所带来的缺乏流动性问题,降低了信息成本,从而降低了金融风险。此外,金融机构的分散与多样化经营也降低了整个金融与经济体系的不稳定程度。

(3) 金融机构作为"经济人",其行为同样受到利润最大化准则的限制,即要赚取最大的利差以及佣金等服务收入。为此,金融机构将把其吸收的储蓄投入经济中最有效率的部门,同时注意回避风险过大、效益不佳的部门。因而,高效率的生产部门将会得到更多的所需资本,从而总体的经济效率将得到提高。

(4) 在经济发展的过程中,不仅行业内的生产效率会高低不等,从整个社会看,行业间的生产效率也存在差别,通常新兴产业要比其他产业有较高的生产效率。在追逐利润的动机下,金融中介机构通过对这些产业的信贷投入,还间接地促进了产业结构的优化,产生经济结构调整效应。

(二) 金融规模和结构与经济的关系

金融规模和结构必须与实体经济规模和结构相匹配,或者说金融适度发展,才能实现经济最优增长。由于在既定时期内一国可调控的资源有限,如果投资于金融业的资源过少,就会形成金融抑制,导致金融业所提供的金融服务不能满足经济发展的内在需求,从而对经济增长形成阻碍;如果过多资源投资于金融业,一方面会使实体经济因投资不足而减缓增长,另一方面会形成金融过度,引发资产价格膨胀并导致经济泡沫化,而泡沫经济的破灭会对经济增长形成更严重的损害。所以,金融过度与金融抑制一样会损害经济增长。当然,从经济结构均衡发展的角度看,金融适度发展只是经济增长达到最优状态的条件之一,是经济最优增长的必要条件而非充分条件。

正是因为现代经济发展中金融可能带来的负面影响,当代各国都十分重视金融宏观调控和金融监管,力图通过有效的宏观调控来实现金融总量与经济总量的均衡,通过有效的外部监管、内部自律、行业自律和社会公律来控制金融机构的风险,防止金融泡沫,保持金融安全与健康,实现金融安全与健康,实现经济社会的又好又快发展。

第二节　金融抑制论与金融深化论

针对发展中国家金融市场的普遍落后状态,不少发展经济学家努力研究导致这种落后的原因以及摆脱落后的对策。美国经济学家肖和麦金农系统地研究了发展中国家金融市场与经济发展的关系,提出了金融抑制论和金融深化论。

一、金融抑制论

（一）金融抑制的内涵

金融抑制是指政府通过对金融体系和金融市场的过多干预抑制了金融体系的发展，而金融体系的发展滞后又阻碍了经济的发展，从而造成了金融抑制和经济落后的恶性循环。

（二）金融抑制的政策原因

1. 利率管制

金融当局硬性规定存款和放款利率的上限，使利率不能正确反映资金的供求状况和发展中国家的资金短缺现象，歪曲了金融资产的价格。同时，政府当局又没有有效地控制通货膨胀，使名义利率无法补偿通货膨胀率，以致实际利率为负数。负利率对储蓄者极为不利，因而难以吸引其将剩余资金存入金融体系之中，这就会导致社会储蓄的下降。对借款者来说，负利率意味着负债越多越有利，因而刺激过度投资。这就从供求两个方面扩大了资金短缺或来源枯竭现象，金融体系也就无法正常发展。

2. 信贷配给

金融体系在国家控制下以配给的方式供应信贷，能获得信贷的多为享有特权的国有企业以及与官方金融有特殊关系的私营企业。但是，这些借款者的投资并不总是获得较好的效益。因此，信贷配给政策就可能挤掉一些高效益投资项目，从而导致资金使用效率的下降。

3. 外汇管制

政府对外汇市场也实行管制，使汇率无法真正反映外汇的实际供求状况。由于发展中国家生产力水平低下，产品在国际市场上缺乏竞争力，而国内企业因技术水平低下，急需进口大量的先进技术和设备，以提高生产力。在这种情况下，实行进口替代的发展中国家通常采用高估本币币值的汇率政策，以降低进口成本。但是，高估本币币值会造成种种不良的后果：一是损害本国出口，从而使本国出口业大受打击；二是刺激进口，导致对外汇的过度需求。此外，由于外汇过于便宜，还会助长外汇的滥用。在发展中国家利率和汇率不能正确地反映资金和外汇的真正成本和机会成本，结果导致资源的不合理配置以及严重的浪费，致使就业不足、经济落后。

（三）金融抑制的负面效应

1. 收入负效应

许多奉行金融抑制的发展中国家都存在严重的通货膨胀，作为实际货币余额 M/P 的持有者和使用者，公众和企业为避免承受物价上涨的损失，就会减少货币形式的储蓄。储蓄下降导致投资减少。总需求下降，国民收入的增长放慢，收入增长也随之下降，国民经济和收入的增长速度都进入了负循环之中。

2. 储蓄负效应

许多发展中国家都存在市场分割和经济货币化程度低、金融工具品种单一、数量少的问题，甚至许多地区仍然停留在物物交换的阶段。由于通货膨胀率既不稳定也无法预测，官定利率又不能弥补价格上涨给储蓄者造成的损失，加上上述实际货币余额持有的增加，人们更加倾向以储藏物质财富、增加消费支出和向国外转移资金的方式规避风险，储蓄率的提高受到极大影响。

3. 投资负效应

金融抑制限制了许多发展中国家对传统部门的投资，农业投资的减少致使农业产出下降，增加了这些国家对粮食和原材料进口的需求，这种需求在相当程度上不得不依靠外援来满足；本币的高估和对小生产者贷款的限制，严重阻碍了这些国家的出口增长，这使得经济的对外依赖进一步提高。同时，这些国家的领头部门存在较高的资本—劳动比率，不熟练的生产技术和经常性的过剩生产能力，降低了投资的边际生产力；最后，对城市基础设施建设的滞后，恶化了投资环境和投资条件。所有这些都阻碍这些国家的投资的增长。

4. 就业负效应

除了收入负效应和投资负效应所造成就业机会的减少以外，金融抑制对传统部门的抑制，也是就业负效应的重要原因。因为向城市转移的大量劳动力中，只有小部分能为工资水平相对较高的资本密集型产业所吸收，没有被吸纳的部分，或是滞留于工资水平相对较低的行业、企业中，或是干脆处于失业状态。城市化和工业化过程中对就业产生积极影响的过渡效应、溢出效应或联动效应，在金融抑制的国家都得不到充分明显的表现。

（四）金融抑制模型

由于麦金农和肖对金融抑制和金融深化的观点大致相同，因而一般情况下将他们二人的理论归结为同一金融发展模型，如图 14-1 所示。

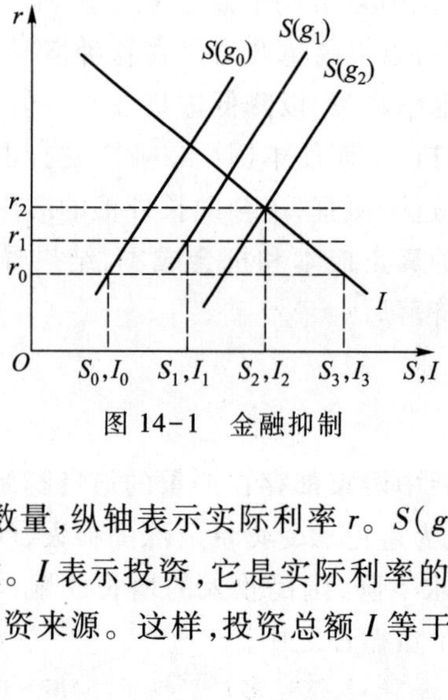

图 14-1　金融抑制

横轴表示储蓄和投资的数量，纵轴表示实际利率 r。$S(g_i)$ 表示经济增长率为 g_i 时的储蓄，它是实际利率的增函数。I 表示投资，它是实际利率的减函数。假定储蓄可以全部转化为投资，并且没有国外融资来源。这样，投资总额 I 等于一定利率水平上所能形成的储蓄总额 S。

如果实际利率被限制在 r_0 上，则所能形成的储蓄总额仅为 S_0，实际投资总额也只能是 I_0。但是由投资曲线可知，在实际利率为 r_0 时，意愿投资的总额（贷款需求）为 I_3，这样就形成了资金供求的较大缺口(I_3-I_0)。因为可贷资金严重不足，这就必然导致非价格性的信贷配给，大多数发展中国家实际上都存在这种状况。这种非价格性的信贷配给又往往导致投资效率的大幅度降低。所以，肖和麦金农认为，发展中国家实行低利率政策，不但不能促进经济发展，反而会导致经济发展速度的下降。所以，为了加快经济发展，至少应适当提高利率。

若将利率由 r_0 提高到 r_1，一方面，储蓄和实际投资总额会随着存款利率的上升而提高。另一方面，原来那些收益率高于 r_0 但低于 r_1 的投资项目出现亏损，从而被排除在投资选择外，取而代之的是那些收益率高于 r_1 的投资项目，投资的平均效率将会有明显的提高，经济增长率由 g_0 上升到 g_1，储蓄曲线由 $S(g_0)$ 移到 $S(g_1)$。因此，根据肖与麦金农的分析，实际利率的提高既能增加资本形成的数量，又能提高资本形成的质量，所以它从两方面推动经济的增长和发展。

当实际利率为 r_2 时，储蓄曲线移到 $S(g_2)$，投资总额为 I_2，储蓄总额正好等于贷款需求，经济增长率达到 g_2，因此 r_2 是最理想的利率水平。这个利率也就是肖和麦金农所说的资本市场上的均衡利率。为使实际利率等于或尽可能接近于这个均衡利率，政府当局也应该彻底地废除一切对利率的干预和管制，同时应该积极采取措施遏制通货膨胀率的上升，减少名义利率对物价上涨的影响，以使实际利率等于或尽可能接近于均衡利率。肖与麦金农模型的核心思想就是主张实行金融自由化，以使实际利率在市场利率机制的作用下自动地趋于均衡水平，从而加快发展中国家经济增长的速度。

二、金融深化论

(一) 金融深化的内涵

金融深化是指政府放弃对金融体系和金融市场过分的行政干预，解除对利率和汇率的不适当控制，让其充分反映资金和外汇的实际供求状况，充分发挥市场机制的作用，有效地控制通货膨胀。

(二) 金融深化的衡量指标

爱德华·肖在《经济发展中的金融深化》一书中给出了几种度量金融深化程度的指标：

1. 金融资产存量

在一个金融深化的经济中，由于消除了金融资产价格方面的扭曲，人们愿意持有各种流动性金融资产，以避免持有稻米、小麦、商品库存等实物流动性资本所必须花费的保管成本。因此，金融资产存量同国民收入的比率较高，同各种实物财富的比率也较高。金融资产的品种丰富，期限拉长，参与金融活动的人增多。金融资产的组合多样化，借款者和贷款者可以按相当小的幅度调整他们的负债结构和资产组合。

2. 金融资产流量

在金融不够发展的经济中，经济会较多地依赖政府的财政预算和国际资本项目，用这些方面的储蓄流量为资本积累融资。而金融深化则会使私人储蓄增加，各种形式的资本外逃减少，从而减轻财政的压力，并缓和对国外储蓄的要求。

3. 金融体系的规模和结构

在金融不够发展的经济中，银行系统包揽了有组织的金融活动，其他金融活动则只能通过外汇交换及由高利贷者和互助团体组成的非法市场进行。而金融深化则会扩大金融体系的实际规模，同时给银行之外的其他金融机构，如证券交易商和保险公司，带来获利机会。因此，金融深化意味着金融职能和金融机构的专业化，同时相对于外汇市场和场外非法市场而言，有组织的国内金融机构和金融市场有较大的发展。

4. 金融资产的价格

这是金融深化与否的最重要的表征。在金融不够发展的经济中，金融资产的需要被低水平的实际利率抑制，初级证券的供给被信贷配额压制，甚至场外非法市场也被反高利贷法和政府的管制压制。而金融深化则意味着，利率必须准确地反映客观存在的、能替代即期消费的投资机会的多少和消费者对延迟消费的非意愿程度，因此，实际利率通常比较高，而各种利率之间的差别则趋于缩小。金融抑制的另一个表现是，在官方的即期外汇市场上，本国货币的币值被高估，但是在黑市和远期外汇市场上，本国货币的贴水却很高，而金融深化则意味着汇率的扭曲得以纠正，同时黑市和远期外汇市场上本国货币的贴水率下降。

（三）金融深化论的政策主张

金融深化论主张解除金融抑制，实现金融自由化，以便改善货币供给与资金供给，发挥货币供给促进经济增长的作用。其政策主张主要包括：

1. 放松利率管制

要使人们持有的实际货币数量有较大的增长，就必须取消对存款利率的限制，提高名义存款利率，减少政府财政赤字，严格控制货币发行，降低通货膨胀率，这样就可以使人们持有货币的实际收益率增加。

2. 鼓励银行竞争

应当削弱少数专业化金融机构在吸收存款和分配贷款中所处的垄断地位，使专业银行成为商业银行，成立新的银行，以鼓励竞争。同时，增加期限长、利率高、数量大的贷款，这有利于技术进步。

3. 扩大对效率高的小经济单位的放款

应当扩大金融机构对城乡小规模单位的信贷。大银行也可以把货币贷给地方信用合作社和钱庄，再让它们以较高利率贷出。尽管这种贷款利率较高，但可以把资金从效率低的地方引导到效率高的地方，况且这种利率毕竟低于民间高利贷的利率。

4. 金融政策与财政政策同步

金融与财政要恪尽职守，金融不能代行财政职能，不能依靠通货膨胀帮助政府增加收入，或通过利率来进行补贴。财政也不能代行金融的职责，如以行政拨款的形式进行优先投资，进行人为的资金配给等。要进行税制改革，从而减少财政赤字，缓和并消除通货膨胀。

5. 金融改革与外贸改革同步

外贸改革的核心是实现汇率自由浮动和外币自由兑换，取消对进出口的歧视关税和特惠补贴，外贸全面自由化优于局部自由化。

专栏 14-1

发展中国家金融深化及出现的问题

20世纪70年代末80年代初，有一大批发展中国家进行了金融深化的实践，比较突出的有亚洲的马来西亚、韩国、斯里兰卡、菲律宾、印度尼西亚和拉丁美洲的阿根廷、智利、乌拉圭等。这些国家的金融深化大多以金融自由化为核心内容。

发展中国家金融深化取得了一定的成效，但有一些国家在金融深化过程中，由于操之过急，出现了比较严重的金融危机。1997年7月爆发的东南亚金融危机就是一个典型的代表。这场危机首先是从泰铢贬值开始的。1997年7月2日，泰国宣布泰铢与美元脱钩，实行浮动汇率制度，当日泰铢汇率狂跌20%。和泰国具有相同经济问题的菲律宾、印度尼西亚和马来西亚等国迅速受到泰铢贬值的巨大冲击。之后中国台湾的台币贬值，股市下跌，掀起金融危机第二波，这不仅使东南亚金融危机进一步加剧，而且引发了包括美国股市在内的大幅下挫。接下来韩国汇市、股市轮番下跌，形成金融危机第三波。与此同时，日本金融危机也进一步加深，先后有数家银行和证券公司破产或倒闭，日元大幅贬值。从1998年1月开始，东南亚金融危机的重心又转移到印度尼西亚，形成金融危机第四波。直到2月初，东南亚金融危机恶化的势头才初步被遏制。

第三节 金融创新

面对世界经济一体化、金融风险加剧、金融管制环境变化的现实，自20世纪60年代以来，西方发达国家的金融业经历了一次革新浪潮。这就是“金融创新”。

一、金融创新的含义

熊彼特于1912年在其成名作《经济发展理论》中对创新所下的定义是：创新是指新的生产函数的建立，也就是企业家对企业要素实行新的组合。按照这个观点，创新包括技术创新（产品创新与工艺创新）与组织管理上的创新，因为两者均可导致生产函数或供应函数的变化。具体地讲，创新包括新产品的出现、新工艺的应用、新资源的开发、新市场的开拓、新的生产组织与管理方式的确立（也称组织创新）五种情形。

根据熊彼特经济创新的概念，金融创新是指金融领域内部通过各种要素的重新组合和创造性变革来创造或引进的新事物，以此提高金融资源的配置效率。金融创新分为狭义的金融创新和广义的金融创新。狭义的金融创新单纯指金融工具的应用，广义的金融创新是指金融机构为适应新的经营环境而开发、创造出金融新理论、新业务、新工具以及新方式的总称。它泛指金融体系和金融市场上出现的一系列新事物，包括金融工具、金融机构、金融市场以及金融制度的创新。金融创新的主体是金融机构和金融管理当局；金融创新的根本目的是金融机构和金融管理当局出于对微观利益和宏观效益的考虑。

二、金融创新的动因

（一）规避管制论

美国经济学家凯恩把金融创新视为金融业逃避严厉管制的一种手段。该理论认为，金融创新主要是金融机构为获取利润而回避政府管制引起的。因此，金融创新可解释为政府有形的金融控制与市场无形规避行为相互作用的过程。例如，美国历史上关于利率上限的Q条例导致银行Now、AST等账户的开设；关于跨州银行业务和银行证券分业管理的结合，导致金融控股公司兴起。

（二）规避风险论

20世纪60年代，西方发达国家的通货膨胀不断加剧、利率不断上升，布雷顿森林体系崩溃后，汇率波动频繁且幅度较大，为了避免通货膨胀、利率和汇率风险及国际资本流动与国家风险，引发了大量的金融业务与金融工具的创新。例如，为了防范通货膨胀风险，产生了浮动利率存单和浮动利率贷款；为了防范利率和汇率风险，推出了利率（外汇）期货、期权、利率（货币）互换、利率上限、利率下限等工具；为了防范资本市场风险，出现了对冲基金、指数化基金及指数联结产品。

（三）竞争加剧论

20世纪70年代以来，西方国家出现的金融管制放松和金融自由化势头使金融业的竞争加剧。具体表现在：第一，银行间的竞争加剧。由于生产资本的不断集中促使银行资本的集中和垄断，为了对付银行之间的激烈竞争，各银行都加紧了金融手段和金融技术的创新，并作为占领市场份额的有力武器。第二，银行与非银行金融机构的竞争加剧。随着金融管制的放松和金融自由化，金融市场除了原有的银行金融机构外，各种非银行金融机构大量涌现，它们为了自身的生存和发展展开了激烈竞争，在竞争中各金融机构一方面致力于新金融产品的开拓；另一方面相互致力于金融产品与服务的模仿，从而使保险产品与商业银行储蓄产品具有一定的替代性，商业银行的某些货币市场产品与共同基金份额之间非常接近。第三，与国外金融机构的竞争加剧。随着生产资本的国际化，跨国公司的全球扩张，客观上要求金融业实现经营和服务的国际化和全球化。在金融机构国际化、全球化的过程中，金融服务和金融市场的深度和广度得以拓展，一些新型的金融机构得以建立。

（四）技术进步论

20世纪60年代以来，西方国家在计算机技术、光导技术方面取得了极大的进步，新技术尤其是网络、计算机和通信技术在金融业的运用是促进金融创新的主要原因。首先，新技术在金融业的大规模应用，改善了金融交易和清算系统。目前流行的各种电子货币、网络货币、电子清算系统就是典型例子。其次，新技术的应用提高了传统金融业务和金融工具的效率。例如，芝加哥商业交易所（CME）原来有一个流行的S&P500指数期货合约，由于采用了新的电子交易系统，于2000年推出了E-S&P500指数期货合约，从交易时间、合约规模等方面均比原来的合约科学合理，受到市场参与者的欢迎。

三、金融创新的内容

(一) 金融工具的创新

金融工具的创新可以划分为五类：

1. 风险转移型创新

这是为了防范和转移经营或金融交易中的价格、利率等风险而对原有金融工具所进行的创新，主要有期货、期权、互换等。

2. 增加流动性型创新

这种创新是针对一些流动性较差的金融工具，通过对其进行改造，增加其流动性，如金融资产证券化就是将原本缺乏流动性的资产，转换成可以在市场上买卖的证券，从而增强金融资产的流动性。

3. 信用创造型创新

这种创新能够增加信用的供给，如票据发行便利就是银行通过承购或备用信贷的方式来支持借款人发行短期商业票据，如果票据不能全部售出，则银行买下剩余的票据或者提供贷款支持。这其实是一种兼有银行贷款和证券筹资的融资方式。

4. 股权创造型创新

这种创新从原有的金融工具中创造出股权，如可转换债券。另外，有些债券附有认股权证，这赋予债券持有人优先认购债券发行人所发行股票的权利。

5. 规避金融管制和竞争资金来源的创新

在20世纪30年代经济大危机后，西方各国均通过了一系列管制性金融法令，以寻求稳定的金融制度。利率管制是实施金融管制的核心内容之一。但从20世纪60年代开始，由于市场利率超过利率管制的最高限，商业银行为了谋求自身的生存和发展，开发出一系列的冲破利率限制条例的新金融工具，主要有可转让大额定期存款单、可转让支付命令账户、自动转账服务账户、货币市场互助基金。

(二) 金融市场的创新

金融市场的创新主要表现在两个方面：

1. 金融市场的国际化

在金融自由化浪潮的冲击下，各国陆续取消或放松了对国内外市场分隔的限制，各国金融市场逐步趋于国际化；计算机技术引入金融市场后，各国金融市场互相连接，形成了全球性的连体市场，24小时全球性金融交易已经梦想成真；欧洲及亚洲美元市场、欧洲日元市场等新型的离岸金融市场纷纷出现；计算机屏幕式跨国交易所业已诞生；新型的国际化金融市场不断出现。

2. 衍生金融工具市场异军突起

人们通过预测股价、利率、汇率等变量的行情走势，以支付必要量保证金签订远期合同，买卖选择权或互换不同金融商品，由此形成了期货、期权、掉期等金融衍生工具市场。20世纪90年代以来，金融衍生工具市场呈现爆发性增长。

(三) 金融机构的创新

1. 非银行金融机构迅速崛起

20 世纪 50 年代以后,非银行金融机构无论是机构种类还是业务品种,其发展都远远超过银行。从非银行金融机构的发展看,保险公司、养老基金、住宅金融机构、金融公司、信用合作社、投资基金等是非银行金融机构的主要形式。具体而言,保险公司的承保险种扩大,如推出了卫星保险、核责任保险等,开设新的部门来识别、控制风险或从事保费收入的投资和运用,与银行业务相互渗透使两者界限模糊了;养老基金在第二次世界大战后迅猛发展,分为私人养老基金和公共养老基金;金融公司业务开始多元化;住宅金融机构扩大了业务经营范围,并开展批发性金融业务,从而控制了住宅融资市场;各国邮政储蓄和邮政汇兑机构逐渐合并成统一的邮政储蓄机构;投资基金在金融管制不断放松的条件下普及并迅速发展壮大,与商业银行在许多业务方面展开了激烈的竞争。

2. 跨国银行急剧发展

第二次世界大战后,由于生产和资本国际化迅速发展,跨国公司大量涌现,对全球金融服务的需求增加。同时,持续不断的金融创新浪潮使得跨国银行得到了急剧发展。跨国银行创新主要体现在两个方面:一是战后特别是 20 世纪 60 年代以来,跨国银行主要在国际金融中心设立机构,并通过松散型与紧密型相结合的联合组织形式,实行全球经营的战略扩张。二是跨国银行的业务出现了电子化、全能化和专业化的趋势,使得跨国银行的经营效率大大提高,经营活动更加快捷、安全和准确。

3. 金融机构同质化

在金融机构业务和组织创新的基础上,银行与保险、信托、证券等非银行金融机构间的职能分工界限逐渐打破,传统的分业经营走向现代的混业经营,传统的银行与非银行金融机构的业务分工界限日益模糊,各类金融机构业务趋同化。

4. 从传统的单一结构向集团化结构发展

银行持股公司是银行集团化的一种典型表现。它是指一个公司控制了某家银行相当比例的股份,从而能够部分或全部控制该银行。银行持股公司已经成为现代银行的一般组织形式,从提供单一服务向提供全能服务发展。金融机构通过收购、兼并、合作等方式,形成了提供综合性的金融服务的“金融超市”。

(四) 金融制度创新

金融制度创新是指作为金融法律、法规的变革以及这种变革引起的金融业经营环境和经营内容上的新变化。

(1) 金融监管适应时势变化,在一定程度上放松金融管制。例如,20 世纪 80 年代以来随着各国放松商业银行管制、金融机构的地域限制,放松外汇管制和放宽市场准入条件,1999 年 11 月 4 日美国参众两院通过了《金融服务现代法案》,该法案的核心是废止 1933 年通过的《格拉斯-斯蒂格尔法案》以及其他相关法律中有关限制商业银行、证券公司和保险公司跨界经营的条款,鼓励银行、证券、保险业之间联合经营,提高金融业效率和国际竞争力。

(2) 根据结构的变化,改进金融监管的手段和方法,以期获得金融创新环境下有效监管的效果。包括加强和改进金融机构信息披露质量的管理规定、关于商业银行的资本充足率规定、关于金融服务水平和社会信贷可得性规定等。

专栏 14-2

融资证券化

融资证券化是典型的银行资产业务创新。是指融资由银行贷款转向具有流动性的债务工具,筹资者除向银行贷款外,更多的是通过发行各种有价证券、股票及其他商业票据等方式在证券市场上直接向国际社会筹集资金;资金供应者在购进债券、票据后也可以随时把拥有的债权售出,转换为资金或其他资产。

融资证券化主要表现在两个方面:一是金融工具的证券化,即不断通过创新金融工具筹措资金,银行将其流动性差的债权资产出售给第三者以发行债券,即资产证券化;二是金融体系的证券化,即通过银行等金融机构借款的比重下降,而通过发行对第三方转让的金融工具的比重相对提高,即资金的"非中介化"或"脱媒"现象,这种意义上的融资证券化实质是一种融资渠道的改变,也就是由传统的以银行信贷为主向多元化发展。两者虽然表现形式不同,但都具有直接化的特征,也就是由间接金融趋向于直接金融。

四、金融创新的作用

(一) 金融创新的积极作用

(1) 金融创新扩大了金融机构的资金来源渠道,扩大了金融服务业领域,从而更好地满足了经济发展的需要。

(2) 金融创新加强了利率杠杆的作用,有利于充分发挥利率杠杆在金融资源配置中的作用。

(3) 金融创新为投资者提供了许多新的金融风险管理工具,有利于投资者根据需要选用,更好地进行风险管理。

(4) 金融创新有力地推进了金融自由化、国际化和全球化进程,有利于世界金融和经济的深化发展。

(二) 金融创新的消极作用

1. 金融创新对货币政策效应的影响

金融创新削弱了中央银行控制货币供给的能力,使货币政策的传导机制发生变化,增大了货币政策传导时滞的不确定性。

2. 金融创新使金融业的经营风险加大

尽管金融创新提供的新的风险管理工具可以转移和降低个体的风险,但却不能降低整个金融体系的风险。巨额游资的自由流动将对一国金融体系造成巨大的冲击,金融衍生工具巨大的杠杆作用,更为投资资金的兴风作浪提供了巨大的放大效应。20 世纪 90 年代中后期爆发的亚洲金融危机以及 2008 年美国次贷引发的金融危机就是金融创新消极作用的重要影响。

因此,在推动金融创新的时候,我们必须看到金融创新的“双刃剑”作用,应该积极创造条件发挥金融创新的正面效应,抑制或降低其负面效应,同时加强必要的金融监管。

专栏 14-3

金融创新与金融管制的辩证法

西方经济学认为不仅存在市场失灵,而且存在政府失灵的问题。政府失灵也就是管制失灵,即政府对经济的管制没有起到实际的效果。斯蒂格勒的一篇题为《管制者能管到什么?——电力部门的实例》的实证分析,得出了政府对电力部门管制失灵的结论。

但是,根据公共选择理论,作为有特定利益目标的监管者来说,它不可能自动退出社会舞台,而是重新为自己寻找管制的新手段,制定新的游戏规则以加强管制。这样,被监管者又从新的游戏规则里面寻找破绽,从而规避管制,使自己的利益最大化。监管者又根据新的情况制定更新的规则。监管者和被监管者的相互博弈可以无限期地进行下去。

美国经济学家爱德华·凯恩描述了一个在特定经济条件下受到许多旨在限制获利机会的管制金融体系,当经济压力使这些管制措施具有约束力时,市场必须设法逃避管制以求得利润,这样就会发生市场与管制的冲突,从而促使市场上的金融创新。根据凯恩的定义,金融创新常常指市场或政府提供的新型金融资产和服务,但是他又强调市场改革常常先于管理者的改革,而且创新过程常常是一个市场的现象。市场是创新的而政府是防卫和被动的,金融创新将用于追求利润机会而形成的市场改革。

从某种角度来看,金融手段的创新在一定程度上是监管放松的标志,因为这些创新部门抵消了政府管制。在实践中,随着银行管制的放松,发生了银行危机。因此一个国家又开始加大银行监管的力度,银行监管是一个动态的过程,银行监管制度的设计必须根据不断变化的社会经济环境而相应变化。为了防治监管滥用权力,造成监管的有效性降低,对监管者进行监督也是十分必要的。

本章小结

1. 金融发展就是金融结构由低到高的变化过程。金融发展程度越高,金融工具和金融机构的数量、种类越多,金融效率也就越高。金融相关率反映了一个国家实物经济和金融运行的紧密程度,也反映了金融部门向经济部门渗透的程度。

2. 现代经济活动中,金融对经济发展有巨大推动作用。但金融有可能给经济社会发展带来负面影响,当这种可能性变成现实性,就会对经济社会的发展起着阻碍作用。因此,金融监管显得尤为重要。

3. 麦金农和肖在发展中国家的金融体制特征基础上研究了发展中国家的金融抑制现象。金融抑制主要表现就是政府当局对金融活动的强制干预,人为地压低利率与汇率,导致金融体系与实体经济皆呆滞不前的现象。金融抑制对经济和金融的发展有负收入、负储蓄、负投资和负就业四个方面的负效应。

4. 金融深化就是指通过推行自由化,让资金和外汇市场的供求关系决定适当的利率和汇率水平,刺激储蓄和投资,从而实现金融增长并带动经济全面发展。发展中国家从本国实际出发,进行金融改革,解除金融压制,消除资本形成的桎梏,并采取适合本国国情的一些货币金融政策。

5. 金融深化理论自诞生起就处于不断发展之中,这充分说明金融深化理论有其合理性,也有其内在的缺陷。麦金农与肖本身也对"金融自由化"进行了认真的反思,于20世纪90年代提出所谓的"金融自由化的次序"理论。金融约束论是发展中国家从金融压抑状态走向金融自由化过程中的一个过渡性政策,是金融深化理论的丰富与发展。

6. 金融自由化,即一个国家的金融部门运行从主要由政府管制转变为由市场力量决定的过程。20世纪70年代以来,发展中国家先后进行了以金融深化或金融发展为中心的金融体制改革,但亚洲与拉丁美洲等地的金融自由化也伴生了一些问题,甚至出现了严重的金融危机。

7. 面对世界经济一体化、金融风险加剧、金融管制环境变化的现实,自20世纪60年代以来,西方发达国家的金融业经历了一次革新浪潮,这就是"金融创新"。金融创新的动因有规避管制论、规避风险论、竞争加剧论与技术进步论等。金融创新涉及金融工具、金融机构、金融市场以及金融制度的创新等内容。金融创新有"双刃剑"作用,20世纪90年代中后期爆发的亚洲金融危机以及2008年美国次贷引发的金融危机就是明证。

关键术语

金融发展　金融结构　金融相关比率　货币化比率　金融抑制

金融深化　渠道效应　金融自由化　金融创新

思考题

1. 衡量金融发展的主要指标有哪些?
2. 金融发展如何影响经济增长?
3. 发展中国家金融体制有哪些特征?
4. 金融抑制的主要原因及后果是什么?
5. 根据金融深化理论,发展中国家应该采取什么样的货币金融政策?
6. 金融创新的动因是什么?对经济发展有何影响?
7. 金融创新的主要内容有哪些?结合金融自由化与金融创新的实践谈谈金融监管的必要性。

案例分析

案例:金融深化与经济增长

下面这组数据是国际货币基金组织专家兰伊(Lanyi)和萨拉卡格鲁(Saracoglu)根据21个发展中国家的资料计算的(之所以选择这21个国家,是因为它们具备这些数据,而且它们都是国际货币基金组织的成员国)。兰伊和萨拉卡格鲁收集了这些国家从1971年至1980年的30天存款的实际利率(它等于名义利率减消费物价增长率),据此计算出这些国家在这一期间的平均实际利率。然后将它们分为正值、低负值和高负值三组,并分别考察其实际金融资产增长率和实际国内生产总值增长率。

(复合增长率,年百分比)

国家	实际金融资产增长率	实际国内生产总值增长率
实际利率为正值的国家		
马来西亚	3.8	8.0
韩国	11.1	8.6
斯里兰卡	10.1	4.7
尼泊尔	9.6	2.0
新加坡	7.6	9.1
菲律宾	5.6	6.2
实际利率为负值的国家		
巴基斯坦	9.9	5.4
泰国	8.5	6.9
摩洛哥	8.2	5.5
哥伦比亚	5.5	5.8
希腊	5.4	4.7
南非	4.3	3.7
肯尼亚	3.6	5.7
缅甸	3.5	4.3
葡萄牙	1.8	4.7
赞比亚	−1.1	0.8
实际利率为高负值的国家		
秘鲁	3.2	3.4
土耳其	2.2	5.1
牙买加	1.9	−0.7
扎伊尔	−6.8	0.1
加纳	−7.6	−0.1

案例思考：

通过以上数据，试分析实际利率、实际金融资产增长率、实际国内生产总值增长率三者之间的关系。

延伸阅读

1. ［美］爱德华·肖.经济发展中的金融深化.邵伏军，等译.上海：上海三联出版社，1988.

2. ［美］R.I.麦金农.经济发展中的货币与资本.陈昕，等译.上海：上海人民出版社，1997.

3. ［美］雷蒙德·W·戈德史密斯.金融结构与金融发展.上海：上海三联出版社，1990.

参 考 文 献

[1] 马克思.资本论.北京:人民出版社,1975.
[2] 黄达.金融学.3版.北京:中国人民大学出版社,2012.
[3] 朱新蓉.货币金融学.北京:中国金融出版社,2014.
[4] 王广谦.金融中介学.北京:高等教育出版社,2011.
[5] 李健.金融学.北京:高等教育出版社,2014.
[6] 曹龙骐.金融学.北京:高等教育出版社,2010.
[7] 朱启贵,唐珺.货币银行学.上海:上海人民出版社,2010.
[8] 曾康霖.商业银行经营管理研究.成都:西南财经大学出版社,2000.
[9] 都红霞.国际金融.北京:高等教育出版社,2013.
[10] 张五常.货币战略论.香港:花千树出版有限公司,2010.
[11] 黄宪.货币金融学.武汉:武汉大学出版社,2008.
[12] 宋鸿兵.货币金战争.北京:中信出版社,2007.
[13] 杨雅惠.货币银行学.增订4版.台湾:三民书局,2011.
[14] 陈德康.商业银行中间业务精析.北京:中国金融出版社,2007.
[15] 张强,乔海曙.货币金融学.北京:北京师范大学出版社,2010.
[16] 卞志村.金融学.北京:人民出版社,2009.
[17] 武康平.货币银行学.北京:清华大学出版社,2006.
[18] 戴国强.货币金融学(第2版)笔记和课后习题(含考研真题)详解.上海:圣才教育出版社,2013.
[19] 王广谦.中央银行学.3版.北京:高等教育出版社,2011.
[20] 杜朝运.中央银行学.厦门:厦门大学出版社,2010.
[21] 刘肖原,李中山.中央银行学教程.北京:中国人民大学出版社,2011.
[22] 曼昆.宏观经济学.北京:中国人民大学出版社,2009.
[23] 蒋先玲.货币银行学.北京:中国金融出版社,2010.
[24] 彭兴韵.金融学原理.上海:格致出版社,2010.
[25] [美]爱德华·肖.经济发展中的金融深化.邵伏军,等译.上海:上海三联出版社,1988.
[26] [美]R.I.麦金农.经济发展中的货币与资本.陈昕,等译.上海:上海人民出版社,1997.
[27] [美]雷蒙德·W·戈德史密斯.金融结构与金融发展.上海:上海三联出版社,1990.
[28] [美]保罗·萨缪尔森,威廉·诺德豪斯.宏观经济学.19版.萧琛,译.北京:人民邮电出版社,2012.
[29] [美]保罗·萨缪尔森,威廉·诺德豪斯.微观经济学.19版.萧琛,译.北京:人民邮电出版社,2012.

[30] [英]约翰·梅纳德·凯恩斯.就业、利息和货币通论.高鸿业译.北京:商务印书馆,2011.
[31] [美]斯蒂格利茨.经济学.北京:中国人民大学出版社,1997.
[32] [加]杰格迪什·汉达.货币经济学.郭庆旺,等译.北京:中国人民大学出版社,2005.
[33] [美]滋维·博迪,亚历克斯·凯恩,艾伦·J.马库斯.投资学精要.北京:机械工业出版社,1998.
[34] [美]托马斯·梅耶,等.货币、银行与经济.林宝清,等译.上海:上海三联书店,上海人民出版社,2007.
[35] [美]弗雷德里克·S·米什金.货币金融学.2版.马君潞,等译.北京:机械工业出版社,2011.
[36] [美]劳伦斯·鲍尔.货币金融学.刘静,何源译.北京:中国人民大学出版社,2012.